EUROPA-FACHBUCHREIHE
für wirtschaftliche Bildung

Waren verkaufen – Schritt für Schritt

Eine Warenverkaufskunde mit Einzelhandelsmarketing

7. Auflage von „Verkaufen lernen – Schritt für Schritt"

Lektorat: Helmut Lungershausen

VERLAG EUROPA-LEHRMITTEL · Nourney, Vollmer GmbH & Co.
Düsselberger Straße 23 · 42781 Haan-Gruiten

Europa-Nr.: 98018

Verfasser

Dr. Helmut Lungershausen	OStD	Hannover
Dr. Reinhard Löbbert	StD	Essen
Matthias Mann	OStR	Buchholz/Nordheide
Bernd Roski	OStR	Göttingen
Christel Wegmann	StR'n	Winsen/L.

Leitung des Arbeitskreises und Lektorat: Dr. Helmut Lungershausen

Das vorliegende Buch wurde auf der **Grundlage der neuen amtlichen Rechtschreibregeln** erstellt.

7. Auflage 2003

Druck 5 4 3 2 1

Alle Drucke derselben Auflage sind parallel einsetzbar, da bis auf die Behebung von Druckfehlern untereinander unverändert.

ISBN 3-8085-9807-7

Alle Rechte vorbehalten. Das Werk ist urheberrechtlich geschützt. Jede Verwertung außerhalb der gesetzlich geregelten Fälle muss vom Verlag schriftlich genehmigt werden.

© 2003 by Verlag Europa-Lehrmittel, Nourney, Vollmer GmbH & Co., 42781 Haan-Gruiten
http://www.europa-lehrmittel.de

Umschlaggestaltung: Harrald Höhn, 60329 Frankfurt a. M.
Satz: Meis Grafik, 44801 Bochum
Druck: Konrad Triltsch GmbH, 97199 Ochsenfurt-Hohestadt

Vorwort zur 6. Auflage

„Waren verkaufen – Schritt für Schritt" ist ein Lehr- und Arbeitsbuch für die Ausbildung von Mitarbeitern im Einzelhandel. In der 6. Auflage wurde die Warenverkaufskunde in das gesamte Einzelhandelsmarketing eingebettet.

Im Verlag Europa-Lehrmittel erscheinen zu diesem Buch:
- Arbeitsheft „Waren verkaufen – Schritt für Schritt" mit abwechslungsreichen Übungen und Arbeitsblättern (Europa-Nr. 98514),
- Lösungsband für Lehrende mit Hinweisen zu allen Aufgabenstellungen aus Lehrbuch und Arbeitsheft (Europa-Nr. 98719),
- Handbuch „Waren verkaufen lehren" als didaktisches Grundlagenwerk für die Warenverkaufskunde mit methodischen Hinweisen und praktischen Anregungen für den Unterricht (Europa-Nr. 98611).

In diesem Buch begleitet Sie unser V-Männchen. Es weist Sie auf wichtige Sachverhalte hin und macht Sie auf besondere Punkte aufmerksam. Alle 38 Schritte dieses Buches sind übersichtlich gegliedert in:

Zielangabe

Die Zielangabe erläutert, welche Kenntnisse Sie in diesem Schritt erwerben können.

Einstieg

Der Einstieg besteht aus einer Abbildung oder einem Fall. Dieses Beispiel soll Ihnen das Problem anzeigen, um das es in diesem Schritt geht.

Lehrtext

Der Lehrtext knüpft an den Einstieg an, stellt die Verbindung zu diesem Lernschritt her und erklärt Ihnen den Sachverhalt, um den es geht. Zeichnungen, Fotos und praktische Beispiele in kursiver Schrift machen die Ausführungen besonders anschaulich. Die Bearbeitung des Lehrtextes ist notwendig zur Lösung der Arbeitsaufgaben und für die erfolgreiche Durchführung des Trainings.

Arbeitsaufgaben

Die Arbeitsaufgaben dienen der Einübung, Wiederholung und Vertiefung des Stoffes. Bei der Bearbeitung können Sie feststellen, wie gut Sie diesen Schritt bearbeitet und verstanden haben.

Training

Die Trainingsaufgaben sprechen Ihre Aktivität und Phantasie an. Hierbei sollen Sie selbst handeln, nämlich die Praxis beobachten, Ideen vortragen, Meinungen austauschen, Artikel vorstellen, Verkäufe simulieren und so einen abwechslungsreichen Unterricht gestalten.

Wir danken allen, die Anregungen, Ideen, Material und Verbesserungsvorschläge zu diesem Buch beigetragen haben: Schülerinnen und Schülern, Kolleginnen und Kollegen, Einzelhandelsunternehmen und Institutionen!
Allen, die mit „Waren verkaufen – Schritt für Schritt" lernen und lehren, wünschen wir guten Erfolg!

Die Verfasser

Inhaltsverzeichnis

A. Grundlagen des Einzelhandelsmarketings

1. **Sie erkennen die Aufgaben der Handelsbetriebe** 7
   Funktionen des Handels · Handelsleistung · Vielfalt im Handel · Der Markt als Ort des Verkaufsgeschehens

2. **Sie erfassen die Bedeutung der Verkaufsorganisation und des Standortes** 14
   Direkter und indirekter Absatz · Absatzwege des Einzelhandels · Ladenhandel · Franchising · Standortfaktoren · Standortbedingungen

3. **Sie informieren sich über die Betriebsformen des Ladenhandels** 20
   Betriebsformen des Einzelhandels · Betriebsformen des Ladenhandels · Raumaufteilung · Entwicklungen

4. **Sie richten die Beziehung zu den Kunden nach den Verkaufsformen aus** 27
   Verkaufsformen: Bedienung, Vorwahlsystem, Selbstbedienung · Automatenverkauf · Tele- und Online-Shopping · Einflüsse auf die Verkaufsformen

5. **Sie erfassen die Möglichkeiten der Sortimentsgestaltung** 33
   Sortiment, Bedarfskomplex, Warenwelten · Sortimentsaufbau · Sortimentsbreite und -tiefe · Sortimentszusammensetzung · Sortimentspolitik · Sortimentspflege

6. **Sie setzen auf eine wirkungsvolle Warenpräsentation** 41
   Prinzipien der Warenpräsentation · Warenlandschaften · Visual Merchandising · Präsentationsbereiche · Präsentationshilfen · Präsentationsanforderungen · Planung und Vorbereitung

7. **Sie gestalten Werbung und Verkaufsförderung** 53
   Kommunikationsmaßnahmen der Unternehmen · Werbeziele · Werbearten · Werbemittel und -träger · Gestaltungselemente der Werbung · Professionelle Helfer · Werbeplanung und -strategie · Werbeerfolgskontrolle · Grundsätze und Kontrolle der Werbung

8. **Sie überblicken die Kalkulation und Preisgestaltung** 67
   Bedeutung des Preises · Methoden der Preisbildung · Preisfestsetzung · Mischkalkulation · Hoch- und Niedrigpreisstrategie · Preisdifferenzierung · Preisauszeichnung

9. **Sie entwickeln ein Marketing-Konzept** 74
   Marketing-Begriff · Marketingziele, Marketingstrategien, Marketingmix · Markterkundung und Marktforschung · Corporate Identity

B. Qualifikationen für den Verkauf

10. **Sie stellen sich auf die Anforderungen Ihrer Tätigkeit ein** 82
    Wer stellt Ansprüche an Sie? · Welche Anforderungen werden erhoben? · Wie wirken Sie auf Kunden? · Wie verhalten Sie sich gegenüber Kunden?

11. **Sie machen sich mit den Leistungen der Ware vertraut** 91
    Grund- und Zusatznutzen · Der Qualitätsbegriff · Güte-, Schutz- und Herkunftszeichen · Beziehungen zwischen Waren

Inhaltsverzeichnis

12. Sie eignen sich Kenntnisse über Waren an 98
Informationen über Waren · Testergebnisse · Warensteckbrief · Grundzüge der allgemeinen Warenlehre

13. Sie kennen und beachten rechtliche Vorschriften im Verkauf 109
Verkaufsbezogene Vorschriften · Warenbezogene Vorschriften · Verpackungsbezogene Vorschriften

14. Sie gehen sachgemäß mit Ware um 117
Physische Warenschäden · Warenpflege und Umgang mit Ware · Wirtschaftliche Warenschäden · Sicherer Umgang mit der Ware

15. Sie bewerten die Gesundheits- und Umweltverträglichkeit von Waren ... 123
Gesundheitsverträglichkeit von Waren · Umweltverträglichkeit von Waren · Umweltschutzmaßnahmen im Einzelhandel

16. Sie beziehen sich auf die Motive und Ansprüche Ihrer Kunden 130
Kaufmotive · Rationalisierung · Kundenansprüche · Versorgungs- und Erlebnishandel · Kundentypen und Lebensstil · Preiswertkäufer und Smart Shopper · Zukunftsaussichten

17. Sie benutzen die Sprache als Brücke zum Kunden 139
Grundbegriffe der Kommunikation · Grundfehler beim Sprechen · Einflüsse auf die akustisch vermittelte Sprache · Wirkungsvolle Sprache im Verkauf

18. Sie erkennen die Bedeutung der Körpersprache 146
Aufgaben der Körpersprache · Ausdrucksfelder der Körpersprache · Körpersprache im Verkauf

C. Elemente der Verkaufskommunikation

19. Sie bekommen Kontakt mit Ihren Kunden 152
Beschaffungs-, Aushändigungs-, Beratungs- und Animationskauf · Kontaktaufnahme bei Bedienung, Vorwahlsystem und Selbstbedienung · Ansprache der Kunden · Anrede von Kunden

20. Sie ermitteln die Wünsche Ihrer Kunden 159
Welche Fragen stellen Sie? · Die Bedeutung „eröffnender Fragen" · So ermitteln Sie Kundenwünsche!

21. Sie sprechen bei der Warenvorlage die Sinne Ihrer Kunden an 163
Zeitpunkt · Anzahl der Artikel · Preislage · Ansprache der Sinne

22. Sie leiten aus Warenmerkmalen Nutzungseigenschaften ab 169
Warenmerkmale · Nutzungseigenschaften · Vermeidung von Verkaufsphrasen

23. Sie übersetzen Nutzungseigenschaften in kundenbezogene Verkaufsargumente 174
Kundenbezogene Sprache · Verkaufsargumente im Sie-Stil · Kundenbezogene Argumente bei Besorgungs- und Geschenkkauf

24. Sie bieten den Kunden Problemlösungen an 179
Was wollen Ihre Kunden? · Problemlösungen durch die Ware · Problemlösungen durch die Leistungen Ihres Betriebs

25. Sie beziehen Serviceleistungen verkaufswirksam ein 183
Vielfalt und Arten der Serviceleistungen · Dienstleistungsorientierung · Serviceleistungen als Verkaufsargumente · Problembezogener Einsatz der Serviceangebote

26. Sie setzen den Preis in Beziehung zur Leistung 188
Einbindung des Preises · Regeln für den Umgang mit Preisen · Methoden der Preisnennung · Der Preis als Verkaufsargument und Qualitätsmaßstab?

27. Sie reagieren richtig auf Kundeneinwände 193
Ursachen für Einwände · Reaktion auf Kundeneinwände · Methoden der Einwandbehandlung

28. Sie unterbreiten Alternativvorschläge 199
Warum benötigen Kunden Alternativvorschläge? · Wie bieten Sie Alternativen an?

29. Sie erleichtern und bekräftigen die Kaufentscheidung der Kunden 203
Kaufsignale von Kunden · Abschlusstechniken · Aktivitäten nach der Kaufentscheidung

30. Sie bieten erfolgreich Ergänzungen an 208
Notwendigkeit von Ergänzungsangeboten · Geeignete Artikel · Zeitpunkt und Formulierung von Ergänzungsangeboten

31. Sie kassieren den Kaufpreis und verabschieden die Kunden 212
Kassierformen · Zahlungsarten · Verabschiedung

D. Probleme und Sonderfälle im Verkauf

32. Sie meistern Reklamationen und Warenumtausch 217
Ursachen für Reklamationen · Verhalten bei Reklamationen · Rechte des Kunden · Kulanz · Umtausch

33. Sie behalten den Überblick bei Hochbetrieb 224
Hochbetriebszeiten · Auswirkungen auf Kunden · Einstellung auf Hochbetrieb · Verhaltensregeln

34. Sie vermeiden Ladendiebstähle 229
Schäden durch Ladendiebstähle · Motive und Methoden · Verhinderung von Diebstählen · Warensicherungssysteme · Delikte des Verkaufspersonals

35. Sie stellen sich auf besondere Kundengruppen ein 237
Erkennen besonderer Kundengruppen · Ausländer als Kunden · Kinder als Kunden · Kunden in Begleitung

36. Sie gehen auf Verbraucherbedürfnisse ein und beachten den Verbraucherschutz 244
Informationsquellen · Verbraucherpolitische Maßnahmen · Verbraucherorganisationen · Fragen an ein Produkt

E. Prüfungsvorbereitung und Weiterbildung

37. Sie wenden Ihre Kenntnisse in praktischen Übungen an 249
Prüfungsinhalte · Ablauf · Aufgaben für „Praktische Übungen"

38. Sie informieren sich über Berufschancen und Weiterbildungsmöglichkeiten 254
Berufliche Chancen im Einzelhandel · Weiterbildungsmöglichkeiten · Adressen

F. Verzeichnisse

Bildquellenverzeichnis 259
Stichwortverzeichnis 260
Autoren 265

A. Grundlagen des Einzelhandelsmarketings

1. Schritt: Sie erkennen die Aufgaben der Handelsbetriebe

Zielangabe

In diesem Schritt
- machen Sie sich mit den Funktionen des Handels vertraut
- lernen Sie häufig vorkommende Absatzwege kennen
- erfahren Sie die Rolle des Einzelhandels auf Käufermärkten.

Einstieg

Abb. 1.1

Neulich nach der Schule ...

„Ey, Danny, ist bei dir der Reichtum ausgebrochen? Ist doch alles neu, oder?"

„Klaro, wir haben doch eine Tour zum Fabrikladen nach Herzogenaurach gemacht. Ich sage dir, Preise, da fällst du vom Hocker! Glatt die Hälfte von dem, was du sonst so im Laden zahlst."

„Sag ich doch immer. Den Handel kannst du vergessen, der macht die Sachen nur teurer!"

Lehrtext

Sie haben eine Ausbildung im Einzelhandel aufgenommen und hören es wahrscheinlich mit Verwunderung, wenn dieser wichtige Bereich der Wirtschaft als überflüssig bezeichnet wird. Immerhin fließt die Hälfte aller Konsumausgaben – jährlich über 300 Milliarden € – in die über 400 000 Geschäfte des Einzelhandels, der doch immer als „Mittler" zwischen Herstellung und Konsum bezeichnet wird. Sie werden in diesem Schritt erfahren, ob diese Meinung berechtigt ist.

Handelsbetriebe unterscheiden sich deutlich von den Unternehmen in Landwirtschaft, Industrie und Handwerk: Sie produzieren keine Sachgüter, sondern sind mit dem Absatz von Waren und dem Angebot von weiteren damit verbundenen Dienstleistungen befasst.

Beim Absatz von Waren erfüllt der Handel Aufgaben, die als Handelsfunktionen bezeichnet werden: er erbringt Handelsleistungen.

Handelsfunktionen	Beispiele
1. Räumliche Überbrückungsfunktion Waren werden nicht dort produziert, wo sie gebraucht werden. Die Beschaffung und den Transport der Waren übernehmen Handels- und spezielle Dienstleistungsunternehmen.	*Ein Schuhfachgeschäft beschafft Schuhe aus der Pfalz, aber auch aus Italien und Frankreich und bietet so den Kunden ein internationales Angebot.*
2. Zeitliche Überbrückungsfunktion Die Produktion oder Lieferung vieler Waren erfolgt saisonabhängig, z. B. durch Erntezeiten. Andere Waren werden über das ganze Jahr hinweg produziert, aber saisonabhängig verwendet oder verbraucht. Der Handel überbrückt die Zeit durch Lagerung.	*Ein Haushalt verbraucht Kartoffeln das ganze Jahr über. Lebensmittelgeschäfte liefern Kartoffeln auch außerhalb der Erntezeit. – Christbaumschmuck wird nur vor Weihnachten angeboten und verkauft.*
3. Mengenausgleichsfunktion Viele Waren werden in großen Mengen hergestellt (Massenproduktion). Die Hersteller verkaufen ihre Waren nur in großen Mengen an den Handel, der Handel gibt Kleinmengen an die Verbraucher ab.	*Kugelschreiber sind ein Massenprodukt. Ein Hersteller produziert am Tag mehrere Tausend Stück. Ein Schreibwarenfachgeschäft verkauft sie einzeln an seine Kunden. – Ein Ladenmetzger bezieht Schweinehälften und zerlegt sie in verbrauchsgerechte Zuschnitte.*
4. Sortimentsfunktion Viele Hersteller haben sich bei der Produktion auf wenige Waren spezialisiert. Der Handel muss bei verschiedenen Herstellern einkaufen und daraus ein bedarfsgerechtes Angebot (sein Sortiment) zusammenstellen.	*Ein junges Ehepaar will seine neue Wohnung einrichten. Das Einrichtungsfachgeschäft nimmt ihm Mühe und Wege ab, weil Möbel, Lampen, Gardinen und Teppichböden zusammen in einem Geschäft erhältlich sind.*
5. Qualitätsfunktion Bei der Zusammenstellung von Sortimenten prüft der Handel durch Kontrollen, Stichproben und Tests, ob die Waren seinen Ansprüchen genügen. Nicht bedarfsgerechte Waren können ausgesondert werden, sodass eine bestimmte Qualität des Angebots erreicht wird. Außerdem bewirkt der Handel oft erst die Verwendungsreife durch „Veredelung".	*Eine Handelskette für Elektrogeräte stellt bei Tests fest, dass der Schalter an BZS-Waschmaschinen störanfällig ist. BZS-Waschmaschinen werden daraufhin nicht ausgeliefert, bis der Hersteller verbesserte Schalter eingebaut hat.* *Schlussreifung von noch grünen Bananen; Reifung von Lagerweinen; Trocknung von Holz.*

1. Schritt: Sie erkennen die Aufgaben der Handelsbetriebe

6. Beratungs- und Werbefunktion

In vielen Fällen haben die Kunden nur geringe Warenkenntnisse. Der Handel vermittelt den Kunden diese Kenntnisse (Beratung) und macht sie auf die Artikel bestimmter Hersteller bzw. auf bestimmte Marken aufmerksam (Werbung).

Ein junger Mann plant die Anschaffung einer Kamera. Im Fachgeschäft wird er über Bedienung und Leistung der Geräte beraten. Außerdem empfiehlt der Verkäufer das bewährte Modell Canolta X3.

7. Servicefunktion

Viele Waren müssen durch einen Kundendienst betreut werden. Auslieferung, Auf- und Einstellung und Gebrauchstipps gehören genauso dazu wie Wartung, Inspektion, Reparatur und Bereitstellung von Ersatzteilen und Zubehör.

Eine Kundin kauft ein Farbfernsehgerät. Das Fachgeschäft liefert das Gerät an, der Kundendienst übernimmt den Antennenanschluss und die Einstellung, hinterlässt einen Aufkleber mit der Telefonnummer des Reparaturdienstes und nimmt Verpackungsmaterial und das Altgerät mit.

8. Kreditfunktion

In vielen Fällen muss der Kunde die Ware nicht sofort bezahlen. Der Handel räumt ihm einen Kredit ein (Finanzierung). Entweder zahlt der Kunde den gesamten Betrag später (Zahlungsziel), oder er zahlt in Teilbeträgen (Ratenzahlung).

Ein Rentner will seinem Enkel ein Rennsportrad zu Weihnachten schenken. Er vereinbart mit dem Händler eine Zahlung in der ersten Januarwoche, weil sein Sparvertrag erst Ende Dezember freigegeben wird.

Sie sehen: Wenn der Handel seine Funktionen erfüllt, leistet er ganz wesentlich mehr, als Ware lediglich zu verteilen. Erst dadurch, dass Handelsleistungen erbracht werden, wird ein „Erzeugnis" zur „Ware" und damit konsumreif **(Abb. 1.2)**.

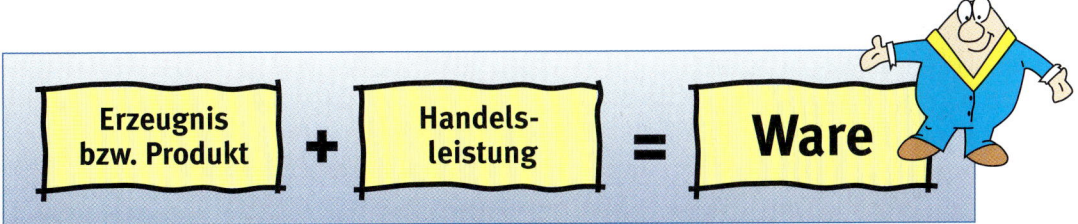

Abb. 1.2

Betrachtet man die Absatzwege der Waren, so ist nicht von vornherein festgelegt, ob der Handel alle diese Leistungen selbst erbringt oder ob Handelsfunktionen von vorgelagerten Stufen – z. B. vom Hersteller – oder aber vom Verbraucher/Verwender übernommen werden.

In vielen Fällen übernehmen Dienstleistungsbetriebe spezielle Teilbereiche der Handelsfunktionen. Für die räumliche Überbrückung sorgen z. B. Reedereien, Speditionen, Luftverkehrslinien, für die zeitliche Überbrückung Lager- und Kühlhausbetriebe. Abpackbetriebe leisten die Umgruppierung großer Produktionsmengen zu bedarfsgerechten Verkaufseinheiten. Die Überprüfung der Qualität kann in Testinstituten und Labors erfolgen. Kredite werden in sehr unterschiedlichen Formen von den Kreditinstituten (Banken, Sparkassen) angeboten.

▶ Vielfalt im Einzelhandel

Ähnlich vielfältig wie die Handelsleistungen und die Absatzwege ist auch das Erscheinungsbild des Einzelhandels **(Abb. 1.3)**. Es reicht vom großen SB-Verbrauchermarkt am Stadtrand bis zum Tante-Emma-Laden an der Ecke, vom Großstadtwarenhaus mit 120 000 Artikeln bis zum Spezialgeschäft mit ausgewählten Waren, vom Großversandhaus bis zum fliegenden Händler auf dem Wochenmarkt.

Abb. 1.3: Vielfalt im Einzelhandel

▶ Der Markt als Ort des Verkaufsgeschehens

Die Menschen trugen jahrhundertelang ihre Waren zum Markt, um dort zu handeln. Auf dem Markt trafen Angebot und Nachfrage aufeinander, d. h., es traten Verkäufer und Käufer auf. Sie verständigten sich, dann wurden Ware und Geld wechselseitig ausgetauscht. Auch Sie kennen solche Märkte, z. B. die Verkaufsmesse, den Jahrmarkt oder den Wochenmarkt in Ihrer Nachbarschaft, auf dem Blumen und frische Lebensmittel angeboten werden.

Allerdings sieht der Handel mit Waren vielfach anders aus. Verkäufer und Käufer müssen nicht mehr persönlich zusammenkommen, und auch die Ware muss nicht mehr anwesend sein. Moderne Kommunikationsmittel (Telefon, Telefax, Internet) ermöglichen die Verständigung über große Entfernungen. Entsprechend haben sich auch die Märkte weltweit ausgedehnt. Sie sind nicht mehr an einen bestimmten Platz gebunden. Durch diese Veränderungen hat auch der Begriff „Markt" einen Bedeutungswandel erfahren. Heute versteht man unter einem Markt nicht allein eine Verkaufsveranstaltung an einem bestimmten Ort („Punktmarkt"), sondern ganz allgemein jedes Zusammentreffen von Angebot und Nachfrage.

Abb. 1.4: Fischmarkt in London um 1810

Einerseits führt der weltweite Handel zu einer nur schwer überschaubaren Vielfalt der Märkte. Andererseits kommt es für ein einzelnes Unternehmen gar nicht auf „den Weltmarkt" an, sondern auf den für dieses Geschäft bedeutsamen Teilmarkt. Jedes Unternehmen bestimmt durch Art und Umfang seiner Geschäftstätigkeit „seinen" Teilmarkt selbst:

Der Teilmarkt des Tante-Emma-Ladens in einer Siedlung am Rande von Hamburg umfasst die Bewohner dieser Siedlung, die den Weg in die 10 km entfernte Innenstadt nicht antreten können oder wollen. Auch die Vergesslichen, die kurz vor Feierabend noch schnell einkaufen, gehören dazu.

Der Teilmarkt des rollenden Lebensmittelladens „Stop & Shop" erfasst ältere oder aus anderen Gründen wenig mobile Einwohner in 70 unterversorgten ländlichen Gemeinden im Landkreis Prenzlau.

Der Teilmarkt eines Fachgeschäftes für Brautmoden in Münster erstreckt sich auf die Heiratswilligen einer ganzen Region.

Der Teilmarkt eines in München ansässigen Versandhauses für Linkshänderbedarf umfasst die linkshändige Kundschaft in der gesamten Bundesrepublik und darüber hinaus.

Als Fachkraft in Beratung und Verkauf müssen Sie den Teilmarkt, auf dem Sie tätig sind, gut kennen. Vor allem müssen Sie einzuschätzen wissen, ob Verkäufer oder Käufer auf diesem Teilmarkt in einer stärkeren Position sind, denn fast alle Märkte für Konsumgüter haben sich durch massenhafte Produktion von Gütern einerseits und durch weitgehende Sättigung vieler Bedürfnisse andererseits von Verkäufer- zu Käufermärkten gewandelt.

früher: Verkäufermarkt	heute: Käufermarkt
Probleme bei Produktion und Beschaffung	Probleme beim Absatz
knappes Warenangebot	reichhaltiges Warenangebot
Ware wird vom Handel „verteilt" und „zugeteilt"	Ware wird vom Handel „angeboten" und „beworben"
Werbung überflüssig	Werbung und Einsatz weiterer absatzpolitischer Maßnahmen notwendig
Händler haben zuwenig Ware, um die große Nachfrage zu decken.	Kunden haben zuwenig Geld, um das reichliche Warenangebot auszuschöpfen
große Konkurrenz der Nachfrager	große Konkurrenz der Anbieter
„Warteschlangen" vor den Geschäften	Kunden wählen zwischen zahlreichen Anbietern und vielen Angeboten
leere Warenregale	knapper Regalplatz
Notwendigkeit der Bedarfsdeckung	Notwendigkeit der Bedarfsweckung
Knappheitsmarkt	Wohlstandsmarkt
Mangelgesellschaft	Überflussgesellschaft
Mangel an Gütern: Nachfrageüberhang	Mangel an Kunden: Angebotsüberhang
Beschaffungsorientierung des Handels	Absatzorientierung des Handels
Ware steht im Mittelpunkt	Kunden stehen im Mittelpunkt
Kunden sind vor allem am Warenangebot interessiert	Kunden stellen hohe Ansprüche an die Leistungen des Handels

Die besonderen Schwierigkeiten, Waren auf Käufermärkten zu verkaufen, führen zu entsprechenden Verkaufs- und Betriebsformen (siehe **3. und 4. Schritt**) und zu höheren Anforderungen an die Kundenberatung durch das Verkaufspersonal.

Arbeitsaufgaben

1. Wir haben Kunden im Gespräch miteinander belauscht. Von welchen Handelsfunktionen ist die Rede?
    a) „Ich habe nur eine kleine Wohnung und kann nichts lagern. Da ist es gut, dass dieser Laden gleich in meiner Nachbarschaft liegt."
    b) „Vielleicht sind die Preise woanders niedriger, aber hier kann ich mich auf einen ordentlichen Kundendienst verlassen."
    c) „... und wenn ich am Monatsende ein bisschen knapp bin, kann ich auch anschreiben lassen."
    d) „Ich brauche nicht lange hin und her zu laufen, denn ich finde hier alles unter einem Dach."

e) „Wenn ich mal nicht weiß, was ich stricken soll, finde ich Vorschläge und Strickmuster im Woll-Laden."
f) „Als Alleinstehender brauche ich immer nur kleine Mengen. Die kaufe ich im ‚Tante-Emma-Laden' nebenan."
g) „Ich richte mich bei meinen Einkäufen immer auch nach den Anzeigen, die donnerstags in der Zeitung stehen."
h) „... alles ist tadellos frisch. Ich bin sehr zufrieden."
i) „... und dann eine Auswahl wie in der Großstadt."

2. Erklären Sie die Funktionen des Handels am Beispiel Ihres Ausbildungsbetriebes. Beschreiben Sie dabei möglichst genau, ob und wie der Betrieb jede einzelne der oben genannten Funktionen erfüllt!
3. Erläutern Sie die einzelnen Merkmale von Verkäufer- und von Käufermärkten. Bewegt sich der Einzelhandel bei seiner Warenbeschaffung auf einem Verkäufer- oder auf einem Käufermarkt? Notieren Sie Ihre Antwort, und vergleichen Sie die unterschiedliche Machtstellung des Handels bei Beschaffung und Absatz.

Training

1. Halten Sie ein Kurzreferat über „Stellung und Bedeutung des Einzelhandels". Berücksichtigen Sie dabei folgende Punkte:
   a) Stellung des Einzelhandels in der Gesamtwirtschaft
   b) Zahl der Beschäftigten im Einzelhandel
   c) Zahl der Einzelhandelsunternehmen
   d) Umsatz des Einzelhandels.
   (Informationen hierzu erhalten Sie von der IHK, dem Einzelhandelsverband oder über das Internet, z. B. www.statistik-bund.de)
2. Prüfen Sie, ob sich entsprechende Zahlen auch für Ihre Ausbildungsbranche finden lassen.
3. Geben Sie Ihrer Klasse/Lerngruppe einen Bericht über den Teilmarkt, auf dem Sie tätig sind bzw. auf dem Sie tätig werden wollen, und nennen Sie dabei mindestens je fünf Kenntnisse und Fertigkeiten, die zur erfolgreichen Arbeit auf diesem Teilmarkt erforderlich sind!

2. Schritt: Sie erfassen die Bedeutung der Verkaufsorganisation und des Standortes

Zielangabe

In diesem Schritt
- lernen Sie, auf welchen Wegen Waren vom Hersteller zu den Konsumenten gelangen können und wie der Einzelhandel Kontakt zu seinen Kunden aufnimmt
- wird Ihnen die Bedeutung des Standortes für den Ladenhandel und seine Kunden deutlich
- erfahren Sie, welche Veränderungen der Standortbedingungen eintreten können und welche Folgen dies haben kann.

Einstieg

Abb. 2.1: Direkter und indirekter Absatz

Lehrtext

Eine Ware kann auf sehr unterschiedliche Weise vom Hersteller zu den Konsumenten gelangen. Nicht immer, aber in den meisten Fällen ist der Einzelhandel daran beteiligt, wie hier am Beispiel „Kaffee" gezeigt werden soll:

Früher bezogen Einzelhändler (meist Fachgeschäfte für Kaffee, Tee und Kakao) Rohkaffee von Importgroßhändlern in Bremen oder Hamburg und rösteten selbst (Veredelung). Auch hatte der Postversand von Kaffee ab Rösterei eine große Bedeutung. Das hat sich völlig geändert. Heute sind für Kaffee die folgenden „Handelsketten" üblich:

a) Ein Hersteller (Tchibo) verkauft den Kaffee über eigene Verkaufsstellen direkt an die Verbraucher.
b) Ein Hersteller (Tchibo) verkauft über „Depots" in Bäckereien oder Supermärkten.
c) Ein Hersteller (Jacobs) beliefert den Einzelhandel mit eigenen Lieferfahrzeugen und übernimmt in den Geschäften die „Regalpflege" (Rack jobber); die Regale gehören dem Hersteller, der auch Miete für die benötigte Fläche zahlt.

2. Schritt: Sie erfassen die Bedeutung der Verkaufsorganisation und des Standortes

d) *Andere Hersteller beliefern den Großhandel und Einkaufsorganisationen, bei denen kleinere Einzelhandelsgeschäfte ihren Bedarf decken.*

e) *Ein Lebensmittel-Discounter (ALDI) hat sich eine Großrösterei (Markus) angegliedert und verkauft den Kaffee ausschließlich in eigenen Filialen.*

Im ersten Fall spricht man von **direktem Absatz** (weil zwischen Hersteller und Konsumenten keine Mittler treten), in allen anderen Fällen von **indirektem Absatz** (weil Groß- und/oder Einzelhandel eingeschaltet sind und diese für Hersteller und Konsumenten Handelsleistungen erbringen).

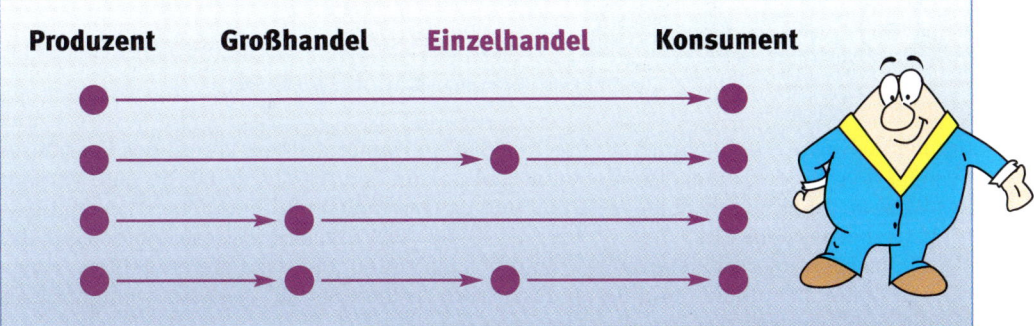

Abb. 2.2: Handelsketten

▶ **Absatzwege unter Beteiligung des Einzelhandels**

Je nachdem, wie Handel und Kunden Kontakt zueinander bekommen, lassen sich unterschiedliche Absatzwege über den Einzelhandel unterscheiden. Dieses Buch bezieht sich in erster Linie auf den **Ladenhandel**.

Art der Kontakt-aufnahme	(1) Der Kunde sucht den Handel in seinem Geschäftslokal auf	(2) Der Handel sucht den Kunden in (oder nahe) der Wohnung auf	(3) Handel und Kunde treffen sich an einem dritten Ort	(4) Handel und Kunde treffen sich nicht; der Kontakt wird durch Medien vermittelt
Beispiele	**Ladenhandel** („stationärer Handel")	ambulanter Handel Hausierhandel Verkaufswagen Warenvorführung (Direktvertrieb)	Wochenmarkt Messen Modenschauen Verkaufspartys	Versandhandel – herkömmlicher Versandhandel – Katalog-Show Room – E-Commerce per Telefon/ Fax/Internet

▶ **Sonderform Franchising**

Ein Mittelding zwischen direktem und indirektem Absatz ist das Franchising. Hier stellt der Franchise-Geber – meist ein Hersteller – dem Franchise-Nehmer ein Vertriebssystem zur Verfügung, bei dem er einheitliche Ladengestaltung, Belieferung, Werbung und Verkaufsförderung, in einigen Fällen auch Buchführung und andere Verwaltungsarbeiten übernimmt. Für diese Leistungen zahlt der Franchise-Nehmer dem Franchise-Geber einen Einmalbetrag und ein laufendes Entgelt; im Übrigen kümmert er sich ausschließlich um den Verkauf der Ware an seine Kunden.

Abb. 2.3: Logos von Franchiseunternehmen im Einzelhandel

Franchise-Geber wie -Nehmer sind selbstständige Kaufleute. Der Vorteil des Franchise-Systems liegt für den Franchise-Geber im Einfluss auf den Absatz, den er bis zum Verkauf der Ware an den Endverbraucher behält, und im Gewinn von Informationen aus dem Warenwirtschaftssystem über den Abfluss der Ware. Für den Franchise-Nehmer liegt der Vorteil darin, dass er sich auf den Verkauf konzentrieren und dazu ein eingeführtes Vertriebssystem nutzen kann, und darin, dass er bei Gründung des Geschäfts weniger Kapital aufbringen muss.

▶ **Der Standort**

Abb. 2.4: Nachbarschaft/Zentrum als Standorte

Viele Waren gehören zu den Gütern des täglichen Bedarfs (die meisten Lebensmittel, Benzin, Zeitungen und Zeitschriften, Tabakwaren). Hier steht für die meisten Kunden bequemes Einkaufen in der Nähe im Vordergrund.

Andere Waren werden gelegentlich (Delikatessen, Frühjahrs- und Herbstmode) oder selten (PKW, Wohnzimmermöbel, Heimtextilien, Brautkleider) nachgefragt. Die Kunden sind daher bereit, einigen Beschaffungsaufwand (Entfernung, Zeit, Sorgfalt bei der Auswahl) zu treiben, und erwarten oft auch ein angenehmes Einkaufserlebnis. Deshalb werden z. B. Textilien weniger in wohnungsnahen Nachbarschaftsgeschäften angeboten, sondern in der City, in Stadt- und Vorortzentren sowie in Einkaufszentren („auf der grünen Wiese").

2. Schritt: Sie erfassen die Bedeutung der Verkaufsorganisation und des Standortes

Vom Standort eines Geschäfts hängt ab, welche Umsätze mit den Kunden des Einzugsgebietes erzielt werden können. Die Erreichbarkeit zu Fuß nimmt immer mehr an Bedeutung ab, umso wichtiger ist die Erreichbarkeit mit dem privaten PKW – auch abhängig von den Parkmöglichkeiten – und mit dem öffentlichen Nahverkehr.

Die meisten Kunden kalkulieren mehr oder weniger bewusst Nutzen und Aufwand eines Einkaufs und wägen ab
- zwischen den erwarteten Einkaufsvorteilen sowie dem Einkaufsvergnügen einerseits und
- zwischen dem dafür notwendigen Einkaufsaufwand (Zeit, Geld, Anstrengungen) andererseits.

Sie schätzen kurze Entfernungen umso mehr,
- je geringer ihre Mobilität ist,
- je knapper Zeit und Geld sind,
- je dringender sie einen Bedarf empfinden,
- je häufiger sie eine Ware einkaufen,
- je gleichartiger die Angebote sind und
- je geringer die Einkaufsbeträge sind.

Sie akzeptieren auch längere Wege,
- wenn sie dank guter Verkehrsverbindungen die Einkaufsstätte dennoch rasch erreichen können,
- wenn sie erhebliche Preisvorteile erwarten,
- wenn es um seltene und bedeutende Anschaffungen geht,
- wenn sie mehrere Einkäufe bündeln können (One-stop-Shopping),
- wenn ein Einkaufserlebnis für Wege und Zeitaufwand entschädigt.

▶ Standortfaktoren

Nur wenige Wirtschaftsbereiche sind so standortabhängig wie der Ladenhandel. Die Wahl des Standortes ist für Ladengeschäfte des Einzelhandels von außerordentlicher Bedeutung, weil
- mit dem Standort Einzugsgebiet, Kundenkreis, Umsatz und Kosten und schließlich der Gewinn bestimmt werden,
- eine einmal getroffene „falsche" Standortentscheidung sich nur schwer korrigieren lässt.

Für die Standortwahl sind neben den eigenen Zielen (z. B. Steigerung oder Erhaltung des Marktanteils, Verdrängung von Wettbewerbern, Erreichen der Marktführerschaft, um langfristig Rentabilität und Gewinn zu erreichen) u. a. folgende Standortfaktoren bedeutsam:

- Größe, Betriebstyp des geplanten Geschäfts
- Sortiment, Preislage des geplanten Geschäfts
- Lage, Größe, Preis/Pacht des Grundstücks am geplanten Standort
- Zentralität (Anziehungskraft) des Standorts
- Einzugsgebiet, Bevölkerung, Berufstätigkeit, Kaufkraft
- Marktanteile, Konkurrenzsituation.

- Nachbarschaft zu ergänzenden bzw. konkurrierenden Betrieben und zu „Kundenmagneten"
- Anschluss an eine Werbegemeinschaft
- Verkehrserschließung, Haltestellen
- verkehrsberuhigte Bereiche, Fußgängerzonen
- Passantenströme, Laufrichtung, Laufseite
- Parkplätze, Parkkontrolle, Parkgebühren
- Anschluss an eine Parkgemeinschaft
- Flächennutzungs- und Bebauungsplan.

▶ Häufung branchengleicher und branchenungleicher Standorte

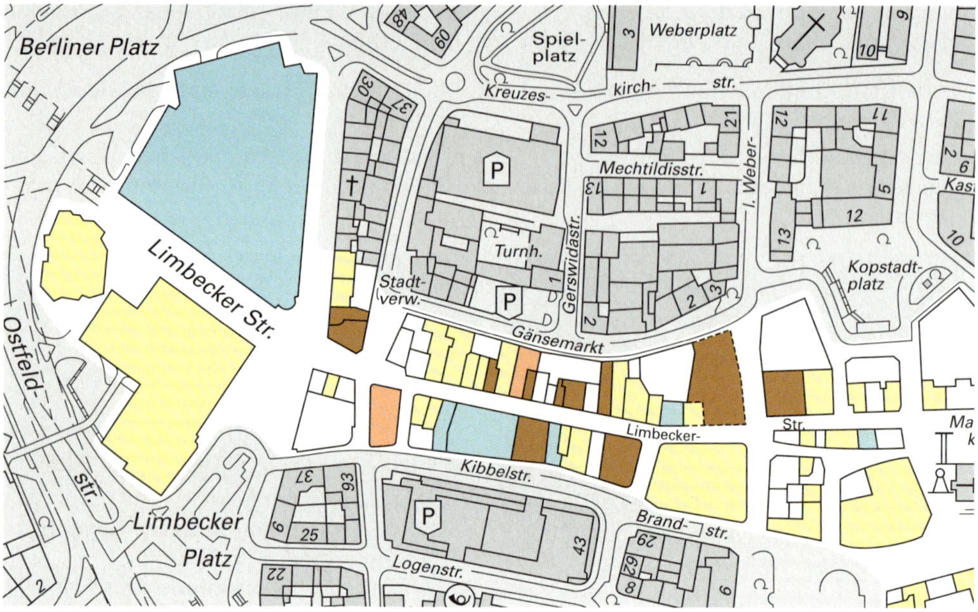

Zeichenerklärung:

- ☐ Bekleidungsfachgeschäfte, Boutiquen, Textilkaufhäuser
- ☐ Heimtextilien, Dekoration, Betten, Teppiche
- ☐ Schuhe, Lederwaren
- ☐ Anbieter von Textilien mit nichttextilem Schwerpunkt (z. B. Karstadt, Müller, Tchibo)
- ☐ Sonstige Ladengeschäfte

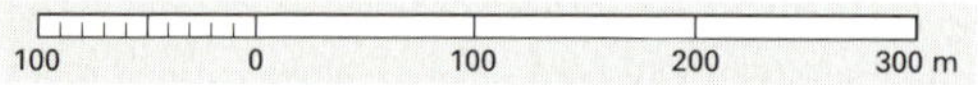

Abb. 2.5: Ladengeschäfte im Straßenzug „Limbecker Straße", Essen

Ein wichtiger Standortfaktor ergibt sich daraus, dass sich weitere Geschäfte und Dienstleistungsbetriebe in unmittelbarer Nähe des eigenen Standortes befinden. Eine solche Häufung von Standorten führt zur Einsparung von Kosten und/oder zu höheren Erträgen:

- dadurch, dass in der Nachbarschaft auch Geschäfte anderer Branchen (z. B. mit Waren, die das eigene Sortiment ergänzen) und weitere private und öffentliche Dienstleistungen ihren Standort haben;
- oder dadurch, dass sich am Standort auch Geschäfte derselben oder ähnlicher Branchen befinden („Konkurrenz hebt das Geschäft").

▶ Veränderungen der Standortbedingungen

Häufig können Veränderungen der Standortbedingungen die Qualität des Betriebsstandortes nachhaltig verändern:

2. Schritt: Sie erfassen die Bedeutung der Verkaufsorganisation und des Standortes

- Vor dem Geschäft wird ein Halteverbot eingerichtet,
- die Einkaufsstraße wird zur Fußgängerzone umgebaut,
- vor dem Geschäft hält neuerdings ein Linienbus,
- ein leistungsfähiger Mitbewerber eröffnet eine Filiale in unmitelbarer Nachbarschaft,
- am Stadtrand ist ein Einkaufszentrum entstanden.

In vielen Fällen sind Maßnahmen zur Anpassung an die geänderten Bedingungen sinnvoll oder sogar zwingend erforderlich, die in extremen Fällen bis zum Wechsel des Standorts oder zur Aufgabe des Geschäfts führen können.

Arbeitsaufgaben

1. Erläutern Sie den Mitgliedern Ihrer Klasse/Lerngruppe, welche Ihrem Betrieb vor- und nachgelagerten Betriebe Handelsfunktionen übernehmen.

2. Nennen Sie außerdem drei Beispiele dafür, dass Konsumenten Handelsleistungen erbringen!

3. Nähe muss nicht räumliche, sondern kann auch psychische Nähe sein. Weisen Sie an praktischen Beispielen nach, wie Betriebe des Einzelhandels versuchen, über
   a) die Benennung,
   b) die Ladengestaltung,
   c) die Warenpräsentation,
   d) weitere Kommunikationsmaßnahmen,
   e) das Sortiment
   „Nähe" zum Geschäft und „Bindung" an das Geschäft zu erreichen.

4. Listen Sie für Ihren Ausbildungsbetrieb die positiven und negativen Standortfaktoren auf. Stellen Sie fest, wie der Betrieb in der Vergangenheit auf Veränderungen der Standortqualität reagiert hat!

Training

Machen Sie einen Unterrichtsgang zu einem Einkaufszentrum und ermitteln Sie durch Auszählen der Kennzeichen parkender Fahrzeuge, aus welchem Einzugsgebiet die Besucher des Zentrums kommen, die einen PKW zur Anreise benutzen. Zeichnen Sie eine Kartenskizze, die erkennen lässt, welche Resonanz das Einkaufszentrum in seinem Einzugsgebiet findet. Stellen Sie das Ergebnis in der Klasse/Lerngruppe vor!

3. Schritt: Sie informieren sich über die Betriebsformen des Ladenhandels

Zielangabe

In diesem Schritt
- lernen Sie die wichtigsten Betriebsformen des Einzelhandels kennen
- erfassen Sie den Zusammenhang von Betriebsform, Betriebsgröße und Verkaufsform
- machen Sie sich mit Entwicklungstendenzen im Einzelhandel vertraut.

Einstieg

Abbildung 3.1 zeigt das Schnürsenkel-Fachgeschäft Otto Stiefel mit dem Firmenchef und einschließlich der vollen Belegschaft, des Hauptlagers sowie des gesamten Warenangebots.

Lehrtext

Das „Schnürsenkel-Fachgeschäft Otto Stiefel" kommt Ihnen sicher etwas seltsam vor. Mit der Betriebsform „Fachgeschäft" verbindet man allgemein andere Merkmale als einen „fliegenden Händler" mit Bauchladen.

Abb. 3.1

Bei „Fachgeschäft" und „Bauchladen" handelt es sich um zwei unterschiedliche Betriebsformen, die sehr einfach voneinander zu unterscheiden sind. Schwieriger wird die Unterscheidung schon, wenn zwei Betriebsformen des Ladenhandels verglichen werden. Deshalb ist es notwendig, dass Sie sich die grundlegenden Unterschiede der Betriebsformen klarmachen.

Die Betriebsformen des Einzelhandels unterteilt man in drei Hauptgruppen: den Ladenhandel, den Versandhandel und den ambulanten Handel. („Ambulant" bedeutet „nicht ortsgebunden", also mit dem Fahrzeug oder zu Fuß unterwegs.)

▶ Betriebsformen des Einzelhandels

Versandhandel	Ladenhandel	ambulanter Handel
Großversandhaus (Angebot an Waren vieler Warengruppen)	Fachgeschäft	Fliegender Händler (Bauchladen, Verkaufsstand)
Spezialversandhaus (Angebot an Waren einer Warengruppe)	Kaufhaus	Verkaufsfahrzeug
	Warenhaus	
	Verbrauchermarkt	
	Supermarkt	
	Kiosk	

3. Schritt: Sie informieren sich über die Betriebsformen des Ladenhandels

▶ ABC der Betriebsformen des Ladenhandels

Die Betriebsformen des Ladenhandels verändern sich ständig. Alte verschwinden und neue Formen tauchen auf, wie Sie an dem ABC feststellen können.

Unterscheidungsmerkmale der einzelnen Betriebsformen sind Größe (Verkaufsfläche, Beschäftigte), Sortiment (Art, Breite und Tiefe), Preisniveau, Standort und Verkaufsorganisation.

Basement Store (Tiefgeschossladen)	Es handelt sich um Verkaufsräume für Sonderangebote in Kauf- oder Warenhäusern. Sie befinden sich im Tiefgeschoss (Basement). Dort werden die Angebote unter weitgehendem Verzicht auf Ausstattung und Dienstleistungen mit Niedrigpreis angeboten.
Boutique	Sie ist zumeist ein kleines Einzelhandelsgeschäft, welches mit modischen, extravaganten Waren (überwiegend Bekleidung, Einrichtungsgegenstände, Schmuck) bestimmte Käuferschichten (häufig junge Kunden) ansprechen will. Das Sortiment ist weder breit noch tief. Viele Waren- und Kaufhäuser haben in ihren Abteilungen Boutiquen errichtet, um diese Zielgruppe zu erreichen (Shop-in-the-shop).
Catalog-Showroom	Versandunternehmen bieten in eigenen Geschäften ihre Katalogwaren an. In den Ausstellungsräumen kann der Kunde entweder die dort ausgestellte Ware kaufen oder über Kataloge Ware bestellen.
Convenience Store (Nachbarschaftsladen, früheres Gemischtwarengeschäft)	Es ist ein kleinflächiger Einzelhandelsbetrieb, der ein begrenztes Sortiment an Lebensmitteln sowie gängigen Haushaltswaren zu einem eher hohen Preisniveau anbietet. Häufig ist diese Betriebsform in Verbindung mit Tankstellen zu finden.
Discountgeschäft	Ein Einzelhandelsgeschäft mit einem begrenzten, problemlosen Warensortiment mit hoher Umschlagshäufigkeit und aggressiver Niedrigpreispolitik. Die Ausstattung ist meist sehr schlicht, und die Kunden müssen sich überwiegend selbst bedienen.
Einkaufszentrum (Shopping-Center)	Das Zentrum vereinigt viele Einzelhändler verschiedener Branchen und unterschiedlicher Größen am gleichen Standort. Gleichzeitig findet man ein umfassendes Dienstleistungsangebot (z. B. Restaurants, Banken, Friseure).
Fachgeschäft	Es bietet Waren einer Branche oder Bedarfsgruppe mit ergänzenden Dienstleistungen an und hat oft ein eher schmales, sehr tiefes, in sich geschlossenes Branchensortiment mit hoher Beratungsqualität.
Fachmarkt	Diese Form ist ein großflächiger Einzelhandelsbetrieb, der häufig ein breites und oft auch tiefes Sortiment aus einem Warenbereich (z. B. Schuhfachmarkt), einem Bedarfsbereich (z. B. Baufachmarkt) oder einem Zielgruppenbereich (z. B. Möbelfachmarkt für designorientierte Kunden) in übersichtlicher Warenpräsentation bei tendenziell niedrigem bis mittlerem Preisniveau anbietet. Der Standort

liegt in der Regel auf der grünen Wiese (z. B. Baufachmarkt) und in Einkaufszentren oder Innenstädten (z. B. Drogeriefachmarkt).

Factory-Outlet (Fabrikladen)
In Selbstbedienung bieten Fabriken aus eigener Fertigung ihre Waren zu günstigen Preisen an Endverbraucher an. Der Fabrikladen ist meist ein mittel- bis großflächiger Einzelhandelsbetrieb mit einfacher Ausstattung, der Waren zweiter Wahl oder Überbestände absetzt.

Filialgeschäft
Gebietsmäßig weit verzweigter Großbetrieb des Einzelhandels eines bestimmten Geschäftszweiges mit mindestens fünf getrennten, aber einheitlich gestalteten Verkaufsgeschäften unter einheitlicher Leitung.

Gemeinschaftswarenhaus
Es ist der räumliche und organisatorische Zusammenschluss von selbstständigen Fach-, Spezialgeschäften und Dienstleistungsunternehmen verschiedener Art und Größe. Der Kunde wechselt von einer Abteilung (selbstständiges Unternehmen) zu anderen, ohne zu ahnen, dass er auch das Unternehmen gewechselt hat, weil sie räumlich nicht voneinander getrennt sind.

Kaufhaus
Es ist ein größeres Einzelhandelsunternehmen, dessen Sortiment schmaler ist als das eines Warenhauses. Im Sortiment befinden sich meist mehrere Warengruppen. Am stärksten verbreitet sind Kaufhäuser mit Textilien und verwandten Warengruppen.

Off-Price-Store (Spezielle Form des Fachdiscounters)
In schlicht ausgestatteten Läden werden in Selbstbedienung Markenwaren des Nichtlebensmittelbereichs (z. B. Textilien, Schuhe, Glaswaren) unter dem Normalpreis angeboten. Die Waren stammen häufig aus Produktionsüberhängen.

Spezialgeschäft
Es führt ein Warensortiment, das sich auf den Ausschnitt des Sortiments eines Fachgeschäftes beschränkt. Das Sortiment ist tiefer als im Fachgeschäft, sodass auch differenzierte Kundenwünsche erfüllt werden können.

Supermarkt
Er ist aus dem traditionellen Gemischtwarenladen (ca. 400 qm) entstanden und führt ein breites und flaches Sortiment an Lebensmitteln, ergänzt um ausgewählte Non-food-Artikel.

Verbrauchermarkt/ SB-Warenhaus
Diese Form hat eine Verkaufsfläche von 1000 qm und mehr und ist meist in Stadtrandlage/Grüne Wiese angesiedelt. Schwerpunkt der Sortimentspolitik liegt bei Lebensmitteln, der Non-Food-Anteil steigt mit wachsender Verkaufsfläche. Viele Verbrauchermärkte bieten Dienstleistungen (Restaurant, Reinigung, Tankstelle) an, um die Anziehungskraft für den Kunden zu erhöhen.

Warenhaus
Es ist ein Gemischtwarengeschäft als Großbetrieb (ab 3000 qm) über mehrere Etagen und hat ein überwiegend tiefes, branchenübergreifendes Sortiment einschließlich Lebensmitteln an Standorten in der Innenstadt oder in Einkaufszentren.

▶ Raumaufteilung der Betriebsformen

Bei den meisten Betriebsformen hat sich eine bestimmte räumliche Aufteilung als praktisch und sinnvoll herausgestellt **(6. Schritt)**. Fachgeschäfte verfügen wegen des Bedienungsprinzips über eine Kunden- und eine Verkäuferzone, die meist durch einen Ladentisch getrennt sind. Anschauliche Beispiele hierfür sind – neben vielen modernen Läden – die „Kaufläden" der „guten alten Zeit" **(Abb. 3.2)**.

Abb. 3.2: Kolonialwarenladen im Kreismuseum Finsterwalde (Niederlausitz)

Bei den Bedienungsformen „Vorwahl" und „Selbstbedienung" ist diese Trennung aufgehoben. Die Kunden haben freien Zugang zur Ware, kein Ladentisch trennt Kunden und Verkaufspersonal.

Aus diesem Grund haben Warenhäuser, Verbraucher- und Supermärkte eine andere räumliche Aufteilung als die meisten Fachgeschäfte. Die Raumaufteilung und die Platzierung der Waren erfolgen häufig nach wissenschaftlich ermittelten Gesichtspunkten. Psychologen und Verkaufsforscher haben nämlich herausgefunden, dass sich die meisten Kunden bei ihrem Einkauf sehr stark beeinflussen lassen. Je nach der Aufteilung des Raumes und der Lage der Waren kann man den Kundenstrom so lenken, dass das Einkaufsverhalten angeregt wird. Aus diesem Grund ist auch die räumliche Einteilung der meisten Supermärkte ähnlich **(Abb. 3.3 und 6.8)**.

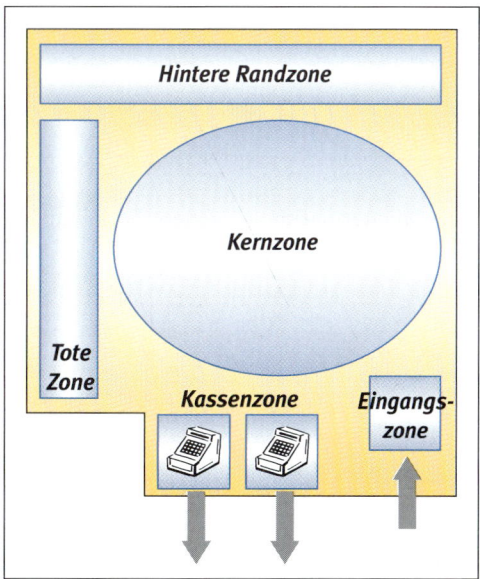

Abb. 3.3: Raumeinteilung im Supermarkt

▶ Neuere Entwicklungen im Einzelhandel

Der harte Wettbewerb im Einzelhandel hat in den letzten Jahrzehnten zu deutlichen Veränderungen geführt, die sich in der Zukunft noch fortsetzen werden. Der klein- und mittelbetriebliche Fachhandel verliert ständig an Marktanteilen, Versandhandel und Warenhäuser verzeichnen keine Zuwächse. Dagegen wachsen die Anteile der Filialbetriebe, Verbrauchermärkte und SB-Warenhäuser. Fachmärkte (für Drogeriewaren, Hobby- und Heimwerkerbedarf, Elektroartikel, Unterhaltungselektronik und Schreibwaren), die noch vor fünfzehn Jahren keine wichtige Rolle spielten, werden ihre Marktanteile weiter steigern **(Abb. 3.4)**.

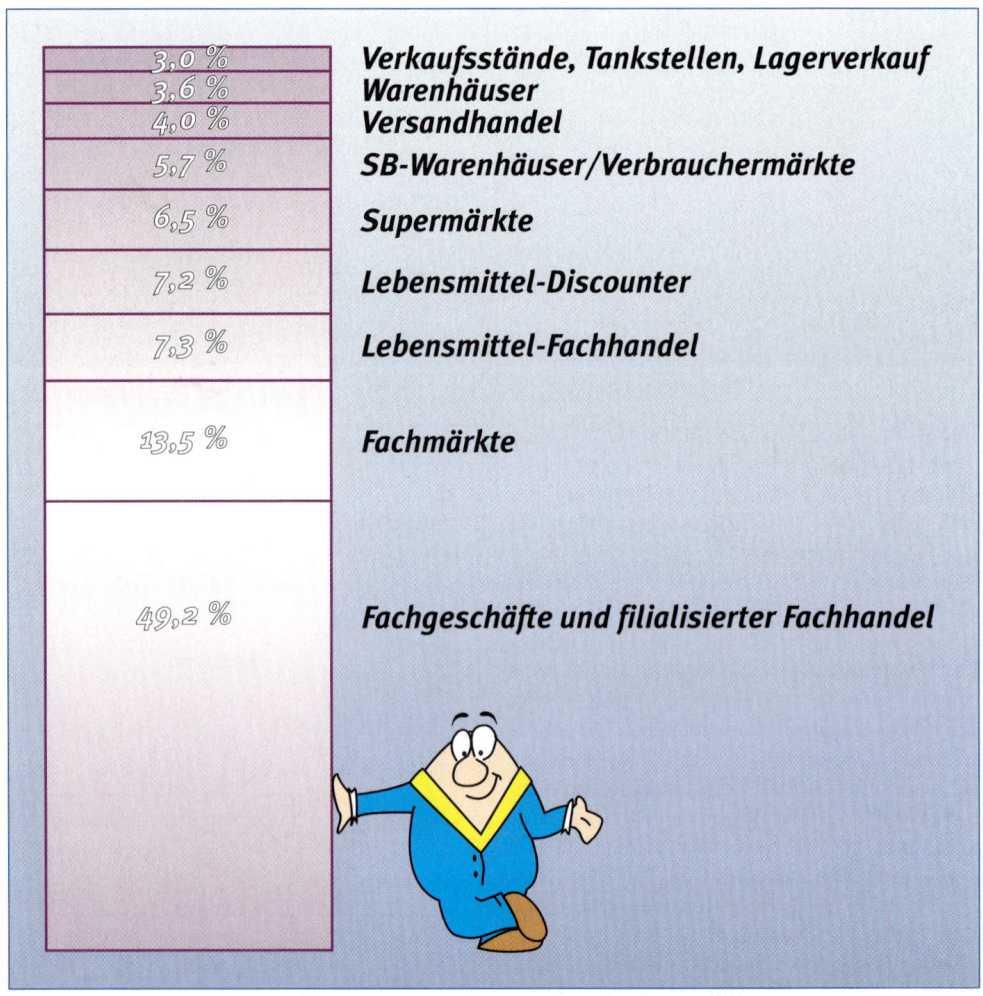

Abb. 3.4: Marktanteile nach Umsatz der Betriebsformen (nach „Handel aktuell 2000")

3. Schritt: Sie informieren sich über die Betriebsformen des Ladenhandels

Welches Stehvermögen die verschiedenen Betriebsformen im Wettbewerb haben, hängt wesentlich von der Unternehmensgröße ab. Den Großbetrieben des Einzelhandels (Filialbetriebe, Warenhäuser, SB-Verbrauchermärkte u. ä.) gelingt es, ihre Marktanteile deutlich zu steigern. Ähnlich erfolgreich sind die in Genossenschaften oder freiwilligen Ketten organisierten Betriebe. Großbetriebe und organisierte Betriebe wachsen zu Lasten der nichtorganisierten Betriebe. Zehntausende von ihnen, oft kleine Familienbetriebe („Tante-Emma-Läden"), mussten schließen, weil sie dem Konkurrenzdruck nicht mehr standhalten konnten oder weil die Inhaber, wenn sie alt oder krank waren, keinen Nachfolger finden konnten **(Abb. 3.5)**.

Abb. 3.5

Arbeitsaufgaben

1. Beobachten Sie bei Ihren Einkäufen im Einzelhandel, um welche Betriebsformen es sich handelt und wie die Waren angeboten werden! Überprüfen Sie, welche Betriebsformen und Verkaufsformen für folgende Warengruppen typisch sind: Damen-Oberbekleidung, Feinkost, Bürogeräte, Soft-Eis, Konditoreiwaren, Brillen, Konserven, Kleintiere, Schreibwaren, Frischfleisch, Schuhe.

2. Vergleichen Sie die räumliche Aufteilung eines Fachgeschäfts und eines Supermarktes unter folgenden Gesichtspunkten:

   a) Zugang des Kunden zur Ware

   b) Diebstahlgefahr

   c) Transport neuer Ware in den Verkaufsraum

   d) Übersichtlichkeit.

3. Nennen Sie für die Betriebsformen Fachgeschäft, Fachmarkt, Warenhaus, Verbrauchermarkt, Supermarkt und Kiosk zwei Vorteile für den Einzelhändler und zwei Vorteile für den Kunden!

4. Finden Sie für das ABC des Ladenhandels je drei Einzelhandelsbetriebe als Beispiele!

5. Nennen Sie drei Beispiele für Filialbetriebe, organisierte und nichtorganisierte Betriebe des Einzelhandels an Ihrem Berufsschulort!

6. Vergleichen Sie einen Fachmarkt mit einem Fachgeschäft, und halten Sie die Unterschiede schriftlich fest!

Training

1. Zeichnen Sie die Raumaufteilung des Geschäfts, in dem Sie ausgebildet werden, und erläutern Sie den Grundriss vor der Klasse oder Lerngruppe!

2. Erläutern Sie, was Ihnen am Ladengrundriss in **Abb. 6.8** besonders auffällt. Vergleichen Sie mit Geschäften, in denen Sie einkaufen!

4. Schritt: Sie richten Ihre Beziehung zu den Kunden nach den Verkaufsformen aus

Zielangabe

In diesem Schritt
- lernen Sie die unterschiedlichen Verkaufsformen kennen
- erkennen Sie, welche Einflüsse die Verkaufsform bestimmen
- leiten Sie die Art der Warendarbietung aus der Verkaufsform ab
- stellen Sie fest, wie sich die einzelnen Tätigkeiten von Kunden und Verkaufspersonal bei den unterschiedlichen Verkaufsformen verteilen.

Einstieg

Frau Abel benötigt Lebensmittel für das Wochenende. Sie fährt zum Supermarkt, schnappt sich einen Einkaufswagen und betritt den Markt. In der Eingangszone ist Frischgemüse aufgebaut. Frau Abel packt Karotten und Paprika in ihren Wagen. Nudeln, Mehl und Toastbrot holt Sie aus dem Regal. Bei den Molkereiprodukten entnimmt sie Milch und Quark. Aus dem Angebot an abgepackten Fleischwaren wählt sie Koteletts und Salami aus. Auf dem Weg zur Kasse holt Frau Abel Zahnpasta und entscheidet sich spontan für eine Bratpfanne, die als Sonderangebot präsentiert wird. An der Kasse packt sie alles auf das Band, wartet, bis die Kassiererin die Waren eingescannt hat, und bezahlt. Sie bringt ihren Einkauf zum Auto und schiebt den Wagen zum Sammelplatz zurück.

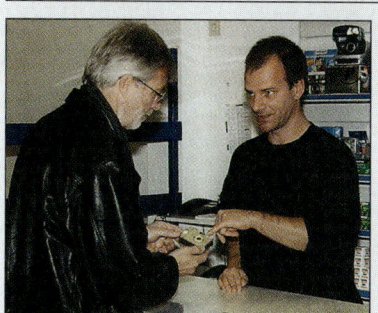

Herr Becker ist Computer-Fan. Heute will er sich endlich eine Digitalkamera kaufen, um seine Illustrationen noch besser gestalten zu können. Er hat sich in einer PC-Zeitschrift informiert und geht zum Fachgeschäft Foto-Rudolf. Dort wird er freundlich und fachkundig beraten. Zwei Kameras wären für seine Zwecke besonders gut geeignet. Er kann beide in die Hand nehmen und testen. In der Beratung erfährt Herr Becker, dass die Akkus der Nippon PIX-A-Tel eine deutlich längere Betriebszeit haben. Da ihm das Modell auch besser gefällt, entscheidet er sich dafür. Herr Becker zahlt mit seiner EC-Karte, erhält noch ein paar fachliche Tipps und wird freundlich verabschiedet.

Frau Carstens befindet sich in der Textilabteilung eines Warenhauses. Sie hat sich eine modische Bluse in ihrer Größe vom Rundständer genommen und hält sie vor dem Spiegel an. Eine freundliche Verkäuferin kommt vorbei und ermuntert sie, die Bluse doch einmal anzuprobieren. Die Bluse sitzt gut und gefällt ihr. Die Verkäuferin bestätigt ihre Wahl und erklärt, dass sie diese vielseitige Bluse genauso gut zu einer Jeans wie zu einem Rock tragen kann. Frau Carstens entscheidet sich für den Kauf, die Verkäuferin zeichnet das Etikett ab und bittet sie zur Kasse. Dort zahlt Frau Carstens mit ihrer Kreditkarte und erhält ihre Bluse in einer Plastiktasche.

Abb. 4.1

Lehrtext

Die Fälle Abel, Becker und Carstens handeln vom Verkauf bzw. Kauf unterschiedlicher Waren in verschiedenen Verkaufsformen. Frau Abel hat freien Zugang zur Ware. Weil Beratung nicht vorgesehen ist, muss die Ware relativ problemlos, fertig verpackt und sich selbst erklärend – nämlich „SB-fähig" – sein. „SB" steht hier für **Selbstbedienung**.

Im Fall Becker übernimmt der Verkäufer Vorlage, Beratung und Aushändigung der Ware. Es handelt sich um die Verkaufsform **Bedienung**. Frau Carstens hat sich die Bluse selbst ausgesucht. Die Verkäuferin ist erst tätig geworden, als die Kundin gezeigt hat, dass sie eine Vorwahl getroffen hat. Hierbei handelt es sich um einen Einkauf im **Vorwahlsystem**.

▶ Übersicht: Verkaufsformen (Anbietformen)

In der folgenden Übersicht sind die grundlegenden Verkaufsformen (auch als „Anbietformen" bezeichnet) dargestellt. Jede dieser Verkaufsformen wirkt sich unterschiedlich auf die Form der Warendarbietung, auf die Kundentätigkeiten und auf das Verkäuferverhalten aus. Sie werden feststellen, dass in der Praxis häufig Mischformen auftreten.

Bedienung

Warendarbietung:
Die Ware ist für die Kunden nicht direkt zugänglich. Sie befindet sich hinter dem Verkaufstisch, im Lager und in warentypischen Behältern (z. B. Schmuck in Vitrinen, Baubeschläge in Schubladen, Aufschnitt im Kühltresen).

Kundentätigkeiten:
Die Kunden wenden sich an das Verkaufspersonal. Sie lassen sich die Ware vorlegen.

Verkäuferverhalten:
Das Verkaufspersonal betreut die Kunden von der Kontaktaufnahme bis zur Verabschiedung.

Vorwahlsystem

Warendarbietung:
Die Ware ist für die Kunden zugänglich und greifbar. Sie befindet sich in Regalen, auf Kleiderständern und ähnlichen Warenträgern im Verkaufsraum.

Kundentätigkeiten:
Die Kunden wählen selbstständig interessierende Ware aus.

Verkäuferverhalten:
Das Verkaufsverhalten gibt Hilfestellung bei der Entscheidung und bietet ergänzende Beratung an. Auch das Kassieren und Verpacken wird von Fachkräften durchgeführt.

Selbstbedienung

Warendarbietung:
Die Ware wird kundennah angeboten. Sie ist SB-gerecht verpackt und soll zur selbstständigen Auswahl ermuntern. Sie wird griffbereit in Regalen, Gondeln, Stapeln und auf speziellen Warenträgern bereitgehalten.

Kundentätigkeiten:
Die Kunden wählen selbstständig aus, entnehmen die Ware und transportieren sie zur Kasse. Nach dem Bezahlen müssen sie die Ware selbst einpacken.

Verkäuferverhalten:
Das Verkaufspersonal hat den Verkauf vorbereitet: Platzierung und Auszeichnung der Ware. Das Personal füllt entnommene Warenbestände auf. Es steht außerdem für Nachfragen und Sonderfälle (z. B. Reklamationen) zur Verfügung. Im Normalfall wird nur das Kassieren vom Verkaufspersonal erledigt.

Automatenverkauf

Warendarbietung:
Die Ware wird im Automaten zum Verkauf bereitgehalten. Dabei ist sie entweder durch ein Fenster sichtbar, oder es befinden sich Abbildungen des Inhalts auf dem Automaten.

Kundentätigkeiten:
Die Kunden müssen alle Tätigkeiten selbst und ohne unmittelbaren Kontakt zu einem Verkäufer ausführen: Auswahl, Geldeinwurf, Entnahme der Ware (evtl. Entnahme des Wechselgeldes).

Verkäuferverhalten:
Das Personal stellt die Ware im Automaten bereit; die eigentliche Verkaufs„tätigkeit" wird vom Automaten übernommen.

Tele- und Online-Shopping

Warendarbietung:
Den Kunden wird lediglich eine Abbildung oder eine Animation auf einem Bildschirm angeboten. Die Ware selbst erreicht den Kunden auf dem Versandwege.

Kundentätigkeiten:
Die Kunden bestellen „im Bildschirmdialog", also allein und ohne unmittelbaren Kontakt zu einem Verkäufer.

Verkäuferverhalten:
Das Personal bleibt völlig „im Hintergrund", die eigentliche Verkaufs„tätigkeit" vollzieht sich über ein Bildschirmterminal. Dabei kann die Warendarbietung durch bekannte Persönlichkeiten erfolgen.

▶ Einflüsse auf die Verkaufsformen

Welche Verkaufsform gewählt wird, hängt von mehreren Einflüssen ab. Mögliche Gründe für die Wahl einer bestimmten Verkaufsform liegen

- in der Ware selbst
- in der Art und Größe des Geschäfts (Betriebsform)
- in bestimmten Absichten der Geschäftspolitik
- in Erwartungen und im Einkaufsverhalten der Kunden
- in besonderen Vorschriften.

Für die Möglichkeiten der Einflussnahme auf die Verkaufsform finden Sie Beispiele in der folgenden Übersicht:

Beispiele für Einflüsse auf die Verkaufsform:

Beispiele	mögliche Verkaufsform
a) Einfluss durch Warenart	
Waren mit hohen Präsentationsanforderungen (z. B. Uhren, Schmuck; Briefmarken; Jagdwaffen; Frischfisch)	*Bedienung*
erklärungsbedürftige Ware (z. B. Arbeitsbekleidung)	*Bedienung, Vorwahl*
„problemlose" Ware (z. B. Schoko-Riegel)	*Selbstbedienung, z. T. Automatenverkauf, Tele- oder Online-Shopping*
b) Einfluss durch Betriebsform	
Fachgeschäft	*Bedienung, Vorwahl*
Textilkaufhaus	*Vorwahl, Selbstbedienung*
c) Einfluss durch Geschäftspolitik	
Verkauf nach Ladenschluss	*Automatenverkauf, Tele- oder Online-Shopping*
Versuch, den Ruf eines preisgünstigen oder „billigen" Anbieters zu gewinnen	*Selbstbedienung, Vorwahl*
d) Einfluss durch Erwartungen und Einkaufsverhalten der Kunden	
Verbindung des Verkaufs mit Verkostung (z. B. Weine), mit Herstellung und Verkostung (frische Teigwaren)	*Vorwahl, Bedienung*
Einkaufen, ohne aus dem Haus zu gehen	*Tele- oder Online-Shopping*
ungestörtes Anschauen und Aussuchen	*Selbstbedienung*

4. Schritt: Sie richten Ihre Beziehung zu den Kunden nach den Verkaufsformen aus

In diesem Buch werden alle möglichen Verkäufertätigkeiten und -fertigkeiten Schritt für Schritt dargestellt und erklärt. Beim Verkauf hängt es aber von der Verkaufsform ab, welche der Tätigkeiten und Fertigkeiten jeweils eingesetzt werden müssen. Für Ihre Arbeit im Verkauf ist es deshalb wichtig, sich klarzumachen, in welchen Verkaufsformen Sie Ihre Kunden bedienen.

Arbeitsaufgaben

1. Entscheiden Sie in folgenden Fällen, welche Verkaufsformen zweckmäßig sind, und nennen Sie Gründe!

   a) Art der Ware:
   - Pelzmäntel
   - Zigaretten
   - Jeans
   - Waschmittel.

   b) Art des Geschäfts:
   - Verbrauchermarkt (Lebensmittel)
   - Fachgeschäft für exklusive Herrenoberbekleidung
   - Bahnhofskiosk.

   c) Absicht des Händlers:
   - Er will seine Ware edel und wertvoll erscheinen lassen.
   - Er will nicht aufdringlich wirken, sondern seinen Kunden ermuntern, sein Ladenlokal zu betreten.
   - Er will Verkaufspersonal einsparen.
   - Er will aus Sicherheitsgründen verhindern, dass die Kunden die Waren berühren.

2. Notieren Sie je fünf Warenarten, die sich für die Verkaufsformen „Automatenverkauf" oder „Teleshopping" eignen!

3. Finden Sie je drei Beispiele dafür, dass die Verkaufsformen „Bedienung", „Vorwahl" und „Selbstbedienung" Einfluss auf die Geschäftsausstattung haben!

4. Nennen Sie für jede der Verkaufsformen zwei Vorteile für den Einzelhändler und zwei Vorteile für den Kunden!

5. Beschreiben Sie an den Beispielen „Kleineisenwaren", „Frischfleisch", „Parfümeriewaren", „CDs" und „Benzin", welche Vorkehrungen Hersteller und Händler treffen, damit diese Waren „SB-fähig" werden!

4. Schritt: Sie richten Ihre Beziehung zu den Kunden nach den Verkaufsformen aus

Training

1. Besuchen Sie verschiedene Geschäfte mit Bedienungsverkauf.

   Beobachten und notieren Sie sämtliche Tätigkeiten der Verkäuferinnen und Verkäufer.

   Welche dieser Tätigkeiten fallen weg

   a) bei Vorwahl

   b) bei Selbstbedienung

   c) beim Automatenverkauf

   d) beim Teleshopping?

   Welche Tätigkeiten werden bei diesen Verkaufsformen erforderlich, die beim Bedienungsverkauf nicht vorkommen?

2. Nehmen Sie eine Teleshopping-Sendung des Fernsehens auf. Führen Sie die Sendung Ihrer Klasse/Lerngruppe vor, und diskutieren Sie die Frage: „Vor- und Nachteile des Teleshopping aus Verbrauchersicht".

Abb. 4.2

3. Stellen Sie fest, ob Ihr Ausbildungsunternehmen oder Wettbewerber Waren im Internet anbieten. Notieren Sie die Internet-Adressen und stellen Sie interessante Seiten in der Klasse/Lerngruppe vor.

5. Schritt: Sie erfassen die Möglichkeiten der Sortimentsgestaltung

Zielangabe

In diesem Schritt
- lernen Sie die Sortimentsstrukturen kennen
- machen Sie sich mit der Breite und Tiefe von Sortimenten vertraut
- erfahren Sie die Grundzüge der Sortimentspolitik
- erkennen Sie die Bedeutung der Sortimentspflege.

Einstieg

Abb. 5.1

Lehrtext

Aufgabe jedes Einzelhandelsbetriebes ist es, ein kundengerechtes Angebot zusammenzustellen. Wir bezeichnen die Summe aller Waren und Dienstleistungen, die ein Einzelhandelsgeschäft anbietet, als sein **Sortiment**.

In früheren Zeiten kaufte man Nägel im Eisenwarengeschäft, Wolle im Textilgeschäft, Reis und Gewürze erhielt man im Kolonialwarenladen. Diese Sortimente waren nach der Art oder Herkunft der Waren benannt und zusammengesetzt: Textilwaren, Eisenwaren, Kolonialwaren usw. und waren von Geschäft zu Geschäft recht ähnlich.

Einzelhandelsbetriebe mit solchen Sortimenten sind immer weniger zu finden, weil sie dem Einkaufsverhalten vieler Kunden nicht entsprechen. Heute werden die Sortimente nicht mehr nach der Herkunft oder Eigenart der Materialien gebildet, sondern überwiegend nach den Wünschen und dem Einkaufsverhalten der Kunden zusammengesetzt.

Eine dieser Gewohnheiten ist, „alles unter einem Dach" einkaufen zu können („One-Stop-Shopping"): Früher musste man viele Geschäfte aufsuchen, um eine Wohnung einzurichten – Möbelhaus, Lampengeschäft, Tapetenladen, Farbenfachgeschäft, Gardinenstudio, Teppichladen, vielleicht auch noch Blumenhandlung und Kunstgalerie. Heute gibt es Geschäfte, deren Sortiment solche sich ergänzenden Waren **(11. Schritt)** zum **Bedarfs-**

komplex „Einrichten und Wohnen" zusammenfasst. Weitere Bedarfskomplexe sind Ernährung und Haushalt, Gesundheit und Körperpflege, Fitness und Wellness, Sport und Freizeit, Haus und Garten, Bauen und Hobbywerken, Multimedia.

Neben diesen umfassenden Sortimenten – sie werden oft auch als **Warenwelten** bezeichnet – gibt es aber auch die Sortimente von Geschäften, die sich auf eng umgrenzte Wünsche von Kunden spezialisiert haben, z. B.:

Knopf und Kragen	Backbord	Gummizelle
Alles für die Katz	**Vinothek**	Pappnase & Co
Surf-Shop	*Gummibärchen*	Vollkorn
Woll-Lust	**Der Holzspatz**	𝔉𝔞𝔠𝔥𝔴𝔢𝔯𝔨𝔥𝔞𝔲𝔰
42plus	Drachenhöhle	*Kreuzfidel*
Sprudler-Zentrum	**Tee-Oase**	QuadrArt
Radlager	*Bonsai-Galerie*	**Die Wabe**

Abb. 5.2

Hier werden besondere Wünsche durch ein hochspezialisiertes Angebot gedeckt. Damit der angesprochene Kundenkreis in diesen Fällen ausreichend groß ist, existieren solche Geschäfte vorzugsweise in Städten mit einem ausgedehnten Einzugsgebiet.

Auf das Sortiment eines Ladengeschäfts haben zahlreiche Faktoren Einfluss, z. B.

- Betriebsform, Größe, Standort
- Standort und Sortiment anderer Geschäfte
- Verkaufsform
- Preisniveau/Preislage der angebotenen Ware
- Fachkenntnisse des Verkaufspersonals
- spezielle Nachfrage vor Ort
- Werbung der Hersteller
- Markenbewusstsein der Konsumenten
- Einkaufsgewohnheiten der Kunden
- Kaufkraft und Arbeitsmarkt.

▶ Sortimentsaufbau

Um sich über Sortimente verständigen zu können, müssen die Begriffe, mit denen man Sortimente beschreibt, klar sein. Eine Übersicht verschafft die Sortimentspyramide **(Abb. 5.3)**, in der die Begriffe eingezeichnet sind. Diese Pyramide ist hierarchisch aufgebaut, d. h. oben steht der umfassendste Begriff (Branche/Fachbereich/Warengattung), unten die letzte Gliederungsmöglichkeit (Sorte). Das bedeutet gleichzeitig, dass die Zahl der entsprechenden Einheiten größer wird, je weiter man nach unten zum Fuß der Pyramide geht.

Beispiel: Ein mittelgroßer Supermarkt des Fachbereichs Lebensmittel hat 11 Warengruppen, 1 200 Warenarten, 8 000 Artikel und 12 000 Sorten.

5. Schritt: Sie erfassen die Möglichkeiten der Sortimentsgestaltung

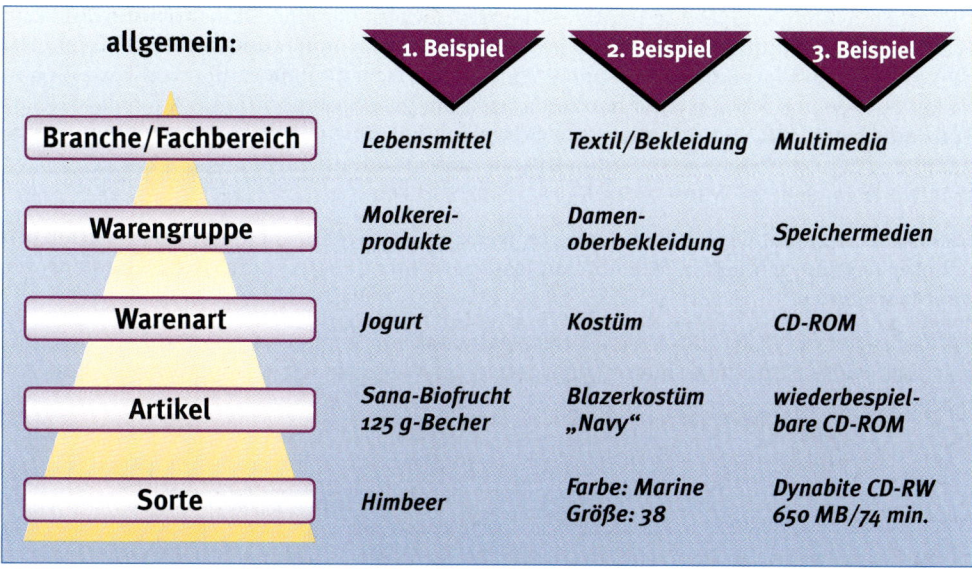

Abb. 5.3: Sortimentspyramide

▶ Sortimentsbreite und -tiefe

Das Warenangebot des Textilkaufhauses Hauptmeier umfasst sehr unterschiedliche Textilwaren in 12 Abteilungen. Es lässt sich als breit bezeichnen, aber im Vergleich damit ist das Sortiment bei dem Kleinpreis-Warenhaus Woolworth sehr viel breiter, denn hier sind Textilien nur ein Teil des Sortiments. Um ein extrem schmales Sortiment handelt es sich dagegen beim Honig-Spezialgeschäft „Die Wabe", das ausschließlich Honig (sowie Honigtöpfe und -löffel) verkauft.

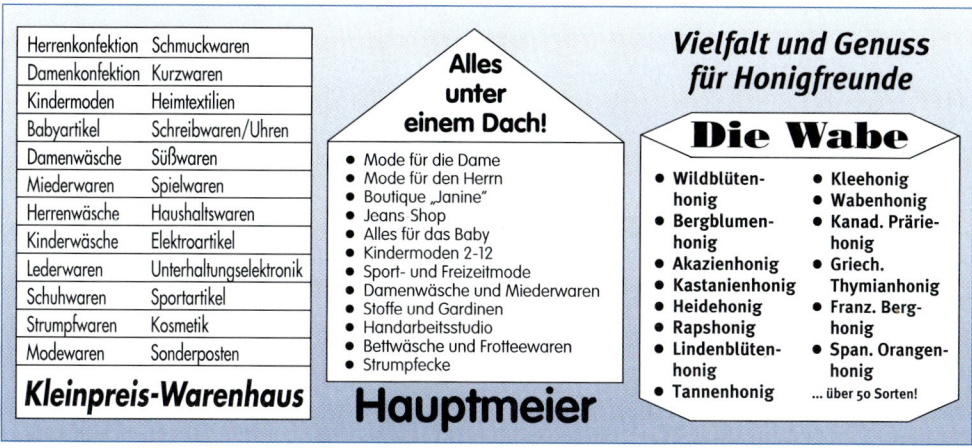

Abb. 5.4: Drei Anzeigen

Die größten Abteilungen des Textilkaufhauses Hauptmeier sind Damenoberbekleidung, Herrenmode, Boutique „Janine" sowie Sport- und Freizeitmode. In diesen Abteilungen gibt es bei allen Warenarten eine große Auswahl zwischen einer Menge von Modellen in vielen Größen und Farben. Hier handelt es sich um tiefe Sortimentsteile. Auch das Honig-Spezialgeschäft mit seinem schmalen Sortiment hat eine ausgeprägte Sortimentstiefe, denn ein Angebot von über 50 Sorten ist sehr umfassend und nicht alltäglich. Dagegen ist Woolworth in allen 24 Warengruppen nur flach sortiert.

Ein breites Angebot liegt immer dann vor, wenn viele Warengruppen und Warenarten angeboten werden, schmale Sortimente umfassen häufig nur eine Warengruppe und nur wenige Warenarten.

Ein tiefes Sortiment ist durch eine große Auswahl von verschiedenen Artikeln gekennzeichnet, flache Sortimente bieten innerhalb einer Warenart nur wenige verschiedene Artikel und Sorten.

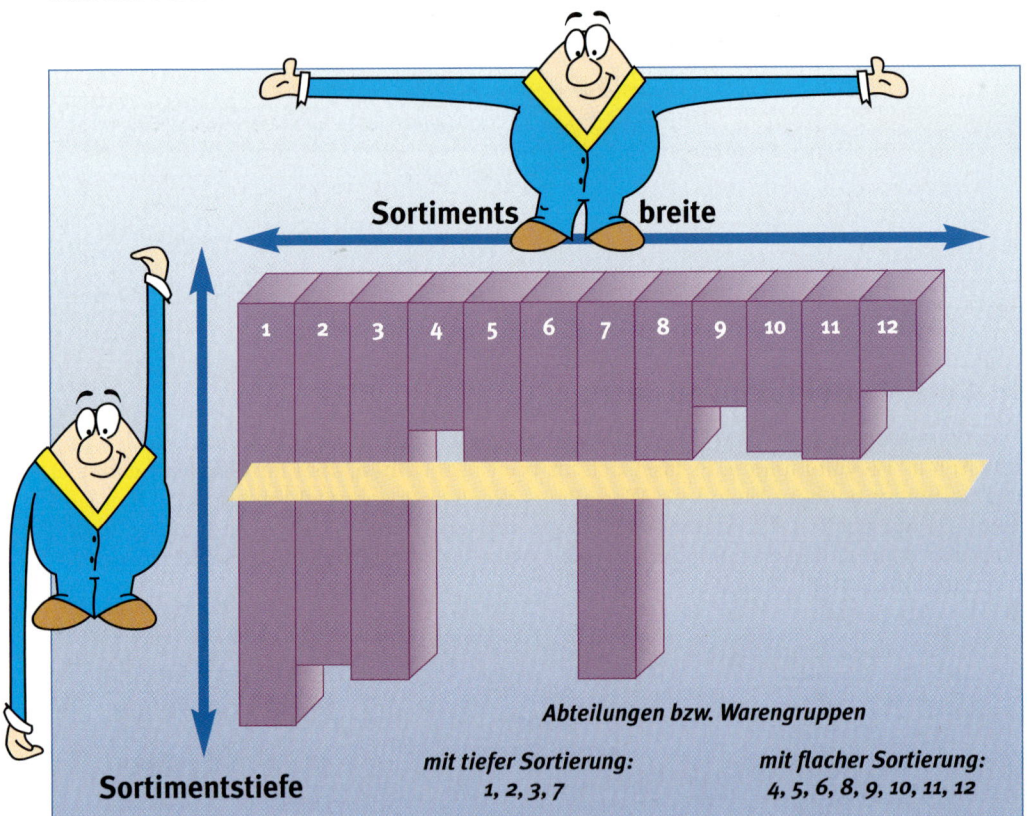

Abb. 5.5: Sortimentsdimensionen des Textilkaufhauses Hauptmeier

▶ Sortimentszusammensetzung

Für das konkrete Angebot eines Einzelhandelsbetriebes ist auch die Zusammensetzung des Sortiments von Bedeutung. Häufig haben Betriebe ein **Kernsortiment**, das um einige Sortimentsteile erweitert wurde. Bleiben diese relativ klein, spricht man von **Randsortimenten**. Der Schwerpunkt des Umsatzes liegt im Kernsortiment, die Randsortimente haben eine unterstützende Funktion.

5. Schritt: Sie erfassen die Möglichkeiten der Sortimentsgestaltung

Der Supermarkt Roth hat ein Kernsortiment (Lebensmittel), dazu vier Randsortimente (Haushaltswaren, Drogeriewaren, Schreibwaren, Kurzwaren).

Ganz anders ist die Sortimentszusammensetzung bei „Profi-Schrader". Dort gibt es vier Abteilungen in ähnlicher Größe. Alle tragen in erheblichen Teilen zum Umsatz bei. In diesem Fall spricht man von verschiedenen Sortimentsbereichen **(Abb. 5.6)**.

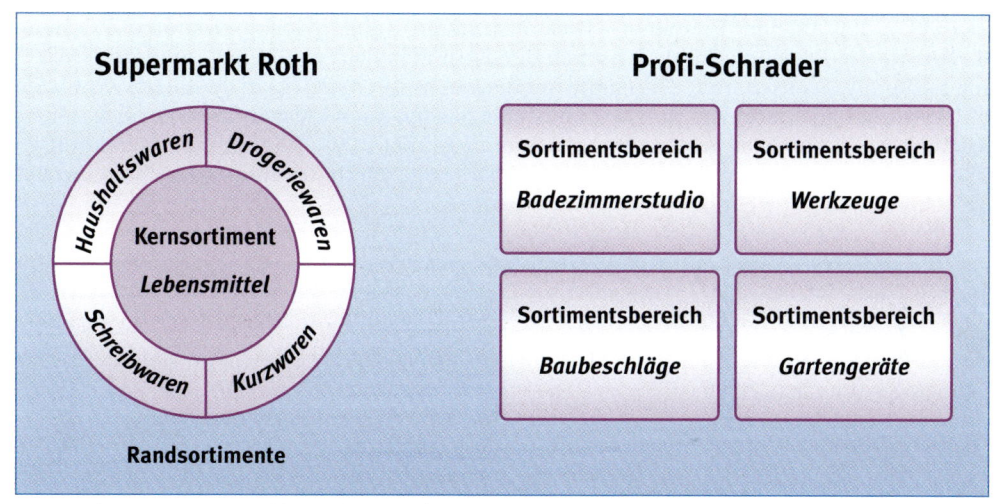

Abb. 5.6: Sortimentszusammensetzung an zwei Beispielen

▶ Sortimentspolitik

Der Handelsbetrieb profiliert sich über sein Sortiment und legt damit den Kreis seiner möglichen Kunden und damit auch seine Mitbewerber fest. Sortimentspolitik ist die Einrichtung, Gestaltung und Veränderung des Sortiments, um Umsatz- und Gewinnziele des Einzelhandelsgeschäfts zu erreichen. Zu diesem Zweck soll das Warenangebot so zusammengestellt werden, dass es eine möglichst große Anziehungskraft auf die Kunden ausübt.

Standard-, Saison- und Aktionssortiment

Zur Sortimentspolitik gehört die Festlegung des Standardsortiments. Das ist der Teil des Sortiments, der ständig angeboten wird. Im variablen Sortimentsteil werden Waren als Saisonartikel, Sonderposten oder Aktionsware nur vorübergehend angeboten. Eine besondere Ausprägung der Sortimentspolitik ist die befristete Aufnahme sortimentsfremder Artikel in das Angebot. Die Verkaufsstellen der Kaffeehersteller sind Spezialisten auf diesem Gebiet: Neben Kaffee und Tee werden Uhren, Pullover, Töpfe und alle möglichen Gebrauchsgegenstände wechselnd angeboten. Aber auch Lebensmittel-Discounter steigen auf diese Spielart der Sortimentspolitik ein. Auf diese Weise ist z. B. ALDI in die „Top ten" der Textilanbieter aufgestiegen und zu einem der größten Verkäufer von Computern geworden.

Eine dauerhafte Ausweitung des Sortiments durch Aufnahme neuer Warengattungen/ -gruppen/-arten wird als **Diversifikation** bezeichnet; sie ist gegenwärtig z. B. bei den Tankstellen oder bei C&A zu beobachten.

Entwicklungsrichtungen des Sortiments

Im Rahmen seiner Unternehmenspolitik richtet der Handelsbetrieb sein Sortiment zwischen den beiden Extremen „Diskontstrategie" und „Hochpreisstrategie" **(siehe 8. Schritt)** ein (Positionierung). Zwischen den Extremen liegt ein breiter „mittlerer Markt" mit mittleren Eigenschaften. Geschäfte auf diesem Markt haben kein deutliches Profil. Sie gelten weder als besonders preiswert noch als besonders exklusiv und sehen sich häufig veranlasst, sich und ihr Sortiment zur besseren Erfüllung der Unternehmensziele durch **Trading-Down** in Richtung auf „Diskontpolitik" oder durch **Trading-Up** in Richtung auf „Hochpreispolitik" weiterzuentwickeln.

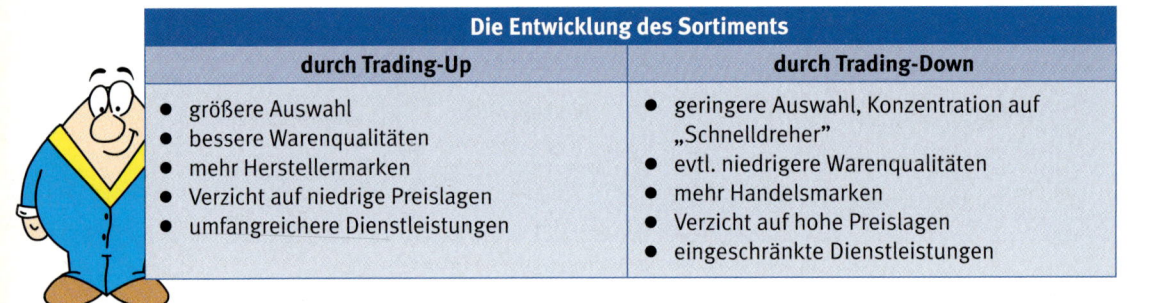

Die Entwicklung des Sortiments	
durch Trading-Up	**durch Trading-Down**
• größere Auswahl • bessere Warenqualitäten • mehr Herstellermarken • Verzicht auf niedrige Preislagen • umfangreichere Dienstleistungen	• geringere Auswahl, Konzentration auf „Schnelldreher" • evtl. niedrigere Warenqualitäten • mehr Handelsmarken • Verzicht auf hohe Preislagen • eingeschränkte Dienstleistungen

▶ Sortimentspflege

Durch die Sortimentspolitik werden Breite und Tiefe des Sortiments festgelegt, die Sortimentszusammensetzung geregelt und das Anspruchsniveau des Sortiments bestimmt. Dieses Sortiment muss aber fortlaufend kontrolliert und gepflegt werden. Dazu gehören Maßnahmen der Sortimentsbereinigung, der Sortimentserweiterung und der Sortimentsaktualisierung.

Eine **Sortimentsbereinigung** ist immer dann notwendig, wenn ein Artikel längerfristig schlecht geht (Ladenhüter, Langsamdreher, Penner), geringe Erträge bringt und nicht notwendig zum Angebot gehören muss. Er wird dann aus dem Sortiment herausgenommen. Dabei ist aber zu prüfen, ob dieser Artikel nicht durch einen anderen ersetzt werden muss.

Neuheiten auf dem Markt müssen schnell in das Sortiment aufgenommen werden. Das gilt besonders, wenn die Nachfrage von außen, z. B. durch Fernsehwerbung des Herstellers, angeregt wird. In diesen Fällen ist eine rechtzeitige **Sortimentserweiterung** notwendig. Das merken Sie selbst, wenn Sie nach Neuheiten gefragt werden. Bei dem Angebot von modischen Artikeln ist eine ständige **Aktualisierung des Sortiments** notwendig, um auf dem Laufenden zu bleiben.

5. Schritt: Sie erfassen die Möglichkeiten der Sortimentsgestaltung

In einigen Bereichen, vor allen bei Modewaren, gibt es Artikel in einer großen Zahl von Sorten (verschiedene Größen, diverse Farben). Werden viele Sorten angeboten, die keine entsprechende Nachfrage finden, so spricht man von „Übersortierung". Umgekehrt bedeutet „Untersortierung" das Fehlen von Sorten, die Kunden verlangen. Eine gute Sortimentspflege soll den Mittelweg zwischen beiden ungünstigen Situationen finden.

Zur wirksamen Kontrolle und Pflege eines Sortiments gehören die notwendigen Warenkenntnisse sowie Erfahrungen mit den Motiven, Ansprüchen und Einkaufsgewohnheiten der Kunden. In vielen Unternehmen wird die Sortimentspflege durch ein **Warenwirtschaftssystem** wirkungsvoll unterstützt. Durch die artikelgenaue Erfassung lassen sich umsatzschwache Artikel gezielt aufspüren, Trends früher erkennen und die Verteilung der Nachfrage auf die Sorten eindeutig bestimmen.

Arbeitsaufgaben

1. Welches Sortiment (Waren **und** Dienstleistungen) vermuten Sie hinter den Namen der hochspezialisierten Geschäfte in **Abb. 5.2**? Notieren Sie Warengruppen oder Warenarten!

2. Erstellen Sie ein viertes und fünftes Beispiel zu der Sortimentspyramide **(Abb. 5.3)** aus Ihrem Ausbildungssortiment.

3. Stellen Sie die Breite und Tiefe des Sortiments am Beispiel eines Einzelhandelsbetriebes (z. B. Ihres Ausbildungsbetriebes) vor!

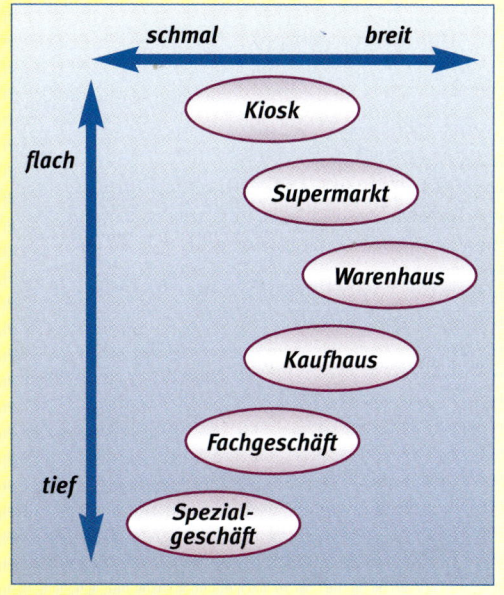

Abb. 5.7: Sortimentstiefe und -breite einiger Betriebsformen

4. Erläutern Sie, welche Informationen Sie der **Abb. 5.7** entnehmen können. Geben Sie an, was Sie verändern oder ergänzen würden!

5. Überprüfen Sie anhand einer Apotheke oder einer Tankstelle, welche Randsortimente neben dem Kernsortiment (Arzneimittel bzw. Mineralölerzeugnisse) angeboten werden. Stellen Sie mögliche Auswirkungen auf den Einzelhandel dar!

6. Listen Sie je fünf Einzelhandelsbetriebe auf, die
   a) Trading-Up
   b) Trading-Down
   betreiben.
   Begründen Sie Ihre Auswahl und die entsprechende Zuordnung!

7. Ermitteln Sie in Ihrem Ausbildungsbetrieb je einen Artikel, der in diesem Monat ausgelistet, und einen, der neu aufgenommen wurde. Erkundigen Sie sich nach den Gründen für die Auslistung und die Aufnahme. Stellen Sie das Ergebnis dar!

8. Der Kaufhof verfolgt das „Galeria-Konzept" und hat sein Sortiment in die folgenden Warenwelten eingeteilt: *Feinschmeckerparadies, Damenwelt, Herrenwelt, Kidz World, Sportwelt, Haushaltswelt, Heimtexwelt, Media World, Schönes und Nützliches.*
   a) Geben Sie an und begründen Sie, in welchen Warenwelten sich Textilien finden!
   b) Welche Warengruppen finden sich in den folgenden Warenwelten:
      – Haushaltswelt   – Kidz World
      – Schönes und Nützliches – Sportwelt?
   c) Informieren Sie sich durch einen Besuch im Kaufhof oder auf der Kaufhof-Website über das Galeria-Konzept und berichten Sie vor ihrer Arbeitsgruppe/Klasse!

Training

1. Eine junge Kauffrau im Einzelhandel möchte ein Geschäft für nostalgische Lampen und Beleuchtungskörper unter dem Namen „Lampenfieber" eröffnen. Gehen Sie davon aus, dass „Lampenfieber" seinen Standort in Ihrer (Berufsschul-)Stadt finden soll.

   Erarbeiten Sie in der Gruppe einen Sortimentsvorschlag, in dem die Begriffe

   a) Sortimentsstruktur, Sortimentstiefe und -breite

   b) Sortimentszusammensetzung, Kern- und Randsortiment

   c) Sortimentspolitik und Sortimentspflege

   vorkommen. Tragen Sie das Konzept vor!

2. Einem Jeans-Shop werden kurzfristig 300 tragbare CD-Geräte im Jeans-Look zu einem besonders günstigen Preis angeboten. Die Inhaberin muss sich innerhalb von zwei Tagen entscheiden, ob sie das Angebot annehmen will.

   Sammeln Sie „Pro-und-Contra"-Argumente, diskutieren Sie das Angebot in der Gruppe, und geben Sie eine begründete Empfehlung!

6. Schritt: Sie setzen auf eine wirkungsvolle Warenpräsentation

Zielangabe

In diesem Schritt
- erkennen Sie die Bedeutung der Warenpräsentation für den Verkauf
- erfahren Sie die Prinzipien einer wirkungsvollen Präsentation von Waren
- werden Sie mit Präsentationshilfen und Präsentationsanforderungen der Ware vertraut gemacht.

Einstieg

Abb. 6.1

6. Schritt: Sie setzen auf eine wirkungsvolle Warenpräsentation

Lehrtext

Wenn Ware in einer Art und Weise bereitgestellt und dekoriert wird, dass die Kunden angesprochen werden, so ist das Ziel der Warenpräsentation erreicht: Die Ware soll zu den Kunden sprechen und sie zum Kauf anregen.

Die Fotos zeigen es schon auf den ersten Blick: Warenpräsentation kann auf vielfältige Weise gestaltet werden. Die Möglichkeiten der Warenpräsentation sind sehr unterschiedlich, weil auch die Kunden, ihr Geschmack und ihre Kaufmotive unterschiedlich sind. In einer Textilhalle müssen die Kleidungsstücke anders präsentiert werden als in einer Mode-Boutique. Dennoch haben sich einige grundsätzliche Prinzipien für die Präsentation von Waren als besonders wirkungsvoll erwiesen.

▶ Allgemeine Prinzipien für die Warenpräsentation

1. Prinzip: Die Ware muss im richtigen Umfeld präsentiert werden!

Zum Umfeld der präsentierten Ware gehören alle Bestandteile des Ladens oder Geschäftslokals: Fassade, Schaufenster oder -kästen, Eingänge, Ladengestaltung und -ausstattung. Alle diese Bestandteile müssen zu der Ware passen und untereinander harmonieren. Harmonie ist der Gleichklang oder das ausgewogene Verhältnis der Gestaltungselemente. Farben, Formen, Material und Licht müssen aufeinander abgestimmt sein.

Gestaltungselemente:

Farben	Formen	Material	Licht	Schrift
warme Farben	eckig-quadratisch	Holz	helles Licht	Handschrift
kalte Farben	rund-geschwungen	Metall	schummeriges Licht	Druckschrift
		Stein/Keramik		
poppig-schrille Farben	naturwüchsige Formen	Plastik	punktuelles Licht (Spots)	Schriftarten
		Textilien	weißes Licht	
sparsame Farbgestaltung	nach Symbolen oder Emblemen	Glas	farbiges Licht	

Beispiele:

Für die Ausstattung eines Fischgeschäfts sind wegen der Frische-Wirkung und des Hygieneeffekts besonders geeignet:
- *kalte Farben (weiß, türkis)*
- *die Materialien Glas und Metall*
- *klare, eckige Formen*
- *helles Licht*
- *klare, schlichte Schrift*

6. Schritt: Sie setzen auf eine wirkungsvolle Warenpräsentation

Zur Gestaltung eines Ladens für Naturleder-Erzeugnisse bieten sich Elemente an, welche die natürlichen Eigenschaften des Leders verstärken:

- *warme Farben in sparsamer Farbgebung (braun, gelb)*
- *die Materialien Holz und Textil (naturbelassen)*
- *Formgebung nach Natur (wie gewachsen)*
- *punktuelles Licht auf einzelne Artikel*
- *individuelle Schrift ähnlich wie Plakatschrift*

2. Prinzip: Die Ware muss am richtigen Ort platziert werden!

Dieses Prinzip ist Ihnen aus dem Supermarkt bekannt. Für jede Warengruppe gibt es einen Standort, mit dem eine bestimmte Absicht verbunden ist. Obst und Gemüse werden gleich hinter dem Eingang platziert, um den Kundenstrom zu stoppen und zu verlangsamen. Frischfleisch und Frischkäse, die häufig eingekauft werden, befinden sich im hinteren Teil des Marktes, damit die Kunden den gesamten Markt durchqueren müssen. Wasch- und Putzmittel benötigen viel Raum. Sie finden ihren Platz in der „toten Ecke", weil sie ohnehin gezielt gekauft werden. Sonderangebote werden speziell in den Gängen der Kernzone aufgebaut, um die Kunden aufzuhalten. Vor den Kassen werden kleinere Artikel plaziert, die zum spontanen Zugreifen verleiten sollen.

Ähnliche Plazierungsregeln gibt es für alle Branchen. Was im Supermarkt die Fleischabteilung, ist im Baumarkt der Holzzuschnitt. Kleinartikel und Zusatzangebote als Anregung für Impulskäufe finden sich an den Kassen bei fast allen Branchen.

Grundprinzip der räumlichen Anordnung ist die Absicht, den Kundenstrom zu lenken und zu verlangsamen. Denn eine längere Verweildauer im Markt oder Laden führt zu mehr Kontakten mit der Ware, und häufigere Warenkontakte führen zu mehr Einkäufen insgesamt. Zur Lenkung des Kundenstroms werden auch Hinweisschilder oder Wegweiser eingesetzt. Sie sollen für Übersicht sorgen und dem Kunden eine Orientierung vermitteln. Große Waren- und Kaufhäuser bieten ihren Besuchern ein Kundenleitsystem, das mit Farbkombinationen, Piktogrammen und Schrifttafeln die Übersicht leicht machen soll. Diebstahlgefährdete Artikel werden häufig so platziert, dass sie vom Personal eingesehen oder überwacht werden können, z. B. in Kassennähe.

Große Verkaufsräume lassen sich in folgende Zonen gliedern **(Abb. 3.3)**:

Die **Eingangszone** kann den Kunden durch die Platzierung von verlockenden Angeboten Anreiz zum Eintreten geben und verlangsamt den Kundenstrom.

In der **Kernzone** werden Artikel aus dem Standardsortiment platziert, wobei zusätzliche Angebote den Kundenstrom aufhalten können.

In den **hinteren Randzonen** können attraktive Waren platziert werden, die viele Kunden anziehen, die so genannten „Magnetgruppen". Auf diese Weise wird der gesamte Verkaufsraum durchquert.

Die **„tote Zone"** dient der Platzierung von Randsortimenten und Artikeln, die gezielt gesucht werden („Mussgruppen").

Die **Kassenzone** bietet vielfältigen Raum für die Platzierung von kleinen Artikeln für Zusatz- und Spontankäufe („Impulsgruppen"). Gerade wenn Kunden warten, sind sie anfällig für ungeplante Käufe.

Ähnlich wie die Einteilung der Verkaufsfläche kann man auch die Platzierung in der Höhe nach Zonen einteilen. Jedes Regal hat mehrere Ebenen, die die Kunden in einer bestimmten Reihenfolge bevorzugen **(Abb. 6.2)**. Die Sichtzone und die Greifzone sind bessere Bereiche und werden für die Platzierung von Waren benutzt, die nicht unbedingt notwendig, aber gewinnbringend sind. Als schlechtere Plätze haben sich die Reck- und die Bückzone erwiesen. In ihnen werden „Muss-Artikel" platziert, die geplant gekauft werden oder auch weniger Gewinn einbringen.

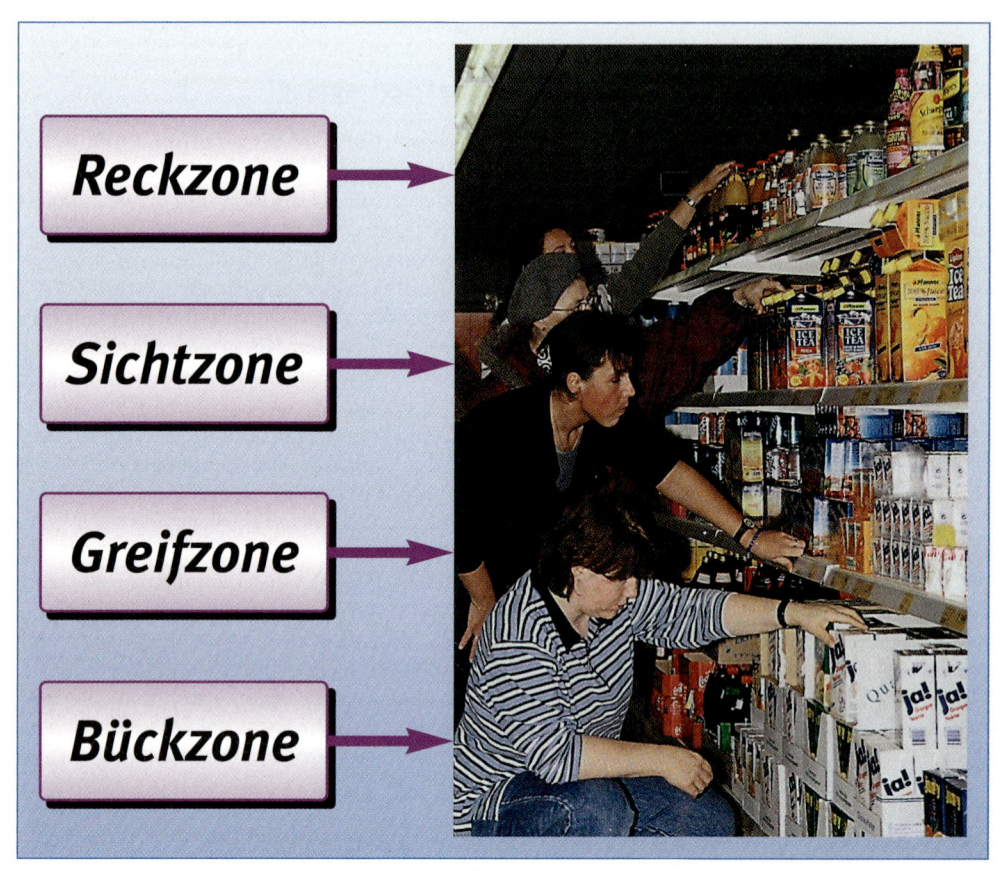

Abb. 6.2: Regalebenen als Höhenzonen

Warenarten werden aus diesem Grund nicht horizontal angeordnet, sondern vertikal platziert **(Abb. 6.3)**. Bei der horizontalen Anordnung stehen z. B. die Konservenarten auf jeweils einer Ebene und damit in einer Zone. In diesem Fall sind die Suppenkonserven am besten platziert, während die Gemüsekonserven auf dem schlechtesten Platz stehen. Aber auch unter den schlecht platzierten Konservenarten können Artikel sein, die mit einem hohen Deckungsbeitrag zu einem guten Betriebsergebnis beitragen können. Deshalb wird eine vertikale Umstellung vorgenommen.

Bei der vertikalen Platzierung hat jede Warenart Anteil an den besten Plätzen, sodass die Artikel mit dem höchsten Ertrag angemessen platziert werden können. Außerdem wirkt die vertikale Platzierung übersichtlicher und abwechslungsreicher. Kunden werden dadurch wirkungsvoller angesprochen.

6. Schritt: Sie setzen auf eine wirkungsvolle Warenpräsentation

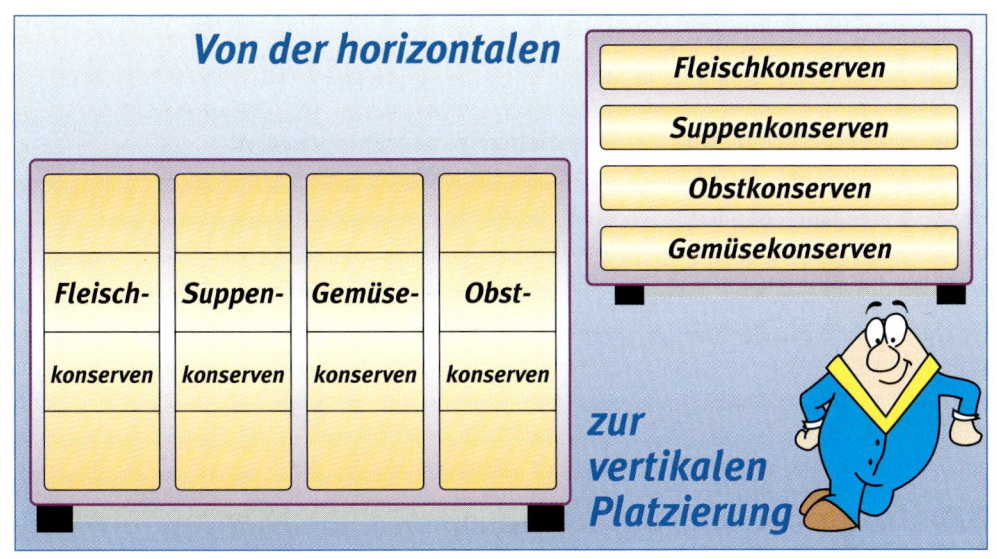

Abb. 6.3: Platzierung im Regal

3. Prinzip: Die Warenimpulse müssen gefördert werden!

Bei der Fülle von Waren, die heute angeboten werden, können Kunden leicht die Übersicht verlieren. Dennoch kann man die Aufmerksamkeit auf bestimmte Artikel durch geschickte Präsentation und unterstützende Maßnahmen lenken. Augen, Ohren und Tastsinn, manchmal auch Nase und Zunge, können in die verkaufswirksame Präsentation einbezogen werden **(21. Schritt)**.

Optische Impulse strahlt jede Ware aus. Sie lassen sich steigern, wenn die Ware ausgepackt ist und verbrauchsnah präsentiert wird. Ein Kleid wirkt besonders ansprechend auf einer Dekorationsfigur, ein Service wird wirkungsvoll auf einem gedeckten Tisch gezeigt. Die optischen Impulse können durch den Einsatz von künstlichem Licht verstärkt und außerdem durch Displays und Dekorationen unterstützt werden.

Bei dem Versuch, möglichst viele Sinne des Kunden anzusprechen, wird auch auf Ohren und Nase gezielt. Lautsprecherdurchsagen können als akustische Impulse die Warenpräsentation unterstützen. In einigen Einkaufsstätten wird Musik gespielt, von der man sich eine kaufanregende Wirkung erhofft. Seit Anfang der neunziger Jahre wird auch ein Angebot zur Stimulierung (Anregung) des Geruchssinns gemacht. Dabei werden Duftstoffe durch die Klimaanlage oder spezielle Geräte im Verkaufsraum verteilt. Der Anbieter verspricht eine gezielte Wirkung seines „Luftbelebungssystems". Viele Supermärkte wissen längst, dass die Nase ein Ansprechpartner für Kauflust ist. Sie haben einen Backofen im Back-Shop installiert und bieten stündlich frische Brötchen an – mit einem Duft, der den Appetit anregt und den Umsatz belebt. Taschen aus synthetischem Material (Plastik) lassen sich besser verkaufen, wenn sie nach Leder riechen. Auch für diesen Zweck gibt es Duftstoffe.

Viele Kleidungsstücke und Gebrauchsgegenstände werden so präsentiert, dass die Kunden sie anfassen, fühlen und probieren können. Der Heimwerker möchte wissen, wie die Bohrmaschine in der Hand liegt, einen Schal muss man anfühlen können, und kein Mensch kauft einen Sessel, ohne eine Sitzprobe zu machen.

Häufig geht die Warenpräsentation nahtlos in die Warenvorlage durch das Verkaufspersonal über. Im **21. Schritt** erhalten Sie weitere Hinweise, wie Sie auch bei der Warenvorlage die Sinne der Kunden wirkungsvoll ansprechen können.

4. Prinzip: Die Waren müssen zielgerichtet angeordnet werden!

Aus der Anordnung der Waren leiten die Kunden Eigenschaften ab. Deshalb können Sie durch eine entsprechende Präsentation den Absatz zielgerichtet beeinflussen.

Warenstapel und -pyramiden bestehen aus einer großen Zahl von Artikeln und werden gern bei Sonderangeboten eingesetzt. Sie können bei den Kunden folgende Gedankenkette auslösen: „Große Menge – vom Handel günstig eingekauft – deshalb niedriger Angebotspreis!"

Beispiel: *Sonderangebot Waschmittel, Saisonangebot Rasendünger.*

Eine einfache Reihung und Schichtung der Ware erfolgt bei den Standardsortimenten im Regal. Diese übersichtliche Platzierung vermittelt den Eindruck von Ordnung, Übersicht und Zuverlässigkeit. Deshalb werden Markenartikel vorwiegend auf diese Weise angeboten.

Beispiel: *Farben- und Lackregal, Spirituosenabteilung.*

Abb. 6.4

Schüttgut in Gondeln oder Körben wirkt wie achtlos hingestellt. Dem Kunden soll der Eindruck vermittelt werden: „Diese Ware ist so preiswert, dass sich noch nicht einmal das Einsortieren lohnt!" Als Schüttgut oder per Wühltisch werden echte „Preisknüller" oder Kleinstartikel angeboten.

Beispiel: *Unterhosen für 1,19 €, Tomatenmark in Dosen.*

Einzeln herausgestellte und besonders dekorierte Ware wirkt edel, stilvoll und exklusiv. Solche Platzierungen dienen als Blickfang und Orientierungspunkt. Für die besondere Herausstellung eignen sich auffällige und dekorative Artikel, die dem hochwertigen Teil des Sortiments zuzurechnen sind.

Beispiel: *Abendkleid auf Figur, Standuhr auf Podest.*

6. Schritt: Sie setzen auf eine wirkungsvolle Warenpräsentation

5. Prinzip: Es müssen „Warenlandschaften" geschaffen werden!

Die Kunden werden ständig anspruchsvoller. Sie erwarten beim Einkauf Unterhaltung, Information und Erlebnis. Deshalb müssen immer mehr Waren so angeboten werden, wie sie gebraucht oder verbraucht werden. Die Ware tritt in Aktion und wird auf diese Weise zum anregenden Blickfang. In den meisten Geschäften oder Abteilungen ist eine solche Warenlandschaft als Attraktion zu finden. Eine Warenlandschaft kombiniert verschiedene Artikel und Dekorationsgegenstände, sie ist scheinbar ungeordnet, aber spannend und anziehend. Damit steht sie im Gegensatz zur Ordnung der anderen Ware, die dem Kunden Übersicht vermittelt und die Orientierung erleichtert.

Abb. 6.5: Warenlandschaft in einem Jeansgeschäft

Beispiele für Warenlandschaften

– *Fachgeschäft für Haushaltswaren:*
  Ein altmodischer Herd mit Töpfen und Küchenzubehör, dekoriert mit Gemüseattrappen und karierter Schürze, vermittelt Lust am Kochen.
– *Camping- und Caravan-Shop:*
  Ein geöffnetes Trekking-Zelt mit Schlafsack darin und Rucksack davor, daneben Kocher und andere Ausrüstungsgegenstände, und schon kommt Abenteuerlust auf.
– *Fahrrad-Fachhandel:*
  Ein Rennrad-Spitzenmodell hängt von der Decke, dekoriert mit Rennzubehör (Trinkflasche, Trikot, Helm) und Siegerkranz. Es vermittelt Rennsportatmosphäre.
– *Obst- und Gemüseabteilung:*
  Auf einem Karren oder Leiterwagen werden Exoten oder Gemüsesorten zu einer großen Pyramide zusammengestellt und mit aufgeschnittenen Früchten dekoriert. Schon stellt sich Appetit ein.

Die Gestaltung von Warenlandschaften in Verbindung mit einem entsprechenden Ladenausbau wird mit dem Begriff **„Visual Merchandising"** bezeichnet. Darunter ist eine Warenpräsentation zu verstehen, die nach dem Erlebniskonzept **(16. Schritt)** arbeitet. Ware soll so in Szene gesetzt werden, dass der Kunde begeistert ist und den Preis als weniger wichtig ansieht. Dabei spielt das **Ambiente** des Ladens eine wichtige Rolle. Das ist eine besondere Atmosphäre, die von der Raumgestaltung, der Warenpräsentation, der Dekoration bis hin zum Verhalten des Verkaufspersonals geprägt wird.

Visual Merchandising bedeutet optische Verkaufsförderung.

Mit diesem Begriff werden alle Maßnahmen zusammengefasst, die über Warenpräsentation und Dekoration die Kunden ansprechen sollen.

▶ Besondere Präsentationsbereiche: Schaufenster und Schaukästen

Das Schaufenster gehörte früher zu jedem Einzelhandelsgeschäft. In ihm wurde die Ware für die Passanten gezeigt. Sie sollten durch die Warenauslage interessiert und zum Betreten des Geschäfts animiert werden. In einigen Branchen und bei bestimmten Betriebsformen hat die Bedeutung des Schaufensters abgenommen, bei anderen spielt es nach wie vor eine wichtige Rolle.

Schaufenster und Schaukästen haben eine besondere Bedeutung in Einkaufsstraßen mit vielen Passanten. Sie eignen sich für die gezielte Präsentation von Ware in besonderen Dekorationen. Waren, von denen optische Impulse ausgehen, werden in Schaufenstern und -kästen wirkungsvoll präsentiert, z. B. Mode, Schmuck, Porzellan, Möbel und Antiquitäten. Damit können Schaulustige von der Ware angesprochen werden, bevor sie ein Geschäft betreten haben.

▶ Präsentationshilfen: Warenpäsenter und Displays

Abb. 6.6: Warenpräsenter und Display

6. Schritt: Sie setzen auf eine wirkungsvolle Warenpräsentation

Zur Unterstützung einer wirkungsvollen Warenpräsentation bieten viele Hersteller und Lieferanten Präsentationshilfen an. Zur Herausstellung einzelner Artikel gibt es **Warenpräsenter** mit ausgefallenen Ideen. Sie eignen sich besonders als Blickfang im Schaufenster, im Eingangsbereich oder an zentralen Plätzen im Verkaufslokal. Die Zeitschrift „Der Einzelhandelsberater" berichtet:

„Da gibt es zum Beispiel Mombo, den tanzenden Kleiderständer, präsentiert auf der letzten EuroShop. Er ist ein Gestell aus Stangen, Gelenken und einem Motor, der ihn zu kreisenden Schulter-Hüftbewegungen veranlasst – stufenlos verstellbar und bis zu 36-mal pro Minute.

Sein jüngst vorgestellter ‚Bruder' namens Market Man hat andere, aber nicht minder verblüffende Qualitäten: Dieser roboterähnliche High-Tech-Präsenter schwenkt nicht nur die Ware und spricht, sondern er gibt darüber hinaus Blinkzeichen und winkt mit einem Plakat."

Der Einsatz solcher Präsenter muss jedoch genau überlegt werden: Erstens entstehen hohe Anschaffungskosten, zweitens muss der Präsenter zur übrigen Einrichtung passen (Umfeld/Ambiente), und drittens muss die Kundschaft diesen Blickfang akzeptieren.

Viele Hersteller und Lieferanten von Markenartikeln bieten dem Einzelhandel **Displays** als Präsentationshilfen an. Die meisten Displays bestehen aus Karton- oder Kunststoffteilen, die farbig bedruckt sind. Ein Display weist auf Ware hin oder dient direkt zur Präsentation von Artikeln.

Displays haben mehrere Vorteile:
+ Sie sind genau auf diese Artikel zugeschnitten und können auch ohne großen Aufwand an Zeit und Material eingesetzt werden.
+ Sie knüpfen an die übrige Werbung für die Markenartikel an und vermitteln den Kunden einen „Aha-Effekt": Gestern im Fernsehen gezeigt, und heute schon in unserem Geschäft!
+ Sie sind kostengünstig, weil sie unentgeltlich oder gegen einen geringen Betrag geliefert werden.

Allerdings stehen diesen Vorteilen auch Nachteile gegenüber:
− Sie werden jedem Einzelhändler angeboten und stehen in vielen Läden. Damit verlieren sie an Aufmerksamkeitswert.
− Sie sind nur auf den Artikel zugeschnitten und passen nicht immer zum Stil des Hauses bzw. zum Umfeld des Verkaufslokals.
− Je mehr Displays eingesetzt werden, umso geringer ist ihre Wirkung.

Warenpräsenter und Displays können eine wirkungsvolle Unterstützung für den Verkauf sein, aber sie nehmen dem Einzelhändler keine Präsentationsentscheidungen ab. Sie können die Vorbereitung und Planung der Warenpräsentation nicht ersetzen.

▶ Präsentationsanforderungen der Ware

Bei der Präsentation von Waren spielen Phantasie, Kreativität und zündende Ideen eine wichtige Rolle. Aber nicht alle Waren lassen sich auf jede beliebige Weise präsentieren. Bestimmte Warenarten stellen sachliche Anforderungen an ihre Präsentation. Zierfische z. B. kann man nicht anders als in Aquarien präsentieren.

Bei manchen Warenarten sind diese Präsentationsanforderungen sogar rechtlich vorgeschrieben, z. B. wenn von den Gegenständen Gefahren ausgehen können.

Die Präsentationsanforderungen erzwingen eine bestimmte Form oder Art der Präsentation, aber trotzdem bleibt meistens für die Gestaltung noch ein gewisser Spielraum, den der Einzelhandel nutzen kann.

▶ Planung und Vorbereitung der Warenpräsentation

Die Bedeutung der Präsentation für den Verkauf ist den meisten Verantwortlichen im Handel bekannt. Deshalb wird die Gestaltung und Platzierung nicht dem Zufall überlassen, sondern genau geplant. Dabei werden die erläuterten Prinzipien auf die Geschäftspolitik abgestimmt, sodass die Maßnahmen zur Präsentation nicht isoliert stehen. Stellen Waren aus dem Sortiment bestimmte Präsentationsanforderungen, so muss darauf Rücksicht genommen werden.

Für die Platzierung von Standardsortimenten gibt es in vielen Unternehmen vorgeschriebene **Platzierungspläne**, die vom Personal eingehalten werden müssen. Immer mehr Platzierungspläne werden per Computer durch ein Warenwirtschaftssystem erstellt. Dazu muss der Platzbedarf, der bisherige Absatz und der Ertrag für jeden Artikel eingegeben werden. Leistungsfähige Warenwirtschaftssysteme erstellen daraus Pläne, die den Vorschlag, der am meisten Gewinn verspricht, für die Platzierung als Zeichnung mit Maßen vorgeben.

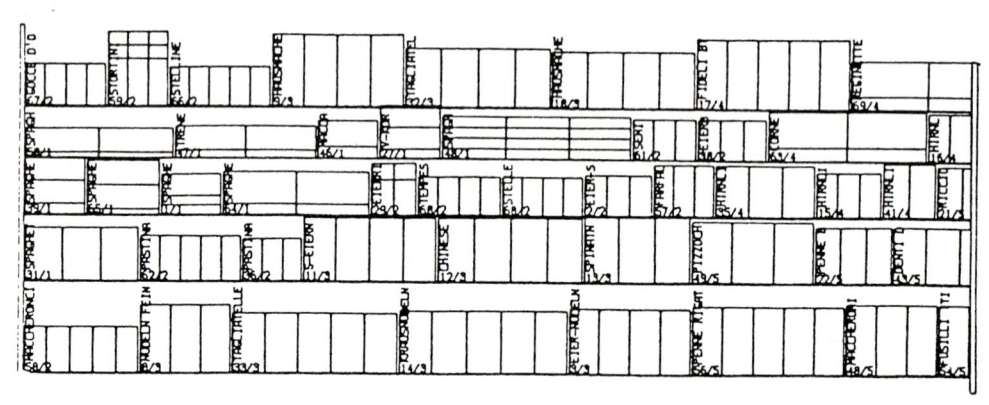

Abb. 6.7: Platzierungsvorschlag für ein Teigwarenregal

Trotz solcher Vorgaben bleibt noch viel Raum für kreative Ideen bei der Warenpräsentation. Nicht alle Warenarten und Betriebsformen eignen sich für feste Platzierungspläne. Außerdem gibt es immer räumliche Besonderheiten, spezielle Anlässe und zusätzliche Warenangebote, die besondere Platzierungen zulassen. In solchen Fällen sind Phantasie, Ideenreichtum und Kreativität gefragt. Gerade kleinere Einzelhandelsbetriebe schaffen sich ein eigenes Profil, indem sie die Warenpräsentation ganz nach eigenen Vorstellungen gestalten. Zukunftsorientierte Vorgesetzte übertragen bestimmte Präsentationsaufgaben auch Auszubildenden und jungen Mitarbeitern. Dies ist besonders wirkungsvoll, wenn junge Kunden angesprochen werden sollen.

6. Schritt: Sie setzen auf eine wirkungsvolle Warenpräsentation

Arbeitsaufgaben

1. Beschreiben Sie die Gestaltungselemente eines Einzelhandelsbetriebes, und beurteilen Sie,

   a) ob die einzelnen Gestaltungselemente zueinander passen und

   b) welche Gestaltungselemente nicht passen oder stören!

2. In der **Abb. 6.8** finden Sie den Grundriss eines ungewöhnlichen Marktes. Überprüfen Sie,

   a) ob die Einteilung in Zonen **(Abb. 3.3)** und

   b) ob die allgemeinen Platzierungsregeln

   in diesem Markt eingehalten wurden!

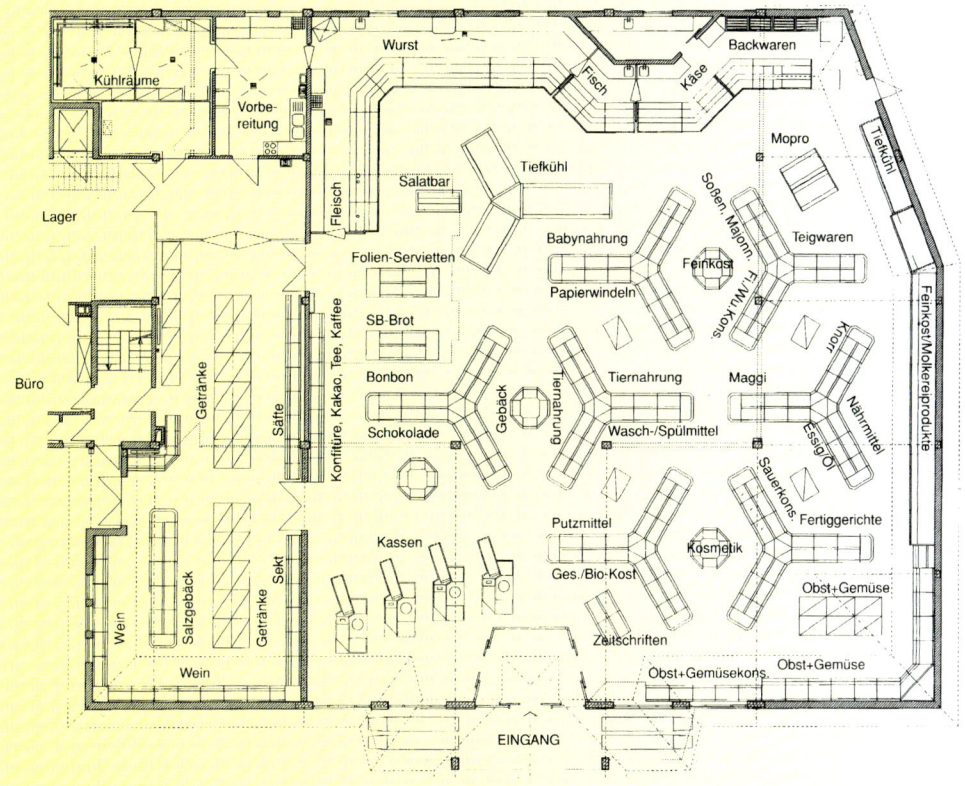

Abb. 6.8: Grundriss eines Frischmarktes

3. Entwerfen Sie den Plan für eine vertikale Platzierung im Regal.

   Die Markennamen werden in der Reihenfolge ihres Ertrages genannt:

   Schokoladen: Junker-Sport, Sobatti, Milwa, Prengel

   Pralinen: Melbert, Windt, Carina, Pialmo

   Feingebäck: Fahsen, Oxo, Bandt, Nawico

   Skizzieren Sie ein Regal mit vier Ebenen, und tragen Sie die Artikelnamen auf dem Regalplatz ein!

4. Notieren Sie drei hochwertige Artikel aus Ihrem Ausbildungssortiment. Sammeln Sie für jeden Artikel Vorschläge, wie Sie die Warenimpulse wirksam zur Geltung bringen können!

5. Stellen Sie an je einem Beispiel dar, wie in Ihrem Ausbildungsbetrieb

   a) Standardware,

   b) preiswerte Sonderangebote und

   c) Spitzenangebote

   bei der Präsentation angeordnet werden!

6. Beschreiben Sie eine außergewöhnliche Warenpräsentation, die Ihre besondere Beachtung gefunden hat!

7. Listen Sie drei Waren aus Ihrem Ausbildungssortiment auf, die besondere Präsentationsanforderungen stellen. Erläutern Sie, wie sich diese Anforderungen auf die Präsentation auswirken!

Training

1. Erstellen Sie mit der Hilfe von Prospekt- und Werbematerial einen Präsentationsvorschlag für ein von Ihnen gewähltes Spitzenprodukt. Fertigen Sie einen Entwurf (Zeichnung, Collage) an, beschreiben Sie die Dekoration und Platzierung!

2. Erstellen Sie mit der Hilfe von Prospekt- und Werbematerial einen Präsentationsvorschlag für Saisonware zu einem besonderen Anlass (Ostern, Ferienzeit, Stadtfest). Fertigen Sie einen Entwurf (Zeichnung, Collage) an, beschreiben Sie die Dekoration und Platzierung!

3. Fotografieren Sie eine Warenpräsentation, die Sie für besonders ansprechend halten. Erläutern Sie vor der Gruppe/Klasse die Maßnahme, und gehen Sie auf die fünf Präsentationsprinzipien ein!

7. Schritt: Sie gestalten Werbung und Verkaufsförderung

Zielangabe

In diesem Schritt
- erkennen Sie die Bedeutung der Werbung für den Verkauf
- machen Sie sich mit Begriffen der Unternehmenskommunikation vertraut
- unterscheiden Sie verschiedene Werbearten
- erhalten Sie Informationen zu Werbezielen, -möglichkeiten und -strategien
- erfahren Sie Grundsätze und Grenzen der Werbung
- gestalten Sie Elemente der Werbung selbstständig.

Einstieg

Abb. 7.1

Lehrtext

Die abgebildeten Werbeanzeigen sind ein winziger Ausschnitt aus der Riesenmenge an Werbebotschaften, die uns täglich erreichen. Unternehmen aus allen Bereichen setzen Kommunikationsmaßnahmen ein, um ihren Umsatz zu sichern oder zu erhöhen, um neue Kunden zu gewinnen oder Stammkunden zu erhalten, kurz: um Gewinn zu machen und ihn zu vergrößern.

7. Schritt: Sie gestalten Werbung und Verkaufsförderung

Bevor sich Unternehmen an die Öffentlichkeit wenden, müssen sie entscheiden, an welchem Ziel sie sich orientieren und welche Wege sie beschreiten wollen.

▶ Welche Kommunikationsmaßnahmen setzen Unternehmen ein?

Absatzwerbung:

Sie versucht, Waren bekannt und begehrenswert zu machen und durch Werbemaßnahmen den Absatz zu steigern.

Sie versucht, Verbraucher positiv zu beeinflussen, indem sie Bedürfnisse weckt oder bereits vorhandene Bedürfnisse anspricht.

Public Relations (Öffentlichkeitsarbeit):

Damit wird versucht, das Ansehen eines Unternehmens (Image) zu verbessern, um die Absatzchancen zu erhöhen (z. B. durch Spenden, Sponsorentätigkeit, Betriebsbesichtigungen).

Sales Promotion (Verkaufsförderung):

Sie bedient sich zusätzlicher Maßnahmen am POS (z. B. Kostproben, Kundenclubs, Preisausschreiben), um die Absatzwerbung zu unterstützen und den Umsatz zu steigern.

Das Verkaufsgespräch spielt im Einzelhandel eine besonders wichtige Rolle: Über das Gespräch zwischen Kunden und Verkaufspersonal sollen die Leistungen des Handels (z. B. Sortimentsgestaltung, Beratung, Serviceleistungen) herausgestellt werden und die Kunden individuelle Problemlösungen erfahren. Es enthält sowohl Elemente der Verkaufsförderung wie der Werbung.

Visual Merchandising (Warenpräsentation, siehe **6. Schritt**)

Im Kampf um Marktanteile und Kunden können auch kleine Unternehmen nicht auf Werbemaßnahmen verzichten. Dazu ist es notwendig, einen Überblick über die Werbeziele, die Werbearten, die möglichen Werbemittel und die entsprechenden Werbeträger zu erhalten.

▶ Welche Ziele können mit der Werbung angestrebt werden?

Mit Werbemaßnahmen können unterschiedliche Ziele verfolgt werden:
- Vorstellung einer neuen Ware oder Filiale (Einführungswerbung)
- Erhaltung des Marktanteils (Erhaltungswerbung)
- Erhöhung des bisherigen Absatzes (Expansionswerbung)
- rascher Absatz bestimmter Waren (Aktionswerbung)
- Aufbau bzw. Änderung des Erscheinungsbildes in der Öffentlichkeit (Imagewerbung/Öffentlichkeitsarbeit).

Ist ein Handelsgeschäft Werbetreibender, dann hat die Werbung das Ziel, auf ein bestimmtes Geschäft, seine Waren und Dienstleistungen aufmerksam zu machen, es von der Konkurrenz abzuheben, zufriedene Kunden zu erhalten und neue Kunden zu gewinnen. Das gelingt nur, wenn die durch die Werbung geweckten Erwartungen der Kunden erfüllt werden. Darauf können Sie durch Ihre Tätigkeit im Verkauf Einfluss ausüben.

7. Schritt: Sie gestalten Werbung und Verkaufsförderung

Ziel der Werbung
- Aufmerksamkeit für ein spezielles Geschäft
- Abhebung von der Konkurrenz
- Erhaltung zufriedener Kunden
- Gewinnung neuer Kunden

Das Ziel wird erreicht!

Positiver Effekt:
- zufriedene Kunden
- günstige „Mund-zu-Mund-Werbung"
- Zuwachs an neuen Kunden

Die Erwartungen der Kunden werden erfüllt!

Werbemaßnahmen
- gehen dem Verkauf voraus und begleiten die Kundenberatung
- wecken bei den Kunden Erwartungen

Im Verkauf
- bauen Sie auf den Werbemaßnahmen auf
- knüpfen Sie an die Erwartungen der Kunden an

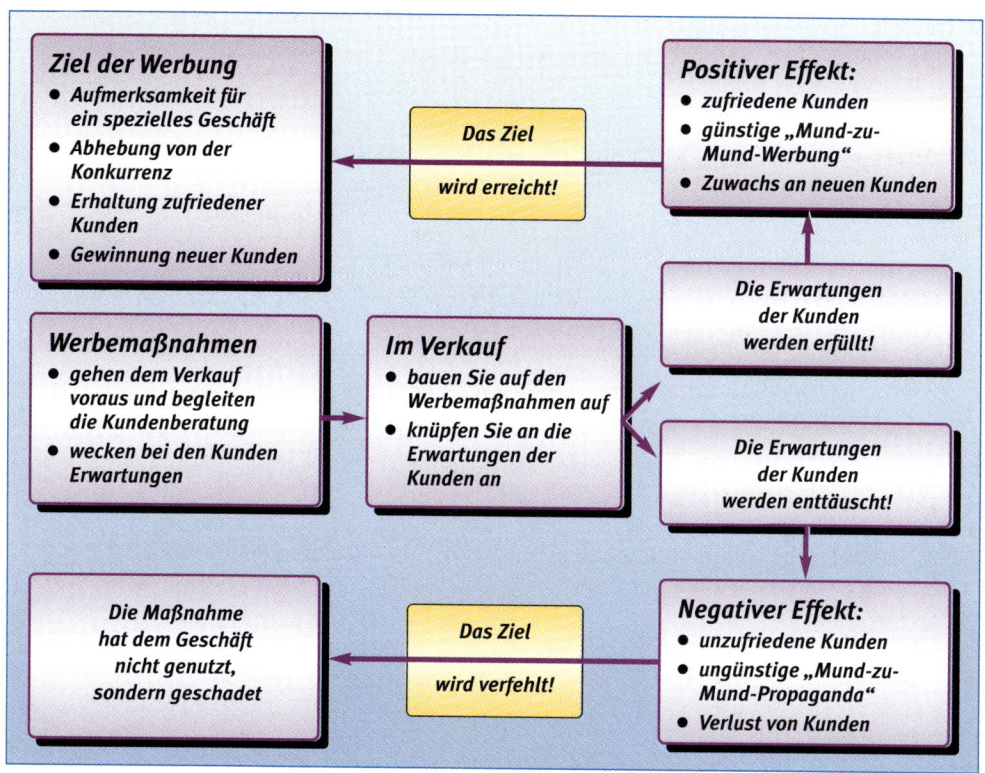

Die Erwartungen der Kunden werden enttäuscht!

Die Maßnahme hat dem Geschäft nicht genutzt, sondern geschadet

Das Ziel wird verfehlt!

Negativer Effekt:
- unzufriedene Kunden
- ungünstige „Mund-zu-Mund-Propaganda"
- Verlust von Kunden

Abb. 7.2: Werbung ist ein Versprechen, das eingelöst werden muss!

▶ Werbearten

Wofür wird geworben? ⟶ **Werbeobjekt**

- **Firmenwerbung**
  Sie versucht, die Leistungsfähigkeit des Unternehmens in der Werbung herauszustellen
  (z. B. „Meyer, Ihr Hosenspezialist seit 1912!").

- **Sortimentswerbung**
  Sie versucht, für das gesamte Sortiment Kunden zu umwerben
  (z. B. „Meyer bietet die passende Hose für jede Gelegenheit!").

- **Produktwerbung**
  Sie betreibt Werbung für bestimmte Produkte
  (z. B. „Dura-Komfort-Hosen – unübertroffen bequem!").

Die Werbung des Handels ist überwiegend Firmen- und Sortimentswerbung, Hersteller betreiben fast immer Produktwerbung.

Wer wirbt? ⟶ **Werbetreibender**

- **Alleinwerbung**
  Sie stellt die Leistungen eines einzelnen Unternehmens heraus
  (z. B. „Quam – Ihr Markendiscounter!").

- **Gemeinschaftswerbung**
  Sie verbindet die Werbung mehrerer Unternehmen, ohne Nennung derer Namen
  (z. B. *„Die Milch macht's!"*).

- **Sammelwerbung**
  Sie ist die gemeinsame Werbung einer Werbegemeinschaft für ein bestimmtes Einkaufsgebiet
  (z. B. *„Die Limbecker Straße – Ihr Einkaufsparadies"*, siehe **Abb. 2.5**).

- **Verbundwerbung**
  Sie verbindet die Werbung für unterschiedliche Waren unter einem Thema oder Schlagwort
  (z. B. *Werbung für Filme und Sonnencreme im Reiseführer-Prospekt einer Buchhandlung*).

Wer wird umworben? ⟶ **Werbesubjekt**

- **Direktwerbung**
  Sie wendet sich mit individueller Ansprache an einen Kunden (siehe **Abb. 7.3**)
  (z. B. *ein persönlicher Werbebrief*).

- **Massenwerbung**
  Diese Werbung soll möglichst viele Kunden ansprechen
  (z. B. *TV-Spot*).

▶ Werbemittel und Werbeträger

Werbemittel sind die Gestaltungsformen, mit denen sich eine Werbemaßnahme an die Umworbenen richtet *(z. B. Anzeige, TV-Spot)*; Werbeträger ist das Kommunikationsmittel, das die Werbebotschaft überträgt *(z. B. Zeitung, Fernsehen)*. Die Werbemaßnahmen werden nach der Art und Weise unterschieden, wie sie die Umworbenen erreichen.

Werbung nach außen

- Werbung in Printmedien (gedruckten Medien): *Anzeigen in Zeitungen, Anzeigenblättern, Telefonbüchern, Postwurfsendungen; Prospekte, Kataloge*
- Außenwerbung: *Werbung in der Öffentlichkeit mit Leuchtreklame, Busbeschriftung, Bandenwerbung im Stadion, Citylightposter*
- Direktwerbung: *an bestimmte Personen adressierte Werbeschreiben (Mailings)*
- FFF-Werbung: *Werbesendungen in Funk, Film, Fernsehen und elektronischen Medien (Online-Dienste, Internet, CD-Rom).*

Werbung am Ort des Verkaufs (POS-Werbung)

Verkaufsförderung: *Vorführungen, Durchsagen, Schaufenster* (siehe **6. Schritt**), *Ausstattung der Verkaufsräume, Events.*

Verpackung

Eine der Funktionen der Verpackung ist Werbung und Information. Besonders in Zeiten der Selbstbedienung gilt: Die Ware muss sich zunehmend selbst verkaufen.

7. Schritt: Sie gestalten Werbung und Verkaufsförderung

Anzeigen-Werbung
z. B. in Tageszeitungen, Werbeblättern und Telefonbüchern

POS-Werbung
z. B. Displays, Aktionen, Durchsagen und Warenvorführungen

Außenwerbung
z. B. Leuchtwerbung, Fahrzeugwerbung und Plakate

Direktwerbung
z. B. Werbebriefe mit Angeboten oder Prospekten

Abb. 7.3: Bevorzugte Werbemaßnahmen des Einzelhandels

▶ Gestaltung der Werbebotschaft

Alle Werbemaßnahmen setzen sich aus wenigen Elementen zusammen, die von der Art der Vermittlung und der Aufnahme abhängen. Diese Elemente werden je nach Werbeträger und Werbemittel in unterschiedlichem Umfang eingesetzt.

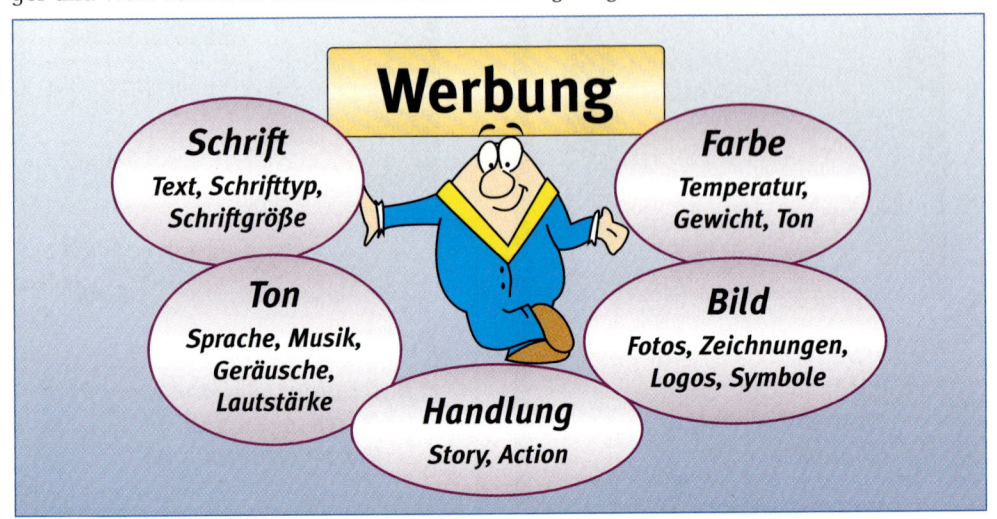

Abb. 7.4: Gestaltungselemente der Werbung

Der Einzelhandel setzt vor allem Werbemittel ein, die auf Schrift und Farbe zurückgreifen. Beide Gestaltungsmittel müssen aufeinander abgestimmt werden und zum Werbeobjekt passen.

Schrift als Gestaltungsmittel

Beispiele für Schrift ▶ 𝕬𝖓𝖙𝖎𝖖𝖚𝖎𝖙ä𝖙𝖊𝖓   Computer

Farbe als Gestaltungsmittel

Die **Spektralfarben** liefert uns das Prisma **(Abb. 7.5)**. Sie werden in Grund- und Mischfarben unterschieden. Zu den Grundfarben gehören Blau, Rot und Gelb, zu den Mischfarben Grün (aus Blau und Gelb), Orange (aus Gelb und Rot) und Violett (aus Blau und Rot). Aus den Grundfarben können aber auch alle anderen Farben durch Mischen hergestellt werden.

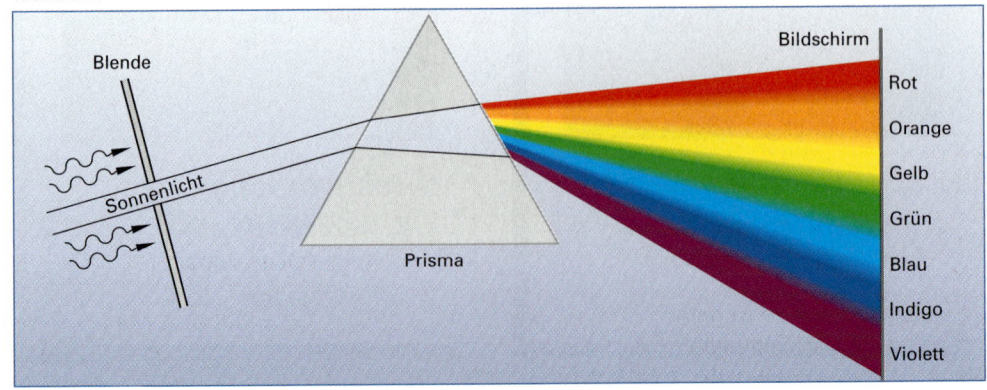

Abb. 7.5: Spektralfarben

7. Schritt: Sie gestalten Werbung und Verkaufsförderung

Für den Einsatz in der Werbung sollten Sie die unterschiedliche Wirkung von Farben beachten.

Temperatur: Farben mit hohem Rotanteil wirken warm, Farben mit hohem Blauanteil hingegen werden als kalt empfunden. Weiß senkt die Farbtemperatur, Schwarz hingegen hebt sie an.

Gewicht: Der Helligkeitsgrad einer Farbe bestimmt die Empfindung des Betrachters ihres Gewichtes. Gelb als helle Farbe ist leicht, Violett und Schwarz wirken schwer.

Ton: Grelle Farben werden als laut empfunden, gedeckte Farben klingen leise und ruhig.

Beispiel: *Für die Verkaufsförderung frischer Lebensmittel (Fisch, Molkereiprodukte) bieten sich kalte und leichte Farbtöne (hellgrün, hellblau, türkis) an. Bei Stilmöbeln lassen sich dagegen besser warme und schwere Farben einsetzen (braun, violett, dunkelorange).*

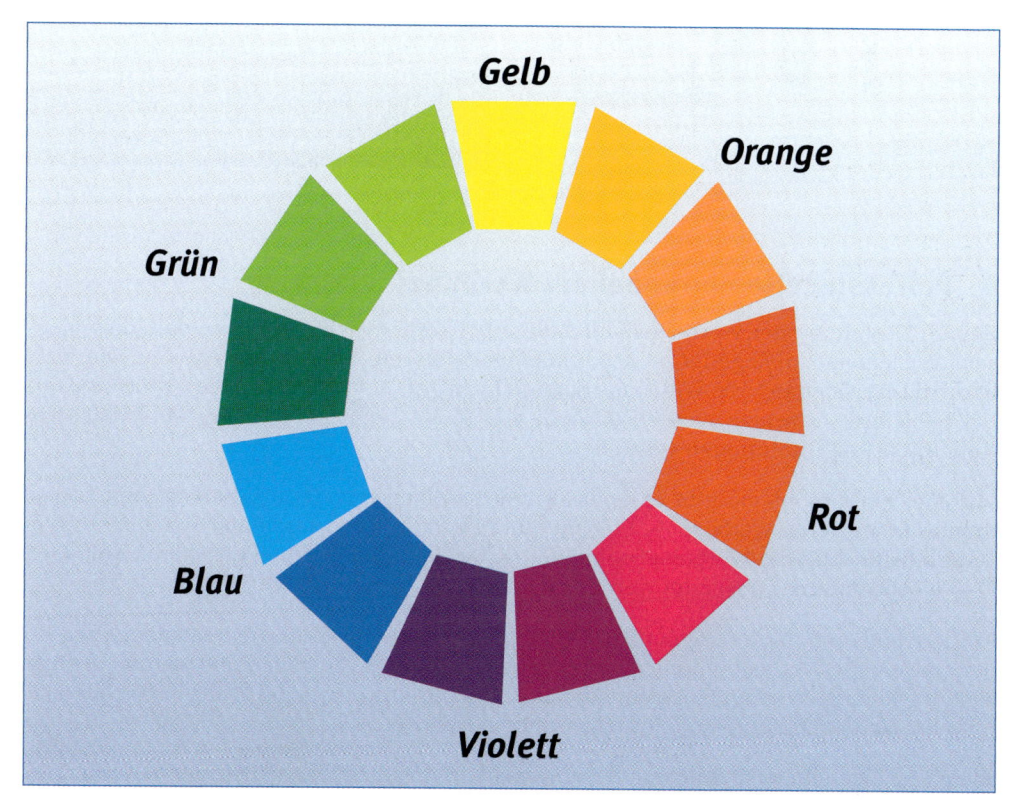

Abb. 7.6: Farbkreis

Für die Wirkung von Werbung wird außerdem mit **Farbkontrasten** gearbeitet.

Im Farbkreis **(Abb. 7.6)** gegenüberliegende Farben ergeben den stärksten Farbkontrast. Dies sind jeweils Komplementärfarben (Rot und Grün, Blau und Orange, Gelb und Violett). Darüber hinaus setzen sich helle und dunkle Farben gut voneinander ab *(z. B. Schwarz auf gelbem Grund: Warnschilder).*

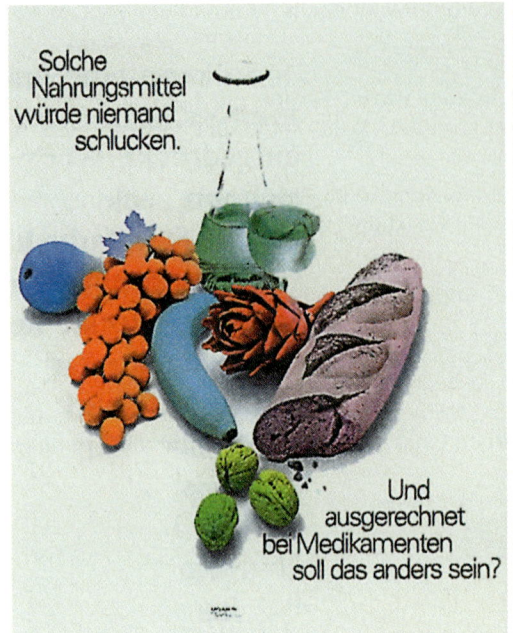

Abb. 7.7

▶ Professionelle Helfer bei der Werbung

Bei der Gestaltung der Werbemaßnahmen muss darauf geachtet werden, dass die eingesetzten Elemente zueinander passen, um die gewünschte Wirkung zu erzielen: Die Werbung muss „stimmen", die Ware „ins richtige Licht" gerückt werden. Werbespots und farbig bebilderte Anzeigen werden deshalb von Profis gestaltet, die über entsprechende Kenntnisse und Erfahrungen verfügen.

Für alle Werbeprobleme gibt es Spezialisten: Grafiker entwerfen Embleme und Logos, Studios produzieren Werbespots, Fotoagenturen liefern Bildmaterial und Schaltagenturen sorgen dafür, dass die Werbemaßnahmen rechtzeitig in den Medien geschaltet und nach Plan erscheinen oder gesendet werden.

Mittlere und große Unternehmen arbeiten mit Werbeagenturen zusammen oder haben sogar eine eigene Werbeabteilung. Die Vorgaben für eine Werbemaßnahme werden in einer Kurzdarstellung (Briefing) zusammengefasst. Daraus entwickeln die Profis in Werbeagentur oder Werbeabteilung eine Strategie und ein Konzept.

Kleinere Einzelhandelsbetriebe gestalten ihre Werbung meistens selbst oder beziehen fertige Prospekte z. B. ihres Einkaufsverbandes und lassen ihre Anschrift eindrucken; sie entwerfen selbstständig Anzeigen für die Tageszeitung und beteiligen sich an den Aktionen der örtlichen Werbegemeinschaft.

▶ Werbeplanung

Damit die Werbemaßnahmen ihr Ziel erreichen, müssen sie genau geplant und durchdacht sein. Werbefachleute nennen den Plan, wie die Werbung eingesetzt wird und wie

7. Schritt: Sie gestalten Werbung und Verkaufsförderung

sie wirken soll, Werbestrategie. Die Grundbegriffe der Werbestrategie sollen Ihnen an einem Beispiel deutlich werden:

Werbestrategie	Beispiel
Zuerst muss ein Ziel für die Werbemaßnahme aufgestellt werden und das Werbeobjekt muss benannt werden.	In der Kreisstadt wird der CD-Laden „G-Move" eröffnet. Die „G-Move" soll als Einkaufsmöglichkeit für aktuelle Musik bekannt gemacht werden.
Dann muss die Zielgruppe, auf die die Werbebemühungen gerichtet sind, ermittelt werden (Werbesubjekt).	Als Zielgruppe müssen die Hörer von Techno-Musik angesehen werden, also junge Leute von ca. 12 – 30 Jahren.
Als nächstes muss das Streugebiet für die Werbung eingegrenzt werden.	Die Werbung soll besonders in der Kreisstadt und in den Ortschaften im Umkreis von 10 km verbreitet werden.
Nun wird ein genauer Zeitplan aufgestellt (Werbezeit).	Die Eröffnungswerbung soll 14 Tage lang betrieben werden. Beginn: 2 Tage vor der Eröffnung.
Der nächste Schritt ist die Auswahl von Werbemitteln und Werbeträgern, die die Zielguppe erreichen (Streuweg).	Die Geschäftsleitung entschließt sich für die folgenden Werbemittel: a) Anzeigen in der Tageszeitung; b) Handzettel, die vor Schulen im Streugebiet verteilt werden sollen; c) eine Verlosungsaktion im Laden.
Die entstehenden Werbekosten müssen ermittelt und dem möglichen Werbeerfolg gegenüber gestellt werden (Werbeetat).	Die geplanten Werbemaßnahmen werden insgesamt 3.420 € kosten. Bei diesen Kosten wird die Aktion als erfolgreich angesehen, wenn täglich ca. 400 Kunden die „G-Move" betreten.
Nach Abschluss der Aktion wird eine Werbeerfolgskontrolle durchgeführt.	Die Zählung der Kunden in der ersten Woche nach Eröffnung ergibt einen täglichen Schnitt von 431 Kunden. Die Aktion wird als erfolgreich bewertet.

Merke:

Wer Werbung treibt, muss entscheiden, was er (Werbeziel) mit wie viel Geld (Werbeetat) bei welcher Reichweite (Werbesubjekte und Streugebiet) wann und wie lange (Streuzeit) auf welchem Weg (Streuweg) erreichen möchte.

▶ **Werbeerfolgskontrolle**

Werbung ist teuer und soll wirksam sein. Deshalb sollte beurteilt werden, ob

- der Bekanntheitsgrad gesteigert,
- die Kundenkontakte erhöht,
- das Image verbessert und
- die Erinnerungsfähigkeit erhöht werden konnten.

Der Erinnerungseffekt kann erhöht werden durch

- Wiederholungen *(Er läuft und läuft und läuft und läuft)* bzw. Konstanten *(Farben* siehe **Abb. 7.8**)
- Gegensätze *(junge Leute, alter Brandy)*
- bildhafte Ausdrücke *(„Ihre Einkaufswelt")*
- verblüffende Formulierung *(Eine Sekunde Schlaf am Steuer bedeutet oft die lange Ruhe.)*
- Appelle *(Kaufen Sie jetzt!)*
- Reime *(Suchst du kleine Preise – komm zu Hosen-Heise!).*

1907 **1965** **1997**

Seit über 90 Jahren gibt es Persil in Deutschland. Firmengründer war Fritz Henkel. Die Packungsbilder geben einen Einblick in Geschmack und Zeitgeist. Die Farben rot-grün sind die vielen Jahre hindurch als Konstante bestehen geblieben.

Abb. 7.8: Werbekonstanten

▶ **Grundsätze für Werbemaßnahmen**

Für die Gestaltung von Werbemaßnahmen gibt es unverbindliche Grundsätze, die Vertreter der Werbewirtschaft vereinbart haben. Sie sollen der Beurteilung von Werbung dienen. Diese grundsätzlichen Anforderungen lauten:

7. Schritt: Sie gestalten Werbung und Verkaufsförderung

1. Wahrheit
Die Werbung soll auf unzutreffende Behauptungen, Beleidigungen und Unterstellungen verzichten. Der Wahrheitsgehalt der Werbeaussagen soll möglichst hoch sein.

2. Klarheit
Aus der Werbung soll klar hervorgehen, wer für was wirbt. Dadurch soll das Ziel der Werbemaßnahme für den Umworbenen durchschaubar sein.

3. Originalität
Die Werbung soll vom eigenen Stil des werbetreibenden Unternehmens geprägt sein. Sie soll weder langweilig gestaltet sein noch einfach von Vorbildern übernommen werden.

4. Stetigkeit
Einmalige Werbemaßnahmen haben erfahrungsgemäß nur geringen Erfolg. Deshalb sollen gleiche Werbemaßnahmen über einen längeren Zeitraum eingesetzt werden.

5. Wirtschaftlichkeit
Die Kosten der Werbemaßnahmen sollen in einer vernünftigen Beziehung zum möglichen Erfolg stehen.

▶ Kontrolle der Werbung

Neben diesen „Richtlinien" für die Werbung gibt es gesetzliche Vorschriften, deren Einhaltung unbedingt beachtet werden muss. Es geht dabei vor allem um Regelungen des Gesetzes gegen den unlauteren Wettbewerb (UWG), des Warenzeichengesetzes (WZG), und der Preisangabeverordnung **(8. und 13. Schritt)**.

Weil es um Umsatz, Marktanteile und Gewinn geht, wird Werbung manchmal so eingesetzt, dass die Grenzen der Fairness und des guten Geschmacks überschritten werden. Um dem Missbrauch der Werbung vorzubeugen, sind von der Werbewirtschaft Richtlinien aufgestellt worden, denen sich die Werbebranche freiwillig unterwirft. Der Deutsche Werberat sieht z. B. Beschränkungen in folgenden Bereichen vor:

- Werbung mit und vor Kindern
- Werbung für alkoholische Getränke
- Werbung mit unfallriskanten Bildmotiven
- Darstellungen, die Frauen herabwürdigen.

Jeder kann sich mit Beschwerden an den Deutschen Werberat wenden. Er entscheidet dann über diese Beschwerden.

Folgen: – Unterlassungsanspruch
 – Schadenersatz
 – strafrechtliche Verfolgung

Beispiel:*)

„Wirbelwind im Plastiksack"

Da hatte zum Beispiel ein Hersteller von Kindertextilien in einer Zeitschriftenanzeige mit der Abbildung von drei mit Badehosen bekleideten Kindern geworben. Eines der Kleinen versuchte, sich am Boden hockend eine durchsichtige Plastikhülle überzustülpen. In dem Slogan hieß es: „Stecken Sie mal einen Wirbelwind in einen Plastiksack!"
Diese Darstellung hielt der Werberat für geeignet, Kinder zu veranlassen, sich Plastikhüllen über den Kopf zu stülpen und damit der Erstickungsgefahr auszusetzen. Die Werbung wurde eingestellt.

---

*) Aus: Deutscher Werberat, Ordnung, Leistungen und Ergebnisse. Hrsg. Zentralausschuss der Werbewirtschaft, Bonn 1990, S. 16/20.

▶ Manipuliert oder informiert Herstellerwerbung?

Viele Hersteller wollen sich durch ständig neue und veränderte Produkte Wettbewerbsvorteile verschaffen. So ist es z. B. für den Verbraucher fast unmöglich, das Angebot an Waschmitteln zu unterscheiden und umwelt- und verbrauchsgünstig auszuwählen. Die Werbung ist ein Mittel, mit dem Hersteller und Händler versuchen, Waren unterscheidbar zu machen und ihnen ein eigenes Profil oder Image zu verschaffen. Sie stellen dabei die jeweilige Marke als etwas Besonderes heraus. Schließlich sollen die Verbraucher dazu bewegt werden, Waren dieser Marke zu kaufen. Waren, die Verbraucher als ungeeignet oder unnütz empfinden, werden sie trotz Werbung auf Dauer nicht konsumieren.

Werbung beinhaltet neben der Information meistens auch Manipulation, um die Kaufentscheidung der Verbaucher zu beeinflussen. Viele Konsumenten wissen um den Einfluss der Werbung und stehen ihr daher kritisch gegenüber **(Abb. 7.9)**.

pro	contra
• Werbung ist für eine Marktwirtschaft unerlässlich. Ihre Informationen ermöglichen es dem Vertraucher erst, konkurrierende Angebote nach Qualität und Preis zu beurteilen. Solch ein Vergleich ist notwendig, um Unternehmen zu guten Leistungen zu veranlassen.	• Werbung trägt nicht dazu bei, die Markttransparenz zu erhöhen. Sie stellt nicht in erster Linie darauf ab, Informationen über objektive Produkteigenschaften zu geben. Vielmehr stellt sie einen Zusatznutzen in den Mittelpunkt, der für einen Preis- und Qualitätsvergleich unerheblich ist. Werbung ist eher ein Instrument der Verschleierung als der Information.
• In einer dynamischen Wirtschaft werden im Interesse der Verbraucher Produkte ständig verbessert und neu entwickelt. Werbung informiert über diese Entwicklung und trägt damit zu einer größeren Befriedigung der Verbraucherwünsche bei.	• Werbung trägt dazu bei, dass für viele die Versorgung mit materiellen Gütern zum vorrangigen Lebensziel geworden ist. Das kann jedoch zu einer Verarmung der sozialen Beziehungen und zu Unzufriedenheit führen.
• Werbung kann die Produkte verbilligen; denn sie fördert die Nachfrage. Nachfrage erhöht die Produktion. Höhere Produktion senkt die Preise, weil rationeller und dadurch billiger produziert werden kann. Damit diese Rechnung aber stimmt, müsste durch Kostensenkung erzielter Gewinn dem Endverbraucher durch Preissenkung zugute kommen.	• Für Werbung wird viel Geld bereitgestellt. Werbeexperten haben die Möglichkeit, die neuesten Erkenntnisse der Verhaltenswissenschaften konsequent anzuwenden. Die Wirkung von Werbetechniken ist deshalb vielfach größer als die anderer Sozialtechniken. Es wäre sinnvoll, das Geld in andere Bereiche, z. B. soziale Dienste oder Bildung, zu leiten.
• Werbung ist ein entscheidender Faktor des wirtschaftlichen Wachstums, das den Wohlstand breiter Massen der Bevölkerung erst ermöglicht. Wirtschaftliches Wachstum ist für die Zukunft wichtig, um Arbeitsplätze zu erhalten und neue zu schaffen.	• Werbung führt dazu, dass ‚immer mehr Produkte mit geringerem Gebrauchswert abgesetzt werden. Diese Produktionssteigerung hat jedoch zu einer Umweltbelastung geführt, die das Leben aller gefährdet.

Quelle: AID Verbraucher-Dienst „Werbung"

Abb. 7.9: Pro und Contra Werbung

7. Schritt: Sie gestalten Werbung und Verkaufsförderung

Arbeitsaufgaben

1. Sammeln Sie Werbematerial (3 Beispiele). Ordnen Sie jede Maßnahme ein nach Werbeziel, Werbemittel und -träger, Werbeart!

2. Listen Sie auf, welche Werbemaßnahmen ihr Ausbildungsbetrieb einsetzt. Ordnen Sie die Werbemaßnahmen den Werbearten zu. Prüfen Sie, auf welche Art die meisten Maßnahmen entfallen!

3. Beschreiben Sie die Zielgruppe von Werbemaßnahmen folgender Unternehmen:
   a) Eisenwarenhandel (Baubeschläge, Schrauben, Werkzeuge)
   b) Fachgeschäft „Madame" für modische Damenoberbekleidung
   c) Spezialladen für Camper und Tramper
   d) Feinkostgeschäft mit großer Weinabteilung.

4. Betrachten Sie die Werbeanzeige der Boutique Heike S. im Einstieg. Diskutieren Sie in der Gruppe oder Klasse folgende Meinungen dazu:
   a) Die Anzeige ist gut gestaltet, weil der freie Raum die Aufmerksamkeit des Betrachters auf die Anzeige lenkt.
   b) Die Anzeige ist schlecht gestaltet, weil der bezahlte Raum in der Anzeige nicht für Informationen genutzt wurde.

5. Lesen Sie die „Pro und Contra"-Argumente der **Abb. 7.9**. Schreiben Sie auf, wie Sie die jeweiligen Argumente entkräften bzw. belegen können! Diskutieren Sie anschließend in der Gruppe/Klasse auf der Grundlage verschiedener Standpunkte.

6. „Ich weiß, dass die Hälfte meiner Werbegelder zum Fenster hinausgeworfen ist, aber ich weiß nicht, welche Hälfte!" (Henry Ford)
   Interpretieren Sie diese Aussage auf Grundlage der gewonnenen Erkenntnisse hinsichtlich der Werbeerfolgskontrolle!

7. Vor allem durch die Werbegrundsätze „Originalität" und „Stetigkeit" soll eine ausreichende Eindringlichkeit erreicht werden. Die Werbewirkung lässt sich am „AIDA-Modell" verdeutlichen:
   Attention: Werbung soll Aufmerksamkeit erregen
   Interest: Werbung soll Interesse wecken
   Desire: Werbung soll Kaufwünsche auslösen
   Action: Werbung soll Kaufhandlungen auslösen
   Erläutern Sie die Werbewirkung von drei ausgesuchten Werbeanzeigen anhand des AIDA-Modells!

Training

1. Wählen Sie eine Werbemaßnahme Ihres Ausbildungsbetriebes aus, die Sie für gelungen halten. Stellen Sie die Maßnahme in der Klasse vor, erläutern Sie die Maßnahme mit den Fachbegriffen aus diesem Schritt, und geben Sie an, warum Sie diese Maßnahme für gelungen halten!

2. Entwerfen Sie die Zeitungsanzeige für die Eröffnungswerbung des „G-Move". Erkundigen Sie sich bei der örtlichen Tageszeitung, was die Veröffentlichung einer farbigen Anzeige (ganze/halbe/viertel Seite) in der Gesamtauflage kostet!

3. Nehmen Sie an, dass der „G-Move" von einem Filialunternehmen eröffnet wird, das Läden im gesamten Bundesgebiet unterhält. Entwerfen Sie in der Gruppe einen „Werbespot" für den Rundfunk oder das Fernsehen. Nehmen Sie das Ergebnis auf, und stellen Sie es in der Klasse vor!

4. Untersuchen Sie das Frauenbild in der Werbung:

   a) Suchen Sie Beispiele für die abwertende Darstellung der Frau in Werbeanzeigen **(Abb. 7.10)**. Versuchen Sie auch, positive Darstellungen zu finden!

   b) Fertigen Sie eine Collage (Klebebild) zum Thema „Frau in der Werbung" an!

   c) Diskutieren Sie das Problem anhand der Collage in Ihrer Klasse bzw. Gruppe!

   d) Untersuchen Sie, wie Männer in der Werbung präsentiert werden. Stellen Sie Darstellungen des Mannes denen der Frau vergleichend gegenüber!

Abb. 7.10

8. Schritt: Sie überblicken die Kalkukation und Preisgestaltung

Zielangabe

In diesem Schritt
- erkennen Sie die Bedeutung des Preises für den Verkauf
- lernen Sie verschiedene Methoden der Preisbildung kennen
- erfahren Sie grundsätzliche Preisstrategien im Einzelhandel
- setzen Sie sich mit wichtigen Aspekten zur Preisauszeichnung auseinander.

Einstieg

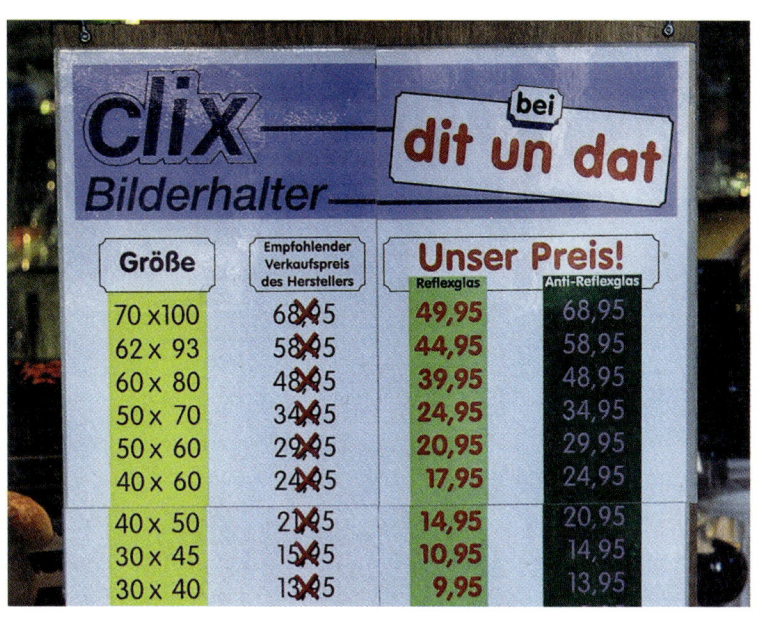

Größe	Empfohlender Verkaufspreis des Herstellers	Unser Preis! Reflexglas	Anti-Reflexglas
70 x 100	68,95	49,95	68,95
62 x 93	58,95	44,95	58,95
60 x 80	48,95	39,95	48,95
50 x 70	34,95	24,95	34,95
50 x 60	29,95	20,95	29,95
40 x 60	24,95	17,95	24,95
40 x 50	20,95	14,95	20,95
30 x 45	15,95	10,95	14,95
30 x 40	13,95	9,95	13,95

Abb. 8.1

Lehrtext

Sind 17,95 € für einen Bilderrahmen (40 cm x 60 cm) zu hoch, preiswert oder gar ein „Schnäppchen"? Die Festsetzung des Preises gehört zu den empfindlichsten Bereichen im Einzelhandelsmarketing, da die Preisgestaltung über den Umsatz und damit über den Gewinn mitentscheidet. Was aber ist bei der Preisfestsetzung zu beachten? Und warum ist der Preis einer Ware bei Einzelhändlern mit vergleichbaren Umsätzen und nahezu identischen Serviceleistungen dennoch verschieden?

▶ Bedeutung des Preises für den Verkauf

Preise sind aus Sicht der Konsumenten Informationen, die sie wahrnehmen und verarbeiten und die ihr Verhalten beeinflussen. So dient der **Preis als Qualitätsindikator** bei den Waren, die der Kunde aufgrund unzureichender Kenntnisse bezüglich Material, Konstruktion und Funktion relativ schlecht beurteilen kann. Er neigt bei diesen Waren dazu, von der Preishöhe auf die Qualität von Angeboten zu schließen, nach dem Motto: Je niedriger der Preis, desto schlechter die Qualität (und umgekehrt). Ein niedriger Preis kann aber auch als positives Verkaufsargument betrachtet werden. Insbesondere Waren des täglichen Bedarfs (Lebensmittel) oder Artikel, bei denen die Konsumenten ein ausgeprägtes Preisinteresse oder eine persönliche Qualitätsvermutung besitzen (Tonträger, Computer), werden in erster Linie über einen günstigen Preis verkauft.

▶ Methoden der Preisbildung

Wie findet der Einzelhändler nun seinen Verkaufspreis? Generell gibt es zwei Methoden der Preisbildung:

```
                Methoden der Preisbildung
                   /              \
        kalkulierte Preisbildung    marktangepasste Preisbildung
```

Abb. 8.2

▶ Kalkulierte Preisbildung

Die **kalkulierte Preisgestaltung** richtet sich an den **Kosten** aus, die eine Ware oder Warengruppe verursacht, bis sie schließlich beim Kunden ankommt. Im Einzelhandel sind dies insbesondere die Einstandspreise (bzw. Bezugspreise) der Waren und die **Handlungskosten** (z. B. Personalkosten, Ladenmieten). In der Praxis wird häufig ein so genannter Kalkulationszuschlag angewendet, bei dem ein prozentualer Zuschlag auf den Einstandspreis vorgenommen wird, um den Bruttoverkaufspreis (Auszeichnungspreis) zu ermitteln.

Wichtig ist in diesem Zusammenhang, dass die Gewinne, die von Unternehmen im Einzelhandel gemacht werden, immer wieder falsch eingeschätzt werden. Das Schaubild **(Abb. 8.3)** gibt darüber Auskunft, wie hoch der **zu versteuernde Gewinn** im mittelständischen Einzelhandel ist. Bei den angegebenen Beträgen handelt es sich um Durchschnittswerte. Es gibt Branchen, die wesentlich bessere Erträge erzielen; aber es gibt auch Bereiche, die deutlich schlechter dastehen. Hierzu gehört auch der Lebensmittelbereich, der in der Grafik nicht berücksichtigt ist.

8. Schritt: Sie überblicken die Kalkulation und Preisgestaltung

Was dem Einzelhandel bleibt

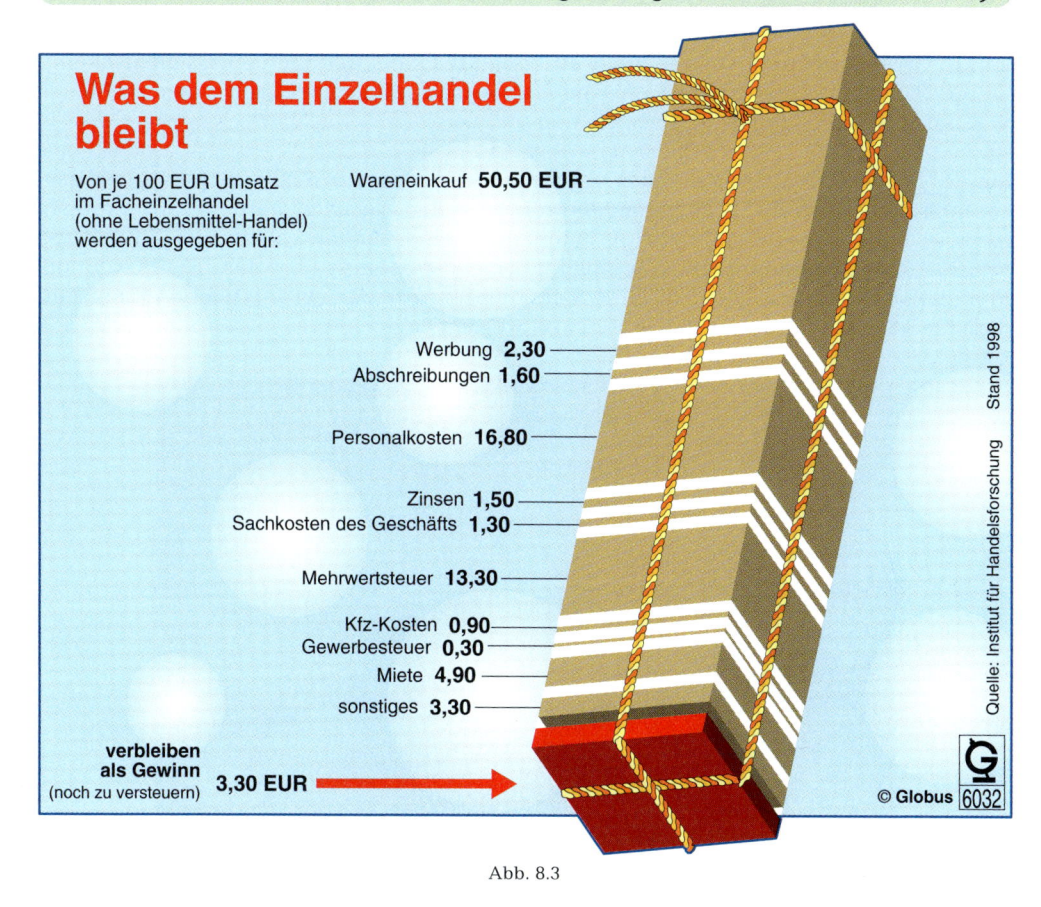

Von je 100 EUR Umsatz im Facheinzelhandel (ohne Lebensmittel-Handel) werden ausgegeben für:

- Wareneinkauf **50,50 EUR**
- Werbung **2,30**
- Abschreibungen **1,60**
- Personalkosten **16,80**
- Zinsen **1,50**
- Sachkosten des Geschäfts **1,30**
- Mehrwertsteuer **13,30**
- Kfz-Kosten **0,90**
- Gewerbesteuer **0,30**
- Miete **4,90**
- sonstiges **3,30**

verbleiben als Gewinn (noch zu versteuern) **3,30 EUR**

Quelle: Institut für Handelsforschung – Stand 1998
© Globus 6032

Abb. 8.3

▶ **Marktangepasste Preisbildung**

Der Spielraum für die eigene Preisgestaltung ist häufig durch die Preise der Mitbewerber und durch Preisvorstellungen der Kunden eingeengt. Ein vergleichsweise hoher Preis kann dazu führen, dass die Ware nur schlecht verkauft wird, da die Konkurrenz die Ware günstiger anbietet. Wenn nun im Hinblick auf Kunden und Konkurrenten der Preis ebenfalls gesenkt wird, kann der Absatz vielleicht erhöht werden, allerdings besteht die Gefahr, dass nicht alle Kosten gedeckt werden.

Deshalb geht die **marktangepasste Preisgestaltung** davon aus, dass die Preise aufgrund des beobachteten Verhaltens der Kunden und der Konkurrenz im jeweiligen Einzugsgebiet bereits festgelegt sind. Kalkulieren heißt hier prüfen, ob angesichts der vom Markt vorgegebenen Preise und der entstehenden Kosten das Angebot einer Warengruppe oder eines Artikels sich überhaupt lohnt.

▶ **Preisfestsetzung**

Insbesondere kleinere Betriebe des Einzelhandels kalkulieren ihre einzelnen Preise häufig nicht. Sie arbeiten mit Faustregeln, um das Problem zu lösen, z. B. mit branchenüblichen (einheitlichen) Aufschlägen, die – je nach Branche – sehr unterschiedlich sein können. Beispielsweise kalkuliert man Waren mit einer höheren Umschlagshäufigkeit (z. B. Molkereiprodukte) niedriger als Waren mit einer geringeren Umschlagshäufigkeit (z. B. Möbel). Häufig werden für die Preisfestsetzung auch einfach die empfohlenen Verkaufspreise der Hersteller übernommen.

Sowohl bei der kalkulierten als auch bei der marktangepassten Preisbildung müssen **psychologische Preisgrenzen**, so genannte Preisschwellen, beachtet werden. Zur Verbesserung der Preisoptik werden Preise oft knapp unter einer runden Zahl festgelegt, da diese Preise von den Kunden dann wesentlich günstiger empfunden werden. Ergibt z. B. die Kalkulation für 500 g Kaffee 3,65 €, so würde dieser nicht zu dem kalkulierten Preis, sondern für 3,49 €, 3,79 € oder 3,99 € verkauft werden.

Abb. 8.4

▶ Mischkalkulation (Ausgleichskalkulation)

Eine Besonderheit der Preisgestaltung liegt darin, dass der Einzelhändler nicht nur Preise für einzelne Waren, sondern für sein ganzes Sortiment finden muss. Dies umfasst im Falle von Warenhäusern oder anderen Großformen des Einzelhandels viele zehntausend Artikel. Wenn bei einigen Waren keine volle Kostendeckung durch den Verkaufspreis gelingt, weil die Konkurrenz die gleichen Artikel günstiger anbietet oder der Einzelhändler absichtlich niedriger kalkuliert, um den Kunden seine Preiswürdigkeit zu demonstrieren, dann muss er versuchen, diese Verluste durch entsprechend höhere Preise bei anderen Waren wieder hereinzuholen. Dieses Verfahren nennt man **Mischkalkulation**, wobei der niedriger kalkulierte Artikel als „Ausgleichsnehmer", der höher kalkulierte Artikel als „Ausgleichsgeber" bezeichnet wird.

Im Zusammenhang mit der Mischkalkulation wird in letzter Zeit immer häufiger der **Verkauf unter Einstandspreisen** diskutiert. Ist es sinnvoll oder zulässig, Ware zu einem geringeren Preis zu verkaufen, als der Einzelhändler selbst für den Einkauf und Bezug aufgewandt hat?

8. Schritt: Sie überblicken die Kalkulation und Preisgestaltung

Je nach Branche und Betriebsform werden insbesondere Markenartikel des täglichen bzw. des periodischen Bedarfs, wie z. B. Lebensmittel und Drogerieartikel, Büro- und Schreibwaren, aber auch Tonträger, zeitweise unter dem Einstandspreis angeboten. Folgende Gründe sind für dieses Vorgehen verantwortlich:

Entweder	Oder
– starker Konkurrenzdruck,	– Ausverkauf von modischer Ware,
– verstärktes Anlocken zum Einkauf,	– Verkauf von Verderb bedrohter Ware.
– Erwartung von Verbundkäufen.	

Auch bekannte Markenartikel eignen sich hierfür, da der Kunde die üblichen Preise kennt und diese als Vergleichsmaßstab verwendet.

Damit bei der Mischkalkulation unter dem Strich ein positives Betriebsergebnis entsteht, müssen neben den günstigen Angeboten **(Ausgleichsnehmer)** auch die **Ausgleichsgeber** gekauft werden, z. B. durch Verbund- oder Impulskäufe.

Beispiel:
Eine Sofortbildkamera wird zu einem einmalig niedrigen Preis angeboten und in der Werbung groß herausgestellt. Als Ausgleichsgeber dienen in diesem Fall die Filmpacks, die gleich neben der Kamera angeboten werden und mit einem guten Aufschlag kalkuliert sind.

> **Für Niedrigpreisaktionen (Sonderangebote, Verkauf unter Einstandspreis) besonders geeignet:**
> - *Kaffee, Spirituosen, Schokoladenspezialitäten, Sekt bekannter Marken*
> - *Elektro-Kleingeräte (z. B. Kaffeemaschinen)*
> - *Volksmusik-CDs*

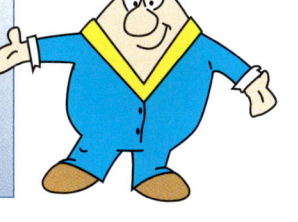

Abb. 8.5

▶ Strategien der Preisgestaltung

Ein wesentlicher Teil der Marketing-Strategie ist die Festlegung der Preislage bzw. des Preisniveaus. Sie muss zur Betriebsform passen und mit einer entsprechenden Ladengestaltung, Warenpräsentation und Werbebotschaft kombiniert werden. Generell zu unterscheiden ist die **Hochpreis-** von der **Niedrigpreisstrategie**.

Preislage	Betriebsform	Ladengestaltung	Werbebotschaft
HOCH	Spezial- und Fachgeschäft, Boutique, Galeria	attraktiv, aufwändig, edel	hohe Qualität, große Auswahl, guter Service
	Trading-Up		
NIEDRIG	Discounter, SB-Warenhaus, Kleinpreis-Geschäft	einfach, funktionell, Kosten sparend	preiswerte Angebote, günstige Einkaufsmöglichkeit
	Trading-Down		

Abb. 8.6

Da Preise von vielen Faktoren abhängig sind, die außerhalb des Einzelhandelsbetriebes liegen (z. B. Lieferanten, Konkurrenz), variieren die Preise für viele Artikel häufig. Oft kommt es dabei zu vorübergehenden Preissenkungen (Sonderangebote). Bei Preisveränderungen sind psychologische Preisschwellen ebenso zu beachten wie das Verhalten derjenigen Mitbewerber, die versuchen, die Preise dauerhaft niedrig zu halten (Dauertiefpreise).

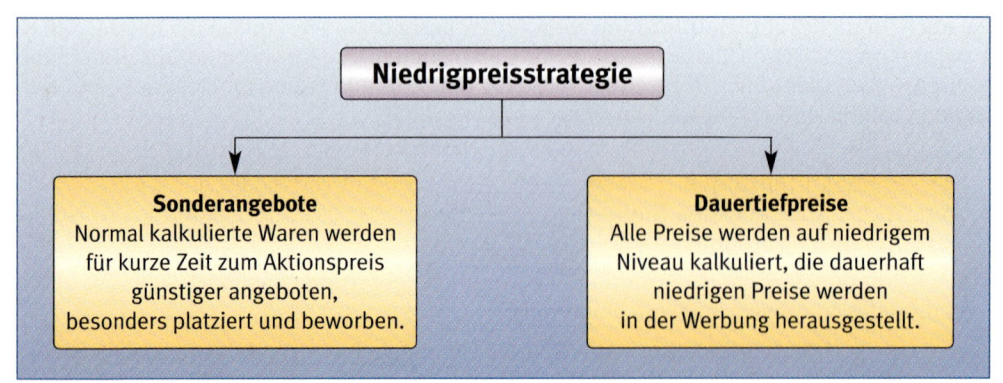

```
                    ┌─────────────────────────┐
                    │   Niedrigpreisstrategie │
                    └────────────┬────────────┘
              ┌──────────────────┴──────────────────┐
              ▼                                     ▼
  ┌────────────────────────┐          ┌────────────────────────┐
  │    Sonderangebote      │          │    Dauertiefpreise     │
  │ Normal kalkulierte     │          │ Alle Preise werden auf │
  │ Waren werden für       │          │ niedrigem Niveau       │
  │ kurze Zeit zum         │          │ kalkuliert, die dauer- │
  │ Aktionspreis günstiger │          │ haft niedrigen Preise  │
  │ angeboten, besonders   │          │ werden in der Werbung  │
  │ platziert und beworben.│          │ herausgestellt.        │
  └────────────────────────┘          └────────────────────────┘
```

Abb. 8.7

Grundsätzlich sollten Sonderangebote und Aktionen bei den Waren verwendet werden, von denen der Händler weiß, dass die Kunden preissensibel reagieren **(Abb. 8.5)**. Dies ist wiederum von den Preisvorstellungen der Verbraucher abhängig. Viele Konsumenten kennen die Preise von Kaffee, Waschmitteln oder Butter wesentlich genauer als die Preise von Mehl, Gewürzen oder Putzmitteln.

Zur Hochpreisstrategie gehört es, nicht über den Preis zu sprechen. Vielmehr wird gegenüber den Kunden das in den Vordergrund gestellt, was der hohe Preis signalisiert: Sie kaufen exklusive Ware oder besondere Spezialitäten mit einer entsprechenden Beratung und einem angemessenen Service. Dabei wird eine Kundenmentalität angesprochen, die sich durch den Spruch „Man gönnt sich ja sonst nichts!" oder die Einstellung „Ich kann es mir leisten!" zeigt.

▶ Preisdifferenzierung

Ein weiteres Mittel der Preisgestaltung ist die **Preisdifferenzierung**. Hierunter versteht man die Festlegung unterschiedlicher Preise für gleiche Waren und Dienstleistungen. Ziel ist es, den Markt so gut und so umfassend wie möglich abzuschöpfen. Man unterscheidet folgende Arten der Preisdifferenzierung:

Arten der Preis-differenzierung	Erläuterungen
• räumlich	Waren können in verschiedenen Gebieten – je nach Kaufkraft der Kunden und/oder Konkurrenzlage – zu unterschiedlichen Preisen angeboten werden (z. B. Stadt/Land oder Vorort/City). Interessant ist diese Art der Preisdifferenzierung insbesondere für große Filialbetriebe.
• zeitlich	Waren werden zu verschiedenen Zeiten zu unterschiedlichen Preisen verkauft. So werden z. B. verschiedene Obstsorten während der Erntezeit zu günstigeren Preisen verkauft als sonst. Ganz neu auf dem Markt eingeführte und nachgefragte Waren werden dagegen zunächst zu relativ hohen Preisen verkauft (z. B. PC und Unterhaltungselektronik).
• mengenmäßig	In Großpackungen sind die Stückpreise meistens geringer als in Kleinpackungen.
• personell	Die gleiche Ware wird unterschiedlichen Kundengruppen zu unterschiedlichen Preisen angeboten, z. B. geben Einzelhändler Waren an Handwerker günstiger ab als an andere Kunden.

Abb. 8.8

8. Schritt: Sie überblicken die Kalkulation und Preisgestaltung

▶ Preisauszeichnung

Der Einzelhandel ist durch die **Preisangabeverordnung** (PAngV) generell verpflichtet, die Waren oder Dienstleistungen, die er verkauft, auszuzeichnen. Die Vorschrift gilt unabhängig davon, ob sich die Ware im Geschäft, in Schaufenstern oder in Katalogen befindet. Um Kunden den Vergleich zwischen verschiedenen Händlern und Waren zu erleichtern, muss der Einzelhandel hinsichtlich der Auszeichnung bestimmte Kriterien beachten. So ist grundsätzlich der Preis inklusive Umsatzsteuer anzugeben **(Bruttoverkaufspreis)**. Ferner müssen auf dem Preisschild oder auf der Ware folgende Angaben enthalten sein:

1. die Verkaufseinheit (z. B. Preis je kg, je m oder je l)
2. der Grundpreis bei loser Ware
3. der Grundpreis bei im Einzelhandel abgepackter Ware
4. die Gütebezeichnung (z. B. Handels- oder Güteklassen)

Ausgenommen von der Preisauszeichnungspflicht sind

- Kunstgegenstände und Antiquitäten,
- Waren, die in Werbevorführungen angeboten werden,
- Blumen und Pflanzen, die unmittelbar vom Freiland oder Treibhaus verkauft werden.

Abb. 8.9

Arbeitsaufgaben

1. Erläutern Sie den Begriff „Mischkalkulation" anhand von Waren aus Ihrem Ausbildungssortiment. Nennen Sie „Ausgleichsgeber" und „Ausgleichsnehmer". Begründen Sie, warum die Mischkalkulation gerade im Einzelhandel (und kaum im Großhandel) eingesetzt wird.
2. Welche Möglichkeiten hat ein Einzelhändler, wenn seine kalkulierten Verkaufspreise am Markt nicht durchsetzbar sind?
3. Frau Frodermann hat drei Kolleginnen zum Kaffeekränzchen eingeladen.
   a) Stellen Sie in Ihrer Klasse einen Warenkorb mit zehn Artikeln zusammen, die Frau Frodermann für ihr Kaffeekränzchen benötigt.
   b) Bilden Sie Gruppen und vergleichen Sie die Preise der Warenkörbe in verschiedenen Geschäften. Nennen Sie mögliche Gründe für die Preisunterschiede.

Training

1. Stellen Sie die Preislage Ihres Ausbildungsbetriebes anhand einiger Artikel vor und begründen Sie diese.
2. Ein HiFi-Fachgeschäft kann Farbfernseher, für die der Inhaber einen Verkaufspreis von 683,98 € kalkuliert hat, für 699 € nur schlecht verkaufen.

   Diskutieren Sie in Ihrer Gruppe mögliche Alternativen, und geben Sie dem Inhaber eine begründete Handlungsempfehlung!
3. In einigen Einzelhandelsbetrieben wird die „Payback-Card" akzeptiert. Informieren Sie sich über diese Karte. Erläutern Sie, wie sich die Teilnahme an der „Payback-Card" auf die Preisgestaltung auswirkt, und nennen Sie Vor- und Nachteile.

9. Schritt: Sie entwickeln ein Marketing-Konzept

Zielangabe

In diesem Schritt
- erfahren Sie Ziele und unterscheiden Sie die Bestandteile eines Marketing-Konzeptes
- machen Sie sich mit den Aufgaben und Methoden der Marktforschung vertraut
- lernen Sie Marketingstrategien kennen
- erfahren Sie die Bedeutung einer Corporate Identity
- erkennen Sie die Notwendigkeit der Abstimmung einzelner Marketing-Maßnahmen.

Einstieg

Abb. 9.1

Lehrtext

Fast jeder von Ihnen erkennt auf den ersten Blick, welches Einrichtungshaus auf dem Foto abgebildet ist. Nicht nur die Farbzusammenstellung, sondern auch das äußere Erscheinungsbild des Geschäfts sind für das Unternehmen typisch. Es setzt bei allen Verkaufshäusern gleiche Stilelemente ein.

Um sich am Markt behaupten zu können, muss ein Einzelhandelsunternehmen ein Konzept zur Wiedererkennung entwickeln. Damit soll erreicht werden, dass die Kunden immer und überall einen bestimmten Händler sofort wiedererkennen. Aufgrund der Entwicklung vom Verkäufer- zum Käufermarkt **(1. Schritt)** ist das besonders wichtig. Zum einen werden immer mehr Waren austauschbar, zum anderen lässt die Wettbewerbssituation oft keine Preissteigerungen zu.

9. Schritt: Sie entwickeln ein Marketing-Konzept

Durch das große Warenangebot und die Fülle von Einzelhandelsgeschäften wird es für die Kunden immer schwieriger, eine Kaufentscheidung zu treffen. Daher müssen sich die Geschäfte überlegen, wie sie sich von ihren Mitanbietern abheben können. Nur dann kann ausreichend Ware abgesetzt werden, um Gewinn zu erzielen und somit die unternehmerische Existenz zu sichern. Es genügt also nicht, dass Hersteller für neue Produkte werben, sondern auch jedes Einzelhandelsgeschäft muss sein Marketing-Konzept entwickeln.

▶ Begriff des Marketing

Was verstehen Sie unter **Marketing**?

Abb. 9.2

So oder ähnlich würden Sie vielleicht diese Frage beantworten. Aber Marketing muss umfassender betrachtet werden. Bezogen auf Einzelhandelsunternehmen lässt sich folgende Definition formulieren:

Marketing ist die kundenorientierte Gestaltung aller Aktivitäten des Einzelhandelsbetriebes.

Jedes Unternehmen sollte versuchen, ein ganzheitliches und schlüssiges Marketing-Konzept als Handlungsplan zu entwickeln.

Um kundenorientiert zu handeln, muss jedes Unternehmen zunächst seine Zielgruppe bestimmen. Es kann dann seine Aktivitäten auf deren Wünsche und Probleme ausrichten. Um entsprechende Daten zu gewinnen, wird der Absatzmarkt untersucht.

▶ Marktforschung zur Informationsgewinnung

Wird der Markt nur gelegentlich untersucht, dann spricht man von **Markterkundung**. Eine systematische Untersuchung wird **Marktforschung** genannt. Letztere kann sowohl im Unternehmen selbst (intern) als auch im Unternehmensumfeld erfolgen (extern). Dabei werden gerade bei der externen Informationsgewinnung häufig Marktforschungsinstitute eingeschaltet, die sich auf die Untersuchung und Analyse der Absatzmärkte spezialisiert haben. Untersuchungsgegenstand der Marktforschung sind vor allem das Kunden- und das Konkurrenzverhalten. Erfolgt sie über einen längeren Zeitraum hinweg, dann spricht man von **Marktbeobachtung**, bezieht sie sich auf einen Zeitpunkt, so handelt es sich um eine **Marktanalyse**.

Mögliche Fragen für die Untersuchung zur Wahl der Einkaufsstätte können sich auf die eingekaufte Ware, auf Gründe für den Kauf, Kaufhäufigkeit u. a. beziehen.

Beispiel:

Welche Waren haben Sie heute hier eingekauft?
a) Lebensmittel ○
b) Bekleidung, Schuhe ○
c) Spielwaren, Bücher, Tonträger ○
d) Heimwerkerbedarf ○
e) Haushaltswaren ○
f) Elektrogeräte, Elektronikartikel ○
g) Uhren, Schmuck ○
h) Fotoartikel ○
i) Sonstiges ○
....

Wie oft kaufen Sie hier ein?
a) täglich ○
b) mehrmals in der Woche ○
c) wöchentlich ○
d) noch seltener ○
e) zum ersten Mal ○
f) nie ○

Abb. 9.3: Auszug aus dem Fragebogen eines Warenhauses

Werden Daten, wie in unserem Beispiel, direkt beim Konsumenten/am Markt erhoben, dann spricht man von **Primärforschung**. Da diese Vorgehensweise aber sehr aufwändig und teuer ist, wird überwiegend vorhandenes Datenmaterial ausgewertet. Diese Vorgehensweise nennt man **Sekundärforschung** (Schreibtischforschung). Es können z. B. Vergleichszahlen der IHK, von **Nielsen** oder der **Gesellschaft für Konsumforschung (GfK)**, Statistische Jahrbücher oder über Kundenkarten ermittelte Informationen herangezogen werden, um über das Einkaufsverhalten der Kunden etwas zu erfahren.

Einzelhandelsrelevante Kaufkraft

	Gemeinde	Bevölkerung	Einzelhandelsrelevante Kaufkraft	je Einwohner
D	Düsseldorf	570.969 Einw.	6.774 Millionen DM	11.864 DM
C	Coswig	25.260 Einw.	229 Millionen DM	9.087 DM

Sortimentsbezogene Kaufkraft

Sortimentsgruppe	Sortimentsbezogene Kaufkraft		je Einwohner			
Nahrungs- und Genussmittel	D	2.197 Mio. DM	C	77 Mio. DM	D	3.848 DM	C	3.085 DM
Bekleidung	D	875 Mio. DM	C	26 Mio. DM	D	1.533 DM	C	1.059 DM
Körperpflege	D	837 Mio. DM	C	26 Mio. DM	D	1.465 DM	C	1.041 DM
Baumarkt-Sortiment	D	734 Mio. DM	C	28 Mio. DM	D	1.286 DM	C	1.139 DM
Einrichtungsbedarf, Möbel	D	735 Mio. DM	C	24 Mio. DM	D	1.288 DM	C	978 DM
Spiel, Sport, Hobby	D	282 Mio. DM	C	9 Mio. DM	D	495 DM	C	354 DM
Bücher, Computer, Telekom.	D	270 Mio. DM	C	8 Mio. DM	D	473 DM	C	331 DM
Schuhe	D	149 Mio. DM	C	4 Mio. DM	D	261 DM	C	183 DM

Abb. 9.4: Auszug aus zwei GfK-Datensätzen 1999

9. Schritt: Sie entwickeln ein Marketing-Konzept

Nachdem durch Marktforschung ausreichend Informationen (z. B. über das Kundenverhalten) gesammelt und/oder ausgewertet wurden, kann ein Marketingkonzept entwickelt werden.

Marketing-Konzept: Marketingziel → Marketingstrategie → Marketingmix

▶ Marketingziele

Was wollen wir erreichen?

Einzelhandelsgeschäfte werden möglichst versuchen, ihren Absatz auszuweiten, ihre Preise am Markt durchzusetzen und ihre Kosten zu reduzieren, um insgesamt rentabler zu arbeiten und Gewinne zu erzielen. Diese Unternehmensziele sollen durch marktorientierte Teilziele erreicht werden.

Mögliche Marketingziele:
- Bekanntheit steigern
- Image verbessern
- Kundenzufriedenheit erreichen
- Treue zur Einkaufsstätte fördern
- Stammkunden halten
- Neukunden gewinnen

Nicht alle Ziele können gleichzeitig verwirklicht werden. So kann es schwierig sein, einerseits die Absatzpreise zu erhöhen und gleichzeitig neue Kunden zu gewinnen. Eine Kostenreduzierung (z. B. Einsparung bei der Werbung) macht es schwierig, gleichzeitig die Bekanntheit zu steigern.

Die Ziele sind möglichst kundenorientiert zu planen, d. h. abzustimmen mit dem, was Kunden vermutlich wollen und was der Markt an Trends vorgibt.

▶ Marketingstrategien

Wie kommen wir dahin?

Um Ziele zu erreichen, braucht man geeignete Strategien. Bestandteile einer Marketingstrategie beziehen sich vor allem auf die Aspekte Marktabgrenzung, Handelsmarken und Corporate Identity.

Marktabgrenzung

Jedes Geschäft muss seinen Markt nach Einzugsgebiet und Zielgruppe abgrenzen. Dabei ist es besonders Erfolg versprechend, wenn Marktnischen gefunden werden können.

Beispiel:

Der Musikladen „G-Move" lässt sich in einer Kleinstadt nieder, in der es bisher CDs nur in einem Elektrofachgeschäft zu kaufen gibt.
Einzugsgebiet: Das gesamte Stadtgebiet und umliegende Gemeinden.
Zielgruppe: Junge und jung gebliebene Musikhörer, die in moderner Atmosphäre einkaufen möchten.

Handelsmarken

Abb. 9.5

Eine einprägsame und bekannte Marke wird von den Kunden überall erkannt. Sie verdeutlicht das Besondere einer Ware oder eines Geschäfts. Viele Unternehmen machen ihre Firma zur Marke oder schaffen sich eigene Handelsmarken.

Corporate Identity

Unter Corporate Identity (CI) versteht man die Gesamtwirkung eines Unternehmens nach innen und nach außen. Sie umfasst alle Maßnahmen, die es der Öffentlichkeit, den Mitarbeitern und Kunden ermöglichen, sich ein Bild zu machen. Sie muss zu den Grundsätzen der Unternehmung passen. Besonders für Einzelhandelsbetriebe ist die Schaffung einer einheitlichen Corporate Identity ein langfristiger Erfolgsfaktor.

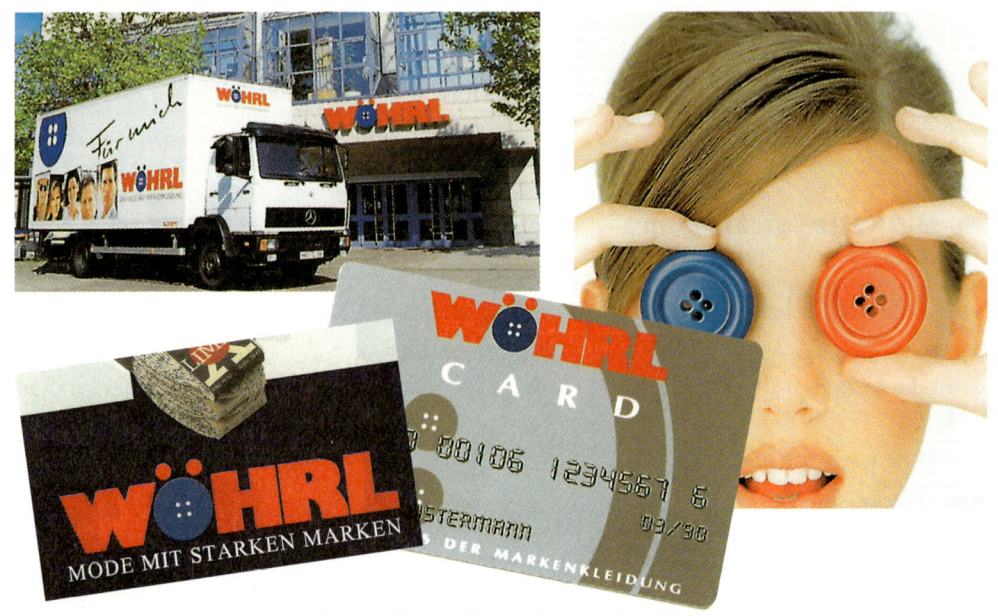

Abb. 9.6. „Gelebte Unternehmensphilosophie"

9. Schritt: Sie entwickeln ein Marketing-Konzept

Corporate Behaviour (Mitarbeiterverhalten)	**Corporate Communication** (Kommunikationsmaßnahmen)
Im Innenverhältnis: z. B. Verhalten zwischen Kollegen, Konfliktverhalten, Verhalten gegenüber Vorgesetzten Im Außenverhältnis: z. B. Verkaufsgespräch, Auftreten in der Öffentlichkeit, Umgang mit Beschwerden.	Hierzu gehören z. B. Öffentlichkeitsarbeit (Public Relations), Werbung, Verkaufsförderung (Sales Promotion) und alle anderen Formen der Marktbeeinflussung.
Corporate Design (visuelles Erscheinungsbild)	**Corporate Image** (Eindruck, den Kunden, Konkurrenten und Mitarbeiter vom Unternehmen haben)
Gestaltungsmöglichkeiten sind z. B. Name und Logo des Unternehmens, Unternehmensfarben, Geschäftspapiere, Prospekte und Kataloge, Fahrzeuge, Kundenzeitung und Gestaltung der Verkaufsräume **(Abb. 9.6)**.	Gestaltungsmöglichkeiten sind z. B. Sponsoring, Schaffung eines Wir-Gefühls durch einheitliche Kleidung oder durch Beteiligung der Mitarbeiter am Umsatz, betriebliches Vorschlagswesen.

Das gehört zur CI

Abb. 9.7: Corporate Identity

Für die Gesamtwirkung müssen die einzelnen Bereiche einer Corporate Identity aufeinander abgestimmt werden, damit sich ein einheitliches Bild ergeben kann.

▶ Marketingmix

> **Welche Maßnahmen müssen wir ergreifen?**

Als Marketingmix wird die jeweilige Kombination der Marketingmaßnahmen bezeichnet, die zur Verwirklichung der Strategien und zum Erreichen der Ziele eingesetzt werden. Es wird nicht nur untereinander abgestimmt, sondern auch der ausgewählten Zielgruppe und der Unternehmensphilosophie angepasst. Die folgende Tabelle gibt einen Überblick über die Teilaspekte eines Marketingmix, die auch als die „fünf P" bezeichnet werden können.

Platz	Programm	Preis	Promotion	Personal
Standort- und Betriebsformenpolitik (2. – 4. Schritt)	Sortimentspolitik (5. Schritt)	Preispolitik (8. Schritt)	Kommunikationspolitik (7. Schritt)	Personalpolitik (17. – 36. Schritt)
Wo werden die Waren in welcher Betriebsform angeboten?	Welche Waren und Dienstleistungen werden angeboten?	Zu welchen Preisen werden Waren angeboten?	Wie werden Werbung und Verkaufsförderung gestaltet?	Welches Personal wird eingesetzt?
Beispiel Svenska Möbelhus:				
Schlichte Verkaufshäuser mit großer Verkaufsfläche in der Nähe von Großstädten mit Autobahnanschluss	*Möbel und Raumausstattung, vielseitig kombinierbare Möbel, Liefer- und Aufbauservice*	*Günstige Möbel, überwiegend zur Selbstmontage, Aufpreise für Lieferung und Montage, Club-Karte mit Kreditfunktion*	*Werbung, verkaufsfördernde Maßnahmen am Point of Sale, Corporate Identity*	*Junges, häufig wechselndes Personal, einheitliche Kleidung, Freundlichkeit vor Fachkenntnis*

Abb. 9.8: Die fünf „P" des Marketingmix

Die Gestaltung des Marketingmix darf mit der Kaufentscheidung von Kunden nicht enden. Um Kunden langfristig an eine Einkaufsstätte zu binden, ist die aktive Gestaltung eines Marketing nach dem Kauf ebenso notwendig **(After Sales Marketing)**. So werden zunehmend mehr Serviceleistungen angeboten, Reklamationen werden kulant geregelt und zum Geburtstag erhalten die Kunden Glückwünsche. Durch Kundenclubs z. B. werden Konsumenten direkt beworben, um sie zu erneuten Käufen zu animieren.

Arbeitsaufgaben

1. Erläutern Sie in Stichworten die Unterschiede:
   a) Marktbeobachtung und Marktanalyse
   b) Primärforschung und Sekundärforschung.

2. Sie sind Mitarbeiter einer Modeboutique in der Fußgängerzone einer Kleinstadt/eines Stadtteilzentrums. Erstellen Sie in Partner- oder Gruppenarbeit einen Fragebogen, um das Einkaufsverhalten möglicher Kunden zu untersuchen. Verfahren Sie wie in unserem Beispiel für ein Warenhaus **(Abb. 9.3)**.
   Führen Sie die Befragung in Ihrer Berufsschulstadt durch.

9. Schritt: Sie entwickeln ein Marketing-Konzept

3. Erläutern Sie schriftlich, welche Zielkonflikte (Probleme) auftreten können, wenn ein Handelsunternehmen gleichzeitig die Zufriedenheit der Stammkunden steigern und

   a) neue Kunden gewinnen will

   b) Personal abbauen will!

4. Ordnen Sie die folgenden kundenorientierten Aktivitäten jeweils einem der fünf Bereiche des Marketingmix zu (siehe **Abb. 9.8**):

   Postwurfsendung, Plakate an Litfaßsäulen, Hinzunahme einer weiteren Warengruppe, Sonderangebote, Einführung eines neuen Produkts, Warenzustellung durch eigenen Zustelldienst, Einstellung einer jungen Mitarbeiterin für die Kundenberatung, Warenplatzierung, unterschiedliche Preise in verschiedenen Filialen, Verkaufstraining für die Angestellten, Eröffnung einer Filiale in der Nachbarstadt

Training

1. Kombinieren Sie in Partnerarbeit weitere Beispiele eines aufeinander abgestimmtes Marketingmix nach dem Muster des *Svenska Möbelhus* für Einzelhandelsgeschäfte aus den folgenden Sortimentsbereichen:

   a) Textil

   b) Lebensmittel

   c) Ihr Ausbildungssortiment.

2. Schauen Sie nach, wie sich das in **Abb. 9.1** abgebildete Unternehmen im Internet präsentiert, und nennen Sie die eingesetzten Stilelemente und/oder Werbekonstanten (www.ikea.de).

3. Prüfen Sie, ob im Internet Studien für Händler von Marktforschungsinstituten bezüglich

   a) Ihres Wohnortes

   b) Ihres Ausbildungssortimentes

   zu finden sind.
   Mögliche Internetadressen: www.acnielsen.com; www.gfk.de.
   Können Sie weitere Anbieter von Marktforschungsergebnissen finden?
   Stellen Sie Ihre Ergebnisse anschließend in der Klasse vor.

B. Qualifikationen für den Verkauf

10. Schritt: Sie stellen sich auf die Anforderungen Ihrer Tätigkeit ein

Zielangabe

In diesem Schritt
- erkennen Sie die Anforderungen, die bei Beratung und Verkauf von verschiedenen Seiten an Sie gestellt werden
- erkennen Sie, mit welchen Voraussetzungen und Erwartungen Kunden Ihr Geschäft betreten
- erfahren Sie, wie Sie eine positive Einstellung zur Ware, zu Ihren Kunden und zu sich selbst finden können
- setzen Sie sich mit kundenfeindlichen Verkaufssituationen und deren Wirkung auf die Kunden auseinander
- wird Ihr Einfühlungsvermögen beim Umgang mit anderen Menschen durch Rollenspiele verbessert.

Einstieg

Unser erster Verkäufer
1899

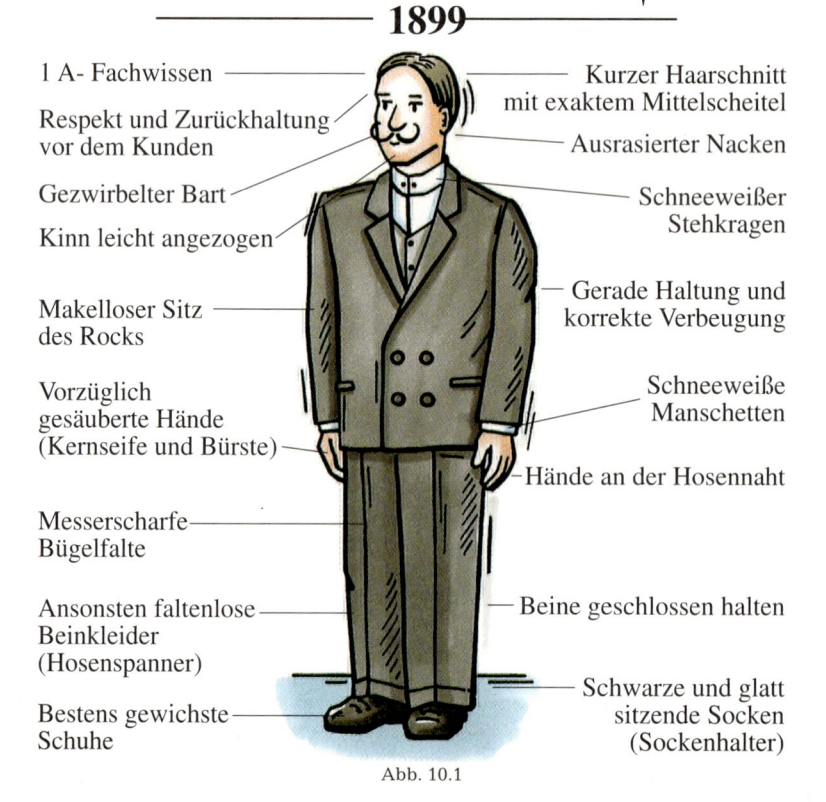

- 1 A- Fachwissen
- Respekt und Zurückhaltung vor dem Kunden
- Gezwirbelter Bart
- Kinn leicht angezogen
- Makelloser Sitz des Rocks
- Vorzüglich gesäuberte Hände (Kernseife und Bürste)
- Messerscharfe Bügelfalte
- Ansonsten faltenlose Beinkleider (Hosenspanner)
- Bestens gewichste Schuhe
- Kurzer Haarschnitt mit exaktem Mittelscheitel
- Ausrasierter Nacken
- Schneeweißer Stehkragen
- Gerade Haltung und korrekte Verbeugung
- Schneeweiße Manschetten
- Hände an der Hosennaht
- Beine geschlossen halten
- Schwarze und glatt sitzende Socken (Sockenhalter)

Abb. 10.1

10. Schritt: Sie stellen sich auf die Anforderungen Ihrer Tätigkeit ein

> **Lehrtext**

Die Anforderungen an den Verkäufer von 1899 entsprechen nicht unserer heutigen Zeit. Vieles, was man damals verlangte, kommt uns lächerlich vor. Aber auch in unserer Zeit werden an das Verkaufspersonal Ansprüche gestellt **(Abb. 10.2)**.

▶ Wer stellt Ansprüche an Sie?

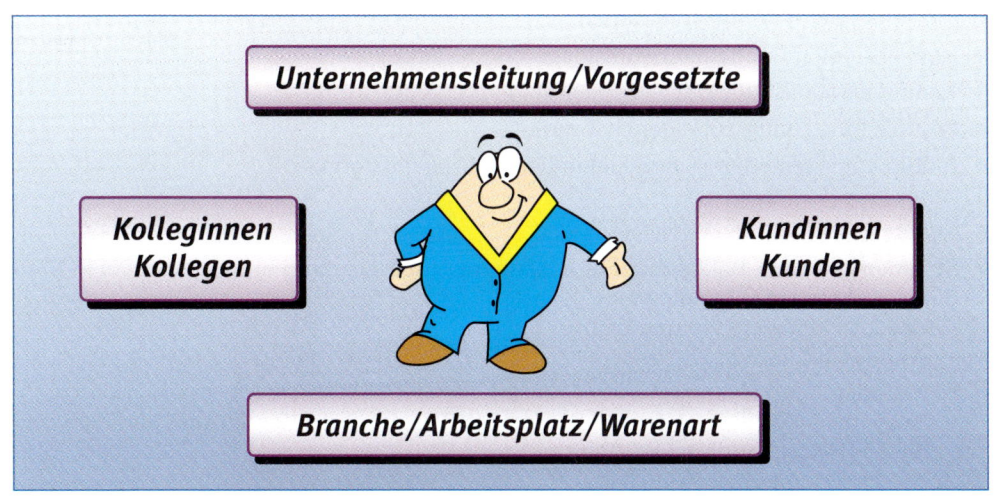

Abb. 10.2: Wer stellt Anforderungen an das Verkaufspersonal?

Beispiele für Anforderungen

- **der Unternehmensleitung bzw. der Vorgesetzten**

    Der Inhaber einer exklusiven Herrenboutique verlangt von allen Verkäufern das Tragen eines Anzugs mit Krawatte. Er erwartet außerdem, dass alle Firmenangehörigen ihre Kleidung in seinem Geschäft kaufen, und gewährt dafür Personalrabatt.

- **der Kunden**

    Die Kunden in einem Feinkostgeschäft erwarten vom Verkaufspersonal, dass offene Lebensmittel mit großer hygienischer Sorgfalt behandelt werden. Beim Anstellen an der Käse-Theke erwarten sie, dass die Verkäuferin sie in der richtigen Reihenfolge bedient.

- **der Mitarbeiter**

    Die Kolleginnen und Kollegen in der Schuhabteilung eines Warenhauses erwarten Hilfsbereitschaft untereinander, z. B. bei großem Kundenandrang oder bei kurzfristiger Abwesenheit (Toilettengang).

- **des Arbeitsplatzes bzw. der Branche**

    Es haben sich gewisse „branchenübliche" Anforderungen gebildet. Ein Juwelier kann nicht wie ein Tankwart oder eine Fischverkäuferin gekleidet sein. Außerdem muss jede Fachkraft im Handel die Waren und die Geschäftsbedingungen ihres Geschäftszweiges kennen.

▶ Welche Anforderungen werden an Sie gestellt?

1. Kenntnisse und Fachwissen
- Kenntnisse der Waren, die verkauft werden sollen
- Kenntnisse über die Verkaufsorganisation des eigenen Unternehmens und möglicher Konkurrenten
- Menschenkenntnis zur Einschätzung von Kunden und Kollegen
- Allgemeinbildung.

2. Einstellungen und Sozialverhalten
- Kontaktfreudigkeit gegenüber Kunden und Mitarbeitern
- Kommunikationsfähigkeit
- Positive Einstellung zur eigenen Tätigkeit
- Einfühlungsvermögen (Empathie) und gute Umgangsformen.

3. Äußere Erscheinung
- Situationsgerechte Bekleidung, d. h. saubere, unbeschädigte und zweckmäßige Kleidung; in ihrer Art abhängig von
  - Geschlecht, Alter, Typ und Figur
  - Waren und Branche.
- Körperpflege und Hygiene
  - Sauberkeit (Sauberkeit der Hände und des Gesichts, kein Körper- und Mundgeruch)
  - Pflege (Haare, Fingernägel, Teint).

Es ist wohl unbestritten, dass Sie über Fachwissen und Warenkenntnisse verfügen müssen, wenn Sie erfolgreich verkaufen wollen. Deshalb befassen sich die nächsten fünf Schritte mit der Ware im Verkauf.

Auch die Einstellung zum eigenen Beruf spielt eine wesentliche Rolle für den Erfolg. Probleme bereiten jedoch öfter die Anforderungen an die äußere Erscheinung. In diesem Bereich gibt es sehr unterschiedliche Vorstellungen, und so kann es in einigen Fällen zu Konflikten zwischen Auszubildenden, Angestellten und ihren Vorgesetzten kommen.

Beispiele:

Birgit trägt leidenschaftlich gern grelle Farben. Sie hat kaum Kleidung in dezenten Farben im Schrank. Als sie ihre Ausbildung in einem Juweliergeschäft aufnimmt, verlangt ihr Chef das Tragen gedeckter Farben. Birgit erscheint wiederholt in auffälliger Farbgebung. Ihr Chef droht an, sie in der Probezeit zu entlassen.

Herrenoberbekleidungsverkäufer Domeier hat sich im Sommerurlaub einen Vollbart wachsen lassen. Seine Freundin findet ihn besonders schick. Der Inhaber des Geschäftes ist weniger begeistert. Er verlangt, dass sich Herr Domeier sofort „das Zeug" abrasieren lässt.

Mode und persönlicher Geschmack einerseits, Zweckmäßigkeit und Ordnungsvorstellungen der Unternehmensleitung und der unmittelbaren Vorgesetzen andererseits haben Einfluss auf Ihre äußere Erscheinung. Im Beruf sollte die Zweckmäßigkeit an erster Stelle stehen. Häufig werden allerdings die Ordnungsvorstellungen von Unternehmensleitung und Vorgesetzten – indirekt auch die der Kunden – durchgesetzt, auch wenn sie nicht unbedingt zweckmäßig erscheinen mögen.

10. Schritt: Sie stellen sich auf die Anforderungen Ihrer Tätigkeit ein

▶ Wie wirken Sie auf Kunden?

Sie treten sicher auf und beweisen fachliche Kompetenz.

Sie zeigen eine positive Einstellung und haben eine angenehme Ausstrahlung.

Sie werden als Fachkraft und als Berater akzeptiert.

Sie gelten als freundlicher und sympathischer Mensch.

Sie haben Erfolg in der Kundenberatung und im Verkauf!

Abb. 10.3: Wie Sie auf Kunden wirken!

Für den erfolgreichen Umgang mit Kunden ist die Gesamtwirkung der Verkäuferin oder des Verkäufers entscheidend.

Bist du freundlich und Experte,
schaffst du höchste Umsatzwerte!

Welche Voraussetzungen bringt nun der Kunde mit? Wenn er Ihre Leistungen in Anspruch nehmen will, so geht ein Bedarf seinem Kaufwunsch voraus. Der Kunde weiß allerdings nicht immer, welcher Artikel seine Bedürfnisse am Besten befriedigen kann und/oder ob der Kaufpreis in einem vernünftigen Verhältnis zu seinen finanziellen Möglichkeiten steht.

Deswegen ist es häufig der reine Informationswunsch, der ihn veranlasst, ein Geschäft zu betreten. Hat er die nötigen Informationen, so entsteht der eigentliche Kaufwunsch. Dieser kann nur befriedigt werden, wenn der Kunde über das entsprechende Geld verfügt.

Ein Kunde betritt das Geschäft

Was bringt er mit? Bedürfnisse — Bedarf — Kaufkraft — Charaktereigenschaften — Geltungsstreben

Was müssen Sie ihm bieten? Ein bedarfsgerechtes Angebot — Die Würdigung seiner Persönlichkeit

Was können Sie damit beeinflussen? Kaufentscheidung

Abb. 10.4

Bei den meisten Einkäufen knüpfen Menschen Kontakte zu anderen Menschen. Dabei möchten die Beteiligten von ihren Gesprächspartnern akzeptiert werden. Jeder Mensch strebt nach Geltung, und das tritt im Verkaufsgespräch besonders in Erscheinung. Die Kunden erwarten, dass man ihre Person achtet und sie auch in ihrer Rolle als „Geldbringer" würdigt. Ein Verstoß der Verkaufskräfte gegen diesen Grundsatz (z. B. durch unnötiges Wartenlassen, fehlende Begrüßung, kritisches Mustern) kann die Kunden veranlassen, ihren Bedarf bei der Konkurrenz zu decken.

▶ Wie verhalten Sie sich gegenüber „schwierigen" Kunden?

Ein Teil der Kunden verfügt über unangenehme Charaktereigenschaften, die dem Verkaufspersonal während der Beratung mehr oder weniger Schwierigkeiten bereiten:

Charaktereigenschaften	Verhalten der Kunden
misstrauisch	Sie ziehen alles in Zweifel und haben stets das Gefühl, übervorteilt zu werden.
rechthaberisch	Sie haben ein ausgeprägtes Geltungsbedürfnis und rücken nur ungern von ihrer vorgefassten Meinung ab.
redselig	Sie sind meistens freundlich, besitzen aber ein übertriebenes Mitteilungsbedürfnis.
unentschlossen	Sie wissen nicht genau, was sie wollen, und können sich nicht entscheiden.

Viele Verkäuferinnen und Verkäufer leiden unter der Arroganz, der Rechthaberei, dem Misstrauen und der Unentschlossenheit von Kunden und können damit nur schwer zurechtkommen. Aber: Im Geschäft sind Sie der Profi, und zu einem professionellen Verhalten gehört eben auch, dass Sie nicht auf jede störende oder ärgerliche Verhaltensweise und auch nicht auf jede Provokation der Kunden „abfahren". Schließlich kostet auch Aufregung Kraft!

Ich akzeptiere den Kunden so, wie er ist,
und versuche nicht, ihn zu verändern.

Selbstverständlich sollen Sie sich nicht von Kunden drangsalieren oder gar beleidigen lassen. Wenn Sie unberechtigt geduzt werden oder sich sonstigen Zumutungen der Kunden ausgesetzt sehen, so weisen Sie diese freundlich, aber bestimmt zurück. Auch wenn Sie noch in der Ausbildung sind, haben Sie doch Anspruch auf dieselben höflichen Umgangsformen, die der Kunde von Ihnen erwartet.

▶ Wie stellen Sie sich auf Ihre Kunden ein?

Erwartungen der Kunden an das Verkaufspersonal
- positive Einstellung
- Hilfe bei der Problemlösung
- freundliche Bedienung
- fachkundige Beratung
- faire und ehrliche Beratung

Abb. 10.5

10. Schritt: Sie stellen sich auf die Anforderungen Ihrer Tätigkeit ein

Wenn Sie selbst einen fremden Menschen beurteilen, wissen Sie, dass Ihre Reaktion dem anderen gegenüber auch von Äußerlichkeiten, wie z. B. Kleidung, Gesichtsausdruck, Sprache und Haltung, beeinflusst wird. Ganz ähnlich ist es, wenn ein Kunde in einem Geschäft erscheint: Der erste Eindruck, den der Betrieb vermittelt, ist äußerst wichtig. Der Kunde urteilt spontan und nicht immer gerecht. Genauso verhält er sich gegenüber dem Verkaufspersonal. Wenn Sie erst einmal einen schlechten Eindruck hinterlassen haben, dauert es oft sehr lange, bis Sie dieses negative Urteil des Kunden wieder korrigiert haben. Es ist Aufgabe aller Mitarbeiter eines Betriebes, die Urteilsbildung positiv zu beeinflussen.

▶ **Eine positive Einstellung gewinnen**

Eine negative Einstellung zur Arbeit, zur Ware und zu Menschen ist schnell erkennbar und verschreckt Kunden. Haben Sie dagegen eine positive Einstellung, so wirkt das auf die Kunden so angenehm, dass sie aufgeschlossener werden. Beraten Sie Ihre Kunden freundlich und zuvorkommend, so erhalten Sie von ihnen Anerkennung und Bestätigung.

Was Sie mit Freude leisten, macht Ihnen Spaß – ob es sich um Ihre Freizeit oder um Ihren Beruf handelt. Entscheidend in Ihrem Beruf ist, dass Sie eine positive Einstellung zu Ihrer Arbeit, Ihren Kunden und Ihrer Ware finden. Können Sie sich vorstellen, ein Leben lang einen Beruf auszuüben, an dem Sie keine Freude haben?

▶ **Vertrauen schaffen**

Angenommen, Sie raten einem Kunden vom Kauf einer Ware ab. Das setzt ihn möglicherweise in Erstaunen. Müssen Sie nicht „Umsatz machen"? Das gilt nur, wenn Sie das Einkaufsproblem mit den Waren Ihres Sortiments lösen können. Sonst müssen Sie von einem unüberlegten Kauf abraten. Ihr Kunde wird dankbar reagieren: Sie haben sein Problem ernst genommen, und Sie haben versucht, ihm zu helfen. Damit haben Sie einen treuen Kunden gewonnen und eine vertrauensvolle Beziehung geknüpft. Das ist wichtiger als ein „Hochdruck-Verkauf", der vermutlich einmalig bleibt.

▶ **Die Kunden als Partner sehen**

Früher galt der Grundsatz: „Der Kunde ist König". Heute halten wir ein partnerschaftliches Verhältnis für angemessen. Dabei haben Sie die Aufgabe, durch faire Beratung zur Lösung von Einkaufsproblemen beizutragen. Allerdings verhalten sich einige Verkaufskräfte nicht immer als Partner. Sie empfinden die Kunden als störend, wenn sie z. B. kurz vor Ladenschluss kommen oder ein Gespräch mit Kollegen unterbrechen.

Beraten und bedienen Sie Ihre Kunden so, wie Sie selbst gern beraten und bedient werden möchten!

▶ Wie wirken sich kundenfeindliche Situationen aus?

> Wenn mein Kunde nicht weiß, was er will, dann hat er selbst schuld. Meine Zeit ist kostbar.
>
> Wenn ich über meine Ware oder Dienstleistung nicht genau informiert bin, lasse ich meiner Fantasie freien Lauf. Ich erzähle meinem Kunden x-beliebige Verkaufsargumente. Er merkt es sowieso nicht.
>
> Wenn der Laden voll ist, müssen meine Kunden eben so lange warten, bis sie an der Reihe sind. Wem das zu lange dauert, der kann ja später wieder kommen!
>
> Wenn sich ein Kunde über eine gekaufte Ware ärgert, vielleicht auch noch reklamiert, dann soll er in Zukunft lieber bei der Konkurrenz einkaufen. Für Streitgespräche habe ich keine Zeit!

Abb. 10.6: Weisheiten eines erfolglosen Verkäufers

Auch wenn Sie sich noch in der Ausbildung für eine Tätigkeit im Verkauf befinden, eines merken Sie schnell: Diese „Weisheiten" müssen zum Misserfolg führen!

Die Kunden werden sich verärgert, enttäuscht und ablehnend verhalten. In vielen Fällen werden sie nichts kaufen oder zur Konkurrenz abwandern. Das hat negative Folgen in doppelter Hinsicht:

a) Es gehen gute Kunden verloren, und der Aufbau einer Stammkundschaft wird verhindert.

b) Die Kunden berichten über ihre schlechten Erfahrungen und verhindern den Zustrom neuer Kunden.

Nach praktischen Erkenntnissen muss man damit rechnen, dass gute Erfahrungen im Verkauf nur an drei Personen weitererzählt werden. Kundenfeindliche Erfahrungen werden aber gleich an zehn Personen weitergegeben. Wenn Sie die negativen Folgen verhindern wollen, müssen Sie kundenfeindliche Verkaufssituationen umgehen.

Als kundenfeindlich ist eine Verkaufssituation anzusehen, wenn

- die Geduld von Kunden strapaziert wird
- das Selbstbewusstsein von Kunden verletzt wird
- auf Bedürfnisse und Wünsche von Kunden nicht eingegangen wird
- Fragen und Einwände von Kunden nicht akzeptiert werden.

Kundenfeindliche Verkaufssituationen sind nicht immer leicht zu erkennen. Nicht jeder Fehler wird so deutlich wie bei unserem erfolglosen Verkäufer aus der **Abbildung 10.6**. Häufig verbergen sich kundenfeindliche Einstellungen hinter unbedachten Handlungen oder Bemerkungen des Verkaufspersonals.

10. Schritt: Sie stellen sich auf die Anforderungen Ihrer Tätigkeit ein

Ich bin eine freundliche Kundin ...

... und beklage mich nicht! Ich meckere nie herum.

Wenn Sie mich warten lassen, bleibe ich ganz ruhig.

Wenn Sie unfreundlich und launisch reagieren, nur weil ich etwas von Ihnen möchte, bleibe ich höflich und halte mich zurück.

Selbst wenn Sie sich noch so unmöglich benehmen, ich würde mich nie beschweren!

Natürlich finde ich Ihr Verhalten unmöglich: Es trifft mich tief!

Und deshalb räche ich mich für Ihre Gemeinheiten.

Meine Rache ist wohl überlegt und eiskalt. Und sie wirkt! Ich kaufe einfach nicht mehr bei Ihnen! Ich lasse mich nie mehr bei Ihnen blicken!

Da hilft dann Ihre ganze Werbung nichts mehr! Zwar bin ich immer noch nett und freundlich, ...

... aber nicht mehr **Ihre** Kundin!

Abb. 10.7

Arbeitsaufgaben

1. Überprüfen Sie bei der Abbildung „Unser erster Verkäufer 1899", welche Anforderungen heute nicht mehr bestehen. Notieren Sie, welche Anforderungen statt dessen erhoben werden!

2. Notieren Sie die Anforderungen an die äußere Erscheinung in folgenden Fällen:
    a) Verkäufer für Herrenoberbekleidung, 56 Jahre, Modehaus mit langer Tradition, Kundenkreis mit gehobenen Ansprüchen.
    b) Verkäufer für Trend-Kleidung, 22 Jahre, Modeboutique in der Fußgängerzone einer Großstadt.
    c) Verkäufer für Tiefkühlkost, 36 Jahre, Verkauf an private Haushalte von Tür zu Tür, Bereich: Wohngemeinden in Stadtnähe.
    d) Kundenberaterin in der Kosmetikabteilung einer großen Drogerie, 31 Jahre.
    e) Verkäuferin, 43 Jahre, Haushaltswarenfachgeschäft in einer kleinen Kreisstadt.

3. Überprüfen Sie die Anforderungen, die an Sie in Ihrem Beruf gestellt werden.
    Notieren Sie die Anforderungen, denen Sie nicht oder nur zum Teil gerecht werden. Überlegen Sie Maßnahmen oder Möglichkeiten zur Veränderung!

4. Diskutieren Sie die folgenden Interviews der beiden Verkäuferinnen in der Klasse oder in der Gruppe:

„Sie sind schon über fünf Jahre als Verkäuferin tätig. Macht Ihnen der Beruf noch Spaß?"

Verkäuferin 1

„Spaß, ich weiß nicht. Es ist auf jeden Fall sehr anstrengend. Jeden Tag viele verschiedene Kunden, und jeder möchte freundlich und nett bedient werden. Dabei sind die Kunden oft unausstehlich und launisch und hacken auf uns armen Verkäuferinnen herum. Werden sie einmal nicht sofort bedient, meckern sie gleich. Wie kann ich da die Kunden immer höflich beraten? Nein, Spaß macht das nicht gerade."

Verkäuferin 2

„Mir macht das Verkaufen heute mehr Spaß als früher. Ich habe mich in mein Warensortiment gut eingearbeitet. Über jedes gelungene Verkaufsgespräch freue ich mich, denn es ist ein persönliches Verkaufserlebnis. Mag ich Kunden nicht, dann bin ich besonders nett zu ihnen. Das hilft! Meistens tauen sie dann auf und sind dann ganz freundlich. Manchmal rate ich ihnen auch, einen Artikel nicht zu kaufen. Dann sind sie überrascht und vertrauen mir. Ich möchte keinen anderen Beruf."

5. Formulieren Sie die Weisheiten eines erfolglosen Verkäufers aus der **Abbildung 10.6** für einen erfolgreichen Verkäufer um. Diskutieren Sie ihr Arbeitsergebnis in der Gruppe!

6. Halten Sie eine kundenfeindliche Verkaufssituation schriftlich fest, die Sie als Kunde selbst erlebt haben. Vermerken Sie, was Sie als Kunde damals geärgert hat und wie Sie sich als Verkäufer/-in verhalten hätten!

Training

1. Zum Training der Kontakt- und Kommunikationsbereitschaft bieten sich Situationen aus dem täglichen Leben an. Immer wieder begegnet man mürrischen, abweisenden und unfreundlichen Menschen. In der Bahn, im Betrieb, bei Behörden, in der Schule.

   Nehmen Sie sich vor, freundlich auf solche Menschen zu reagieren. Seien Sie zuvorkommend, und zeigen Sie Kontakt- und Kommunikationsbereitschaft. Beobachten Sie, welche Reaktion Ihr Verhalten hervorruft!

2. Trainieren Sie ihre Kommunikationsfähigkeit an den Beispielen „Birgit" und „Herr Domeier". Stellen Sie die Auseinandersetzung zwischen Birgit und ihrem Chef sowie zwischen Herrn Domeier und dem Inhaber des Geschäfts für Herrenoberbekleidung im Rollenspiel dar. Versuchen Sie, dabei eine Lösung zu finden, mit der sich beide Seiten einverstanden erklären können!

3. Stellen Sie im Rollenspiel folgende Charaktereigenschaften von Kunden dar:

   a) misstrauisch
   b) schweigsam
   c) unentschlossen
   d) redselig
   e) rechthaberisch
   f) arrogant.

   Entwickeln Sie Muster für angemessenes Verhalten und verkaufsförderndes Handeln.

11. Schritt: Sie machen sich mit den Leistungen der Ware vertraut

Zielangabe

In diesem Schritt
- wird Ihnen deutlich, dass die meisten Waren mehr sind als nur das Material, aus dem sie bestehen
- lernen Sie, Grund- und Zusatznutzen einer Ware zu unterscheiden
- erkennen Sie, dass die Qualität einer Ware von ihren Leistungen bestimmt wird
- erfahren Sie, wie Waren zueinander in Beziehung stehen.

Einstieg

Eine wunderbare CD – 12 cm Durchmesser – ein exakt zentriertes Mittelloch – und das Ganze nicht einmal 20 g Gewicht – und schauen Sie nur, die hübschen Reflexe, wenn das Licht einfällt!

Abb. 11.1

Lehrtext

Wie Sie in den vorhergehenden Schritten gelernt haben, produziert der Handel ein je nach Anbiet- und Vertriebsformen verschiedenes Leistungsbündel, das den unterschiedlichsten Anforderungen der Kunden genügen muss. Die Aufgabe des Handels ist also mit der bloßen Verteilung von Waren nicht erfüllt. Allerdings spielen die Waren im Handel die Hauptrolle – neben den Kunden, für die diese Waren bestimmt sind.

Sehen wir uns nun die Waren näher an, so zeigt sich, dass Waren mehr sind als das Material, aus dem sie bestehen. CDs bieten Musikgenuss, Parfüm verheißt die Erfüllung von Träumen, mit Pralinen verschenken Sie nicht nur Süßigkeiten, sondern auch eine Aufmerksamkeit oder Anerkennung.

„So erscheint z. B. einem Hersteller von Schnürsenkeln oder Zement die Antwort, worin sein Angebot bestehe, relativ unproblematisch. Nicht ganz so einfach fällt diese beispielsweise bei einem Automobilunternehmen aus. Ein konkretes Produkt sind die ca. 1.800 kg an Metall, Kunststoff, Gummi etc., die ein Mercedes-Wagen verkörpert, ohne Zweifel. Aber werden sie deswegen nachgefragt? Ist es nicht eher jenes Bündel von Eigenschaften wie Form, Farbe und Fahrverhalten, das von Mercedes-Benz-Kunden verlangt wird? Oder verkauft gar der Hersteller seinen Kunden Status, Prestige, Seriosität oder ein Stück Lebensanschauung?"*)

Das bedeutet für Sie als Fachkraft im Verkauf, dass Sie von einer Ware oft mehr wissen müssen als ihre Bestandteile oder den Prozess ihrer Herstellung oder Veredelung. Die Erläuterungen des Verkäufers im Einstieg zeigen, dass diese Art von „Warenkunde" möglicherweise gar nicht den Kern der Sache trifft.

▶ Grund- und Zusatznutzen von Waren

Waren sind nicht einfach Produkte, die zufällig in den Regalen eines Geschäfts liegen, sondern sie leisten etwas: Sie decken Bedürfnisse durch ihren Grund- und Zusatznutzen.

Grundnutzen
Schutz vor Regen oder Sonne

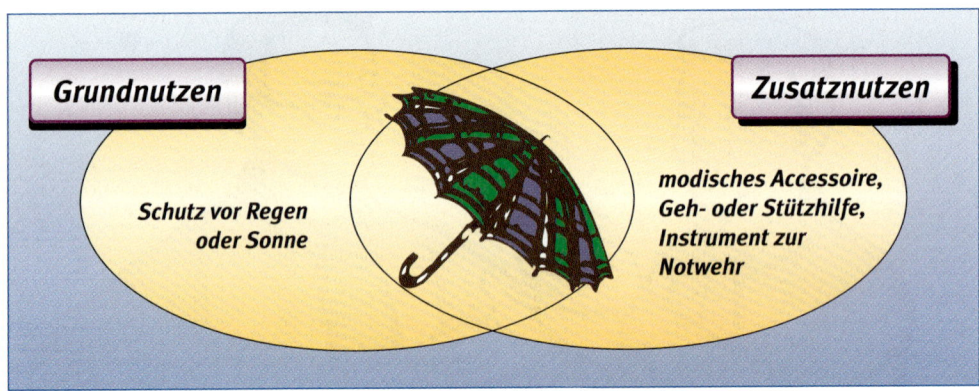

Zusatznutzen
modisches Accessoire, Geh- oder Stützhilfe, Instrument zur Notwehr

Abb. 11.2

a) Löslicher Kaffee besteht aus nichts anderem als Kaffee-Extrakt (Grundnutzen), aber er ist bequem zu verwenden (Zusatznutzen), da man keine Kaffeemaschine benötigt. Außerdem lässt er sich bei Reise und Camping gut mitnehmen (Zusatznutzen).

b) Nürnberger Lebkuchen, verpackt in Blechdosen, wird gern in der Weihnachtszeit gegessen (Grundnutzen). Die dekorative Verpackung lässt sich noch verwenden, wenn der Lebkuchen längst verzehrt ist (Zusatznutzen).

c) Modische Schuhe sind zunächst einmal eine mehr oder weniger zweckmäßige Fußbekleidung (Grundnutzen), aber als Modeartikel bieten sie dem Träger das befriedigende Gefühl, aktuell gekleidet zu sein und Anerkennung zu finden (Zusatznutzen).

---
*) Nieschlag, Robert, u. a.: Marketing, 16. Aufl., Berlin 1991, S. 94.

11. Schritt: Sie machen sich mit den Leistungen der Ware vertraut

Die Beispiele zeigen sehr unterschiedliche Arten des Zusatznutzens, denn dieser kann in der Ware selber liegen (a) oder in ihrer Verpackung (b), und er kann als **Geltungsnutzen** (durch Image oder Prestige) erlebt werden (c). Nur bei wenigen Konsumgütern, z. B. Nähnadeln oder Gips, ist ein Zusatznutzen nicht zu erkennen.

Häufig liegt der Zusatznutzen einer Ware in ihrer Stilrichtung. Zunehmend spielen Stilrichtung und Mode auch in Sortimentsbereichen eine Rolle, von denen man annimmt, dass sie solchen Einflüssen nicht unterworfen sind. Deshalb sind heute fast jede Branche und fast alle Sortimente des Einzelhandels davon betroffen.

Die Nutzenarten greifen ineinander und werden vom Käufer nur selten voneinander getrennt wahrgenommen. Um so wichtiger ist es, dass Sie diese Unterscheidung vornehmen können. Nur dann sind Sie in der Lage, den Kunden über die Ware so anzusprechen, dass Sie

- einerseits die Warenleistungen
- andererseits die Bedürfnisse des Kunden

in Ihre Verkaufsargumentation einbeziehen können.

▶ Der Qualitätsbegriff

Zur Beschreibung oder Erklärung der Qualität einer Ware wurden früher objektive Gesichtspunkte verwendet, z. B. technische oder physikalische Eigenschaften. Heute spielen immer mehr subjektiv wahrnehmbare Gesichtspunkte eine wichtige Rolle, z. B. das Image oder die Prestigewirkung einer Ware.

▶ Objektive Qualität

Die Beschaffenheit der Waren lässt sich durch geeignete Untersuchungs- und Messverfahren in Labors (z. B. von Herstellern oder Warentestinstituten) und in einigen Fällen auch durch die menschlichen Sinne direkt feststellen. Sie ist für jeden Konsumenten gleich (objektiv):

- Schreibmaschinenpapier DIN A4, 80 g/m^2
- Lichtempfindlichkeit eine Films, z. B. 100 ISO
- Weizenmehl Type 405
- Abriebfestigkeit eines Laminatbodens.

Die Beschaffenheit einer Ware kann indirekt angegeben werden, indem man sie durch ein anderes Merkmal ausdrückt. Bestimmte Eigenschaften sollen angedeutet werden durch

- die Angabe des Herkunftsgebietes (Atlantik-Seezunge; Hochland-Kaffee; China-Seide; ägyptische Baumwolle)
- die Angabe des Alters oder der Lagerdauer (1999er Bernkasteler Badstube Riesling; Stilmöbel der Biedermeierzeit; Eier der Güteklasse „Extra")
- die Angabe der Erntezeit (Darjeeling-Tee FTGFOP 1, First Flush 2000)
- die Art der Gewinnung oder Herstellung (Meersalz; Flaschengärung; Handarbeit).

Aufgrund der schnellen Veralterung von Waren wird es für den Kunden jedoch häufig immer schwerer, Qualität beim Einkauf konkret zu erkennen. Deshalb werden von den Herstellern einige Hilfestellungen gegeben, indem die Waren oft freiwilligen unabhängigen Qualitätsprüfungen ausgesetzt sind. Entsprechend werden unterschiedliche Zeichen vergeben.

▶ Gütezeichen

Gütezeichen garantieren dem Verbraucher eine bestimmte Mindestqualität. Sie dürfen nur vergeben werden, wenn die Gütebedingungen erfüllt sind. **Beispiele:**

CMA-Gütezeichen   *Reine Schurwolle*   *Echtes Leder*

▶ Schutz– und Prüfzeichen

Schutz- und Prüfzeichen garantieren den Mindestsicherheitsstandard von Waren und die Einhaltung von DIN-Normen. **Beispiele:**

Sicherheitszeichen des Verbands Deutscher Elektrotechniker   *Funkschutzzeichen*   *Geprüfte Sicherheit des Technischen Überwachungs-Vereins*

▶ Herkunftszeichen

Herkunftszeichen geben gegenüber dem Verbraucher Auskunft über die Herkunft der Ware. **Beispiele:**

▶ Eignung für den Verwendungszweck: die subjektive Qualität

Während die objektive Qualität einer Ware mit physikalischen und chemischen Testverfahren festgestellt werden kann, wird die subjektive Qualität von verschiedenen Konsumenten unterschiedlich wahrgenommen und bewertet.

Die Kaffeemaschine „Aromat" (indigoblau, mit Brühautomatik) wird als Sonderangebot für 29 € verkauft. Sie erhielt beim letzten Warentest das Qualitätsurteil „sehr gut", wird aber in ihrer subjektiven Qualität von verschiedenen Personen völlig unterschiedlich wahrgenommen:

Sabrina (22 Jahre) findet das Modell toll und kauft es, weil es zu ihrer blau-weißen Kücheneinrichtung passt.

> **11. Schritt: Sie machen sich mit den Leistungen der Ware vertraut**

Frau Bentler (40 Jahre) hält farbige Küchengeräte für Schnickschnack. Sie kauft nur bewährte Markengeräte in Weiß; das hervorragende Testergebnis für ein markenloses Gerät beeindruckt sie wenig.

Frau Wagner (72 Jahre), Rentnerin, lehnt Kaffeemaschinen in jeder Form und Farbgebung ab. Sie meint, dass handgebrühter Kaffee immer noch am besten schmeckt.

Hier wird dieselbe Ware von drei Personen unterschiedlich bewertet – und schließlich gekauft bzw. nicht gekauft –, weil sie von unterschiedlichen Verwendungszwecken ausgehen **(16. Schritt)**. Eine Ware kann für unterschiedliche Zwecke beschafft werden, für die sie mehr oder weniger oder gar nicht geeignet ist.

Über ihre Eignung für einen Verwendungszweck hinaus kann eine Ware noch weitere Qualitäten haben, die dann allerdings den Geltungsnutzen betreffen:

- wenn die Ware dem geistigen und ästhetischen Erleben des Konsumenten dient *(Herr Heydemann ist stolz darauf, dass er alle Opern von Verdi auf CDs in seiner Sammlung hat.)*
- wenn ihre Nutzung dem Konsumenten gesellschaftliche Anerkennung verschafft *(Frau Schnack kauft ganz bewusst nur Transfair-Kaffee, und ihr neuer Teppich trägt das Rugmark-Siegel.)*

Die subjektive Qualität von Waren spiegelt den Prozess der Meinungs- und Geschmacksbildung der Konsumenten wider. Kundenbedürfnisse und Konsumgewohnheiten wiederum unterliegen dem gesellschaftlichen Wandel. Auch deshalb – und nicht nur durch den technischen Fortschritt – verändern sich Waren sehr rasch. So hat es etwa 50 % der Waren in den Regalen der Supermärkte vor fünf Jahren noch gar nicht gegeben.

▶ Beziehungen zwischen den Waren

Wer Waren verkauft, muss sich darüber im Klaren sein, dass die von ihm angebotenen Waren untereinander und mit den anderen auf dem Markt befindlichen Waren in Beziehung stehen können.

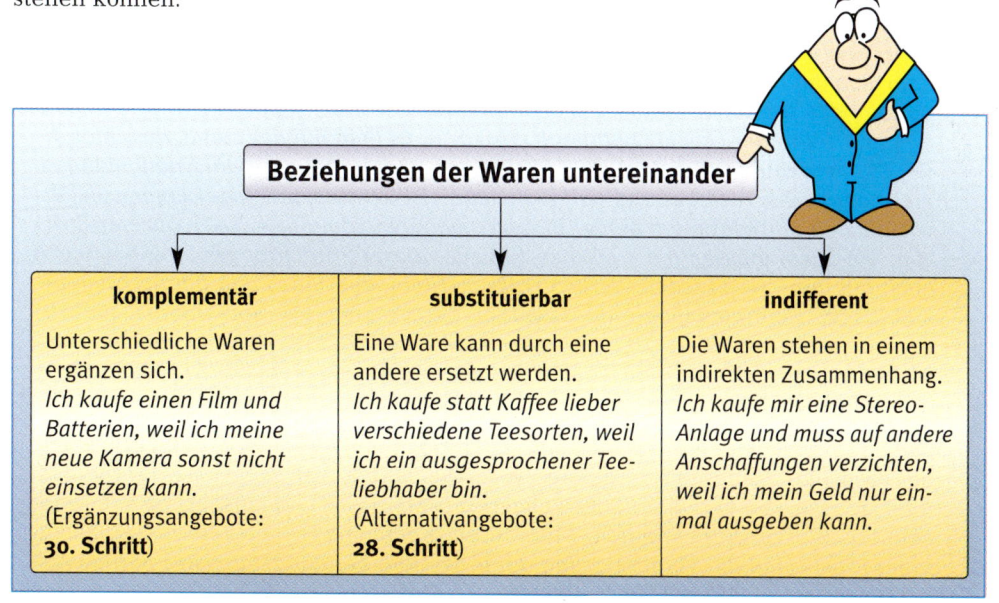

Beziehungen der Waren untereinander

komplementär	substituierbar	indifferent
Unterschiedliche Waren ergänzen sich. *Ich kaufe einen Film und Batterien, weil ich meine neue Kamera sonst nicht einsetzen kann.* (Ergänzungsangebote: **30. Schritt**)	Eine Ware kann durch eine andere ersetzt werden. *Ich kaufe statt Kaffee lieber verschiedene Teesorten, weil ich ein ausgesprochener Teeliebhaber bin.* (Alternativangebote: **28. Schritt**)	Die Waren stehen in einem indirekten Zusammenhang. *Ich kaufe mir eine Stereo-Anlage und muss auf andere Anschaffungen verzichten, weil ich mein Geld nur einmal ausgeben kann.*

Abb. 11.3

Komplementäre Waren gehören zusammen in ein Sortiment, um bestimmte Beschaffungswünsche von Kunden komplett in einem Geschäft erfüllen zu können. Substituierbare Waren schaffen für die Kunden Einkaufsalternativen. Sie werden oft im selben Geschäft angeboten und vertiefen das Sortiment, häufig bieten aber Mitbewerber auch andere Alternativen.

Bei indifferenten Beziehungen zwischen Konsumausgaben treten andere Anbieter in Konkurrenz zum Einzelhandel. Denn das Geld, was für Kinokarten, Hamburger-Menüs oder Telefonrechnungen ausgegeben wird, kann nicht mehr in die Kassen des Einzelhandels gelangen.

Arbeitsaufgaben

1. Wie eine Warenkunde über Tonträger aussehen könnte, zeigt ein Auszug aus dem Stichwort „Warenkunde" im EMI-Fachlexikon für den Tonträger-Handel:

   „WARENKUNDE von Tonträgern kann man in zwei Hauptbereiche untergliedern, nämlich in Informationen über das physische Produkt „Tonträger" und Informationen über das, was auf dem physischen Tonträger gespeichert ist: die Musik. Beide Aspekte von Tonträgern sind bedeutend.

   Das PHYSISCHE PRODUKT TONTRÄGER sind Compact Discs, MusiCassetten, LPs, Singels, Maxi-Singels (und Musik-Videos als Bild- und Tonträger). Das physische Produkt besteht aus dem eigentlichen Tonträger (Platte oder Band), der Verpackung (Jewel Box, Cassette, Tasche) und gedruckten Einlagen (Inlays, Booklets, Innentaschen, Beilagen). Man sollte sich auskennen in der technischen Funktionsweise der Tonträger, im Handling (Gebrauchsanweisung) und in der Pflege. Tonträger sind die „Software" zur „Hardware" der Abspielgeräte. Deshalb müssen Grundkenntnisse über CD-Player, Cassettenrecorder, Schallplattenspieler und Videorecorder vorhanden sein. Letztendlich ist es auch von Vorteil, wenn der Verkäufer einer Ware etwas weiß über den Herstellungsprozess dieser Produkte.

   MUSIK ist es, was den Tonträger vor anderen Datenträgern auszeichnet und weshalb man ihn benutzt. Daher sind weiterführende Kenntnisse über Künstler und Repertoire des Tonträger-Sortiments unabdingbar. Die mit Abstand wichtigste Bedeutung am Tonträger-Umsatz hat die POPMUSIK. Es liegt auf der Hand, dass hier die Repertoire-Schulung beginnt. Popmusik kann man aufteilen in internationale (zumeist englischsprachige) und nationale (zumeist deutschsprachige) Popmusik. Die wichtigsten Stilrichtungen beider Bereiche gehören zum Basiswissen unserer Branche. Vor allem müssen die typischen Künstler dieser Stilrichtungen, wenn möglich auch mit ihren wichtigsten Werken (Album-Titeln, aber auch den Single-Hits), bekannt sein. Zentrales Orientierungsmittel, gerade auch für neue Trends, sind die Charts. Man orientiert sich in den USA an BILLBOARD, in England an MUSICWEEK und in Deutschland an den TOP 100 von MEDIA CONTROL (MUSIKMARKT).

   Neben Popmusik gehört zum Fachgeschäft auch ein KLASSIK-Sortiment. Klassik hat zwar eine insgesamt geringere Umsatzbedeutung, ist jedoch sehr beratungsintensiv, d. h., sie verlangt in der Regel das persönliche Verkaufsgespräch. Grundkenntnisse über Stilrichtungen, Musikarten, Komponisten und Interpreten klassischer Musik sind die Voraussetzung dafür. Weitere beratungsintensive Sortimentsbereiche sind vor allem Jazz und die Unterhaltungsmusik."

11. Schritt: Sie machen sich mit den Leistungen der Ware vertraut

1. Zeigen Sie in einer stichwortartigen Gliederung die Inhalte einer Warenkunde von Tonträgern!

2. Beschreiben Sie Nutzen und mögliche Zusatznutzen bei folgenden Waren:

   Goldbarren; Champagner; Staubsauger; Taschenstempel; H-Milch; Pralinen in weihnachtlicher Geschenkpackung; Notizblock aus Recyclingpapier; Modellkleid aus Paris; handgemachte Nudeln; runderneuerte Reifen; Filtertüten für Kaffee oder Tee; Roggenschrot aus ökologischem Anbau; Mikrowellenherd; Systemkamera, Sucherkamera, „Film mit Linse"; Druckgrafik (begrenzte Auflage, vom Künstler handsigniert)!

3. Zählen Sie Beispiele dafür auf, dass Stilrichtung und Mode immer mehr Waren in immer mehr Sortimenten bestimmen!

4. Stellen Sie Prüf-, Test-, Güte- und Warenzeichen aus Ihrem Ausbildungssortiment zusammen, und geben Sie an, welche Aussagen über Beschaffenheit und Eignung der Waren sie machen!

Training

1. Legen Sie Ihren persönlichen Warenkunde-Ordner an, in den Sie in Zukunft alle warenkundlichen Informationen und Hinweise sowohl Ihres Ausbildungssortiments als auch anderer Sortimente einfügen. Vereinbaren Sie in Ihrer Klasse/Lerngruppe eine einheitliche und verbindliche Einteilung des Ordners!

2. Die Argumente des Verkäufers in **Abb. 11.1** sind nicht gerade hilfreich. Wonach würden Kunden die Qualität folgender Tonträger beurteilen?
   a) „Spanisch-Feriensprachkurs"
   b) „Kindermärchen – neu erzählt"
   c) „Die große Stimmungs-Hitparade!"
   d) „Hits der 90er Jahre"
   e) „Chuck ‚Anvil' Steel and his Heavy Metal Factory"
   f) Beethovens 5. Sinfonie – Daniel Beerentraum dirigiert das Berliner Orchester
   g) „Herzeleid, ach Herzeleid – Volkstümliche Weisen mit dem Neandertal-Duo"
   h) Chromdioxid-Leerkassette.

12. Schritt: Sie eignen sich Kenntnisse über Waren an

Zielangabe

In diesem Schritt
- erkennen Sie, warum Warenkenntnisse für Ihre Verkaufs- und Beratungstätigkeit notwendig sind
- erfahren Sie, wie Sie spezielle Warenkenntnisse erwerben können
- erarbeiten Sie sich einen „Steckbrief" zur Beschreibung der Waren Ihres Ausbildungssortiments
- setzen Sie sich mit den wichtigsten Fragestellungen der Warenlehre auseinander
- erfahren Sie die Bedeutung der Warenlehre an Beispielen.

Einstieg

Abb. 12.1

Lehrtext

So schnell kann man sich als Kundenberater blamieren. Schauen Sie sich das Beispiel an: Der Verkäufer aus dem Radio- und Fernsehgeschäft hat durch seine unzureichende, ja falsche Auskunft das Vertrauensverhältnis zwischen ihm und seinem Kunden beträchtlich gestört. Der Kunde erkennt ihn nicht mehr als Fachkraft an, d. h. er zweifelt an den fachmännischen Qualitäten des Verkäufers. Er wird sich bei der Konkurrenz umsehen und dort bessere Beratung suchen.

12. Schritt: Sie eignen sich Kenntnisse über Waren an

Wollen Sie Ihre Kunden gut beraten, müssen Sie Ihre Waren genau kennen. Sind Sie mit den Waren und ihren Leistungen vertraut, geben Sie Ihren Kunden die Sicherheit, dass Sie diese bei der Erfüllung ihrer Bedarfswünsche unterstützen. Warenkenntnisse verleihen Ihnen Überzeugungskraft und innere Sicherheit. Sie können aber erst dann von einer Ware überzeugt sein, wenn Sie sich mit ihr ausgiebig beschäftigt haben und ihre Qualitäten selbst kennen.

▶ Wie bekommen Sie die nötigen Informationen über die Ware?

Wenn Sie sich über die Waren Ihres Sortiments informieren wollen, haben Sie die folgenden Möglichkeiten:

1. **Sie prüfen die Ware beim Wareneingang oder bei Lagertätigkeiten**

    Auf diese Weise bekommen Sie einen Überblick über das Sortiment des Betriebes; Sie erhalten Aufschluss über Material, Gebrauch und spezielle Wareneigenschaften.

    Möglichkeiten der Warenprüfung:

    Textilien: *Knitterprobe, Waschprobe, Zurückgreifen auf Angaben der Etiketten;*
    Elektrogeräte: *Funktionsprobe (alle Möglichkeiten der Bedienung testen), 24-Stunden-Dauertest;*
    Lebensmittel: *Geschmacksprobe, Geruchstest, Frischeprüfung.*

2. **Sie studieren Prospekte, Beschreibungen und Gebrauchsanweisungen**

    Dadurch erhalten Sie Informationen, die nicht unbedingt aus der Ware selbst ersichtlich sind. Mitunter sind dies die wichtigsten Informationsquellen für Sie. Die Hersteller geben Ihnen hiermit die Grundlage für viele Verkaufsargumente.

Inline-Skates test 4/99

	Mittlerer Preis in DM ca.	Laufeigenschaften	Handhabung	Haltbarkeit	test-Qualitätsurteil
Gewichtung		65 %	15 %	20 %	
Standardklasse					
Salomon FT 8	500,-	++	++	++	sehr gut (1,3)
K2 Velocity	300,-	++	+	++	sehr gut (1,5)
UltraWheels Biofit SQ 5	300,-	+	+	++	gut (1,6)
K2 Ascent	250,-	+	+	+	gut (1,8)
Oxigen Oxxis 9.0 Shockz	500,-	+	+	○	gut (1,8)
Tecnica Spitfire	260,-	+	+	++	gut (1,8)
Rollerblade Burner[2]	300,-	+	+	++	gut (1,9)
Nike Go Flex E	400,-	+	○	++	gut (2,2)
Roces CHI Chicago	200,-	+	+	++	gut (2,5)
Feline 5th Avenue[1]	400,-	+	+	⊖*)	befriedigend (3,1)
Oxigen Breezon 3.0	200,-	⊖	○	+	ausreichend (3,6)
K2 Power A	400,-	+	+	−*)	ausreichend (4,2)
Roces EDI Edinburgh[1]	400,-	+	+	−*)	ausreichend (4,3)

Reihenfolge der Bewertung: ++ = sehr gut (0,6-1,5), + = gut (1,6-2,5), ○ = befriedigend (2,6-3,5), ⊖ = ausreichend (3,6-4,5), − = mangelhaft (4,6-5,5)
Bei gleicher Note Reihenfolge nach Alphabet.
*) Führt zur Abwertung
Angaben lt. Anbieter: [1] Technisch geändert. [2] Nicht mehr im Angebot.

Abb. 12.2

3. **Sie schauen Warentestergebnisse regelmäßig an**
Die Verbraucherverbände und die „Stiftung Warentest" testen Waren und auch Dienstleistungen **(Abb. 12.2)**. Da sie unabhängig sind, ist ihr Urteil objektiver als die Darstellung in Prospekten. Aus Warentests gewinnen Sie zahlreiche verlässliche Informationen über die Ausstattung, die Nutzungsmöglichkeiten, die Qualität, die Haltbarkeit, die Bedienung, die technische Sicherheit der getesteten Waren und deren am Markt ermittelten Preise. Auf diese Weise erhalten Sie gute Vergleichsmöglichkeiten. Das Testurteil „Gut" oder „Sehr gut" eines Testinstitutes wird immer häufiger als Verkaufsargument eingesetzt. Schlechte Urteile der Stiftung Warentest führen häufig dazu, dass die entsprechenden Waren verändert, nicht mehr hergestellt oder vom Handel ausgelistet werden.

4. **Sie arbeiten mit Fachzeitschriften und Fachbüchern**
In vielen Fällen wird es nicht ausreichen, wenn Sie sich nur die Ware selbst und Prospekte ansehen. Zur Vertiefung Ihrer Kenntnisse müssen Sie auf Fachliteratur zurückgreifen. Über Ihre Buchhandlung können Sie erfahren, welche Schriften es für Ihre Branche gibt und was diese kosten. Daneben gibt es Fachverbände, die regelmäßig Informationsmaterial und Mitteilungen herausgeben. Die Adressen der Fachverbände erhalten Sie über die zuständige Innung oder über die Industrie- und Handelskammer.

5. **Sie lernen von erfolgreichen Verkäuferinnen und Verkäufern**
Beobachten Sie erfolgreiche Verkäufertypen: in Ihrem Betrieb, in Warenhäusern, an Verkaufsständen, bei Messen und Ausstellungen. Nicht jeder „Trick" ist wirklich gut, nicht jeder „Gag" lässt sich nachmachen oder übertragen, aber Sie lernen, was im Verkauf möglich ist.

6. **Sie unterhalten sich mit erfahrenen Kunden**
Im Gespräch mit erfahrenen und kritischen Kunden erfahren Sie, was Kunden wünschen, was sie gut finden und was sie kritisieren. Sie können sich darauf einstellen und den Kontakt zu Ihren Kunden verbessern.

7. **Sie beobachten die Konkurrenz**
Bei Ihren täglichen Einkäufen oder speziellen „Konkurrenzgängen" schauen Sie sich um: Sie beobachten das Warenangebot und die Preisgestaltung vergleichbarer Betriebe. Außerdem achten Sie darauf, wie die Kunden beraten und bedient werden. Die günstigen Beobachtungen geben Ihnen Anregungen für den Verkauf in Ihrem Betrieb.

8. **Sie besuchen Messen und Verkaufsausstellungen**
Auf Messen und Verkaufsausstellungen werden Waren und Dienstleistungen besonders anschaulich vorgestellt. Nutzen Sie die Gelegenheit, Neuheiten kennen zu lernen sowie mit Herstellern und Lieferanten von Waren persönlich zu sprechen.

9. **Sie besuchen Kurse oder Schulen zur Weiterbildung**
Lehrgänge oder Schulungen sind oft der beste Weg, sich in kurzer Zeit intensiv mit einem Gebiet auseinander zu setzen. Prüfen Sie, ob die Volkshochschule bei Ihnen Kurse für Ihr Fach anbietet. Die meisten Volkshochschulen räumen Auszubildenden und Schülern eine Preisermäßigung ein. Die Fachverbände des Einzelhandels und andere Einrichtungen unterhalten Fachschulen mit einem umfangreichen Ausbildungsangebot. In vielen Fällen finanziert der Arbeitgeber den Besuch eines solchen Lehrganges **(38. Schritt)**.

10. **Sie besorgen sich Informationen aus dem Internet**
Das Internet bietet Ihnen rund um die Uhr Informationsmöglichkeiten zur Vertiefung Ihrer Kenntnisse. Der große Vorteil liegt in der Aktualität des Informationsangebotes, der Nachteil in der oft einseitigen Darstellung.

▶ Der „Warensteckbrief"

Für Ihre Tätigkeit bei Beratung und Verkauf ist es erforderlich, dass Sie sich mit den Merkmalen und Leistungen der Waren Ihres Sortiments, vor allem der „neuen" Artikel, vertraut machen. Das geeignete Mittel hierzu ist ein „Warensteckbrief", der je nach Ausbildungssortiment unterschiedlich aussehen wird. Er erleichtert Ihnen die Übersetzung Ihrer Kenntnisse in Verkaufsargumente und hilft Ihnen, Ihren Kunden Problemlösungen vorzuschlagen **(22.–24. Schritt)**. Mit Hilfe der folgenden „Check-Liste" können Sie einen Warensteckbrief entwickeln:

Warensteckbrief

1. **Bezeichnung der Ware**
   handelsübliche Warenbezeichnung, Markenname, Modell; Warenart, Warengruppe, Artikelnummer

2. **Herkunft der Ware**
   Hersteller, Vertreiber, Herkunftsland

3. **Rohstoffe und Produktionsverfahren**
   (soweit sie für Gebrauch/Verbrauch von Bedeutung sind, z. B. mundgeblasen, handgemacht, ökologischer Anbau)

4. **Beschreibung der Ware**
   technische Daten, Zustand, Form/Farbe/Geruch/Geschmack

5. **Klassifizierung und Standardisierung**
   Sorte, Typ, DIN-Normen, Handelsklassen, Güte- und Prüfzeichen

6. **Gebrauchs-/Verbrauchseigenschaften**
   Wann, wie, wozu, wie oft ist die Ware zu benutzen? Ist sie modisch? Welche Vorteile/welchen Nutzen bietet der Ge- oder Verbrauch dieser Ware?

7. **Wirkung auf Gesundheit und Umwelt**
   Gesundheitsverträglichkeit der Ware; Ausmaß der Umweltbelastung durch Produktion, Nutzung, Entsorgung der Ware

8. **Gebrauchshinweise und Verwendungsvorschriften**
   Gebrauchsanleitung, Rezepte, Pflegehinweise, Sicherheitsvorschriften

9. **Verpackung der Ware**
   Art, Funktion, Recycling/Verwertung der Verpackung

10. **Vertriebswege und Verkaufsformen**
    Gibt es typische Vertriebswege für diese Ware, gibt es spezielle oder bevorzugte Verkaufsformen dafür?

11. **Warenpflege und Lagerfähigkeit**
    Anforderungen an Warenpflege und Lagerhaltung; Mindesthaltbarkeit

12. **Serviceleistungen**
    Zusätzliche Leistungen: Finanzierung, Garantie, Kundendienst, Lieferung frei Haus, Aufstellung und Montage, Rücknahme von Altgeräten und Verpackungsmitteln

13. **Ergänzungen/Alternativangebote**
    Zubehör, Ergänzungsangebote, Ausweichangebote

14. **Preis der Ware**
    Mengenrabatt, Barzahlungsnachlass, Sonderangebot

▶ Warum allgemeine Warenlehre?

„Wer heute Unterhosen verkauft, muss damit rechnen, dass er morgen Mikrowellen-Herde und übermorgen Gemälde verkaufen wird, um sein Geld zu verdienen."

Unser „Spruch" klingt für viele Beschäftigte im Verkauf provozierend, andere werden behaupten, er sei eine Selbstverständlichkeit. Diese unterschiedlichen Stellungnahmen beruhen auf zwei verschiedenen Einstellungen zu diesem Problem.

Meinung A:
Eine gute Ausbildung muss in erster Linie Spezialkenntnisse für eine Branche oder Warengruppe vermitteln. Erst dieses Fachwissen sichert eine langfristige Beschäftigung im Verkauf.

Meinung B:
Eine gute Ausbildung für den Verkauf muss in erster Linie das Verkaufen, d. h. den Umgang mit den Kunden, vermitteln. Die Spezialisierung auf eine bestimmte Branche oder Warengruppe kommt erst an zweiter Stelle.

Abb. 12.3

Die Meinung A findet man häufiger bei den Inhabern von Fachgeschäften, Meinung B ist bei Führungskräften von Warenhäusern anzutreffen.

Kein Mensch kann sich jedoch auf die Tausende von Waren einstellen, die jedes Jahr neu oder verändert auf den Markt kommen. Unter diesen vielen Artikeln gibt es jedoch eine ganze Menge, die gleich oder ähnlich sind bzw. die gleichen Eigenschaften besitzen. An diese Tatsache knüpft die allgemeine Warenlehre an. Sie untersucht ähnliche oder gleiche Eigenschaften von Waren bei

- Produktion
- Bereitstellung
- Verwendung oder Verbrauch
- Verpackung
- Entsorgung.

Unterschiedliche Waren werden in verschiedene Gruppen oder Klassen unterteilt. Aufbauend auf dieser Gliederung lassen sich Wareneigenschaften beschreiben und Anforderungen an Waren aufstellen. Zur allgemeinen Warenlehre gehören schließlich auch die Prüfung und die Beurteilung von Waren.

Die Kenntnisse in allgemeiner Warenlehre erlangen für Beschäftigte in Verkaufsberufen besondere Bedeutung:

- Die besonderen Aussagen zu bestimmten Warengruppen oder -klassen dienen der fachlichen Spezialisierung.
  (Beispiel: Einarbeitung in „Textilien", Spezialisierung in „Damenoberbekleidung")
- Die allgemeinen Aussagen über die Warengruppen und -klassen hinaus dienen der Übertragung von Wissen und Erfahrung. Sie erleichtern den Übergang und die Einarbeitung in neue Bereiche oder Branchen.
  (Beispiel: Wechsel von der Abteilung „Haushaltsgeräte" zur Abteilung „Multimedia")

Aus dieser Sicht widersprechen sich die Meinungen A und B nicht. Deshalb haben Fragen der besonderen und der allgemeinen Warenlehre Bedeutung.

▶ Fragestellungen der allgemeinen Warenlehre

Die wichtigsten Fragestellungen der allgemeinen Warenlehre werden Ihnen in sieben Punkten vorgestellt.

1. Produktplanung und Produktgestaltung

Die Gestaltung neuer Produkte wird heute nicht dem Zufall überlassen. Ingenieure, Spezialisten für Gestaltung (Designer), Trend- und Marktforscher sowie spezielle Produktmanager arbeiten in Gruppen zusammen, um die Gestaltung eines neuen Produktes ganz genau festzulegen. Das Ergebnis der Produktplanung sind genaue Entwürfe, Modelle, Berechnungen und Konstruktionszeichnungen.

Aspekte der Produktplanung und Produktgestaltung

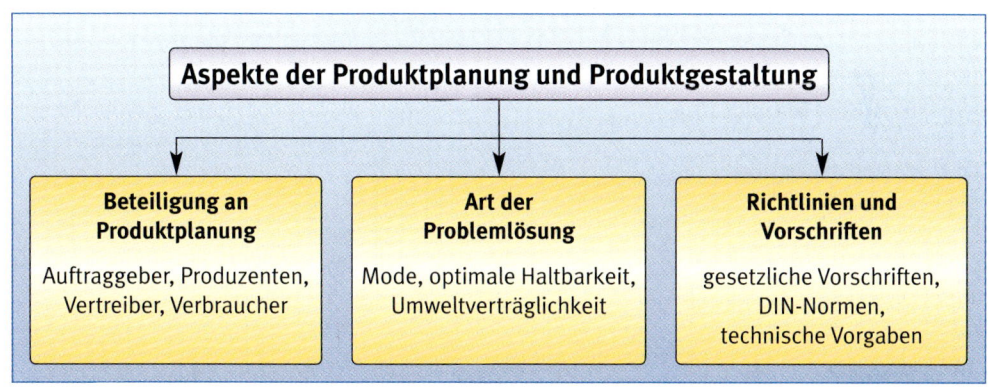

Beteiligung an Produktplanung	Art der Problemlösung	Richtlinien und Vorschriften
Auftraggeber, Produzenten, Vertreiber, Verbraucher	Mode, optimale Haltbarkeit, Umweltverträglichkeit	gesetzliche Vorschriften, DIN-Normen, technische Vorgaben

Abb. 12.4

2. Technologie der Warenproduktion

Unter „Technologie" versteht man alle Methoden und Verfahren, die notwendig oder möglich sind, um eine bestimmte Ware zu produzieren.

Abb. 12.5

Die Bedeutung der Technologie können Sie sich an der **Abb. 12.5** oder am Beispiel zweier Teppiche verdeutlichen, die mit völlig unterschiedlichen Technologien produziert werden.

Teppich Täbris	**Teppich Krefeld**
Original Orientteppich	Deutscher Industrieteppich

- aus Schafwolle (natürliche Faser)
- natürliche Farbstoffe aus eigener Fertigung
- Muster nach überlieferter Tradition
- arbeitsintensive Produktion (handgeknüpft)
- jeder Teppich ist ein Einzelstück
- geringer Energiebedarf
- geringe Umweltbelastung
- Heimarbeit, möglicherweise Kinderarbeit

- aus Synthetikfaser
- künstliche Farbstoffe der chemischen Industrie
- Muster nach dem Entwurf eines Textildesigners
- kapitalintensive Produktion (überwiegend Maschinenarbeit)
- es wird industrielle Massenware produziert
- Energiebedarf für chemische Industrie und Maschinenbetrieb
- Umweltbelastung durch chemische Produktion und Maschinenbetrieb
- tariflich entlohnte Industriearbeit

Aus dieser Gegenüberstellung ergeben sich sehr unterschiedliche Argumente für den Verkauf und den Gebrauch der Teppiche. Auch der Preis der Teppiche wird sehr stark durch die Technologie der Produktion bestimmt. Verkaufsargumente und Preisgestaltung sind jedoch entscheidend für den Verkauf der Ware. Auch dieser Punkt belegt die Bedeutung der Warenlehre für den Verkauf.

3. Lebenszyklen von Waren

Unter dem „Lebenszyklus" versteht man die Zeitspanne von der Markteinführung einer Ware bis zu ihrem Ausscheiden aus dem Markt. Das lässt sich am besten in einem Schaubild darstellen.

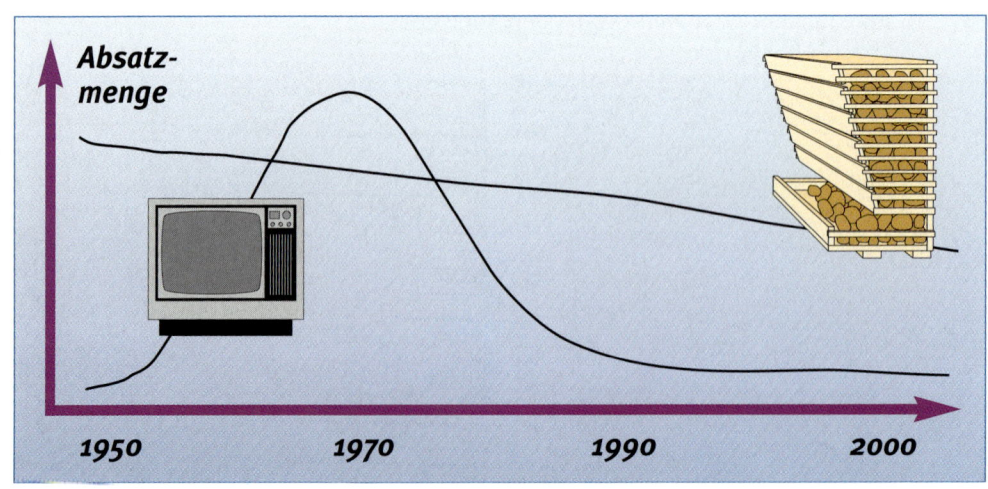

Abb. 12.6: Lebenszyklen zweier Waren

Es gibt Waren, deren Absatz sich im Laufe der Zeit kaum oder nur geringfügig verändert hat. In unserem Beispiel sind das Kartoffeln. Ihr Verbrauch ist zwischen 1950 und heute allmählich abgesunken, weil die Bundesbürger weniger Kartoffeln essen und dafür z. T. andere stärkehaltige Grundnahrungsmittel, wie Nudeln und Reis, oder aber vermehrt höherwertige Lebensmittel, wie Fleisch, Käse, Genussmittel, zu sich nehmen.

Ganz im Gegensatz dazu steht die Entwicklung des Absatzes von Schwarz/Weiß-Fernsehgeräten. Nach den ersten regelmäßigen Fernsehsendungen in der Bundesrepublik (1952) stieg die Nachfrage nach Fernsehgeräten stark an. Dieser Anstieg hat sich im Laufe der Zeit mit zunehmender Marktsättigung abgeschwächt. Im Jahre 1967 wurden die ersten Farb-Sendungen ausgestrahlt. Seit dieser Zeit ist der Absatz von S/W-Fernsehgeräten ständig zurückgegangen.

Für den Verkauf lassen sich aus diesem Beispiel mehrere Schlussfolgerungen ziehen:
- Viele (vor allem technische und modische) Waren „veralten" mit der Zeit. Entsprechend wandeln sich die Kundenwünsche, die Verkaufsargumente und auch die Preise.
- „Sterbende" Waren haben meistens Nachfolger. Für S/W-Fernsehgeräte waren das die Farbfernsehgeräte; für Schreibmaschinen ist es die Textverarbeitung mit dem PC. Ein Verkäufer dieser Waren muss die „Nachfolger" gut genug kennen, um sie rechtzeitig anbieten und die „Vorgänger" ausverkaufen zu können.

Aus dem Lebenszyklus ähnlicher Waren lassen sich Prognosen (Vorhersagen) über die Entwicklung des Absatzes von neuen Waren ableiten. Auch diese Informationen sind von großer Bedeutung für die Planung und Vorbereitung des Verkaufs.

4. Systematisierung und Standardisierung von Waren

Der Überblick über alle Waren am Markt wird durch die große Warenvielfalt erschwert. Es gibt unter den Hunderttausenden von Waren jedoch viele, die ähnlich oder verwandt sind. Häufig kommt es auch vor, dass dieselben Waren unter verschiedenen Marken- oder Handelsnamen vertrieben werden. Zum Zwecke der Überschaubarkeit ist es deshalb sinnvoll und notwendig, die Waren zu systematisieren.

Bei einer Systematisierung (Warensystematik) werden Waren zu Bereichen, Gruppen und Klassen zusammengefasst, um sie von anderen zu unterscheiden. Die Warensystematik ist nützlich zur Gewinnung eines allgemeinen Überblicks und unbedingt notwendig zur Organisation der Warenwirtschaft des Betriebes.

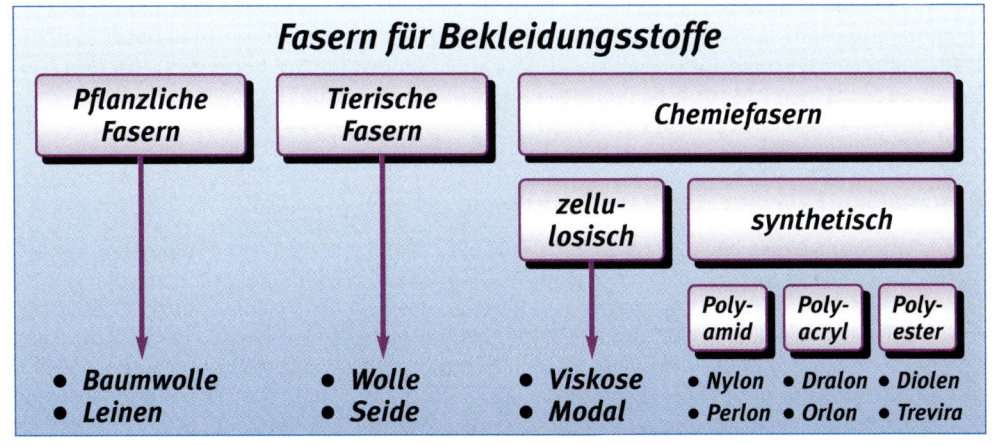

Fasern für Bekleidungsstoffe

- **Pflanzliche Fasern**
  - Baumwolle
  - Leinen
- **Tierische Fasern**
  - Wolle
  - Seide
- **Chemiefasern**
  - zellulosisch
    - Viskose
    - Modal
  - synthetisch
    - Polyamid: Nylon, Perlon
    - Polyacryl: Dralon, Orlon
    - Polyester: Diolen, Trevira

Abb. 12.7: Beispiel einer Warensystematik

Sobald Waren zu bestimmten Gruppen, Klassen oder Sorten zusammengefasst werden, ist es sinnvoll, einheitliche Maßstäbe anzulegen bzw. einheitliche Anforderungen zu vereinbaren. Diese einheitliche Festlegung der Beschaffenheit wird Standardisierung genannt. Sie erfolgt durch Normen, Richtlinien und Gütevorschriften.

Abb. 12.8

Beispiel für standardisierte Waren

- *Holzschutzmittel nach DIN 68 800*
  Das Mittel entspricht den Anforderungen des deutschen Normen-Ausschusses.

- *Toaster mit VDE-Zeichen*
  Das Gerät bietet elektrischen Schutz nach den Richtlinien des Verbands Deutscher Elektrotechniker.

Standardisierte Waren erleichtern den Verkauf, denn den Kunden werden wichtige Eigenschaften oder eine bestimmte Beschaffenheit garantiert. Sie müssen deshalb die Anforderungen an standardisierte Waren aus Ihrer Branche kennen, um sie den Kunden vermitteln zu können.

5. Verpackung und Warenpflege

Zur Warenlehre gehören auch die Möglichkeiten zur Verhinderung von Warenschäden, z. B. durch geeignete Verpackung. Die Verpackung einer Ware hat mehrere Funktionen: Sie dient dem Schutz der Ware, erleichtert Transport und Lagerung und bietet Werbefläche. Außerdem können durch die Verpackung die Warenpflege erleichtert und der Diebstahl erschwert werden. Alle diese Punkte haben erhebliche Bedeutung für den Verkauf und werden im **13.** und **14. Schritt** ausführlich dargestellt.

6. Warenökologie

Unter Warenökologie versteht man die Auswirkungen der Waren (bei Produktion, Bereitstellung, Ge- oder Verbrauch und Entsorgung) auf die Umwelt. Dieses Thema hat in den letzten Jahren besondere Bedeutung gewonnen. Anlass ist die Verknappung von Rohstoffen und Energiequellen sowie die zunehmende Belastung der Umwelt. Verantwortungsbewusste Verkäufer sollten die ökologischen Folgen der Warenproduktion und -nutzung bei ihren Empfehlungen berücksichtigen. Auch bei immer mehr Kunden entwickelt sich ein ökologisches Bewusstsein. Dadurch wird die ökologische Verträglichkeit einer Ware zum guten Verkaufsargument **(15. Schritt)**.

12. Schritt: Sie eignen sich Kenntnisse über Waren an

7. Warenprüfung und Qualitätsbeurteilung

Zur Warenlehre gehört schließlich auch die Prüfung und Beurteilung von Waren. Dabei spielen nicht nur Beurteilungsgesichtspunkte aus der Sicht des Verbrauchers eine Rolle, wie wir sie von den Testurteilen der Wareninstitute kennen. Die Warenlehre bezieht gesamtwirtschaftliche Fragestellungen in die Prüfung der Waren ein; sie fragt dabei nach dem Nutzen oder Schaden eines Produktes für die gesamte Volkswirtschaft.

Mögliche Gesichtspunkte der Warenprüfung und Qualitätsbeurteilung nennen Ihnen der „Warensteckbrief" und die „Fragen an eine Ware" **(36. Schritt)**.

Arbeitsaufgaben

1. Warum müssen Sie bei Kundenberatung und Verkauf Ihr Angebot genau kennen? Schreiben Sie fünf Punkte mit Begründung auf!

2. Wählen Sie eine Ware aus Ihrem Ausbildungssortiment und listen Sie zu allen Punkten des Warensteckbriefes mögliche Kundenfragen auf!

3. Erfragen Sie Waren,
   a) die in den letzten 10 Jahren vom Markt verschwunden sind,
   b) die in diesem Zeitraum neu auf dem Markt eingeführt wurden,
   c) die es seit mindestens 50 Jahren gibt,
   und stellen Sie diese in einer Liste zusammen!

4. Greifen Sie das Beispiel mit den Teppichen (S. 104) auf. Leiten Sie für jeden der Teppiche mögliche Verkaufsargumente aus den Angaben zur Produktion ab!

5. Stellen Sie eine Liste mit 5 Waren auf, die veraltet sind bzw. veralten werden (Lebenszyklus wie S/W-Fernsehgeräte)! Notieren Sie mögliche Nachfolger dieser Waren. Verdeutlichen Sie Ihre Überlegungen anhand von Zeichnungen wie **Abb. 12.6**!

6. Listen Sie fünf standardisierte Waren Ihres Ausbildungssortiments oder Ihres Interessengebietes auf. Notieren Sie hinter der Ware die Normen bzw. die Anforderungen!

7. Nennen Sie für jeden Fall der 6. Aufgabe Probleme, die aufträten, wenn diese Waren nicht standardisiert wären!

8. Erklären Sie an drei Beispielen, wie durch die Verpackung der Diebstahl einer Ware erschwert oder begünstigt werden kann!

9. Begründen Sie, weshalb in der Frage einer „guten Ausbildung" die Inhaber von Fachgeschäften eher die Meinung A, die Führungskräfte von Warenhäusern eher Meinung B vertreten **(Abb. 12.3)**!

Training

1. Wählen Sie eine Ware aus Ihrem Ausbildungssortiment, und informieren Sie sich über deren Produktionsmethoden. Erläutern Sie diese Ihrer Klasse oder Gruppe im Kurzreferat. Heben Sie Argumente für Ihre Kunden hervor!

2. Goldburg Siegel-Pils wird angeboten in
   - $1/2$-l-Pfandflaschen in Pfandkästen mit 20 Flaschen
   - $1/2$-l-Pfandflaschen in Pfandkästen mit 11 Flaschen
   - $1/3$-l-PET-Flaschen im Dreier-Pack
   - $1/3$-l-Einwegflaschen im Sechser-Pack
   - $1/3$-l-Dosen
   - 5-l-Party-Fässchen.

   a) Finden Sie zu jeder Verpackungsart mindestens ein Verkaufsargument!

   b) Stellen Sie diese Verkaufsargumente in einem Kurzreferat vor, und machen Sie an diesem Beispiel deutlich, wie sich die unterschiedlichen Verpackungseinheiten auf die möglichen Verkaufsargumente, auf die nötige Warenpflege und auf Diebstahlversuche auswirken!

3. Wählen Sie eine Ware aus Ihrem Ausbildungssortiment oder Ihrem Interessenbereich aus; z. B. C 90-Chromkassette, Quarzuhr, Walkman-Kassettenspieler, Diafilm, Parfüm, Motorradhelm, Reiseplaid, Haarwaschmittel, Plüschtier, Bohrhammer, Halbfettmargarine, Dispersionsfarbe.

   a) Beschaffen Sie sich alle greifbaren Informationen und erstellen Sie einen Warensteckbrief!

   b) Stellen Sie den Artikel in der Klasse oder in der Gruppe vor. Verwenden Sie dabei Anschauungsmaterial, und erläutern Sie Gebrauch oder Verwendung. Prüfen Sie, ob Sie alle Fragen Ihrer Mitschülerinnen und Mitschüler beantworten können!

13. Schritt: Sie kennen und beachten rechtliche Vorschriften im Verkauf

Zielangabe

In diesem Schritt
- gewinnen Sie einen Überblick über die rechtlichen Vorschriften im Verkauf
- erkennen Sie die Zielsetzungen dieser Vorschriften
- erarbeiten Sie sich wichtige Bestimmungen für den Verkauf von Waren Ihres Ausbildungssortiments
- erfahren Sie rechtliche Regelungen für den Umgang mit Verpackungsmitteln.

Einstieg

§ 32 (1) Fertigpackungs-VO
Unverpackte Backwaren gleichen Nenngewichts wie Brot, Kleingebäck, Feine Backwaren und Dauerbackwaren (Backwaren), die nach Gewicht in Verkehr gebracht werden, dürfen gewerbsmäßig nur so hergestellt werden, dass ihr Gewicht zum Zeitpunkt der Herstellung im Mittel das Nenngewicht nicht unterschreitet.

Verordnung (EWG) Nr. 1929/90 des Rates zur Abweichung von der Begriffsbestimmung für „Ursprungswaren" zur Berücksichtigung der besonderen Lage der Niederländischen Antillen hinsichtlich chemisch beständiger Latzhosen des KN-Codes 6210 10 99

§ 4 (1) Lebensmittel- und Bedarfsgegenständegesetz
Kosmetische Mittel im Sinne dieses Gesetzes sind Stoffe oder Zubereitungen aus Stoffen, die dazu bestimmt sind, äußerlich am Menschen oder in seiner Mundhöhle zur Reinigung, Pflege oder zur Beeinflussung des Aussehens oder des Körpergeruchs oder zur Vermittlung von Geruchseindrücken angewendet zu werden, es sei denn, dass sie überwiegend dazu bestimmt sind, Krankheiten, Leiden, Körperschäden oder krankhafte Beschwerden zu lindern oder zu beseitigen.

Abb. 13.1

Lehrtext

Bei Ihrer Tätigkeit im Einzelhandel müssen Sie nicht nur die Waren selbst, sondern auch die rechtlichen Vorschriften zu deren Lagerung, Präsentation und Verkauf gut kennen. Dies ist deshalb schwierig, weil es Hunderte solcher EWG-, EG-, EU-Richtlinien, Gesetze, Verordnungen, Leitsätze gibt; andererseits betreffen viele Regelungen gar nicht das Sortiment, in dem Sie ausgebildet werden. Verstöße gegen diese Rechtsvorschriften sind unerlaubte Handlungen; sie führen möglicherweise zu Schadenersatzansprüchen und können in bestimmten Fällen strafrechtlich verfolgt werden.

Die rechtlichen Vorschriften beim Verkauf verfolgen vor allem drei Ziele:

- Schutz des Kunden (auch des Personals oder Außenstehender) vor gesundheitlichen Schäden
  Feuerwerkskörper dürfen nur in der Zeit vom 29. – 31. Dezember verkauft werden. Für die Abgabe gelten nach Gefahrenklassen gestufte Mindestalter. Die Feuerwerkskörper müssen geschützt gelagert und ausgelegt werden, sodass sie nicht etwa durch herabfallende brennende Zigaretten entzündet werden können.

- Schutz des Kunden vor Täuschung und Irreführung
  Ein Gebrauchtwagenhändler verschweigt, dass ein PKW einen Unfallschaden hatte, und verkauft das Fahrzeug als „unfallfrei". Der Kunde hat das Recht, den Vertrag wegen arglistiger Täuschung anzufechten.

- Schutz des Mitbewerbers vor Wettbewerbsnachteilen
  In der Imbissecke eines Supermarkts werden Pommes frites „mit Mayonnaise" angeboten; tatsächlich handelt es sich nur um Salatmayonnaise. Hier wird nicht nur der Kunde getäuscht: Es werden auch die Mitbewerber geschädigt, die vollwertige und damit teurere Materialien einsetzen.

Die Vielzahl der rechtlichen Vorschriften lässt sich unterscheiden nach vorwiegend verkaufsbezogenen und vorwiegend warenbezogenen Vorschriften. Dazu kommen Vorschriften für den Umgang mit Verpackungsmitteln.

Rechtliche Vorschriften für den Verkauf von Waren

- verkaufsbezogene Vorschriften
- warenbezogene Vorschriften
- verpackungsbezogene Vorschriften

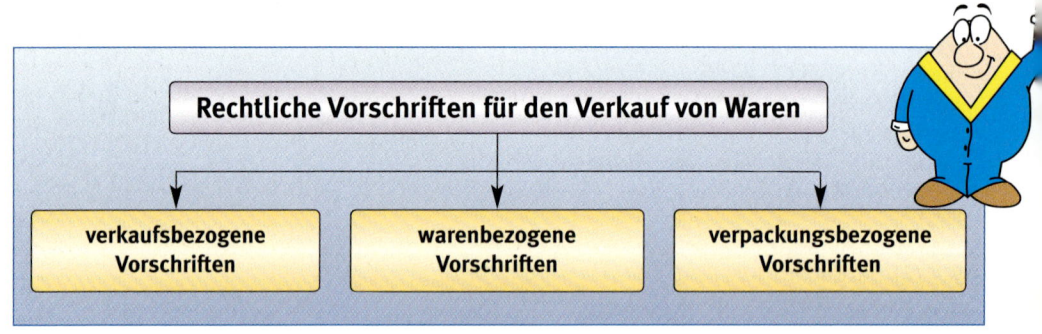

Abb. 13.2

▶ Verkaufsbezogene rechtliche Vorschriften

Die verkaufsbezogenen rechtlichen Vorschriften befassen sich mit

1. unlauterem Wettbewerb
2. unerlaubtem Wettbewerb
3. dem Ladenschluss
4. dem Kaufvertrag
5. der Preisauszeichnung **(8. Schritt)**.

Diese Vorschriften gelten unabhängig von der Branche. Sie sollen hier nur kurz dargestellt werden; Näheres finden Sie in Ihrem Lehrbuch zur Einzelhandelsbetriebslehre.

1. Unlauterer Wettbewerb liegt vor, wenn ein Betrieb aus Wettbewerbsgründen Handlungen vornimmt, die gegen die guten Sitten verstoßen.

13. Schritt: Sie kennen und beachten rechtliche Vorschriften im Verkauf

Beispiele:

Anlocken von Kunden durch Lockvogelangebote (ein Verbrauchermarkt wirbt zum Schuljahresbeginn mit Marken-Füllhaltern zu 4,98 €; es sind allerdings nur 12 Stück vorrätig);

Werbung, die Jugendliche zum Rauchen veranlassen soll;

Bezeichnung von Lebensmitteln mit Zusatzstoffen als „natürlich" oder „naturrein"; unrichtige und wissentlich unwahre Angaben (maschinengefertigte Gläser werden als „mundgeblasen" gekennzeichnet;

geschäftsschädigende Angaben über den Konkurrenten („Eisen-Hausmann verkauft nur minderwertige Waren – kein Wunder, dass der Konkurs bevorsteht!").

2. Unerlaubter Wettbewerb liegt vor, wenn ein Betrieb gegen Bestimmungen über Sonderveranstaltungen, Preisnachlässe oder Zugaben oder gegen das Warenzeichenrecht verstößt.

   Beispiele:

   Unzulässige Sonderveranstaltungen („Jubiläumsverkauf" zum 10-jährigen Firmenjubiläum);

   verbotene Zugaben („Jeder Käufer eines Neuwagens erhält einen Benzingutschein über 300 l Benzin!");

   Übernahme oder Missbrauch von eingetragenen Warenzeichen (Gebrauchtwagenhändler Stern verwendet bei seiner Werbung und bei der Gestaltung seiner Geschäftsräume den Mercedes-Stern).

3. Das Ladenschlussgesetz gibt vor, zu welchen Zeiten Ladengeschäfte geöffnet sein dürfen. Die Ladenschlusszeiten sind seit Jahren in der Diskussion. Änderungen können durch die Neufassung des Ladenschlussgesetzes erfolgen.

   Die Bestimmungen gelten nicht für Märkte und Messen, Apotheken, Gaststätten, Kioske, Tankstellen, Verkaufstellen auf großen Bahnhöfen und Flughäfen; auch gibt es Sonderregelungen für bestimmte Waren (z. B. Blumen), bestimmte Orte (z. B. Fremdenverkehrsorte) und besondere Anlässe (z. B. Stadtfest).

4. Von den zahlreichen Vorschriften des Kaufvertragsrechts müssen Sie als Fachkraft im Verkauf vor allem die Bestimmungen zu Abschluss und Erfüllung des Kaufvertrages kennen. Hier können Unkenntnis und Vertragsverletzungen dazu führen, dass Kunden Ansprüche geltend machen.

   Beispiele:

   Gleich bei Eröffnung des Verkaufsgesprächs stellt sich heraus, dass der im Schaufenster angegebene Preis von 98 € für eine Porotex-Sportjacke eigentlich 198 € lauten müsste; der Verkäufer weist den Kunden freundlich und bestimmt auf die Rechtslage hin.

   Mitunter empfiehlt es sich auch, Rechtspositionen aus Kulanz nicht durchzusetzen. In einem solchen Fall ist dem Händler das langfristige Interesse an einer guten Geschäftsbeziehung zu dem Kunden wichtiger als ein kurzfristiger Vorteil. Gerade hier ist es besonders wichtig, die Rechtslage zu kennen.

▶ Warenbezogene rechtliche Vorschriften

Die vorwiegend warenbezogenen rechtlichen Vorschriften ergeben sich aus der Eigenart der gehandelten Waren und gelten daher meist nur für eine oder wenige Branchen. Alles in allem handelt es sich um Vorschriften

1. zur Warenlagerung, zur Lagerdauer und zur Sicherheit
2. zum Jugendschutz
3. zum Tierschutz
4. zur Entsorgung
5. zu weiteren Rechtsgebieten.

Abb. 13.3

1. Die Vorschriften zur Warenlagerung, zur Lagerdauer und zur Sicherheit sollen gewährleisten, dass von den Warenvorräten und vom Personal keine Gefahren ausgehen.

   Beispiele:

   Wegen der hohen Verderblichkeit dürfen frisches Fleisch, Koch- und Brühwürste nur kühl und auch dann nur wenige Tage aufbewahrt werden; weil rohes Hackfleisch und anderes zerkleinertes Fleisch einen besonders guten Nährboden für die Entwicklung von Keimen darstellt, darf es nur am Tage der Herstellung verkauft werden.

   Giftstoffe (z. B. Pflanzenschutzmittel) müssen abgeschlossen aufbewahrt werden; Selbstbedienung ist nicht möglich.

   Brennbare Flüssigkeiten dürfen nur bis zu bestimmten Mengen in den Verkaufsräumen gelagert werden.

   Das Bundesseuchengesetz hat die Aufgabe, die Übertragung von Krankheiten zu verhindern. Daher verlangt es Gesundheitszeugnisse und Wiederholungsuntersuchungen von Personen, die in Lebensmittelgeschäften mit Herstellung und/oder losem Verkauf von Milch und Milcherzeugnissen, Speiseeis, Fleisch und Fleischerzeugnissen beschäftigt sind.

   Bestimmte Waren (z. B. Hackfleisch, Giftstoffe, freiverkäufliche Arzneimittel) dürfen nur von eigens dafür ausgebildetem Personal hergestellt und/oder verkauft werden (Sachkundenachweis).

2. Einige Vorschriften haben den Jugendschutz zum Ziel.

   Beispiele:

   Verbot der Abgabe von Spirituosen an Jugendliche;

   Verbot von Werbung, die Jugendliche zum Rauchen veranlassen kann;

   Verbot des Verkaufs jugendgefährdender Schriften (Schriften, Videos, Computerprogramme).

13. Schritt: Sie kennen und beachten rechtliche Vorschriften im Verkauf

3. Andere rechtliche Bestimmungen dienen dem Tierschutz.

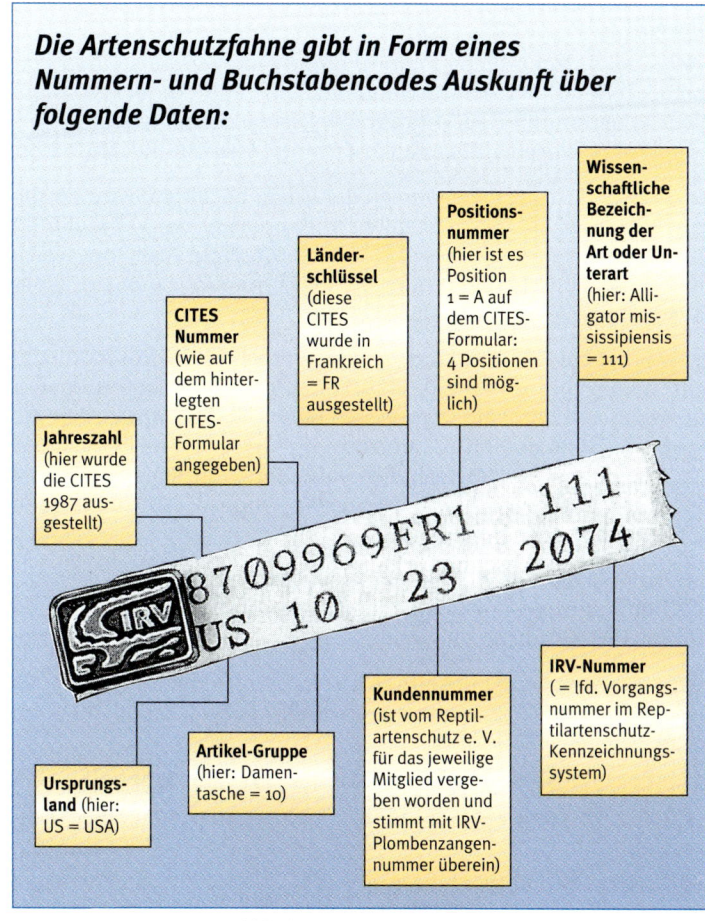

Die Artenschutzfahne gibt in Form eines Nummern- und Buchstabencodes Auskunft über folgende Daten:

- **CITES Nummer** (wie auf dem hinterlegten CITES-Formular angegeben)
- **Jahreszahl** (hier wurde die CITES 1987 ausgestellt)
- **Ursprungsland** (hier: US = USA)
- **Länderschlüssel** (diese CITES wurde in Frankreich = FR ausgestellt)
- **Artikel-Gruppe** (hier: Damentasche = 10)
- **Positionsnummer** (hier ist es Position 1 = A auf dem CITES-Formular: 4 Positionen sind möglich)
- **Kundennummer** (ist vom Reptilartenschutz e. V. für das jeweilige Mitglied vergeben worden und stimmt mit IRV-Plombenzangennummer überein)
- **Wissenschaftliche Bezeichnung der Art oder Unterart** (hier: Alligator missisipiensis = 111)
- **IRV-Nummer** (= lfd. Vorgangsnummer im Reptilartenschutz-Kennzeichnungssystem)

Abb. 13.4: Artenschutzfahne

Beispiel:
Lebende Tiere müssen im Zoofachgeschäft bis zu Ihrem Verkauf artgerecht gehalten werden.
Bestimmte vom Aussterben bedrohte Tierarten oder aus ihnen gewonnene Erzeugnisse (Krokodilledertaschen, Schildkrötensuppe, Elfenbeinschnitzereien) dürfen nicht oder nur unter Beschränkungen gehandelt werden. So tragen Reptilederwaren, deren Rohmaterial entsprechend dem „Übereinkommen über den internationalen Handel mit gefährdeten Arten freilebender Tiere und Pflanzen (CITES)" rechtmäßig erworben und eingeführt wurde, zum Herkunftsnachweis eine nicht austauschbare *Artenschutzfahne* **(Abb 13.4)**.

4. Schließlich gibt es noch zahlreichen Bestimmungen zur Entsorgung (z. B. Batterien, Farben, Lacke, Altöl, verendete Tiere).

5. Ferner gibt es noch zahlreiche Vorschriften zu weiteren Rechtsgebieten.
   Beispiel:
   Für Ankauf oder Inzahlungnahme von Gold, Schmuck, Gebrauchtgeräten gelten besondere Vorschriften. So muss der Händler festzustellen versuchen, ob er vom rechtmäßigen Eigentümer kauft, damit er nicht ungewollt zum Hehler wird.

▶ Verpackungsbezogene rechtliche Vorschriften

Die Verpackung der Waren erfüllt wichtige Aufgaben:
- Die Verpackung schützt vor Schäden und erleichtert den Transport (Schutz- und Transportfunktion);
- sie trägt Angaben über Leistung, Verwendung, Bezeichnung, Menge, evtl. Güte, Herkunft und Haltbarkeit der Ware (Informationsfunktion);

- sie erleichtert dem Kunden die Handhabung der Ware, z. B. die portionsweise Entnahme, und schützt vor Schäden durch falschen Gebrauch, z. B. durch kindersichere Verschlüsse (Gebrauchsfunktion);
- sie erleichtert dem Handel eine wirtschaftliche Lagerung und eine verkaufsaktive Präsentation, z. B. bei Selbstbedienung, erspart aufwendiges Um- und Abpacken, dient dem Diebstahlschutz (Blister), verhindert den Verkauf unwirtschaftlicher Kleinmengen und fördert den Absatz durch ihre werbewirksame Gestaltung (Absatzfunktion).

Verpackung ist teuer: Jeder sechste Euro, den Kunden an der Kasse bezahlen, wird für die Verpackung der gekauften Waren ausgegeben. Vor allem aber belastet die Verwendung von Verpackungsmaterial die Umwelt durch Rohstoff- und Energieverbrauch und durch die „Beseitigung" in Deponien, Kompostierungs- oder Müllverbrennungsanlagen. Über die Hälfte des Hausmülls besteht aus Verpackungsmaterialien.

Dabei ist zu bedenken, dass eine echte „Beseitigung" oder „Vernichtung" dieser Abfälle gar nicht möglich ist. Es geht immer nur um eine (vorläufige) Ab- und Umlagerung oder darum, für die Abfälle eine weniger schädliche, aggressive oder lästige Form zu finden. Das Problem ist damit nicht aus der Welt geschafft; „Entsorgung" bedeutet nicht, dass damit die Sorgen aufhören. Die Fähigkeit der Umwelt zur Aufnahme von Schadstoffen ist begrenzt, z. T. erschöpft, und so kann man Abfälle, Abwasser, Abgase, Abwärme eben nicht einfach „der Natur" überlassen.

Dadurch bekommen ehemals freie Güter einen Preis (Wasser) oder verursachen Kosten zu ihrer Reinhaltung (Luft). Sie können nur dann ohne Schaden für uns Menschen genutzt werden, wenn wir auf bestimmte Missbräuche verzichten.

Ein völliger Verzicht auf Verpackungen ist bei unserer Wirtschaftsweise nicht möglich. Es muss vielmehr um eine Verringerung des Verpackungsaufwandes gehen. Zu bevorzugen sind daher Verpackungen, die

- nicht zu aufwändig sind (z. B. Verzicht auf Portionspackungen für Lebensmittel);
- mehrfach verwendbar sind (z. B. Leihverpackungen, Mehrwegflaschen, Nachfüllflaschen für Deo-Pumpzerstäuber);
- einen Zweitnutzen haben (Lebkuchen in Blechdosen);
- aus zurückgewonnenen Rohstoffen bestehen und nach Gebrauch stofflich gut verwertet werden können (z. B. Glasflaschen);
- eine sparsame Dosierung des Inhalts erlauben.

Beachten Sie deshalb die Grundsätze **(Abb. 13.5)**!

Verpackung:
1. **vermeiden,** wenn nicht vermeidbar:
2. **verringern,** zur Mehrfachnutzung:
3. **vereinheitlichen,** wenn Mehrfachnutzung nicht möglich:
4. **verwerten,** nur im äußersten Fall:
5. **„entsorgen".**

Abb. 13.5: Grundsätze für den Umgang mit Verpackungen

13. Schritt: Sie kennen und beachten rechtliche Vorschriften im Verkauf

Verpackungsmaterialien sind zu schade und oft zu gefährlich, um sie einfach wegzuwerfen. Deshalb gehört die Zukunft Verpackungen, die mehrfach verwendet werden können und deren stoffliche Verwertung (Recycling) garantiert ist. Verpackungsverordnung (VVO) und Kreislaufwirtschaftsgesetz verpflichten Hersteller und Handel zur Verminderung und Verwertung des Verpackungsmülls und zur Steigerung des Mehranteils bei Verpackungsmitteln.

Dabei versteht die Verpackungsverordnung unter
- **Transportverpackungen:** Verpackungen zum Schutz der Ware auf dem Wege vom Erzeuger zum Vertreiber (Handelsbetrieb), z. B. Fässer, Kanister, Kisten, Säcke, Paletten, Kartonagen, geschäumte Schalen, Schrumpffolien und ähnliche Umhüllungen;
- **Umverpackungen:** Zusätzliche Verpackungen, die das Anbieten der Ware in Selbstbedienung ermöglichen oder Diebstähle erschweren oder Werbezwecken dienen sollen, z. B. Blister, Umkartons, Folien, Faltschachteln;
- **Verkaufsverpackungen:** Behältnisse und Umhüllungen, die vom Verbraucher zum Transport oder bis zum Verbrauch der Waren verendet werden, z. B. Becher, Beutel, Blister, Dosen, Eimer, Säcke, Flaschen, Kanister, Kartonagen, Schachteln und Tragetaschen, Einweggeschirr und -bestecke.

Die Verpackungsverordnung gibt den Verbrauchern das Recht, nicht nur Transport- und Umverpackungen, sondern auch Verkaufsverpackungen, z. B. Faltkartons für Zahnpasta oder Plastiktüten, im Laden zurückzulassen oder in das Geschäft zurückzubringen. Hersteller und Handel haben die Verpackungsmaterialien zu verwerten und dürfen sich dabei nicht auf die öffentlichen Müllentsorgungsbetriebe stützen. Die Verpackungsverordnung verlangt ferner, dass 80 % aller Verpackungsmittel nach ihrem Gebrauch gesammelt und wieder verwertet werden. Sollte es nicht gelingen, einen derart hohen Anteil von Wertstoffen dem Recycling zuzuführen, wird auf Einwegverpackungen bei Getränken, Wasch- und Reinigungsmitteln sowie Farbe Pfand erhoben.

Um der Pfand- und Rücknahmepflicht zu entgehen, haben Hersteller und Handel die Organisation „Duales System Deutschland GmbH" gegründet. Es handelt sich um ein privates Rücknahmesystem für Verpackungen:
- Verpackungen werden im Auftrag privater Unternehmen wieder eingesammelt;
- dazu werden gesonderte Tonnen oder Säcke für Altpapier, Altglas, Kunststoffverpackungen, Verbundverpackungen und Weißblech-/Aluminium-Verpackungen vor den Haustüren und an zentralen Stellen aufgestellt;

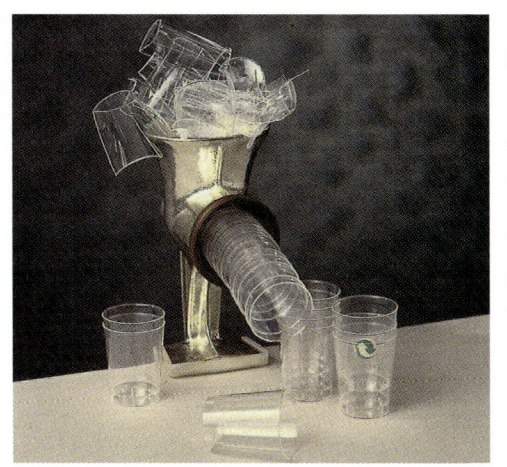

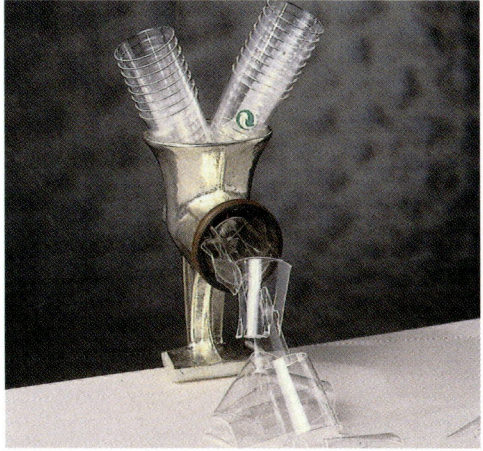

Abb. 13.6: „Duales System" – Anspruch und Wirklichkeit?

- die eingesammelten Verpackungen werden sortiert und verwertet;
- die Kosten für das Duale System werden auf alle Produkte umgelegt und von den Konsumenten bezahlt;
- Einwegverpackungen, für die eine Abgabe bezahlt wurde, die die Kosten für das Sammeln, Transportieren und Sortieren dieser Abfälle decken soll, werden mit einem grünen Punkt gekennzeichnet. Dieser grüne Punkt besagt also nicht, dass es sich um eine weniger Umwelt belastende Verpackung handelt, sondern lediglich, dass sich der betreffende Hersteller oder Vertreiber an der „Duales System Deutschland GmbH" beteiligt hat.

Dadurch sind die Verpackungen, die zwar nicht wieder verwendet, wohl aber verwertet werden können, leicht zu erkennen.

Kritiker des „Dualen Systems" befürchten, dass den umweltfreundlicheren Mehrwegverpackungen durch den Grünen Punkt das Wasser abgegraben wird und am Ende gar keine Reduzierung des Mülls stattfindet. Sie erwarten, dass die Kunden den „Grünen Punkt" als Empfehlung für besondere Umweltfreundlichkeit (miss-)verstehen und recyclingfähige Einwegverpackungen (mit „Grünem Punkt") den ökologisch oft vorteilhafteren Mehrwegbehältnissen (ohne „Grünen Punkt") vorziehen werden.

Arbeitsaufgaben

1. Nennen Sie je 2 Beispiele für den Verstoß gegen verkaufsbezogene rechtliche Vorschriften, und erläutern Sie die rechtlichen Folgen:
   a) Beispiele für unlauteren Wettbewerb
   b) Beispiele für unerlaubten Wettbewerb
   c) Beispiele für Verstöße gegen die Ladenschlussgesetzgebung
   d) Beispiel für Verstöße gegen die Auszeichnungsvorschriften
   e) Beispiele für mangelhaft erfüllte Kaufverträge!

2. Bilden Sie Arbeitsgruppen nach Branchen, und erläutern Sie Ihrer Klasse, welche speziellen rechtlichen Vorschriften für die Waren Ihres Ausbildungssortiments gelten!

3. Erarbeiten Sie in Gruppen die für Ihr Ausbildungssortiment gültigen Vorschriften für den Umgang mit Packstoffen und Packmitteln!

Training

1. Bilden Sie vier Arbeitsgruppen zu folgenden Verpackungen:
   a) Wellpappe-Schachteln
   b) Cola-Dosen
   c) Einweg-Glasflaschen
   d) Plastik-Becher.

   Stellen Sie für die einzelnen Verpackungen dar, was „Beseitigung", „Entsorgung" und „Recycling" heißen kann und wo sich Probleme ergeben!

2. Fordern Sie Informations- und Werbematerial bei der Duales System Deutschland GmbH und bei Verbraucherorganisationen an.

   Diskutieren Sie auf dieser Grundlage: „Wie umweltfreundlich ist der Grüne Punkt?"

14. Schritt: Sie gehen sachgemäß mit Ware um

> **Zielangabe**
>
> In diesem Schritt
> - gewinnen Sie einen Überblick über mögliche Warenschäden und deren Ursachen
> - erfahren Sie, warum Warenpflege notwendig ist
> - erarbeiten Sie sich die für Ihr Ausbildungssortiment typischen Warenschäden und die Besonderheiten bei der Pflege dieser Waren
> - erkennen Sie die Notwendigkeit der Eigensicherung.

Einstieg

Abb. 14.1: Transportzeichen

Lehrtext

Die im Verkaufs- und Reservelager befindlichen Waren umfassen beträchtliche Vermögenswerte. Schon deshalb müssen sie pfleglich behandelt werden. Außerdem sollen die Waren Umsatz und Gewinn bringen; weisen sie Mängel auf, so können alle Ihre Bemühungen um wirksame Warendarbietung und erfolgreiches Verkaufen vergeblich sein.

▶ Physische Warenschäden

Physische Warenschäden zeigen sich an der Ware oder ihrer Verpackung und haben ihre Ursache
- in mechanischen Beanspruchungen, z. B. Druck, Stoß, Erschütterungen;
- in Einflüssen von Wetter und Klima, z. B. Temperatur, Luftfeuchte;

- in der Strahlung, vor allem des Lichts;
- in weiteren Einflüssen, z. B. Staub oder Schädlingsbefall.

Dabei kommt es häufig vor, dass mehrere dieser Ursachen zusammenwirken. Sie führen
- zu nachteiligen Veränderungen in der Qualität der Ware, ihrer Verpackung oder
- zu Mengenverlusten.

Schäden durch:	Beispiele:
Druck	Knittern von Textilien, Papier, Leder; Zerdrücken von Verpackungen; Druckstellen an Kernobst.
Stoß	Dellen in Metallflächen; Glasbruch; Sprünge in keramischen und Kunststofferzeugnissen.
Erschütterung	Entmischung von Emulsionen (z. B. Mayonnaise, kosmetische Cremes); gestörte Reifung bei Lagerweinen.
Reibung	Abscheuern und Verkratzen von Oberflächen bei Waren und Verpackungen; Beschädigungen von Codes.
Wärme	Verdampfen, Verdunsten, Schmelzen; An- und Auftauen von Gefriergut; Verformung und Fettreif bei Schokolade und Pralinen; Platzen von Behältern; Verderb bei Käse, Fisch und Fleisch.
Kälte	Frostschäden an Obst und Gemüse; Bildung von Kondenswasser; Platzen von Behältern.
Temperaturschwankungen	Gestörte Reifung bei Lagerweinen.
hohe Luftfeuchte	Rosten von Eisen und Stahl; Verklumpen von Mehl, Zucker, Salz; Schimmelbefall; Ausquellen von Holz.
niedrige Luftfeuchte	Verdunstungsverluste bei Käse, Fleisch, Wurst; Austrocknen von Tabakwaren; Welken von Blumen; Brüchigwerden von Leder.
Wasser	Nässen von Waschpulver.
Lichteinwirkung	Ausbleichen von Stoffen, Vergilben von Papier; Geschmacksschäden bei Bier, Wein, Milch, Eierlikör, Butter, Speiseöl; Keimen von Kartoffeln; Zerstörung von Vitaminen und Wirkstoffen.
Dunkelheit	Unerwünschte Reifung von Tomaten und Paprikaschoten.
Gase	Unerwünschte Reifung/Keimung bei gemeinsamer Lagerung von Kernobst und Kartoffeln; Annahme von Fremdgeruch.
Luftbewegung	Verdunsten, Verschmutzen, Infektion durch Mikroorganismen.
Staub	Verschmutzen und Verkratzen; Nährboden für Schädlinge und Mikroorganismen.
elektrostatische Funktionsstörung	Staubanziehung bei Kunststoffteilen; Aufladung bei elektronischen Geräten.
Veränderung des Luftdrucks	Verlust des Vakuums (Luftzieher) oder des Schutzgases nach äußerer Beschädigung.
Schädlingsbefall	Fraßschäden bei Textilien, Holz, Leder, Lebensmitteln, Blumenzwiebeln.
Vorführung und Anprobe	Bedienungsfehler; Verpolen von Anschlusskabeln; Make-up-Spuren nach Anprobe von Bekleidungsstücken.

Abb. 14.2: Physische Warenschäden (nach Grundke, Lexikon der Warenschäden)

14. Schritt: Sie gehen sachgemäß mit Ware um

▶ Warenpflege

Um solchen Schäden vorzubeugen oder bereits entstandene Schäden zu begrenzen, betreiben Sie Warenpflege.

Warenschäden werden verhindert durch sachgerechte **Warenpflege**

- mechanische Beanspruchung (Schlag, Stoß, Fall, Druck, Erschütterung)
- Klimaschäden durch Temperatur und Feuchtigkeit (Wasser, Dampf)
- Strahlenschäden, insbesondere durch Licht
- Schädlingsbefall (Nager, Insekten, Mikroorganismen)
- Verschmutzung, insbesondere durch Staub

- Schutz durch Verpackung, sorgfältige Lagerung, vorsichtigen Transport
- Kontrolle und Einhaltung von Temperatur und Luftfeuchte, Schutz vor Feuchtigkeit
- Einsatz von Schutzmaßnahmen, z. B. Jalousien gegen Sonnenlicht
- Sauberkeit, Kontrollen, Maßnahmen zur Schädlingsbekämpfung
- regelmäßige Reinigung, Abdeckung und ähnliche Schutzmaßnahmen

Abb. 14.3: Warenschäden und Warenpflege

Darüber hinaus gibt es spezielle Pflegemaßnahmen, die auf die Eigenart der jeweiligen Waren abgestimmt sind. Hierzu gehören auch Arbeiten, durch die Sie die Waren erst in einen verkaufsfertigen Zustand versetzen:
- *Putzen von Silberschmuck und versilbertem Besteck, Spülen von Gläsern und Porzellan;*
- *Zusammensetzen zerlegt angelieferter Ware (Aufstellen von Möbeln, Zusammenbau von Fahrrädern);*
- *Aufstellen und Anschließen von Vorführgeräten (die übrige Ware kann originalverpackt bleiben).*

▶ Wirtschaftliche Warenschäden

Neben den oben beschriebenen Warenschäden gibt es auch solche, bei denen die Ware selbst weiterhin völlig einwandfrei ist, aber durch Zeitablauf an Wert verloren hat, sodass ein wirtschaftlicher Schaden entstanden ist:
- *Bei Inventurarbeiten finden wir hochmodische Sonnenbrillen aus der Kollektion des letzten Sommers. Sie warten, wohl verpackt in einer Schachtel, auf die nächste Saison. Wir schreiben den Posten auf 30 % des ursprünglichen Wertes ab, weil wir nicht damit rechnen können, für die „Ladenhüter" die alten Preise zu erzielen;*

- die niedlichen Siamkätzchen, die wir von der Züchterin bekommen haben, als sie gerade 11 Wochen alt waren, werden – nicht zuletzt durch unser gutes Futter – immer größer und sind bald schon ausgewachsen. Allmählich machen wir uns Gedanken, ob wir sie überhaupt noch verkaufen können;
- das Fruchtmolkegetränk „Mofrucht" wurde wegen des schlechten Wetters kaum gekauft. Die fünf Kisten müssen möglichst vor dem Ablauf des MHD verkauft werden.

Die eigentlichen Ursachen dieser wirtschaftliche Warenschäden können Sie nicht beeinflussen. Sie können aber durch

- Werbung und Verkaufsförderung
- Zweitplatzierung und Sonderaufbauten
- Zusatzverkäufe
- frühzeitige Preisermäßigung

dafür sorgen, dass die von Überalterung bedrohte Ware möglichst bald verkauft werden kann.

Auswertungen des Warenwirtschaftssystems und andere Verfahren der Lagerbestandskontrolle unterstützen Sie in Ihrem Bemühen um schnellen Warenumschlag. Dabei zeigt sich, dass ganz allgemein ein zu langsamer Warenumschlag den Gewinn der Unternehmung schmälert, also auch dann, wenn eine Gefahr der Überalterung der Warenbestände gar nicht besteht. In diesem Sinne gehört zur Warenpflege auch das Bemühen um eine hohe Umschlagshäufigkeit.

▶ Sicherer Umgang mit der Ware

Da von den Waren in ihrem Geschäft Gefahren ausgehen können, müssen Sie stets auch auf Ihre eigene Sicherheit (und auf die Sicherheit von Kolleginnen und Kollegen sowie Kundinnen und Kunden) bedacht sein:

- *Christian streut zunächst Sägemehl auf ausgelaufene Flüssigkeiten, vor allem fette Substanzen, und bemüht sich, alles möglichst bald zu beseitigen;*
- *Silke, die im Computer-Shop arbeitet, schleppt sich nicht mit den schweren Kartons ab, sondern benutzt den Rollwagen;*
- *Werner greift nicht nach, wenn ihm beim Zuschneiden von Fleisch oder Käse das Messer aus der Hand fällt;*
- *Frau Zierles verkauft Pflanzen und Gartenbedarf und hat sich gegen Tetanus impfen lassen;*
- *Heike fasst lebende Tiere nur noch mit Handschuhen oder anderen Hilfsmitteln an (einmal ist sie von einer Katze gekratzt, einmal von Piranhas gebissen worden).*

Zum sachgemäßen Umgang mit der Ware gehört auch, dass Sie die Vorschriften und Sicherheitszeichen der Berufsgenossenschaften beachten **(Abb. 14.4)**.

Abb. 14.4: Sicherheitszeichen nach Unfallverhütungsvorschrift (Auswahl)

14. Schritt: Sie gehen sachgemäß mit Ware um

Für Ihre Tätigkeit im Verkauf gelten u. a. die folgenden Sicherheitsratschläge der Berufsgenossenschaft für den Einzelhandel:*)

1. Verstellen Sie Bedienungsgänge und andere Verkehrswege nicht mit Waren, Leergut oder sonstigen Gegenständen.
2. Schaffen Sie keine Stolperstellen, z. B. durch auf dem Fußboden herumliegende Anschluss- und Verlängerungsleitungen oder Verpackungsmaterialien, wie leere Schachteln, Schnüre, Bänder und Folien.
3. Sorgen Sie für die Beseitigung verschütteter Flüssigkeiten oder heruntergefallener Lebensmittelreste, damit niemand darauf ausrutscht.
4. Stapeln Sie Ware so, dass sie nicht umstürzen oder herabfallen kann. Stapeln Sie nicht zu hoch, und verwenden Sie erforderlichenfalls Zwischenlagen, um Standsicherheit zu erreichen.
5. Verwenden Sie zum Öffnen von Kisten, Schachteln bzw. Kartons, Verschnürungen, Dosen, Flaschen usw. nur dafür geeignetes und einwandfreies Werkzeug.
6. Benutzen Sie zum Aufhängen von Ware, wie z. B. Würsten oder Bananen, S-Haken mit zwei stumpfen Enden. S-Haken zum Aufspießen von Fleisch dürfen an einem Ende spitz sein.
7. Beim Anheben und Tragen von Lasten verteilen Sie die Last möglichst auf beide Hände. Lassen sie den Rücken gestreckt. Sorgen Sie für ungehinderte Sicht auf Ihrem Weg.
8. Benutzen Sie auf Treppen den Handlauf, nehmen Sie nicht mehrere Stufen auf einmal.
9. Befördern Sie auf Fahrtreppen keine sperrigen oder schweren Güter. Benutzen Sie den Handlauf.
10. Verstellen oder verdecken Sie keine Rettungzeichen und Feuerlöscher.

Arbeitsaufgaben

1. Untersuchen und begründen Sie, ob es sich in den folgenden Fällen um einen Warenschaden handelt:
   a) Die Verkaufsverpackung eines Dampfbügeleisens ist mattgescheuert, eine Faltklappe ist eingerissen.
   b) Zwanzig Becher Jogurt erreichen heute ihr MDH (Mindesthaltbarkeitsdatum); zehn andere tragen das Datum von gestern.
2. Nennen Sie drei Maßnahmen, mit denen Sie sicherstellen, dass Molkereiprodukte schon vor Erreichen des MHD verkauft werden!
3. Erläutern Sie drei besondere Pflegemaßnahmen, die dadurch erforderlich werden, dass Kunden bei SB-Verkauf unmittelbaren Zugang zur Ware haben!
4. Stellen Sie für drei Artikel besondere Pflegemaßnamen zusammen, die durch die Eigenart der Waren ihres Ausbildungssortiments erforderlich werden!
5. Finden Sie drei Warengruppen, die einen hohen, und drei andere, die einen geringen Pflegeaufwand erfordern!
6. Erläutern Sie die Bedeutung der Zeichen in **Abb. 14.1** und **Abb. 14.4**.

---

*) Berufsgenossenschaft für den Einzelhandel (Hrsg.), Sicherheitsratschläge – Ein Leitfaden für sicheres Arbeiten, Bonn o. J., S. 14.

Training

1. Sie kennen sicher den Grundsatz „Alte Ware nach vorn, neue Ware nach hinten" (und aufgeklärte Kunden kennen diesen Grundsatz auch).
   Klären Sie in einer „Pro und Contra"-Diskussion, ob eine solche Verfahrensweise
   a) zweckmäßig
   b) dem Kunden gegenüber fair ist!

2. Bringen Sie eine beschädigte Ware mit. Erläutern Sie, warum diese Schäden entstanden sind und was Sie zur Vermeidung solcher Schäden beitragen können.

3. Erkunden Sie in Ihrem Ausbildungsbetrieb oder in Ihrer Abteilung, wo sich
   a) Verbandskästen
   b) Feuerlöscher
   c) Notausgänge
   d) Unfallverhütungsvorschriften der Berufsgenossenschaft
   befinden.
   Stellen Sie fest, wer als Sicherheitsbeauftragter benannt ist.

4. Beschaffen Sie sich Materialien mit Sicherheitsratschlägen für Ihre Tätigkeit im Verkauf bei der Berufsgenossenschaft für den Einzelhandel, und bilden Sie Arbeitsgruppen, die anhand der Materialien folgende Themen erläutern:
   a) Sicherheit bei Lager- und Transportarbeiten
   b) Brandschutz in Verkaufs- und Lagerräumen
   c) Umgang mit elektrischen Betriebsmitteln
   d) Umgang mit Gasdruckdosen
   e) Umgang mit Leitern und Tritten
   f) Umgang mit Kartonmessern
   g) Sicheres Schuhwerk
   h) Erste Hilfe und Verhalten bei Unfällen.

15. Schritt: Sie bewerten die Gesundheits- und Umweltverträglichkeit von Waren

Zielangabe

In diesem Schritt
- wird Ihnen deutlich, welche Bedeutung „Gesundheit" und „intakte Umwelt" für Sie und ihre Kunden haben
- gewinnen Sie einen Überblick über Gefährdungen von Gesundheit und Umwelt, die durch Waren enstehen können
- erarbeiten Sie Anforderungen an die Gesundheits- und Umweltverträglichkeit von Waren Ihres Ausbildungssortiments.

Einstieg

Es geht um die Wurst.

Spitzenqualität ist erkennbar an Bezeichnungen wie Delikatess, Feinkost, Gold, prima, extra, spezial, fein, I a, ff und dergleichen oder an der besonderen Aufmachung (beispielsweise goldfarbene Hülle). Nur sorgfältig ausgesuchte, fein gewürzte Rohstoffe (sehnenarmes Muskelfleisch) dürfen dafür verendet werden.

Mittlere Qualität enthält Fleisch „wie gewachsen", Speck oder anderes Fettgewebe, jedoch keine Schwarten. Wurst, die als „Guts-", „Bauern-" oder „Hausmacherwurst" bezeichnet wird, ist in der Regel besser als die mittlere Qualität.

Einfache Qualität darf neben den Zutaten der mittleren Qualitätsstufe auch zerkleinerte Schwarten und Sehnen enthalten (bis zu 10 Prozent). Einfache Qualität muss deutlich genannt werden, während mittlere Qualität nicht besonders gekennzeichnet ist.

Aus: Gut eingekauft, Köln o. J., S. 70/71

In die Wurst kommt häufig das Fleisch, das für den menschlichen Genuss noch tauglich ist, das aber niemand kaufen würde. Es gibt zwar mittlerweile in der BRD detaillierte Aufstellungen über Inhalte, die bindend für jeden Hersteller sind, doch findet man besonders in Wurstwaren der Mittelqualitätsstufe sowie Würsten, die mit der Bezeichnung „einfach" gekennzeichnet sind, Innereien wie: Hirn, Leber, Nieren und Magen, Maul- und Nasenschleimhäute, Kopf- und Beinhäute, Euter und Knorpel (Schweinsohren). Im Wiener Speziallabor der Lebensmitteluntersuchungsanstalt ergaben Analysen von Würsten, dass diese aus einem Brei von Rinderblutplasma, Sojamehl und Hefeabfällen der Bierindustrie bestanden. Fleisch und hochwertiges Eiweiß waren so gut wie überhaupt nicht enthalten. Statt dessen wurden, wie sich im Labor herausstellte, feinst zermahlene Hühnerköpfe, Hühnerfüße und Hühnerflügel und anderes Knochenpulver beigemengt . . . Daher die Empfehlung: Keine Wurst mit der Bezeichnung „einfach" kaufen. Ausweichen auf bessere Qualitätserzeugnisse direkt vom Metzger.

Aus: Chemie in Lebensmitteln, Köln 1991, S. 45/46

Abb. 15.1

Lehrtext

Seit einiger Zeit erleben Sie in vielen Branchen des Einzelhandels ein zunehmendes Gesundheits- und Umweltbewusstsein, das mitunter schon als Gesundheits- oder Ökowelle bezeichnet wird **(Abb. 15.2)**. Wortverbindungen mit „Natur...", „Bio...", „Öko...", „Vollwert..." und Eigenschaften wie „sicher", „atmungsaktiv", „unbehandelt", „biodynamisch", „keimarm", „frisch", „light", „neutral", „abbaubar", „frei von..." sind Anzeichen dafür.

▶ Die Gesundheitsverträglichkeit von Waren

Dahinter steckt der Wunsch, durch gesunde Lebensweise Krankheiten vorzubeugen und nicht etwa durch die Nutzung der Ware unverhoffte Gesundheitsschäden zu erleiden. Der Kunde erlebt diese Ansprüche an die Gesundheitsverträglichkeit der Ware sehr eindringlich und stark gefühlsbetont, denn sie berühren über den Wunsch nach Gesundheit auch die Frage der persönlichen Sicherheit und der Fürsorge für die Angehörigen.

Beispiele:

Eine Autokäuferin entscheidet sich für ein Auto mit Seiten-Airbag.

Eine Kundin wählt Unterwäsche mit dem Siegel „Öko-Tex 100".

Eine Kundin kauft im Gartencenter Raupenleimringe und kann so darauf verzichten, ihre Apfelbäume mit der „chemische Keule" vom Frostspanner zu befreien.

In dem Maße, wie Kunden dem Gesundheitswert von Waren wachsende Bedeutung beimessen, steigen die Ansprüche an Ihre Beratung im Verkauf. In den meisten Branchen benötigen Sie Kenntnisse über gesunde Lebensführung, in manchen Branchen auch über gesunde Ernährungsweise. Auch wenn Sie nicht informiert sind – immer mehr Kunden sind es.

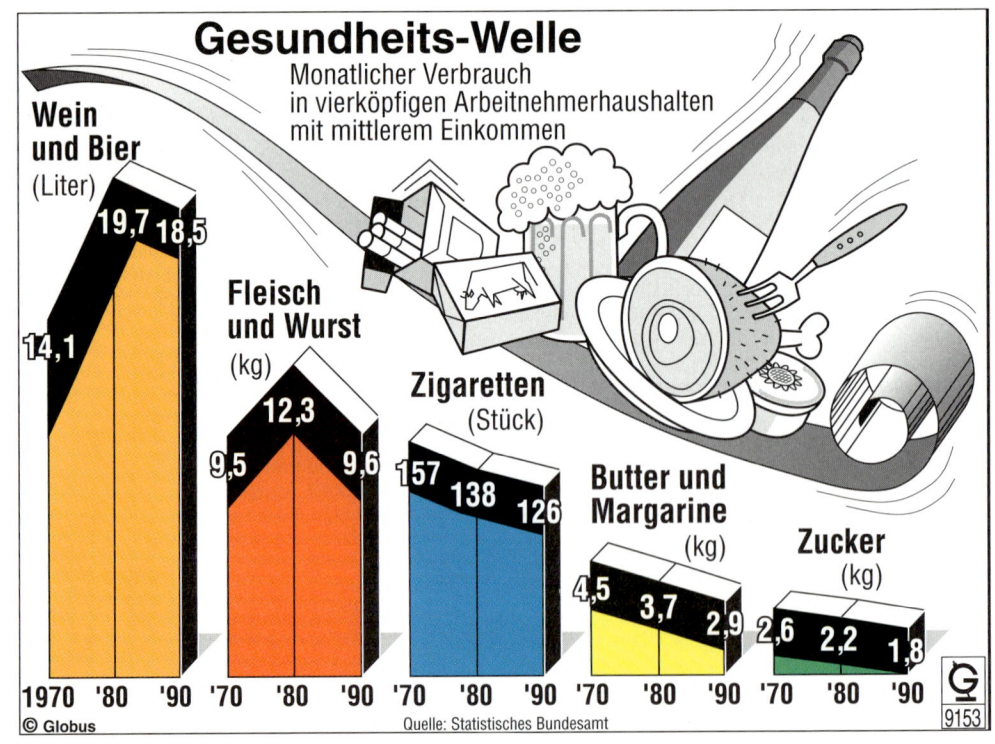

Abb. 15.2: Trend zu gesundheitsbewusstem Verhalten

15. Schritt: Sie bewerten die Gesundheits- und Umweltverträglichkeit von Waren

Die Kunden orientieren sich an der Gesundheitsverträglichkeit von Waren. Sie verlangen:
- *Spielgeräte, an denen Kinder sich nicht verletzen können*
- *bleifreie Glasuren bei Keramikgeschirr*
- *Kosmetika aus Naturprodukten*
- *formaldehydfreie Spanplatten (in Möbeln)*
- *hautverträgliche Metalle bei Piercing-Schmuck*
- *Vollwertnahrungsmittel.*

Sie vermeiden den Einkauf von:
- *Schuhen ohne Fußbett*
- *Lebensmitteln mit schädlichen Zusatzstoffen*
- *elektrisch unsicheren Haus- und Bürogeräten*
- *giftigen Faserschreibern und Malstiften*
- *Unterwäsche aus synthetischen Fasern*
- *Eiern von Hühnern aus Legebatterien.*

▶ Umweltverträglichkeit von Waren

Gesundheitsbewusste Kunden sind oft auch umweltbewusste Kunden, wie dieses Beispiel aus einem Bekleidungsfachgeschäft zeigt:

„Ich empfehle Ihnen für Ihre Bergwanderungen eine Sportswear-Jacke aus Texopor. Sie besteht aus einem mehrschichtigen Material; es ist undurchlässig für Feuchtigkeit von außen, erlaubt aber die Abgabe der körpereigenen Verdunstung von innen nach außen." – „Das heißt, ich muss in der Jacke nicht schwitzen?" – „Richtig – die Jacke hält Sie schön warm und schützt Sie vor Regen, und sie ist dabei sehr angenehm zu tragen." – „Dann würde ich mich beim Wandern nicht mehr so leicht erkälten. Nur – ich habe gehört, dass Texopor doch nicht so ideal ist – die dafür verarbeiteten Kunststofffolien werden nicht gerade umweltfreundlich produziert, und außerdem macht die Entsorgung Probleme ..."

Anders als beim auch gefühlsbetonten Wunsch nach Gesundheitsverträglichkeit sind die Ansprüche an die Umweltverträglichkeit der Waren und Verpackungen verstandesbetont. Das liegt daran, dass viele Umweltgefährdungen für die Sinne des Menschen nicht wahrnehmbar sind und daher „theoretisch" erklärt werden müssen.

Beispiele:

Das Ozonloch ist für Menschen nicht „spürbar"; sie können seine Ausdehnung allerdings durch Messinstrumente verfolgen und Überlegungen darüber anstellen, in welchem Maße in den nächsten Jahrzehnten die Hautkrebsrate steigen wird.

Die radioaktive Strahlung ist für Menschen ebenso wenig wahrnehmbar wie viele Beeinträchtigungen von Wasser und Luft.

Vermutlich liegt hier die Ursache dafür, dass viele Konsumenten sich immer noch wenig umweltfreundlich verhalten. Allerdings wächst allmählich die Zahl der Umweltbewussten; sie haben sich klar gemacht, dass die natürliche Umwelt des Menschen erhalten werden muss und dass sie selbst in Gesundheit und Wohlbefinden bedroht sind, wenn die Umwelt geschädigt wird. Diese Kunden wissen: Durch den vermehrten Kauf umweltverträglicher Waren wird das Angebot umweltschädlicher Waren beeinflusst, sodass sich deren Herstellung und Verkauf am Ende gar nicht mehr lohnen.

Folgerichtig nimmt auch die Zahl der Einzelhandelsunternehmen zu, die die Umweltverträglichkeit der von ihnen angebotenen Waren und deren Verpackungen in eine aktive Marketingstrategie einbeziehen. Sie erwarten dann allerdings auch von ihren Mitarbeitern, dass sie den Umweltschutzgedanken fördern und beim Verkauf damit argumentieren.

▶ Freiwillige Umweltschutzmaßnahmen des Einzelhandels

Alle Waren, die heute auf dem Markt sind, belasten die Umwelt mehr oder weniger durch Herstellung, Bereitstellung, Ge- oder Verbrauch und Entsorgung, wie es die Beispiele in der Tabelle verdeutlichen:

Umweltbelastungen	
bei **Rohstoffgewinnung und Produktion** durch	bei **Beschaffung und Bereitstellung** durch
• Überfischen der Meere • Abholzung von Tropenwäldern • Chlorbleichung von Zellstoff/Papier	• lange Transportwege (Äpfel aus Chile) • überhöhte Lagerbestände (Verderb) • aufwändige Warenpräsentation
bei **Gebrauch und Verbrauch** durch	bei **Beseitigung oder Entsorgung** durch
• Geräuschemission von Rasenmähern • Wasserverschmutzung durch hohen Reinigungsmitteleinsatz • Benutzung von Elektrogeräten mit hohem Energieverbrauch	• Quecksilber und Cadmium in verbrauchten Akkus • Einwegverpackungen • Verbrennung von Müll und Abfällen

Sie erkennen: Der Einzelhandel hat, wenn es um den Umweltschutz geht, eine Schlüsselstellung inne. Durch Einwirkung auf die Kunden einerseits, auf die Hersteller andererseits und durch umweltbewussten Umgang mit der Ware und ihrer Verpackung kann der Einzelhandel wichtige aktive Vorkehrungen treffen, z. B.

- *Auslistung von wenig umweltverträglichen Produkten (z. B. hochkonzentrierte Lacke, cadmiumhaltige Haushaltswaren)*
- *Anbieten von umweltfreundlichen Verpackungsmaterialien (z. B. Stoffbeutel oder Papiertüten statt Plastiktüten)*
- *Aufstellen von Abfallsammlern zur Rückführung und Wiederverwertung (Recycling)*
- *Förderung von umweltschonenden Waren (z. B. Herausstellen von Waren mit dem „Umweltengel")*

Einige Waren sind mit Begriffen wie „Bio", „Öko", „Natur" oder entsprechenden Symbolen gekennzeichnet. Sie garantieren dem Käufer dennoch nicht immer, dass sie umweltfreundlich sind **(Abb. 15.3)**. Aktuelle Labelinformationen erhalten Sie unter „www.Label-online.de".

Eine sinnvolle Alternative stellt die Kennzeichnung mit dem „Umweltengel" dar. Er wird von der „Jury Umweltzeichen", einem unabhängigen Gremium beim Umweltbundesamt

15. Schritt: Sie bewerten die Gesundheits- und Umweltverträglichkeit von Waren

in Berlin, verliehen, um den Kauf umweltschonender Waren zu erleichtern. Dieses Umweltzeichen gibt an, weshalb es vergeben wurde (*„Umweltzeichen – weil wassersparend"*), und wird nur für solche Produkte verliehen, die folgenden Ansprüchen genügen:

Erstens müssen sie sich im Vergleich zu anderen, dem gleichen Gebrauchszweck dienenden Produkten
- bei einer ganzheitlichen Betrachtung
- unter Beachtung aller Gesichtspunkte des Umweltschutzes, einschließlich eines sparsamen Rohstoffeinsatzes,

durch besondere Umweltfreundlichkeit auszeichnen.

Zweitens muss sichergestellt sein, dass
- sich dadurch ihre Gebrauchstauglichkeit nicht wesentlich verschlechtert und
- ihre Sicherheit nicht beeinträchtigt wird.

Das Umweltzeichen wird nicht auf Dauer verliehen, sondern befristet für drei Jahre. Danach wird das Produkt erneut auf seine Umweltfreundlichkeit getestet. Insgesamt tragen über 3.000 Produkte das Umweltzeichen, z. B. runderneuerte Reifen, Mehrwegflaschen, Wasser sparende Spülkästen, lärmarme Kleinkrafträder. Dabei kann der Konsument von üblichen Qualitätseigenschaften ausgehen. Es werden allerdings auch Produkte ausgezeichnet, die den Verbraucher auffordern, von überzogenen Qualitätsansprüchen abzurücken (z. B. Hygiene-Krepp aus Altpapier) oder bei ihrer Verwendung auf bestimmte Bequemlichkeiten zu verzichten (z. B. Mehrwegverpackungen).

Jedes industriell, handwerklich oder auch landwirtschaftlich hergestellte Produkt verursacht Umweltbelastungen – durch Energie- und Rohstoffverbrauch, durch Lärm, Luft- oder Wasserbelastung und schließlich durch die Entsorgung. Das 100 % umweltfreundliche Produkt gibt es nicht. Nur der völlige Konsumverzicht ist absolut umweltneutral. Daher kann das Umweltzeichen auch nur Produkte kennzeichnen, die gegenüber vergleichbaren Erzeugnissen erheblich weniger Umweltbelastungen hervorrufen. Für den umweltbewussten Verbraucher bietet der Kauf von Waren mit dem Umweltzeichen Gewähr dafür, im Rahmen seiner Kaufentscheidung das Bestmögliche zur Schonung der Umwelt getan zu haben. Bei ihrer Beratungstätigkeit bietet Ihnen der „Umweltengel" ein hervorragendes Verkaufsargument gegenüber umweltbewussten Kunden.

Gesundheits- und umweltbewusste Kunden lassen sich bei ihren Kaufentscheidungen nicht nur von Umweltzeichen **(Abb. 15.3)** leiten, sondern auch von Medien beeinflussen, z. B. von Umweltmagazinen oder Umweltsendungen im Fernsehen. Die Zeitschrift „Öko-Test" veröffentlicht regelmäßig Testberichte, bei denen die Umwelt besonders berücksichtigt wird. Wenn Sie die Testurteile, die für Ihre Branche von Bedeutung sind, kennen, können Sie Ihre Verkaufsargumentation zielgerichtet gestalten.

Besonders wirkungsvoll sind Aktionen, bei denen der Einzelhandel Bündnispartner aus dem Umweltbereich gewinnt. Zum Schuljahresbeginn 2000 hatte ein Warenhauskonzern eine Aktion für umweltfreundliche Schulmaterialien gestartet. Das Umweltbundesamt und der Bund für Umwelt- und Naturschutz warben gemeinsam auf den Plakaten des Handelsunternehmens für giftfreie Stifte, lösungsmittelfreie Kleber und Hefte aus Recycling-Papier. Die Aktion „Ökologischer Schulanfang" wurde von allen Beteiligten als Erfolg bewertet.

DER ZUVERLÄSSIGE ENGEL

Der blaue Umweltengel wird seit 1977 von der „Jury-Umweltzeichen" verliehen. Ausgezeichnet werden Produkte, bei denen eine bessere Umweltverträglichkeit erreicht wurde, z. B. bei Milchflaschen (. . . weil Mehrwegflasche). Ohnehin umweltfreundliche Produkte (z. B. Deo-Roller statt -Spray) gehen leer aus.

MACHEN SIE DEM RECYCLING BEINE

Produkte mit diesen drei Pfeilen können umweltfreundlich und Energie sparend recycelt werden. Doch das nützt unserer Umwelt nur dann, wenn Sie selbst aktiv werden! Bringen Sie z. B. leere Batterien zum Händler zurück. Ausgediente Kartons, Altpapier und Einweg-Gläser gehören in die jeweiligen Sammelcontainer! Erkundigen Sie sich im Zweifelsfall bei Ihrem nächstgelegenen Recyclinghof nach den Abgabe-Möglichkeiten.

DER GRÜNE PUNKT

Mit einem „dualen System" wollen die Unternehmerverbände Verpackungsmüll zurücknehmen. Die mit einem grünen Punkt gekennzeichneten Verpackungen (vom Eierkarton bis zum Plastikdeckel) sollen in den Haushalten gesammelt werden. Doch das funktioniert nur, wenn vor jedem Haus Sammelbehälter bereitstehen. Das dauert noch. Und dann müsste auch noch das Recycling garantiert werden.

HOLZSCHUTZ MIT VERSTAND

Dieses Zeichen garantiert, dass in Holzschutzmitteln aus deutscher Produktion die hochgiftigen Pestizide PCP und Lindan nicht mehr verwendet werden. Achten Sie dennoch auf die Deklaration der Inhaltsstoffe: Einige Holzschutzmittel enthalten nämlich Pyrethrum, das Insektengift aus Chrysanthemen. Wie die im Labor hergestellten Pyrethroide ist auch dieser Pflanzenwirkstoff in den Verdacht geraten, Krebs zu verursachen.

TEXTILES VERTRAUEN

Dieses Label für Textilien wird vom Forschungsinstitut Hohenstein und dem Österreichischen Textilforschungsinstitut nach einer Laborprüfung vergeben. Das Zeichen garantiert, dass bestimmte Grenzwerte hautbedenklicher Substanzen nicht überschritten werden.

UMWELTSCHUTZ IM SPIELZEUGSCHRANK

So schützen Sie Ihre Kinder auch beim Spielen vor Umweltgiften und Verletzungen: Achten Sie beim Spielzeugkauf auf schadstoffarme Produkte. Das von Pädagogen, Eltern und Wissenschaftlern getestete Spielzeug mit dem Gütezeichen „spiel gut" ist frei von gesundheitsgefährdenden Giftstoffen, schließt Verletzungsgefahren weitgehend aus und ist pädagogisch sinnvoll. Der Verein „spiel gut" prüft ständig nach.

UMWETSCHUTZ NACH EUROPA-NORM

Alle Produkte, die das CE-Zeichen der Europäischen Gemeinschaft tragen, unterliegen sehr hohen Anforderungen an Umweltverträglichkeit und Gebrauchssicherheit. Die für die Vergabe des Zeichens entwickelten Richtlinien sind in der Regel schärfer als die Bestimmungen der einzelnen EU-Mitgliedsländer und müssen seit 1. Januar 1991 auch für Importware (z. B. für Spielzeug aus Fernost) eingehalten werden.

WOHNEN OHNE WOHNGIFTE

Seit 1984 verleiht das „Internationale Institut für Baubiologie" in Rosenheim das Umwelt-Gütezeichen „Wohnbiologisch geprüft". Die damit gekennzeichneten Produkte – von Farben bis zu Möbelgarnituren – werden von unabhängigen Umwelt-Instituten auch auf versteckte Schadstoffe untersucht. Die aufwendigen Test-Verfahren garantieren, dass die gekennzeichneten Produkte frei von Wohngiften (z. B. Formaldehyd) sind.

Abb. 15.3: Umweltzeichen

15. Schritt: Sie bewerten die Gesundheits- und Umweltverträglichkeit von Waren

Arbeitsaufgaben

1. Stellen Sie eine Auswahl von Artikeln Ihres Ausbildungssortiments zusammen, die unter dem Gesichtspunkt einer vergleichsweise guten
   a) Gesundheitsverträglichkeit
   b) Umweltverträglichkeit
   besonders empfohlen werden können. Berücksichtigen Sie dabei auch, ob die Verpackung dieser Waren umweltverträglich ist.

2. Viele Waren bieten neben dem versprochenen Nutzen auch erhebliche Nachteile für die Umwelt. Nennen und erläutern Sie sechs Beispiele aus Ihrem Ausbildungssortiment!

3. „Umweltschutz im Einzelhandel" kann sich nicht darauf beschränken, umweltbedenkliche Artikel aus den Regalen zu verbannen. Nennen Sie mögliche Maßnahmen und Aktivitäten in den Bereichen
   - Verpackung   - Kantine   - Ausbildung
   - Entsorgung   - Dekoration   - Beratung
   - Energie   - Fuhrpark   - Werbung.

Training

1. Kunde: „Ich suche ein Oberhemd ohne alle Beimischungen, in dem ich mich so richtig wohl fühle!"
   Verkäufer: „Dann empfehle ich Ihnen ein Hemd aus 100 % Baumwolle. Baumwolle ist saugfähig und luftdurchlässig.
   Mit diesem Material bleibt Ihre Haut immer angenehm trocken.
   Durch die moderne Ausrüstung lässt sich das Hemd außerdem leicht waschen und bügeln."
   a) Wie beurteilen Sie diese Empfehlung in Kenntnis der **Abb. 15.4**?
   b) Muss ein Verkäufer mehr wissen, als er in den wenigen Augenblicken eines Beratungsgesprächs „unterbringen" kann? Muss er alles sagen, was er weiß – auch Nachteiliges?

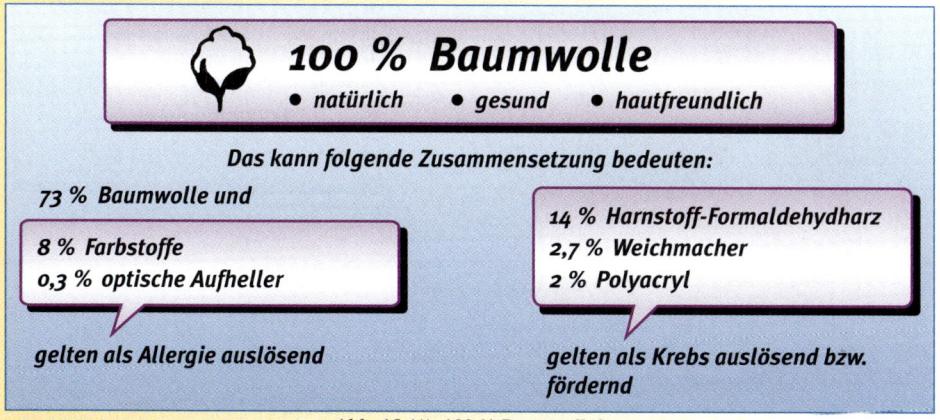

100 % Baumwolle
• natürlich • gesund • hautfreundlich

Das kann folgende Zusammensetzung bedeuten:

73 % Baumwolle und

8 % Farbstoffe
0,3 % optische Aufheller

gelten als Allergie auslösend

14 % Harnstoff-Formaldehydharz
2,7 % Weichmacher
2 % Polyacryl

gelten als Krebs auslösend bzw. fördernd

Abb. 15.4*): 100 % Baumwolle?

2. Planen und veranstalten Sie eine „Pro-und-Contra"-Diskussion zum Thema „Gibt es ein umweltfreundliches Auto?"

*) Nach Angaben von Ried, Meike: Chemie im Kleiderschrank, Reinbek 1989, S. 155.

16. Schritt: Sie beziehen sich auf die Motive und Ansprüche Ihrer Kunden

Zielangabe

In diesem Schritt
- erfahren Sie, was Kaufmotive sind und wodurch sie beinflusst werden
- erhalten Sie Informationen zur Entwicklung der Kundenansprüche
- erkennen Sie die Bedeutung von Käufertypen
- blicken Sie in die Zukunft Ihrer Branche.

Einstieg

Ich brauche eine neue Uhr ...

- weil die alte ungenau geht!
- weil ich mir mal etwas gönnen möchte!
- weil eine neue Uhr mein Selbstwertgefühl hebt!
- weil mein Kollege mit einer neuen Uhr aufgefallen ist!

Abb. 16.1: Der Eisbergeffekt

Lehrtext

Weshalb kaufen Menschen Waren? Bei einigen Artikeln ist diese Frage scheinbar einfach zu beantworten, z. B. bei einem Kasten mit 12 Flaschen Mineralwasser. Eine Hausfrau kauft das Mineralwasser, weil sie den Durst ihrer Familie damit stillen will. Aber ist das der einzige Grund? Der Durst der Familie könnte auch mit kaltem Tee gelöscht werden, also muss es nicht unbedingt Mineralwasser sein. Und vielleicht wird das Mineralwasser auch deshalb gekauft, weil es gerade als Sonderangebot zu einem günstigen Preis angeboten wird. Noch ungewisser sind die Kaufgründe, wenn es um Waren geht, die der Mode unterworfen sind und die eine hohe Anmutungsleistung besitzen. Der „Eisberg" **(Abb. 16.1)** zeigt am Beispiel der neuen Uhr, dass mehrere Kaufgründe möglich sind. Vermutlich gibt es noch weitere Motive (Beweggründe) für den Käufer.

Für die Hersteller und Anbieter von Waren sind die Kaufmotive der Kunden von großer Bedeutung. Wenn man weiß, warum Menschen etwas kaufen und was sie sich von diesem Kauf erhoffen, dann kann man sich darauf einstellen und erfolgreicher verkaufen. Das gilt auch für Ihre Tätigkeit im Verkauf.

▶ Einflüsse auf die Kaufmotive

Der Verstand und die Gefühle sind unterschiedliche Antriebskräfte des Menschen, und manchmal liegen sie im Streit miteinander. Man hat deshalb versucht, die Kaufmotive aufzuteilen in rationale (verstandesmäßige) und emotionale (gefühlsmäßige) Kaufgründe.

Rationale Kaufmotive	Emotionale Kaufmotive
Geldersparnis	Genusserleben
Zeitersparnis	Prestigedenken
Wunsch nach Qualität	Nachahmungstrieb
Gesundheitsbewusstsein	Verschwendungssucht
Umweltbewusstsein	Neugier
Verantwortung gegenüber Angehörigen	Gefühlsüberschwang

Durch diese Aufteilung sollte in der Werbung oder im Verkaufsgespräch mehr auf den Verstand oder die Gefühle der Kunden gezielt werden. Diese Aufteilung hat jedoch keinen praktischen Nutzen, weil sich in der Wirklichkeit Verstand und Gefühl häufig vermischen. Hinzu kommen noch weitere Einflüsse, denn die Kaufmotive werden auch durch das soziale Umfeld, durch den Informationsstand und die verfügbaren finanziellen Mittel beeinflusst **(Abb. 16.2)**.

Beispiel:

Ein kaufmännischer Angestellter (33 Jahre) schwärmt für rasante Sportwagen und ist begeistert von dem Modell Carat GT 3000. Allerdings ist er verheiratet und hat zwei kleine Kinder, die mehr Platz benötigen, als der Sportwagen bietet. Er fühlt sich gegenüber seiner Familie verantwortlich und weiß, dass schnelles Fahren das persönliche Risiko erhöht. Außerdem sagt ihm sein Verstand, dass schnelles Fahren die Umwelt belastet. Nach längerem Überlegen und nach einem Gespräch mit seiner Frau entscheidet er sich für den Carat-Kombi 2000. Er tröstet sich damit, dass der Preis des Kombi um mehr als 4.000 € niedriger ist und dass auch Benzinverbrauch und Versicherung günstiger sind.

In diesem Beispiel vermischen sich Gefühl und Begeisterung, Rücksicht auf die Familie, Sachkenntnisse und persönliche Werte, Nutzen- und Preisüberlegungen. Zum Kauf einer Ware führt meistens nicht nur ein einziges Motiv. Fast immer sind es mehrere Motive, die ein **„Motivbündel"** bilden. Die Motive innerhalb eines Motivbündels haben einen unterschiedlichen Stellenwert für den Käufer. Einige sind wichtig für ihn, andere weniger wichtig.

Bei vielen Einkäufen geben die Käufer nicht gern zu, dass sie aus Geltungssucht, Nachahmungstrieb oder reiner Kauflust Geld ausgeben. Sie schieben in diesen Fällen rationale Kaufgründe vor, um die eigentlichen Kaufgründe nicht nennen zu müssen. Diesen Vorgang bezeichnet man als **Rationalisierung**. Der Eisbergeffekt im Einstieg **(Abb. 16.1)** zeigt die Rationalisierung beim Einkauf einer neuen Uhr. Ein rationales Kaufmotiv wird angegeben: *„. . . weil die alte nicht mehr genau geht!"* Aber andere Kaufgründe sind unter der Oberfläche verborgen, obwohl sie für den Kauf ausschlaggebend sind.

Antriebskräfte
Gefühle
persönliche Werte
Einstellungen

Informationsstand
Produktinformationen
Bekanntheitsgrad
Werbung, Tests

Kaufmotive

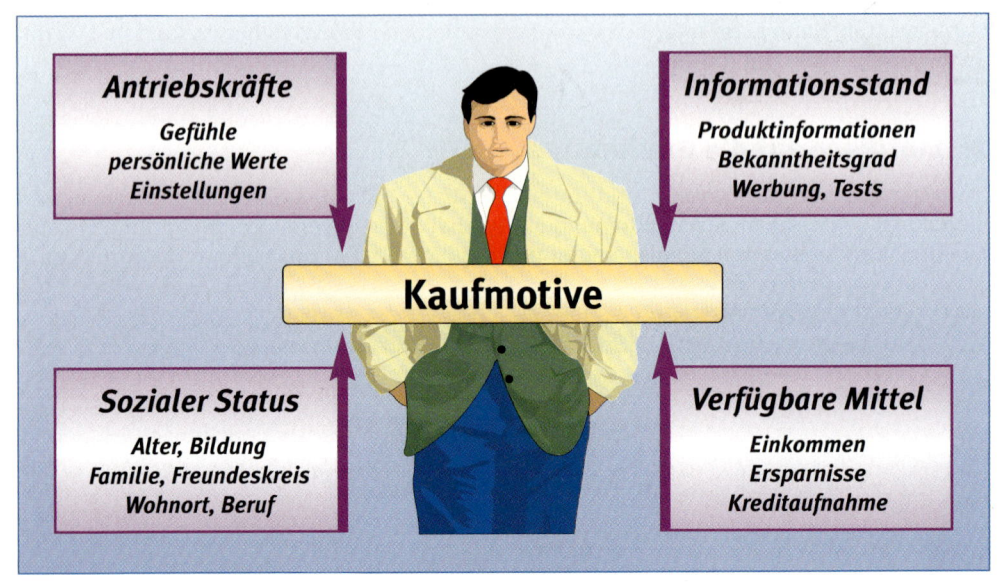

Sozialer Status
Alter, Bildung
Familie, Freundeskreis
Wohnort, Beruf

Verfügbare Mittel
Einkommen
Ersparnisse
Kreditaufnahme

Abb. 16.2: Einflussgrößen auf die Kaufmotive

Durch den Eisberggeffekt ergeben sich Probleme für den Verkauf. Das Verkaufspersonal muss auf Kaufmotive eingehen, die die Kunden nicht ausdrücklich nennen. Das ist nur möglich durch die gründliche Beobachtung der Kunden und durch die Kenntnis aktueller Entwicklungen bei den Kundenansprüchen.

▶ Entwicklung der Kundenansprüche

Wie haben sich die Kundenansprüche in den letzten Jahren entwickelt, und wie wird es weitergehen? Das untersuchen Markt- und Konsumforscher in Unternehmen und Instituten. Die Ergebnisse interessieren Produzenten von Waren und den Handel, der diese Waren absetzen will. Je genauer man die Ansprüche der Kunden kennt, umso besser kann man sich darauf einstellen und am Markt erfolgreich sein.

Die Konsumforscher haben in den letzten Jahren eine Entwicklung festgestellt, von der sie sicher sind, dass sie sich in der Zukunft fortsetzen wird. Es handelt sich um die **„Polarisierung"** der Konsumentenansprüche. Früher hatte die Mehrheit der Konsumenten ein mittleres (und unteres) Anspruchsniveau. Jetzt verschieben sich die Ansprüche von der Mitte zu den Extremen (Polen). Durch diesen Vorgang der Polarisierung wird die Mitte abgebaut, das hohe und das untere Anspruchsniveau nehmen zahlenmäßig zu.

Einkaufen auf dem unteren Anspruchsniveau bedeutet Basisversorgung („das Notwendigste"), bei der die Kunden auf den Preis schauen. Sie wollen einfach und preiswert Artikel für ihren Lebensunterhalt kaufen. Es handelt sich um **Versorgungskäufe**.

16. Schritt: Sie beziehen sich auf die Motive und Ansprüche Ihrer Kunden

Einkaufen auf dem hohen Anspruchsniveau bedeutet, dass die Kunden sich etwas leisten wollen und womöglich Unterhaltung durch den Einkauf suchen. Sie verlangen hohe Qualität und Bestätigung durch Waren, mit denen sie ihren Lebensstil ausdrücken können. Es handelt sich um **Erlebniskäufe**.

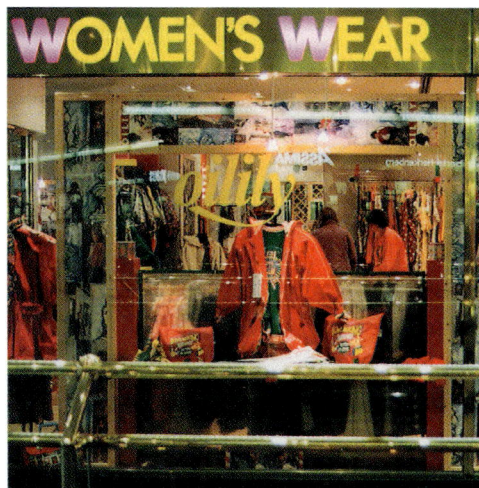

Abb. 16.3: Versorgungs- und Erlebniskauf

Versorgungskäufer und Erlebniskäufer sind nicht immer verschiedene Personen. Natürlich kann sich ein Mensch mit hohem Einkommen mehr Erlebniskäufe leisten als jemand, der sich sein Geld genau einteilen muss. Aber die meisten Menschen kaufen mal so und mal so.

> *„Für die . . . Basisversorgung könnte der Konsument exakt auf den Pfennig schauen, und für die Erlebnissortimente spielt letztlich der Preis keine Rolle mehr: mal Rolex und Champagner, mal Aldi und McDonald's. Der Konsument wird zur gespaltenen Persönlichkeit, die das Verschwenden ebenso beherrscht wie das Einsparen."* [*]

Auf die Polarisierung in Versorgungs- und Erlebniskäufe sowie auf den „gespaltenen Konsumenten" muss sich der Einzelhandel einstellen. Es ist klar, dass man den Kunden nicht beides in einem Laden bieten kann. Deshalb werden sich viele Geschäfte in eine der beiden Richtungen entwickeln. Man spricht dann vom Versorgungshandel und vom Erlebnishandel.

Der **Versorgungshandel** wird hauptsächlich von großen Filialisten betrieben und ist durch eine Diskontstrategie gekennzeichnet. Das Sortiment soll so zusammengesetzt sein, dass Waren in überwiegend niedrigen Preislagen den Kunden am meisten beeindrucken. Deshalb wird bereits bei der Beschaffung darauf geachtet, dass die eingekauften Artikel zu möglichst niedrigen Preisen angeboten werden können. Dazu eignen sich „No-Name-Produkte" (Artikel ohne Markennamen, „Weiße Ware") und Handelsmarken. Wie das Beispiel „Plus – der Markendiscounter" zeigt, eignen sich aber auch die gut eingeführten Herstellermarken, denn mit ihnen lässt sich bei entsprechend niedrigen Preisen die Leistungsfähigkeit des Geschäfts demonstrieren. Die Auswahl ist meist gering, das Sortiment also relativ flach. Bei der Auswahl hält man sich an den Mehrheitsgeschmack und bietet keine Besonderheiten an.

---
[*] Gunter Redwitz, in: Wertewandel und Konsum.

Wie das nüchterne Umfeld der Ware sagt dem Käufer die schlichte Aufmachung mancher Waren, vor allem der „no names": Kein unnötiger Aufwand, hier geht es nur um das Wesentliche, viel Ware fürs Geld. Der Käufer verfährt nach dem Motto „Mehr sein als scheinen" und „Schlicht ist schön" – und hat das Gefühl, sparsam zu sein und überhaupt die Werbung und die Verführungskünste in den „anderen" Läden zu durchschauen.

Beim **Erlebnishandel** ist die gesamte Geschäftspolitik darauf ausgerichtet, das Geschäft und sein Angebot als etwas Besonderes darzustellen und das Warenangebot mit zahlreichen Dienstleistungen zu verbinden, die Einkaufssituation spannend zu gestalten und zu einem Erlebnis zu machen: „Immer anders als die anderen".

Erlebnishandel ist gekennzeichnet durch eine Hochpreisstrategie. Sie wird von vielen Fachgeschäften, von Warenhäusern und auch von einigen Filialisten betrieben und enthält im Schwerpunkt des Sortiments hochwertige Waren bis hin zu exklusiven Angeboten. Bevorzugt werden internationale Marken, modische Renner und erlesene Spezialitäten. Für die Aufnahme einer Ware in das Sortiment ist nicht der Preis, sondern ihr Beitrag für die Attraktivität des Warenangebots ausschlaggebend.

Versorgungshandel	Erlebnishandel
• niedriges Preisniveau • Selbstbedienung • kaum Service; anonym • einfaches Ladenlokal • Sonderangebote und Niedrigpreis-Artikel • hier verkaufen heißt: den Weg (zur Ware) weisen, Selbstbedienung ermöglichen, Ware aushändigen • hier einkaufen heißt: preisorientiertes Beschaffen, um den Bedarf zu decken; sich mit Sachen **versorgen**.	• hohes Preisniveau • Beratung, Bedienung, Animation • vielfältige Serviceleistungen; persönlich anregende Einkaufsatmosphäre • wechselnde Angebote mit Anregungs- und Erlebnischarakter • hier verkaufen heißt: beraten, animieren, Ware in Szene setzen • hier einkaufen heißt: erlebnis- und freizeitorientiertes Shopping; Unterhaltung und Spannung beim Einkauf **erleben**.

Für das Personal in diesen Betrieben ergeben sich entsprechende Folgen. Im Versorgungshandel sind die Ansprüche an die Verkaufskenntnisse des Personals nur gering, im Erlebnishandel werden dagegen recht hohe Anforderungen gestellt. Für eine Tätigkeit im Verkauf sind Warenkenntnisse, Fachwissen und Menschenkenntnis, erstklassige Bedienung und gute Beratung wesentliche Merkmale, auf die nicht verzichtet werden kann. Das Fachpersonal muss die Rolle von Gesprächspartnern ausfüllen, die neuen Erlebniswünsche ihrer Kunden entdecken und interessante Angebote vorstellen.

▶ Kundentypen und Lebensstil

Schon immer hat man versucht, die Menge der Kunden in bestimmte Typen einzuteilen. Früher nahm man die Einteilung nach Charakter-Eigenschaften vor, z. B. „der misstrauische Kunde" oder „die redselige Kundin". Dann gab es entsprechende Regeln, wie mit diesen Kunden am besten umzugehen ist. Dabei gibt es immer zwei Schwierigkeiten: Das erste Problem besteht darin, rechtzeitig zu erkennen, um was für einen Typ es sich handelt. Das zweite Problem schafft die Einteilung. Selten findet man einen Menschen, der ganz genau einem Typen entspricht.

16. Schritt: Sie beziehen sich auf die Motive und Ansprüche Ihrer Kunden

In den letzten Jahren haben sich die Konsumforscher mit den verschiedenen Lebensstilen der Menschen in unserer Gesellschaft beschäftigt. Auf diese Weise sind sie wieder zu Typen gekommen, nämlich zu **„Lifestyle-Typen"**. Zur Umschreibung eines Lebensstil-Typen reicht eine einzige Eigenschaft nicht aus. Bei der Beschreibung dieser Typen werden Einstellungen, Konsumververhalten und sozialer Status zusammengeführt.

Allerdings macht der „gespaltene Konsument" häufig einen Strich durch die Rechnung, wenn man das allgemeine Kaufverhalten aus dem Typ ableiten will. Deshalb hat man versucht, Typen für bestimmte Branchen oder Warengruppen zu definieren:

Die Gesellschaft für Konsumforschung (GfK) in Nürnberg hat neun Bekleidungstypen bei **„Damenoberbekleidung"** festgehalten:	Die Zeitschrift „Brigitte" befragte Frauen im Alter von 14 bis 64 Jahren. Im Bereich **„Essen und Trinken"** ließen sich sechs Hausfrauen-Typen unterscheiden:
• Die unauffällig gekleidete Frau • Die korrekt Gekleidete • Die zweckmäßig-sportlich Gekleidete • Die anspruchsvolle Dame • Die Weiblich-Charmante • Die Modeorientierte • Die Unkonventionelle • Die junge Sportlich-Modische • Die junge Modisch-Amüsante	• Die niveauvolle Haushaltsexpertin • Die konventionelle Hausfrau • Die rationale Nicht-Hausfrau • Die perfekte Traditionalistin • Die moderne Convenience-Orientierte • Die junge Unbekümmerte

Nach GfK-Textilmarktforschung und LebensmittelPraxis

In zahlreichen Branchen des Einzelhandels tauchen zunehmend zwei Kundentypen auf, die als „Preiswertkäufer" und als „Smart Shopper" bezeichnet werden:

Der **Preiswertkäufer** ist ein Schnäppchenjäger. Anders als herkömmliche Schnäppchenjäger versucht er aber nicht, ohne Rücksicht auf Qualität die jeweils billigste Ware zu erstehen. Im Gegenteil – er ist markenbewusst, und die von ihm bevorzugten Waren sind in hohen Preislagen angesiedelt. Ziel des Preiswertkäufers ist es, hochwertige oder sogar luxuriöse Ware zu möglichst niedrigen Preisen zu kaufen. Er hat große Einkaufserfahrung, verzichtet auf Beratungs- und Einkaufskomfort und sucht den Facheinzelhandel womöglich erst kurz vor und bei Schlussverkäufen oder zur Wahrnehmung von Sonderangeboten auf. Sein Motto: „Wer zu früh kauft, den bestraft das Sonderangebot."

Auch der **Smart Shopper** ist an einem guten Preis-Leistungs-Verhältnis interessiert. Er ist jedoch nicht auf die großen Herstellermarken fixiert, denn er weiß, dass Waren, die unter Handelsmarken verkauft werden, häufig und in gleicher Qualität aus der Produktion großer Hersteller stammen. Er hält Handelsmarken aus eigener Erfahrung für ebenbürtig, aber billiger, informiert sich aus Testzeitschriften über „Baugleichheiten" und sieht in dem Mehrpreis bekannter Herstellermarken eine Art Steuer auf mangelnde Markttransparenz. Auch er verzichtet auf Beratungs- und Einkaufskomfort. Sein Motto lautet: „Heute braucht man sich nicht zu schämen, bei Discountern einkaufen zu gehen – ein Markenname allein rechtfertigt keinen höheren Preis."

Kundentypen sind in erster Linie eine Hilfe für die Hersteller. Sie können ihre Produkte und die entsprechenden Werbemaßnahmen genau auf die Zielgruppe abstimmen. Sie sind auch eine Hilfe für den Einzelhändler, wenn es um sein Sortiment und die Präsentation der Ware geht. Er muss nämlich wissen, welche Kundengruppen er ansprechen will. Die Strategie zur Ansprache festgelegter Kunden-Zielgruppen entsprechend ihrem persönlichen Lebensstil wird **„Lifestyle-Merchandising"** genannt.

Szenetyp
Alter von 20 bis 40 Jahren, kennt sich überall aus, nimmt alles ganz locker.

Yuppie
25 – 35 Jahre, studiert BWL oder Jura, macht danach Karriere.

Genießer
ab 35 Jahren, liebt alles, was gut und gepflegt ist, sucht Abwechslung und Genuss.

Youngster
zwischen 16 und 22 Jahre alt, zahlt mit Papas Zweit-Kreditkarte.

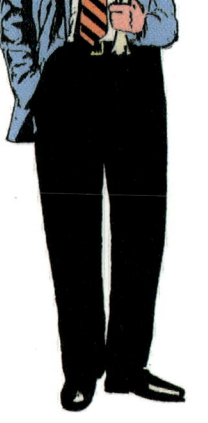

Outsider
Alter egal, richtet sich nicht nach anderen, hat seinen eigenen Stil und Geschmack.

Abb. 16.4: Lifestyle-Typen

▶ Ein Blick in die Zukunft

Was Kunden in den nächsten Jahren wünschen und wollen, wird von Experten in **Prognosen** (Voraussagen) formuliert. Über die folgenden Zukunftsaussichten bei den Kaufmotiven und Kundenansprüchen sind die Fachleute weitgehend einig.

Abschied von „Otto Normalverbraucher":

Die meisten Menschen werden sich vom einheitlichen oder genormten Konsum abwenden. Die Orientierung an anderen und die Markentreue werden abnehmen. Gefragt sind Waren, mit denen man sich individuell ausdrücken kann. Viele Artikel werden in immer mehr Sorten angeboten (Differenzierung). Verrückte und außergewöhnliche Artikel werden öfter gekauft, und spontane Käufe werden zunehmen.

Vom passiven zum aktiven Konsumenten:

Immer mehr Menschen wollen nicht nur passiv konsumieren. Sie werden mehr Beteiligung anstreben, d. h. sie werden informationshungriger und kritischer. Sie wollen über die Produktion und die Umweltwirkungen der Ware Bescheid wissen, sie verlangen Änderungen, individuelle Ausrichtungen und Rücksicht auf persönliche Eigenheiten. Gefragt sind Information, Beteiligung und Dialog. Mit wachsender Freizeit nimmt auch der Anteil der Waren zu, die vom Kunden selbst endgültig fertiggestellt und gestaltet werden.

Elektronisch gestützte Bequemlichkeit:

Die neuen Medien bieten den Verbrauchern immer mehr Informations- und Handlungsmöglichkeiten vom Sessel aus. Information und Auswahl können per Bildschirm oder Mobiltelefon geschehen, die Bestellung erfolgt online (Electronic Commerce). Versandhandel und Hausbelieferung nehmen wieder zu.

Auch das Bezahlen wird bequemer. Die Barzahlung nimmt ab, die Zahlung per Scheck wird bedeutungslos; entsprechend steigt die Bedeutung elektronischer Zahlungssysteme von der Geldkarte über Electronic Cash bis hin zu Bank-, Kredit- und Kundenkarten (siehe **31. Schritt**).

Leisure Shopping in integrierten Einkaufszentren:

Viele Ladengeschäfte sind Pächter in einem Einkaufszentrum. Sie finanzieren über ihre Pacht eine Reihe von Maßnahmen, die das Center-Management durchführt, um das Einkaufen attraktiv zu gestalten. Dadurch sollen die Verweildauer der Kunden im Zentrum verlängert und das Einzugsgebiet ausgedehnt werden.

Deshalb führen moderne Einkaufszentren Einkaufen, Sport, Unterhaltung und Gastronomie zusammen (integrierte Zentren) und machen damit das Einkaufen zu einer Art von Freizeitgestaltung (leisure shopping). Zu diesem Zweck bieten sie ihren Besuchern Attraktionen, die weit über das hinausgehen, was im Rahmen des Kundendienstes herkömmlicher Geschäfte üblich und möglich ist.

Dauerrenner Gesundheit:

Gesundheit war schon immer ein bedeutendes Kaufmotiv, und das wird sich noch verstärken. Ein steigender Anteil von alten Menschen in der Bevökerung und die Verbreitung von Zivilisationskrankheiten (z. B. Allergien) fördern diese Entwicklung.

> *„Gesundheit wird ‚in', in jeder Schattierung. Als Fitness für die Aktiven und als Wellness für die ruhigeren Gemüter, als Sportlichkeit für die Jüngeren und als Rüstigkeit für die Älteren, als Dynamik hier und als Leistungskraft dort – die Chancen, Gesundheit teilweise zu erhalten und zu bezeugen, sind mannigfach; und entsprechend werden Ansprüche einerseits und Angebote andererseits zunehmen."* *)

Arbeitsaufgaben

1. Wählen Sie drei Artikel aus Ihrem Ausbildungssortiment. Geben Sie für jeden Artikel vier mögliche Kaufmotive an. Erläutern Sie anhand der **Abbildung 16.2**, wodurch die einzelnen Kaufmotive beeinflusst werden!

2. Bereiten Sie einen Stichwortzettel vor zum Thema: „Warum ich über die Kaufmotive und Ansprüche meiner Kunden informiert sein muss!" Geben Sie die vorbereitete Stellungnahme vor der Klasse oder Gruppe ab!

3. Nennen Sie in den folgenden Fällen je ein Motiv und ein entsprechendes Argument, mit dem der Einkauf rationalisiert werden kann:
    a) Ein Hobbyfußballer kauft sich teure Fußballstiefel, obwohl er bereits zwei Paar besitzt.
    b) Eine Hausfrau kauft bei einem fliegenden Händler einen Gemüsehobel für 15 €, mit dem man Gemüse und Salate sehr dekorativ schneiden kann.
    c) Ein junger Mann mit einer Vorliebe für Süßigkeiten kauft sich drei Packungen Pralinen „Ferrara Mocher" aus dem Sonderangebot im Supermarkt.
    d) Eine sportlich orientierte Autofahrerin erwirbt Breitreifen mit Alu-Sportfelgen für ihren Wagen.

4. Erklären Sie an Ihrem eigenen Einkaufsverhalten, was ein „gespaltener Konsument" ist!

5. Stellen Sie am Beispiel Ihrer Ausbildungsbranche dar, welche Tätigkeiten bei der Kundenbetreuung im Versorgungshandel und im Erlebnishandel vom Verkaufspersonal gefordert werden!

Training

1. Entwerfen Sie in Partner- oder Gruppenarbeit ein Zukunftsbild für Ihre Branche: Was erwarten unsere Kunden in 10 Jahren?
Gehen Sie dabei auf Kaufmotive und Kundenansprüche, Verkaufsformen und Einkaufsverhalten, zukunftsträchtige Waren und Serviceleistungen ein!

2. Fertigen Sie eine Collage oder eine Hörspielszene an: Ein Einkauf im Jahr Zweitausendund-X. Stellen Sie das Ergebnis in der Klasse vor!

---

*) Matthias Fargel, in: Wertewandel und Konsum.

17. Schritt: Sie benutzen die Sprache als Brücke zum Kunden

> **Zielangabe**
>
> **In diesem Schritt**
> - erhalten Sie Informationen zur Sprache als Kommunikationsmittel
> - wird Ihnen die Bedeutung von Wortschatz, Satzbau, Aussprache, Lautstärke, Betonung, Sprechtempo, Mimik und Gestik für die Wirkung von Sprache deutlich
> - wird Ihre Redefähigkeit durch Übungen verbessert.

Einstieg

Junggeselle Bömmel ist ein ausgesprochener Morgenmuffel. Nach seiner Gewohnheit geht er morgens zunächst zum Zeitungsstand an der Ecke, legt das abgezählte Geld für die Zeitung hin, nimmt das Blatt entgegen und verschwindet wortlos. Der Zeitungshändler kennt Herrn Bömmel, hält sich an dessen Spielregeln und sagt auch kein Wort.

Dann geht Herr Bömmel über die Straße zum Bäckerladen. Jeden Tag deutet er mit den Fingern an, dass er zwei Brötchen wünscht. Auch die Bäckerfrau kennt Herrn Bömmels Gewohnheiten und stellt sich darauf ein. Sie packt zwei Brötchen ein, nimmt das Geld und nickt ihrem Kunden wortlos zu.

Erst wenn Herr Bömmel geruhsam gefrühstückt hat, ist er ansprechbar und zu Antworten bereit.

Abb. 17.1

Lehrtext

Das Beispiel des Junggesellen Bömmel macht deutlich, dass es nur ganz selten Verkaufsvorgänge geben kann, bei denen auf Sprache völlig verzichtet wird. Bei jeder Beratung und bei jedem Kaufabschluss wird Sprache als notwendiges Mittel zur Verständigung eingesetzt. Für die erfolgreiche Arbeit in Verkäuferberufen ist eine trainierte Sprache daher unbedingt notwendig.

▶ Grundbegriffe der Kommunikation

Für die erfolgreiche Übermittlung von Informationen wird der Begriff Kommunikation verwendet. Informationen lassen sich auf sehr unterschiedliche Weise verschlüsseln und übertragen, z. B. bei der Nutzung elektronischer Medien. An dieser Stelle gehen wir aber nur auf die Kommunikation durch menschliche Sprache ein.

Der Zusammenhang beim Ablauf von Kommunikation lässt sich in einem einfachen Modell darstellen:

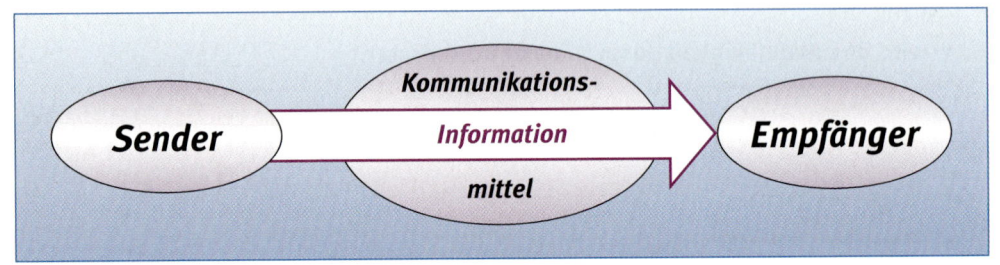

Abb. 17.2: Kommunikationsmodell

Der Sender übermittelt seine Informationen über ein Kommunikationsmittel an den Empfänger.

Beispiel:

Florian (Sender) schickt einen Liebesbrief (Information) mit der Post (Kommunikationsmittel) an Lisa (Empfänger).

Der Vorgang der Kommunikation sieht im Modell und bei dem Beispiel recht einfach aus, er ist in Wirklichkeit jedoch sehr oft kompliziert. Die Kommunikation kann nämlich durch unterschiedliche Einflüsse gestört oder verhindert werden. Die Störungen können vom Kommunikationsmittel, vom Empfänger, aber auch vom Sender selbst ausgehen.

Beispiele:

Störungen, verursacht durch das Kommunikationsmittel:

Durch den Unfall eines Postfahrzeugs wird ein Postsack vernichtet. Gerade in diesem Sack befand sich der Liebesbrief an Lisa. Er kommt nie an.

Störungen, verursacht durch den Empfänger:

Der Liebesbrief kommt bei Lisa an, aber sie hat sich inzwischen in Oliver verknallt. Mit Florian will sie nichts mehr zu tun haben. Deshalb verweigert sie die Annahme, und der Brief geht an den Absender zurück.

Störungen verursacht durch den Sender:

Florian hat den Liebesbrief an Lisa geschrieben, stellt dann aber fest, dass er den Zettel mit ihrer Adresse verlegt hat. Er kann Lisa nicht erreichen.

Bei der Beratung von Kunden und bei Verkaufsgesprächen treten Sie häufig als Sender auf. Sie müssen dafür sorgen, dass von Ihnen keine Störung der Kommunikation ausgeht. Vermeiden Sie deshalb die Hauptfehlerquellen beim Sprechen.

17. Schritt: Sie benutzen die Sprache als Brücke zum Kunden

▶ Grundfehler beim Sprechen

Der Sprecher

- verwendet eine Fach- oder Sondersprache, die der Zuhörer nicht versteht
- spricht zu undeutlich oder leise
- spricht so schnell und viel, dass sich der Zuhörer überschüttet fühlt
- spricht einsilbig, sodass der Kunde ihm alles aus der Nase ziehen muss.

Illustration: Paul Flora
Abb. 17.3

Beim Warenverkauf ist die Sprache das wichtigste „Verkaufsinstrument" neben der Ware selbst. Schenken Sie deshalb Ihrer Sprache besondere Aufmerksamkeit!

Sicher haben Sie selbst auch schon Verkäufer und Kundenberater mit schlechten Sprechgewohnheiten erlebt.

Beispiele:

- Verkäufer Werner aus der Abteilung „Telekommunikation" liebt es, die Kunden mit Fachbegriffen zu überhäufen **(Abb. 22.1)**.
- Verkäufer Dahm hat die Sprache der Anzeigen und Prospekte verinnerlicht: „Ein Klassiker in New Colors. Junger College-Blouson auf softigem Cotton-Canvas. Muss man haben, ob in Bleu, Oliv, Anthrazit oder Petrol. Superlässig, very relaxed . . ."
- Irene ist noch Auszubildende und hilft gelegentlich bei Weinen und Spirituosen aus. Leider hat sie wenig Glück mit Anwendung und Aussprache von Fremdwörtern: „Sie nennt einen spanischen Brandy „Cognac" und spricht „appellation contrôlée" englisch aus.
- Verkäuferin Zenker überlegt manchmal noch beim Sprechen und findet darum häufig die falsche Frageform: „Sie brauchen den Film wozu?"
- Verkäuferin Mattig spricht immer sehr langsam und leise. Viele Kunden haben Schwierigkeiten, sie zu verstehen.
- Kundenberater Holzer ist ein Äh-Typ: „Also hier – äh – haben wir eine – äh – Teflonpfanne, die Ihnen sicher – äh – gefallen wird!"
- Sein Kollege Droll spielt gerne das Kundenecho: „100 g Parmaschinken? Gern! – Nicht zu dick geschnitten? Machen wir! – Heiß heute? Ja, find' ich auch."

▶ Wirkungsvolle Sprache im Verkauf

Bei der Untersuchung von Sprache müssen mehrere Einflussfelder berücksichtigt werden. Geht auch nur von einem Feld ein schlechter Einfluss aus, so kann die Wirkung der Sprache zerstört werden. Wenn Sie mit Ihrer Sprache Erfolge im Verkauf erzielen wollen, müssen Sie die Anforderungen der einzelnen Einflussfelder berücksichtigen:

Einflussfeld	Anforderungen	Wirkung
Wortschatz	**Sprechen Sie verständlich!** (keine Überhäufung mit Fachausdrücken, keine Verwendung von Begriffen, die Ihr Zuhörer nicht versteht)	Ihr Gesprächspartner fühlt sich angesprochen und versteht Sie. Das ist die Voraussetzung dafür, dass auch er sich verstanden fühlt.
	Sprechen Sie abwechslungsreich! (nicht immer dieselben Ausdrücke und Formulierungen)	Ihr Gesprächspartner wird interessiert und nicht gelangweilt.
Satzbau	**Bilden Sie kurze Sätze!** (keine Satzungetüme verwenden)	Ihre Sprache ist überschaubar. Sie machen weniger Sprechfehler. Ihr Zuhörer kann besser folgen.
	Bilden Sie vollständige Sätze! (nicht mit Wort- und Satzfetzen um sich werfen)	Sie wirken konzentrierter und können besser überzeugen.
Aussprache, Lautstärke	**Sprechen Sie die Laute deutlich aus!** (nicht nuscheln und Laute verschlucken)	Ihr Gesprächspartner kann Sie akustisch gut verstehen, auch wenn Nebengeräusche vorhanden sind.
	Gehen Sie von mittlerer Lautstärker aus! (nicht flüstern oder brüllen)	
Betonung, Sprechtempo	**Betonen Sie wichtige Punkte und gute Argumente!** (nicht monoton sprechen, nicht leiern)	Sie lenken die Aufmerksamkeit auf die wesentlichen Punkte und halten das Interesse wach.
	Sprechen Sie nicht zu schnell, und legen Sie wirkungsvolle Pausen ein! (kein Eiltempo vorlegen, nicht ohne Pause sprechen)	Ihr Gesprächspartner kann Ihnen folgen und fühlt sich nicht überfahren. Sie selbst haben Zeit zum Luft holen und Überlegen.
Mimik, Gestik	**Machen Sie ein interessiertes, freundliches Gesicht, und achten Sie auf Ihre Haltung!** (keine abweisende Miene aufsetzen und den Körper nicht zu lässig halten)	Die nicht-sprachlichen Elemente unterstützen Ihre Sprache. Ihr Zuhörer fühlt sich angesprochen, wenn Ihre Mimik und Gestik Entgegenkommen signalisiert. **(18. Schritt)**

Die Gesamtwirkung der Sprache hängt schließlich noch davon ab, wie gut Sie sich auf die einzelne Situation einstellen.

17. Schritt: Sie benutzen die Sprache als Brücke zum Kunden

Beispiele aus der Fachabteilung

Fall:	Eingehen auf die Situation:
Eine junge Frau Ihres Alters möchte einen Fotoapparat für Anfänger, weil sie vorher noch nie „Bilder gemacht" hat.	Die Kundin ist keine Expertin. Vermeiden Sie Fachbegriffe und technische Erklärungen. Sie können unbedenklich von „Knipsen" und „Bilder machen" sprechen.
Ein Herr mittleren Alters möchte das Modell der Digitalkamera MioPix vorgeführt bekommen.	Der gezielte Wunsch zeigt, dass der Kunde fachkundig ist. Hier müssen Sie Ihre Fachkenntnisse sprachlich umsetzen. Vermeiden Sie Begriffe wie „knipsen"; sprechen Sie fachlich korrekt von „auslösen" oder „belichten".

Bei jedem Gesprächspartner oder Kunden müssen Sie sich neu auf die Situation einstellen, damit die Kommunikation erfolgreich abläuft.

Berücksichtigen Sie wichtige Punkte:
- Stellen Sie sich auf den Bildungsstand und die Fachkenntnisse Ihres Gesprächspartners ein!
- Gehen Sie auf Erwartungen oder Stimmungen ein!
- Berücksichtigen Sie Sprechgewohnheiten (z. B. Mundart)!

Vor allem aber ist das Verkaufsgespräch eine zweiseitige Kommunikation (eine „Interaktion"): Sie sind nicht ausschließlich Sender, sondern stets auch Empfänger von akustisch vermittelten und sonstigen Informationen. Nutzen Sie also die Informationen, die Ihnen langes Fragen ersparen können:

- Unterbrechen Sie nicht voreilig!
- Hören (und sehen) Sie gut hin!
- Denken Sie daran: Sprache besteht nicht nur aus Worten **(18. Schritt)**!

Arbeitsaufgaben

1. Elektrohändler Heinze bietet Frau Geyer telefonisch ein Farbfernsehgerät an. Notieren Sie je eine Störung dieser Kommunikationssituation, die durch den Sender, den Empfänger und durch das Kommunikationsmittel verursacht werden kann!

   Verfahren Sie ebenso in der folgenden Situation:

   Verkäufer Emsig informiert per Lautsprecheranlage des Kaufhauses über die aktuellen Sonderangebote.

2. Schreiben Sie Fachbegriffe aus Ihrem Fach- oder Interessengebiet mit ein paar Sätzen so um, dass sie jeder Laie verstehen kann!
   Beispiele:

Playback (Show-Business)	*Ausrüstung (Textilien)*
Flambieren (Kochen)	*Inventur (Betriebslehre)*
Schiedsrichterball (Sport)	*Saum (Bekleidung)*
Tageslosung (Rechnungswesen)	*Antrag (Kauf)*
Salmonellen (Lebensmittel)	*Quarz (Uhrwerk)*

Training

1. Lesen Sie eine Kurzgeschichte oder einen Zeitungsartikel laut vor. Bemühen Sie sich um fehlerfreies Lesen und um eine klare, deutliche Aussprache: Kontrollieren Sie Ihre Leistung durch Aufzeichnung auf Ton- oder Videokassette!

2. Beschreiben Sie aus dem Kopf Ihren täglichen Weg zum Arbeitsplatz oder zur Schule. Nehmen Sie nach mehreren Übungen Ihre Beschreibung auf Ton- oder Videokassette auf. Überprüfen Sie beim Abspielen Ihre Beschreibung:
   a) Ist sie akustisch klar und deutlich?
   b) Sind die Sätze vollständig?
   c) Haben Sie im Zusammenhang und ohne große Unterbrechungen gesprochen?
   d) Ist der Inhalt verständlich, d. h., könnte ein Fremder den Weg nach Ihrer Beschreibung finden?

3. Lesen Sie den folgenden Satz sechsmal laut vor:

   <u>Schauen</u> <u>Sie</u> sich bitte <u>den</u> <u>neuen</u> <u>Komfort-Sessel</u> mit <u>Lederbezug</u> an!

   Betonen Sie jeweils nur eines der unterstrichenen Wörter. Stellen Sie fest, wie sich der Sinn des Satzes durch die unterschiedliche Betonung ändert.

4. Falten Sie ein Blatt Papier der Größe DIN A4, und klappen Sie es wieder auf, sodass sich ein Muster wie in **Abbildung 17.4** ergibt.

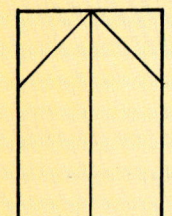

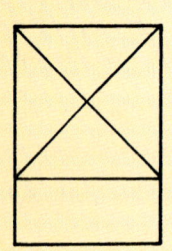

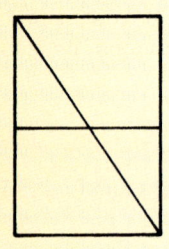

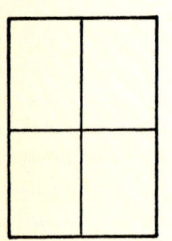

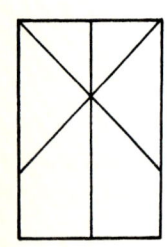

   Abb. 17.4: Faltmuster

   Setzen Sie sich mit dem Rücken zur Lerngruppe/Klasse, und erklären Sie den Teilnehmern nur mit Worten, wie diese ihr Papier falten müssen, damit das gleiche Muster herauskommt. Vergleichen Sie die Ergebnisse mit Ihrer Vorlage!

5. Eine Gruppe von Schülern bereitet kleine Zettel mit Begriffen aus den vorhergehenden Unterrichtsstunden in verschiedenen Fächern vor. Jeder der anderen zieht einen Zettel. Seine Aufgabe ist es, den Begriff so zu umschreiben, dass die anderen möglichst schnell raten, um welchen Begriff es sich handelt. Der aufgeschriebene Begriff darf natürlich nicht verwendet werden!

   Beispiel:
   Auf dem Zettel steht „Kaufmotiv". Der Schüler umschreibt das mit „Beweggrund, etwas zu kaufen".

   Alternative Spielidee:
   Zusätzlich zu den Ratebegriffen werden „Tabu-Begriffe" gewählt, die zur Beschreibung nicht benutzt werden dürfen.

17. Schritt: Sie benutzen die Sprache als Brücke zum Kunden

Beispiel:
Zum Begriff *„Kaufmotiv"* werden als *„Tabu-Begriffe"* *„Kaufen"* und *„Grund"* formuliert.

6. Erläutern Sie einem Partner oder der ganzen Klasse oder Lerngruppe
   - die Bedienung Ihrer Armbanduhr
   - die Zubereitung Ihres Lieblingsessens
   - den Ablauf einer Flugreise
   - den Vorgang bei Anmeldung eines Motorrades.

   Gehen Sie auf Einwände und Zwischenfragen ein. Bitten Sie Ihre Zuhörer um Kritik und um Verbesserungsvorschläge!

7. Nehmen Sie eine Darstellung (wie bei Übung 6) auf Video oder Tonkassette auf. Prüfen Sie arbeitsteilig beim Abspielen, ob alle Einflussfelder der Sprache angemessen berücksichtigt wurden!

8. Untersuchen Sie in Partnerarbeit den Redetext aus **Abb. 17.5**!
   a) Beschreiben Sie die mangelhaften sprachlichen Eigenschaften dieser Rede.
   b) Übersetzen Sie die Rede in klare und verständliche Sprache.
   c) Tragen Sie die Rede in der alten und in der neuen Fassung vor der Klasse oder Lerngruppe vor.
   d) Beobachten Sie die Wirkung der unterschiedlichen Fassungen auf die Zuhörer.

> Meine sehr verehrten, äh, Damen und Herren, ich begrüße Sie hier als, äh, Gewinner des Preisausschreibens der Bong-Bong-Kaufring AG, und Sie alle, wie Sie hier, äh, anwesend sind, kennen das schon „klassisch" zu nennende Sprichwort, welches besagt, dass das Volumen eines Exemplares der Knolle solanum tuberosum in umgekehrt proportionaler Relation zur, äh, Gehirnmasse des es produzierenden agrarökonomischen Individuums steht, und ich erlaube mir die Anmerkung, dass, äh, bei näherer Betrachtung dieses weise Wort auch auf Sie, unsere, äh, geschätzten Kunden, in aller Bescheidenheit zu beziehen ist, und dafür erbitte ich Ihren Applaus!

Abb. 17.5

18. Schritt: Sie erkennen die Bedeutung der Körpersprache

Zielangabe

In diesem Schritt
- erkennen Sie die Bedeutung der Körpersprache für die Kommunikation
- verstehen Sie die Grundzüge der Körpersprache und beziehen sie auf den Verkauf
- üben Sie den Einsatz der Körpersprache im Rahmen der Kommunikation.

Einstieg

Abb. 18.1

Lehrtext

Wirkungsvolle Gesten betonen und unterstreichen sprachliche Aussagen. Körpersprache vermittelt sich durch körperlichen Ausdruck, Mimik und Gestik. Körpersprache zeigt uns, wie der menschliche Körper Empfindungen, Stimmungslagen und innere Einstellungen nach außen mitteilt. Der Darsteller in unserem Einstieg zeigt eine „offene" Körperhaltung, die Zuwendung, Interesse und Offenheit signalisiert.

18. Schritt: Sie erkennen die Bedeutung der Körpersprache

▶ Aufgaben der Körpersprache in der Kommunikation

Körpersprache kann wichtige Aufgaben übernehmen:

- Sie ersetzt Sprache und übermittelt Bedeutung
  (z. B. Hand am Kopf: „Wie blöd von mir!").
- Sie zeigt an, wie Sprache zu verstehen ist
  (eine ernsthafte Aussage wird z. B. durch ein Augenzwinkern in Frage gestellt).
- Sie steuert den Handlungsablauf
  (die Reihenfolge der Redner wird z. B. durch Handzeichen geregelt).
- Sie dient der Selbstdarstellung
  (z. B. durch eigenwillige Gesten beim Reden).
- Sie manipuliert das Verhalten von anderen
  (z. B. Körper drückt Zuneigung, Macht oder Abscheu aus).
- Sie unterstützt das gesprochene Wort
  (z. B. Hände unterstreichen eine wichtige Aussage).

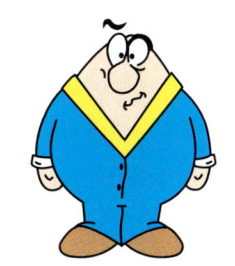

Die Körpersprache kann entweder der Kommunikation ohne Worte dienen *(Sie nicken einem Bekannten aus dem Auto zu)*, oder sie ergänzt und bekräftigt die verbale Sprache *(Sie stimmen einer Sache zu und nicken gleichzeitig mit dem Kopf)*. Auch wenn zwei Menschen miteinander sprechen, ist immer Körpersprache mit im Spiel. Die Körpersprache wird in der Regel nicht vom Verstand gesteuert, sondern unmittelbar aus dem Unterbewusstsein abgerufen.

Körpersprache kann sich in verschiedenen Ausdrucksfeldern mitteilen, nämlich durch die

- Haltung des Körpers (Kopf, Rumpf, Schultern, Arme)
- Bewegungsabläufe des Körpers (Gangart, typische Bewegungen)
- Gesten der Hände
- Mienen des Gesichtes
- Ausdruck des Blickes.

Bewerten Sie körpersprachliche Aussagen nicht isoliert. Versuchen Sie, körpersprachliche Signale immer in Verbindung mit der Person Ihres Gesprächspartners zu sehen. Sein Auftreten, seine Mimik und Gestik, seine Haltung verraten Ihnen etwas über seine Sicherheit, Gelassenheit, Offenheit, kurz über seine Persönlichkeit. Überprüfen Sie körpersprachliche Aussagen zunächst an sich selbst. Unterstützen Sie Ihr gesprochenes Wort mit Hilfe Ihrer Körpersprache, und Sie werden merken, dass man Sie besser versteht und Sie überzeugender wirken.

Was Körpersprache vermittelt, können Sie anhand der Fotos erkennen:

Eine offene Körperhaltung signalisiert Zuwendung, Interesse und Offenheit für den Gesprächspartner **(Abb. 18.1)**.

Eine verschlossene Körperhaltung zeigt Ablehnung, Unsicherheit und Verschlossenheit gegenüber dem Gesprächspartner **(Abb. 18.2)**.

Abb. 18.2

▶ Wie setzen Sie die Körpersprache im Verkauf ein?

1. Körpersprache bei der Kontaktaufnahme

In der Kontaktphase werden die Beziehungen zwischen zwei Menschen geknüpft. Sie ist entscheidend dafür, ob positive oder negative Vorurteile entstehen. In dieser Phase hat die Körpersprache eine besondere Bedeutung. Nehmen Sie mit Ihren Kunden Kontakt auf, suchen Sie zunächst Blickkontakt und nicken Sie ihnen freundlich zu. Sie signalisieren damit Ihre Bereitschaft zum Kontakt. Durch eine offene Körperhaltung vermitteln Sie Zuwendung und Interesse **(Abb. 18.1)**. Dadurch werden die Kunden ermuntert, sich an Sie zu wenden. Wenn Sie mit Ihren Kunden ins Gespräch gekommen sind, dann bleiben Sie freundlich und zeigen Ihre Zuwendung **(19. Schritt)**.

2. Körpersprache bei der Warenvorlage

Bei der Warenvorlage müssen Sie auf eine zurückhaltende und fachgerechte Körpersprache achten. Vielleicht haben Sie selbst schon negative Beispiele erlebt:

- *Die Verkäuferin am Käsestand hält der Kundin ein Stückchen Käse zum Probieren hin. Dazu benutzt Sie das Messer, und es sieht aus, als wolle sie die Kundin bedrohen.*
- *Ein Verkäufer hilft einem Kunden in ein Sakko. Da er ungeschickt vorgeht, sieht er aus, als wolle er ihn in den Würgegriff nehmen.*

18. Schritt: Sie erkennen die Bedeutung der Körpersprache

Wenn Sie Waren vorlegen, dann berücksichtigen Sie branchenübliche Regeln. Zeigen Sie auf die Ware, aber halten Sie sich insgesamt zurück, denn Sie wollen in erster Linie die Ware zur Geltung bringen **(21. Schritt)**.

3. Körpersprache in der Verkaufsargumentation

Unterstützen Sie Ihre Verkaufsargumente, indem Sie auf die Ware zeigen und Einzelheiten hervorheben. Verweisen Sie auf vorhandene Hilfsmittel, wie Displays oder Modelle. Auf diese Weise helfen Sie den Kunden, die Ware anschaulicher und bewusster zu erleben. Auch im Gespräch mit den Kunden sollten Sie durch eine offene Haltung Zuwendung und Interesse vermitteln. Das gilt besonders für Einwände von Kunden. Ein typisches Negativbeispiel ist die abwehrende Körperhaltung mit gespreizten Händen **(Abb. 32.1)**. Zeigen Sie durch Ihre Körpersprache, dass Sie Kunden gern zuhören und gegenüber Einwänden offen sind.

Abb. 18.3

4. Körpersprache bei der Verabschiedung

Ist Ihr Gespräch beendet, dann widmen Sie sich Ihren Kunden so lange aufmerksam, wie diese den Dialog wünschen. Denn der letzte Eindruck kann entscheiden, ob Ihre Kunden wiederkommen oder nicht. Manchmal haben Kunden den Eindruck, dass ihr Gesprächspartner das Interesse an ihnen verliert, sobald die Kaufentscheidung gefallen ist. Das kann der Fall sein, wenn Sie den Blickkontakt abbrechen, Ihren Kopf wegdrehen, den Körper abwenden und Ihre Arme verschränken.

Zeigen Sie durch Ihre Körpersprache, dass Sie ein Interesse an der Wiederkehr von Kunden haben. Bei einem lockeren „Tschüss" können Sie den Gruß lässig mit der erhobenen Hand begleiten, bei einer mehr förmlichen Verabschiedung ist ein freundliches Nicken angebracht.

Benutzen Sie diese Hinweise auch, um aus der Körpersprache von Gesprächspartnern Signale zu empfangen. Berücksichtigen Sie jedoch immer die Gesamtwirkung eines Menschen und die Rolle, in der er sich gerade befindet. Hüten Sie sich vor einfachen Pauschalierungen!

Arbeitsaufgaben

1. Notieren Sie stichwortartig, was Sie jeweils dem Gesichtsausdruck in der **Abb. 18.4** entnehmen. Vergleichen Sie Ihre Eindrücke in der Klasse oder Gruppe!

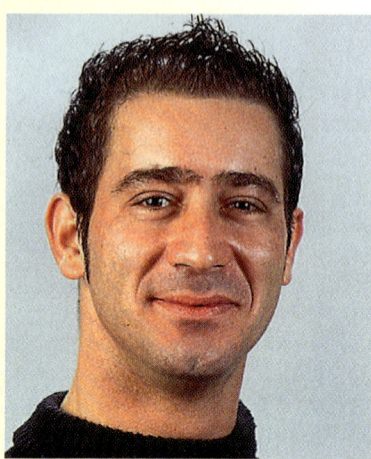

Abb. 18.4

2. Schreiben Sie auf, wie sich eine offene und eine geschlossene Körperhaltung darstellen und welche Wirkung sie beim Betrachter haben können.

3. Oft reichen wenige charakteristische Merkmale aus, um Körpersprache zu deuten. Notieren Sie, wie unser V-Männchen auf S. 147 auf Sie wirkt und vergleichen Sie Ihre Eindrücke.

4. Viele Redewendungen oder Sprichwörter beziehen sich auf die Körpersprache.
   Beispiel: *„Die Nase rümpfen."*
   Notieren Sie drei weitere Redewendungen und erklären Sie ihre Bedeutung in der Klasse/Gruppe.

Training

1. Drücken Sie die folgenden Situationen nur durch Körpersprache aus, und lassen Sie Ihre Lerngruppe erraten, was Sie darstellen:
   a) Zeigen Sie durch Ihre Kopfhaltung
   - Unterwürfigkeit vor dem Chef
   - Aggressivität gegenüber einem Kollegen
   - Interesse an einem Mitmenschen!

   b) Drücken Sie durch Ihre Rumpfhaltung aus
   - Arroganz gegenüber einem Unterlegenen
   - Ablehnung gegen einen Vorschlag
   - Zuwendung zu Ihrem Freund oder Ihrer Freundin!

18. Schritt: Sie erkennen die Bedeutung der Körpersprache

c) Bewegen Sie Ihre Schultern und Arme und vermitteln Sie
- Distanz gegenüber einem verwahrlosten Kunden
- Überheblichkeit gegenüber einem schwächeren Schüler
- Unsicherheit vor einem Prüfer!

d) Zeigen Sie durch Hin- und Herlaufen
- Dynamik gegenüber einem Kunden
- Unsicherheit vor einer Entscheidung
- Passivität im Verkauf!

e) Zeigen Sie durch die Haltung Ihrer Hände,
- dass Sie in einem Verkaufsgespräch konzentriert sind
- dass Ihnen ein Vorschlag angenehm ist
- dass Sie einen Menüvorschlag ablehnen!

2. Geben Sie Ihrer Lerngruppe folgende Mitteilungen über die Körpersprache:
   a) Ich weiß nicht.
   b) Er ist verrückt!
   c) Ich freue mich auf Dich!
   d) Lass mich in Ruhe!
   e) Nicht jetzt!
   f) Prima Leistung!
   g) Ich habe ernste Zweifel.
   h) Ich bin total fertig.

3. Zeichnen Sie die gleiche Übung von verschiedenen Personen per Video auf, und vergleichen Sie die Körpersprache!

4. Führen Sie ein Bewerbungsgespräch **(Abb. 18.5)** als Rollenspiel durch, und fertigen Sie eine Videoaufnahme an. Betrachten Sie die Aufzeichnung ohne Ton, und beurteilen Sie den Eindruck und die Wirkung der Bewerberin bzw. des Bewerbers!

Körpersprache entscheidend für Karriere

München. Die Körpersprache der Bewerber wird von Personalchefs als wichtiges Kriterium bei der Beurteilung eines Kandidaten angesehen. Das geht aus einer Umfrage der Zeitschrift „Freundin" hervor. Dabei ergab sich, dass die Körpersprache Frauen oft schwächer erscheinen lässt, als sie es seien, schreibt die Illustrierte.

So müssten Verlegenheitsgesten, wie das Spielen mit den Haaren und dem Schmuck, beim Gespräch mit dem neuen Chef vermieden werden. Auch superhohe Pumps sollten beim Vorstellungsgespräch im Schrank bleiben, weil die kurzen Trippelschritte Frauen schwach erscheinen ließen. Ein zögerlicher und gehemmter Auftritt wird von den Chefs ebenso negativ beurteilt, wie betont lässiges Benehmen, schreibt das Blatt. Eine Personalchefin gibt in der Illustrierten den Rat: „Immer ehrlich auftreten, für die Bewerbung keine Rolle übernehmen." *(AP)*

Abb. 18.5

C. Elemente der Verkaufskommunikation

19. Schritt: Sie bekommen Kontakt mit Ihren Kunden

Zielangabe

In diesem Schritt
- erhalten Sie Informationen, wie sie Kontakt mit Ihren Kunden aufnehmen
- unterscheiden Sie die Kontaktaufnahme nach Bedienungsformen
- erkennen Sie, wann und warum der Kunde Beratung durch das Verkaufspersonal benötigt.

Einstieg

Abb. 19.1

Lehrtext

Die Verkäuferin in der Karikatur amüsiert sich über das Aussehen ihres Kunden. Sie verletzt ihren Kunden, der versucht, mit ihr Kontakt aufzunehmen. Sie tritt sein Geltungsstreben mit Füßen und zerstört damit die Grundlage für das notwendige Vertrauensverhältnis zwischen Kunden und Verkäufer. Das kennen Sie sicher auch aus Ihrem Privatleben. Sie sehen einen Menschen und fällen ein Urteil auf den ersten Blick.

19. Schritt: Sie bekommen Kontakt mit Ihren Kunden

Wenn ein Kunde das Geschäft betritt, beginnt für Sie eine wichtige Phase des Verkaufsgespräches. Sie kennen die meisten Ihrer Kunden nicht. Kunden unterscheiden sich z. B. durch Alter, Geschlecht oder Niveau. Sie müssen sich vorurteilslos auf einen Menschen einstellen, ihn akzeptieren und auch noch versuchen, ihn zu verstehen. Ihre persönlichen Eindrücke müssen Sie dabei in den Hintergrund stellen. Der Erfolg von Geschäftsbeziehungen zwischen Kunden und Verkaufspersonal hängt vom jeweiligen Kontakt der Partner ab. Sie müssen also alles unternehmen, um Ihren Kunden die Kontaktaufnahme zu erleichtern.

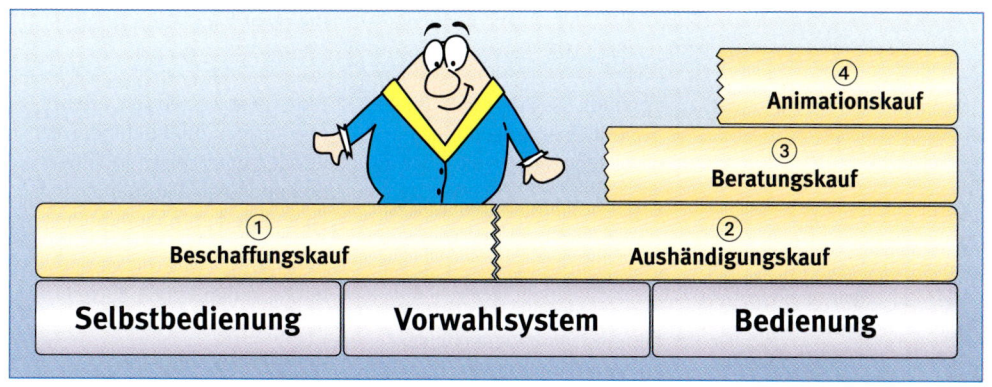

Abb. 19.2

Wie Sie Kontakt mit den Kunden aufnehmen, hängt von der Anbietform des Einzelhandelsbetriebes und von den Ansprüchen der Kunden ab. Diese können sich von Einkauf zu Einkauf unterscheiden **(Abb. 19.2)**:

Nicole Gärtner wird am nächsten Wochenende in den Urlaub fahren. Am Samstag vorher erledigt sie folgende Einkäufe:

① **Beschaffungskauf**

Im Drogeriemarkt Rotmann entnimmt sie dem Regal mit den Sonnenschutzmitteln das Gel „Tan-Master", 250 ml, Schutzfaktor 12, das sie schon öfter gekauft hat. Sie erwartet weder Ansprache noch Beratung.

② **Aushändigungskauf**

Im Textilhaus Wollenweber lässt sie sich den Sport-BH „Ganetex", weiß, in ihrer Größe heraussuchen. Da sie das Modell kennt, erwartet sie eine Aushändigung ohne Beratung.

③ **Beratungskauf**

Im Fachgeschäft Bollmann lässt sich Nicole Schalenkoffer zeigen, da sie gehört hat, dass diese sich für die Flugreise am besten eignen. Nach ausführlicher Beratung entscheidet sie sich für das Modell „Kambolik 801" in Türkis mit Rollen und Zifferschloss.

④ **Animationskauf**

Nicole betritt schließlich die Boutique Esprit, um sich etwas Besonderes für den Urlaub zu gönnen. Sie hat noch keine konkreten Vorstellungen und erwartet von der Inhaberin aktuelle Anregungen für etwas Modisches, das ihr gefällt. Ein kurzer naturfarbener Strandrock mit passendem Top findet ihre Begeisterung.

▶ Kontaktaufnahme bei Bedienung

Besucht Sie Ihr Kunde, so müssen Sie ihm als derjenige, der im Geschäft „zu Hause" ist, entgegenkommen. Prägen Sie sich die folgenden drei Schritte ein:

Was unternehmen Sie, wenn der Kunde kommt?

Sie nehmen Ihre Kunden zur Kenntnis.	Sie begrüßen Ihre Kunden.	Sie tragen dazu bei, dass sich Ihre Kunden bei Ihnen wohlfühlen.
Nehmen Sie so schnell wie möglich Kontakt zu Ihren Kunden auf. Kunden ärgern sich sehr, wenn das Verkaufspersonal sie warten lässt und z. B. in aller Ruhe Waren einsortiert oder sich unterhält, ohne dass Notiz von Kunden genommen wird.	Kommen Sie Ihren Kunden freundlich entgegen, und nicken Sie ihnen freundlich zu! Grüßen Sie mit einem netten „Grüß Gott", „Guten Morgen" oder „Guten Tag"! Selbst wenn Ihr Kunde fünf Minuten vor Ladenschluss kommt, hat er das Recht, von Ihnen freundlich empfangen und bedient zu werden.	Bieten Sie wartenden, älteren, erschöpften oder behinderten Kunden einen Platz an. Sitzende Kunden sind körperlich entspannt und aufnahmefähiger. Beschäftigen Sie die Kinder Ihrer Kunden, damit diese in Ruhe einkaufen können. Beziehen Sie Begleitpersonen Ihrer Kunden in die Beratung ein.

▶ Kontaktaufnahme bei Vorwahl

Bei Vorwahl wollen sich die Kunden meist erst ungestört umsehen. Sie empfinden es in der Regel als störend, wenn sie sofort durch das Verkaufspersonal angesprochen werden.

Die Kunden erwarten oder benötigen eine Beratung durch den Verkäufer, wenn sie
- sich im Warenangebot nicht zurechtfinden
- keine geeignete Ware finden (z. B. Farbe, Größe, Modell)
- mit der Ware nicht allein umgehen können (z. B. Stereoanlage)
- keine Kaufentscheidung treffen können
- kein passendes Zubehör finden (z. B. Staubsaugerbeutel)
- Unterstützung brauchen, da die Ware abgemessen bzw. gewogen werden muss (z. B. Kleiderstoff)
- Hilfe benötigen, da die Ware erklärungsbedürftig ist (z. B. Spiegelreflexkamera).

Die meisten Kunden zeigen durch ihr Verhalten, dass sie Hilfe durch das Verkaufspersonal benötigen. Sie müssen deshalb das Verhalten Ihrer Kunden genau beobachten.

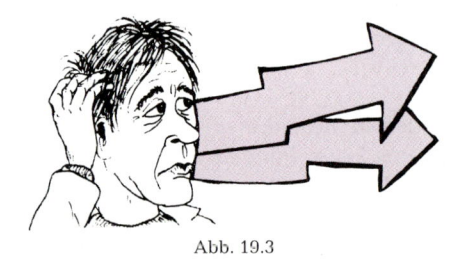

Abb. 19.3

Signale von Kunden:

Die Kundin/der Kunde
- dreht Ware hin und her
- blickt suchend umher
- prüft die Ware
- vergleicht Ware
- probiert Ware aus

19. Schritt: Sie bekommen Kontakt mit Ihren Kunden

- steht vor einem verschlossenen Glasschrank
- kratzt sich am Kopf
- hält Finger an Nase und Kinn
- zuckt mit den Schultern
- macht ratloses Gesicht.

Wie sprechen Sie Kunden an?

Kunden besuchen Ihr Unternehmen, um sich Ware anzuschauen. Sie haben meistens kein Interesse an der Person der Verkäuferin oder des Verkäufers. Phantasielose Kontaktaufnahmen machen es Ihren Kunden nicht schmackhaft, sich für Sie und Ihr Angebot zu interessieren. Stereotype Formulierungen sind Ihnen bekannt: „Kann ich Ihnen helfen?" – „Sie kommen zurecht?" – „Ich sehe, Sie interessieren sich für ein Kleid?"

Viele Kunden finden eine solche Kontaktaufnahme öde und wenig originell. Im Vorwahlsystem haben Sie besonders viel Erfolg, wenn Sie Ihre Kunden über die Ware ansprechen. Formulieren Sie kreativ, und machen Sie sich und Ihre Ware für die Kunden interessant. Empfangen Sie die Signale der Kunden, und reagieren Sie entsprechend. Geben Sie ihnen zusätzliche Wareninformationen, z. B. über den Verwendungszweck der Ware!

Beispiele:

Kunde A hält ein Päckchen Schrauben in der Hand und steht vor dem Regal mit den Dübeln. Ein Verkäufer geht auf den Kunden zu.
V: *Suchen Sie zu den Schrauben die passenden Dübel?*
K: *Ja, ich möchte ein Bücherregal an der Wand befestigen.*
V: *Sie haben sich 4 mm-Schrauben ausgesucht. Wenn Sie sichergehen wollen, dass Ihr Regal auch großen Belastungen standhält, dann nehmen Sie doch etwas stärkere Schrauben, z. B. 6 mm stark.*
K: *Meinen Sie? Vielleicht haben Sie recht. Gut, geben Sie mir die stärkeren Schrauben und die passenden Dübel.*
V: *Gern! (Verkäufer überreicht dem Kunden die Schrauben und Dübel.)*
K: *Vielen Dank, auf Wiedersehen!*
V: *Auf Wiedersehen!*

Kunde B betrachtet eine Schreibtischlampe. Ein Verkäufer geht auf den Kunden zu.
V: *Guten Tag! Kann ich Ihnen helfen?*
K: *Nein, danke! Ich wollte mich nur umsehen.*

Der Verkäufer aus dem ersten Beispiel hat das Signal des Kunden bemerkt und ihn zum richtigen Zeitpunkt mit einer Information über die Ware angesprochen. Der Kunde aus dem zweiten Beispiel wollte sich nur informieren. Der Verkäufer hat eine Standardformulierung benutzt. Er hat ihm außerdem keine Gelegenheit gegeben, sich umzusehen, ohne angesprochen zu werden. Das ist für manche Kunden lästig und unangenehm. Behalten Sie Ihre Kunden, die sich bei Ihnen umsehen wollen, im Auge. Senden diese Ihnen Signale zur Kontaktaufnahme, so sprechen Sie sie an! Kommt ein Kunde auf Sie zu und sucht Ihren Kontakt, so fragen Sie z. B. mit freundlicher Stimme:

„Was kann ich für Sie tun?"   „Wie kann ich Ihnen helfen?"

Vermeiden Sie bitte:

„Suchen Sie etwas Bestimmtes?"   „Was soll's denn sein?"

▶ Kontaktaufnahme bei Selbstbedienung

Bei der Selbstbedienung erwarten Kunden keine Kontaktaufnahme durch das Personal. Sie wollen selbstständig und ungestört Waren aussuchen und ihre Einkäufe zusammenstellen. Begegnen Ihnen Kunden im Markt, so nicken Sie Ihnen freundlich zu. Falls Kunden Ihre Hilfe benötigen, sollten Sie zur Stelle sein. Zeigen Sie Ihnen deshalb, dass sie ansprechbar sind **(Abb. 19.4)**.

Bedienung
„Guten Tag!"
bzw. „Grüß Gott!"
und dann
„Was wünschen Sie, bitte?"
oder
„Wie kann ich Ihnen helfen?"

Vorwahl
allgemein:
„Was kann ich für Sie tun?"
oder
„Ich helfe Ihnen gern!"

über die Ware:
„Das sind die Töpfe aus dem Angebot!"
„Ziehen Sie die Jacke gern einmal an!"
„Die passenden Dübel finden Sie dort!"
„Das ist unser Spitzenmodell!"

Selbstbedienung
nur im Ausnahmefall
- wenn der Kunde offensichtlich Hilfe benötigt,
- wenn der Kunde Verdacht erregt (Diebstahlgefahr).

Abb. 19.4: Wie sprechen Sie Kunden an?

▶ Die Anrede der Kunden

Kunden, die Ihnen persönlich bekannt sind, sprechen Sie mit Namen an, z. B.

„Guten Tag, Herr Hansen" – „Grüß Gott, Frau Bichler!"

Kunden, deren Namen Sie nicht kennen, sprechen Sie nur mit der Grußformel an. Denken Sie dabei an den freundlichen Blickkontakt!

Vermeiden Sie Verlegenheitsformulierungen wie „junger Mann", „Oma" oder „mein Herr". Viele Kunden fühlen sich dadurch falsch angesprochen und reagieren mit Widerwillen. Das richtige Ansprechen der Kunden schafft eine positive Gesprächsatmosphäre.

Sicher macht es Ihnen Spaß zu erfahren, was Eike Christian Hirsch zu diesem Problem meint!

19. Schritt: Sie bekommen Kontakt mit Ihren Kunden

Was wünschen der Herr?

In dem Milchladen, in dem ich manchmal Brötchen hole, bin ich „Guten Morgen, Herr Ä..." Geschickt gemurmelt, klingt das „Ä" wie ein richtiger Name. Und es ist ja auch wahr: Im Deutschen gibt es keine passende Anrede, wenn man den Namen seines Mitmenschen nicht kennt.

In einem englischen Laden wäre ich einfach „Sir", in Frankreich „Monsieur". Aber wir können nicht „Herr!" ohne den Namen sagen, denn das ist die Anrede für den einzigen Herrn, den wir nach der Abschaffung der Monarchie noch kennen, für Gott. Auch die Begrüßung „Mein Herr" ist nicht ratsam, da sie etwas unterwürfig klingen würde.

Geht man über den Wochenmarkt, so ruft der Obsthändler vielleicht: „Noch Äpfel mitnehmen, der Herr?" Das ist nicht ungeschickt. „Der Herr" oder „die Dame" ist beinahe zufrieden stellend. Allzu groß ist der Anrede-Vorrat im Deutschen ja wirklich nicht. Etwas weniger wohlklingend ist die Wendung, mit der wir, wenn wir näher treten, gefragt werden: „Was wünschen der Herr?" Ein „wünscht" wäre korrekter. So ist es eine Mischform aus „Was wünschen Sie?" und „Was wünscht der Herr?" Sie ist wenigstens gut empfunden. Das „wünschen" klingt wie eine persönliche Anrede, „der Herr" zielt auf den Gemeinten, in diesem Falle auf mich, zum Unterschied zu der Dame neben mir, die noch nicht dran ist.

Die Anredeformen sind jedoch keineswegs, wie es scheinen könnte, nur eine Sorge der Verkäufer. Sonst hätten sich nicht längst andere Formen eingebürgert. „Na Chef, wie sieht's aus?" zieht man heutzutage den Tankwart ins Gespräch. „Sagen Sie, Meister, machen Sie das gleich?" frage ich den Lehrling in der Werkstatt, dessen Wohlwollen ich zu gewinnen suche. Wer wäre nicht gern Meister, Chef oder auch mal „Boss". Ist man ganz sicher, damit keine kränkende Gleichstellung auszudrücken, kann man auch „Kollege" sagen. Es hat jedoch einen etwas jovialen Beigeschmack, weil es oft von oben auf der sozialen Leiter herab zu den unteren Sprossen verwendet wird.

Im Restaurant hilft alles nichts, da muss es der „Herr Ober" sein. Ist ja auch nicht schlecht. Was machen wir aber, wenn der Herr Ober weiblich ist? „Frollein!" war schon immer unpassend, „Frau Oberin" eine falsche Berufsbezeichnung. So bleibt uns „Ach, bitte!" – ohne Anrede, aber mit winkender Hand. Es ist wohl im Deutschen die eleganteste Art, sich bemerkbar zu machen.

Was aber, wenn man auf der Straße gesehen hat, wie der eilig vorwärts strebende Herr einen Handschuh verloren hat? Ein naheliegendes „Hallo!" erstirbt vornehmen Naturen auf den Lippen. Wäre man doch in England, ein „Sir" würde auch hier passen, in Frankreich das „Monsieur". Aber in Deutschland muss man verstummen und den eiligen Herrn ohne seinen Handschuh weitereilen lassen – es sei denn, man entschlösse sich schnell noch zu einem „Herr Doktor!", zu einer Anrede also, auf die viele Menschen gern und schnell reagieren.

Ein Autor hat die Sorgen nicht. „Lieber Leser", rede ich Sie an. Weil aber auch diese Anrede nicht verbergen kann, wie unpersönlich sie ist, mache ich es zum Abschied besonders herzlich. Wo wir uns schon nicht kennen, wollen wir wenigstens vertraulich tun. Also, wie üblich: „Herzlichst Ihr..."

Aus: Eike Christian Hirsch: Deutsch für Besserwisser, Hamburg 1976, S. 83 f.

Arbeitsaufgaben

1. Was unternehmen Sie, wenn ein Stammkunde Ihr Geschäft betritt? Formulieren Sie je ein Beispiel für Beschaffungskauf, Aushändigungskauf, Beratungskauf, Animationskauf aus Ihrem Einsatz- oder Erfahrungsbereich!

2. Wie verhalten Sie sich gegenüber Kunden, die sich in Ihrem Geschäft nur umsehen wollen? Notieren Sie ein Beispiel!

3. Wie sprechen Sie Kunden an, die sich mit der Ware aus Ihrem Ausbildungssortiment beschäftigen? Formulieren Sie fünf Beispiele, wie Sie Kunden über die Ware ansprechen können!

Training

1. Wie unterscheidet sich in der Regel die Kontaktaufnahme zwischen Kunde/Kundin und Verkaufspersonal bei einem
   a) Beschaffungskauf (Selbstbedienung)
   b) Beratungskauf (Bedienung)
   c) Animationskauf (Vorwahlsystem)?

   Verdeutlichen Sie das Verkäuferverhalten in einem Rollenspiel, das Sie in Partnerarbeit vorbereiten!

2. Durch welche Signale gibt der Kunde bei Vorwahl zu erkennen, dass er angesprochen werden möchte? Führen Sie Ihrer Klasse typische Beispiele vor!

3. Demonstrieren Sie in Rollenspielen die richtige Kontaktaufnahme zu Ihren Kunden:
   a) Ein junges Mädchen betritt ein Jeansgeschäft (Vorwahlsystem). Zwei Verkäufer stehen hinter einem Verkaufsregal und unterhalten sich.
   b) Eine Frau mit zwei kleinen Kindern betritt ein Wollfachgeschäft (Bedienung). Die Verkäuferin sieht die Kundin eintreten.
   c) Eine Dame besucht ein Feinkostgeschäft (Bedienung). Die beiden Verkäuferinnen dekorieren gerade die Schinkentheke.
   d) Ein Kunde hält sich im Supermarkt (Selbstbedienung) schon seit längerer Zeit vor dem Regal mit den Parfüms auf.

20. Schritt: Sie ermitteln die Wünsche Ihrer Kunden

> **Zielangabe**
>
> In diesem Schritt
> - erkennen Sie die Bedeutung „eröffnender" Fragen
> - lernen Sie die Fragestellung zur Ermittlung der Kundenwünsche
> - üben Sie die sachgemäße Wunschermittlung.

Einstieg

*Die beste Antwort der erhält,
der seine Fragen richtig stellt!*
– Eugen Roth –

Lehrtext

Was hat diese Behauptung mit einem Verkaufsgespräch zu tun? Eine ganze Menge! Sie wollen durch Fragen von Ihren Kunden erfahren, welche Wünsche sie haben, wie ihre Bedürfnisse zu decken sind und welche Ware sie benötigen. Es ist Ihnen sicher bekannt: Wer Fragen stellt, der führt oder lenkt das Gespräch. Das darf aber nicht bedeuten, dass Sie Ihre Kunden mit Fragen überhäufen.

▶ Welche Fragen stellen Sie?

Sie müssen Ihre Fragen so formulieren, dass Sie sich durch Antworten besonders gut auf Ihre Kunden einstellen können. Ihre Kunden empfinden es als angenehm, wenn sie erkennen, dass Sie sich in ihre Lage versetzen. Damit schaffen Sie Vertrauen und ermuntern die Kunden, über ihre Einkaufswünsche zu sprechen.

Beispiel A:

Im Textilgeschäft begrüßt eine Verkäuferin (V) ihre Kundin (K) und verbindet damit die Frage:

V: *Kann ich Ihnen helfen?*
K: *Ich suche einen Rock.*
V: *Haben Sie schon bestimmte Vorstellungen?*
K: *Nein, ich weiß nicht!*
V: *Möchten Sie einen einfarbigen Rock?*
K: *Nein, eigentlich nicht!*
V: *Soll es etwas Buntes sein?*

K: Das kommt darauf an!
V: Möchten Sie denn etwas Sportliches?
K: Sportlich, ... nicht direkt.
V: Möchten Sie einen eleganten Rock?
K: Nein, zu elegant soll er auch nicht sein!
V: (zeigt Kundin einen Pepitarock) Wäre dieser das Richtige?
K: Nein, der gefällt mir nicht.
V: Wie wäre es mit einem Faltenrock?
K: Ach, Faltenröcke mag ich nicht. Wissen Sie, ich überlege es mir noch einmal.
V: Gut, auf Wiedersehen.
K: Auf Wiedersehen!

In diesem Beispiel formuliert die Verkäuferin acht Fragen, für welche die Kundin noch gar nicht „reif" war. Die Fragen dieser Verkäuferin sind schlechte Grundlagen für die Ermittlung des Kundenwunsches. Sie beginnen mit einem Verb (Tätigkeitswort) und zwingen die Kunden, mit „Ja" oder „Nein" zu antworten (Entscheidungsfragen). Diese Antworten helfen Ihnen bei der Wunschermittlung kaum weiter. Sie erhalten so kaum Informationen. Ein in dieser Art und Weise geführtes Verkaufsgespräch kostet Zeit. Sie benötigen zu viele Fragen, um die Wünsche Ihrer Kunden zu erfahren. Ein Verkäufer, der so vorgeht, hat keinen Respekt vor der Zeit der Kunden.

Sehen Sie sich die Fragen genauer an! Auf alle Fragen kann die Kundin nur mit „ja" oder „nein" antworten. Wenn das nicht geht, wie in unserem Beispiel, weicht sie aus. Antworten wie „eigentlich nicht" helfen der Verkäuferin nicht weiter.

Beispiel B:

V: Wie kann ich Ihnen helfen?
K: Ich suche einen Rock.
V: Zu welcher Gelegenheit möchten Sie den Rock tragen?
K: Ich brauche ihn für die tägliche Arbeit im Büro!
V: Und worauf legen Sie Wert?
K: Er soll ziemlich neutral aussehen.
V: (zeigt Kundin einen hellroten Rock) Diesen Rock können Sie zu allen Gelegenheiten tragen. Er ist knitterarm, und Sie können ihn selbst waschen.
K: Ja, so etwas Ähnliches habe ich mir vorgestellt.

Wenn Sie die Fragen der Verkäuferin im Fall B untersuchen, stellen Sie fest, dass ihre Fragen mit einem Fragewort eingeleitet werden. Als Antwort auf Fragen dieser Art erhalten Sie konkrete Informationen, auf denen Sie weiter aufbauen können. Solche Fragen „eröffnen" das Verkaufsgespräch.

Beispiele für „eröffnende" Fragen:
- **W**ie viele Plätze wollen Sie eindecken? (Besteck)
- **W**elche Sportarten betreiben Sie? (Sportschuh)
- **W**ie alt ist Ihr Enkelkind? (Spielzeug)
- **W**ozu wollen Sie das Öl verwenden? (Speiseöl)
- **W**as wollen Sie damit reinigen? (Putzmittel)

20. Schritt: Sie ermitteln die Wünsche Ihrer Kunden

- *Für wen ist das Gerät gedacht? (Blutdruckmessgerät)*
- *Zu welchem Anlass soll das Geschenk sein? (Präsentkorb)*
- *Für welche Arbeiten benötigen Sie das Gerät? (Elektrowerkzeug)*

Die W-Frage ist der Schlüssel zum Kundenwunsch!

Abb. 20.1

Durch eröffnende Fragen erhalten Sie sehr schnell die Informationen, die Sie brauchen, um Ihren Kunden geeignete Waren anbieten zu können. Je früher der Kunde Ware oder Anschauungsmaterial sieht, desto schneller und leichter kann er eine Kaufentscheidung treffen.

▶ So ermitteln Sie Kundenwünsche

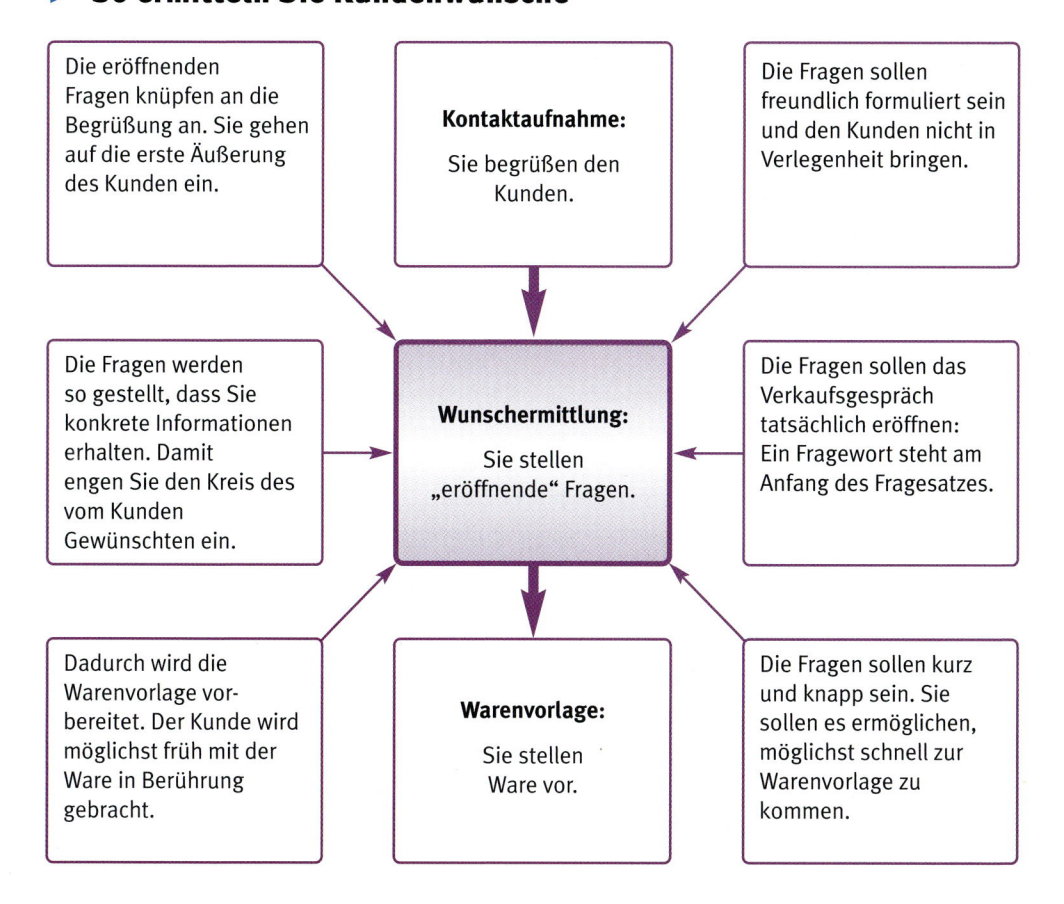

Kontaktaufnahme: Sie begrüßen den Kunden.

- Die eröffnenden Fragen knüpfen an die Begrüßung an. Sie gehen auf die erste Äußerung des Kunden ein.
- Die Fragen sollen freundlich formuliert sein und den Kunden nicht in Verlegenheit bringen.

Wunschermittlung: Sie stellen „eröffnende" Fragen.

- Die Fragen werden so gestellt, dass Sie konkrete Informationen erhalten. Damit engen Sie den Kreis des vom Kunden Gewünschten ein.
- Die Fragen sollen das Verkaufsgespräch tatsächlich eröffnen: Ein Fragewort steht am Anfang des Fragesatzes.

Warenvorlage: Sie stellen Ware vor.

- Dadurch wird die Warenvorlage vorbereitet. Der Kunde wird möglichst früh mit der Ware in Berührung gebracht.
- Die Fragen sollen kurz und knapp sein. Sie sollen es ermöglichen, möglichst schnell zur Warenvorlage zu kommen.

Arbeitsaufgaben

1. Erklären Sie den Unterschied von Entscheidungsfragen und eröffnenden Fragen an einem von Ihnen gewählten Beispiel!

2. Untersuchen Sie die Ermittlung des Kundenwunsches in diesem Verkaufsgespräch:
   Eine Kundin betritt das Geschäft. Eine Verkäuferin geht lächelnd auf sie zu und begrüßt sie freundlich:
   V: Guten Tag, kann ich Ihnen helfen?
   K: Guten Tag, ich suche ein paar Schuhe.
   V: Ja gern! Haben Sie an etwas Bestimmtes gedacht?
   K: Eigentlich noch nicht. Ich wollte mich nur einmal umsehen, was Sie so da haben.
   V: Möchten Sie denn lieber einen eleganten Schuh, oder darf er etwas sportlich gearbeitet sein?
   K: Das weiß ich noch nicht so genau, er muss mir nur gefallen.
   V: Soll er denn eine bestimmte Farbe haben?
   K: Ich weiß nicht. Ich müsste mir die Schuhe erst einmal ansehen.
   V: Möchten Sie einen Schuh mit Ledersohle?
   K: Das kommt darauf an . . .
   a) Notieren Sie die Fehler der Verkäuferin!
   b) Wie hätten Sie den Wunsch der Kundin erfragt? Schreiben Sie das Verkaufsgespräch so auf, wie Sie es geführt hätten!

3. Erarbeiten Sie je drei eröffnende Fragen für folgende Kundenwünsche:
   a) „Ich schaue nach einem Fahrrad!"
   b) „Also, mein Neffe will einen Ball."
   c) „Haben Sie gute Füllfederhalter da?"
   d) „Ich brauche eine Schachtel Pralinen."

Training

Üben Sie in Partnerarbeit die Ermittlung des Kundenwunsches an folgenden Beispielen:
   a) Ein älterer Herr sucht eine Stehlampe.
   b) Eine junge Dame wünscht eine Tischdecke.
   c) Ein Jugendlicher will ein Sweat-Shirt kaufen.
   d) Eine ältere Dame möchte sich über DVD-Player informieren.
   e) Ein etwa 18-jähriges Mädchen möchte Zierfische kaufen.
   f) Ein ca. 30-jähriger Mann interessiert sich für Personal Computer.
   g) Eine Hausfrau fragt nach Sherry.

1. Spielen Sie mit wechselnden Rollen die Ermittlung des Kundenwunsches!
2. Nehmen Sie Ihr Gespräch auf, und kontrollieren Sie, ob Ihre Fragen richtig gestellt sind: eröffnend und zielgerichtet!
3. Führen Sie Ihr Gespräch in der Klasse oder Gruppe vor, und sammeln Sie Alternativ- und Verbesserungsvorschläge!

21. Schritt: Sie sprechen bei der Warenvorlage die Sinne Ihrer Kunden an

Zielangabe

In diesem Schritt
- lernen Sie, wann Sie Waren vorlegen und mit welcher Anzahl Sie beginnen
- wird Ihnen deutlich, von welcher Preislage Sie bei der Warenvorlage ausgehen
- erfahren Sie, wie Sie Ihr Warenangebot ansprechend vorführen
- trainieren Sie die sachgemäße Warenvorlage an Beispielen.

Einstieg

Illustrationen: Chaval in „Cartoon Classics", Diogenes Verlag

Abb. 21.1

> **Lehrtext**

Der Kunde in der **Abb. 21.1** wird wahrscheinlich dem Verkäufer versprechen, es sich noch einmal zu überlegen, und er wird nicht wiederkommen. Wollen Sie diesen Fehler vermeiden und Ihren Kunden Waren gekonnt vorlegen, so müssen Sie folgende Fragen beantworten:

1. Wann lege ich meinen Kunden Ware vor?
2. Wie viele Artikel biete ich meinen Kunden an?
3. Mit welcher Preislage beginne ich bei der Warenvorlage?
4. Wie führe ich das Warenangebot meinen Kunden vor?

▶ Wann lege ich meinen Kunden Ware vor?

Nach erfolgreicher Kontaktaufnahme nennen die Kunden ihre Wünsche, oder Sie erfahren diese durch gezielte Fragen (eröffnende Fragen). Sie können sich jetzt auf diese Kunden einstellen und die für sie geeignete Ware aussuchen. Verlieren Sie nicht zu viele Worte, sondern zeigen Sie umgehend die Ware, die in Frage kommt.

Reden ist Silber, Zeigen ist Gold!

▶ Wie viele Artikel lege ich meinen Kunden vor?

Ihre Kunden erwarten von Ihnen eine gewisse Auswahl. Sie möchten die einzelnen Angebote miteinander vergleichen, um das für sie Richtige auswählen zu können. Bieten Sie Ihren Kunden zu wenig Angebote, so fehlen ihnen Vergleichsmöglichkeiten. Dabei kann der Eindruck entstehen, Ihr Geschäft hätte nicht genügend Auswahl oder Sie hätten kein Interesse am Verkauf. Unterbreiten Sie ihren Kunden zu viele Angebote, so werden sie verunsichert: „Wer die Wahl hat, hat die Qual!" Erfahrungen haben gezeigt, dass drei Angebote nicht zu viel und nicht zu wenig sind.

Natürlich gibt es Waren, die Sie nicht „vorlegen" können (z. B. Kraftfahrzeuge, Großgeräte, Zierfische). „Vorlegen" heißt in diesen Fällen, dass Sie die Ware verkaufgerecht präsentieren.

Beispiel:
Sie führen Kunden zu den Kühl-Gefrier-Kombinationen oder zu den Aquarien mit den Zierfischen.

Bei der Konfrontation (Gegenüberstellung) der Kunden mit der Ware sollten Sie die Kunden aufmerksam beobachten. An deren Reaktion können Sie ablesen, ob Sie mit Ihrem Angebot richtig liegen. Reagiert ein Kunde mit Ablehnung, ersetzen Sie die vorgelegte Ware durch andere Artikel.

Aller guten Dinge sind drei!

21. Schritt: Sie sprechen bei der Warenvorlage die Sinne Ihrer Kunden an

▶ Mit welcher Preislage beginne ich bei der Warenvorlage?

Beurteilen Sie Ihre Kunden nie nach dem Äußeren. Erscheinung oder Kleidung der Kunden stimmen mit der Kaufkraft häufig nicht überein. Wenn Sie Ihren Kunden zunächst zu preiswerte Angebote unterbreiten, so sind diese möglicherweise gekränkt darüber, dass Sie ihnen so etwas „Billiges" anzubieten wagen. Siedeln Sie Ihr Angebot in der höchsten Preisklasse an, so sind Ihre Kunden vielleicht entsetzt darüber, wie teuer Ihr Angebot ist. Beginnen Sie deshalb bei der mittleren Preisklasse. Sie können dann je nach Reaktion Ihrer Kunden nach oben oder unten ausweichen.

Die goldene Mitte!

▶ Wie führe ich das Warenangebot meinen Kunden vor?

Wir nehmen unsere Umwelt über unsere Sinne (Hörsinn, Sehsinn, Geschmackssinn, Geruchssinn, Tastsinn) wahr. Schon durch die Warenpräsentation sollen mehrere Sinne der Kunden angesprochen werden **(6. Schritt)**. Bei der Vorlage von Waren sollten Sie daran anknüpfen und möglichst viele Sinne der Kunden ansprechen. Je mehr Sinne eingeschaltet sind, um so intensiver ist das Erleben.

Mehrere Sinne ansprechen!

sehen	Anschauen der Kamera, Blick durch den Sucher	Anblick des Designs und der Technik	Aussehen des Spielzeugs
hören	Geräusch beim Auslösen	Funktionsgeräusch beim Füllen der Flasche	–
fühlen	Gefühl der Kamera vor dem Auge, Betätigung der Bedienungselemente	Betätigung der Bedienungselemente	Streicheln des Fells, Kuscheln
riechen/ schmecken	–	Probieren frisch gesprudelten Wassers	Eigengeruch des Spieltieres

Abb. 21.2: Beispiele für die Ansprache der Sinne

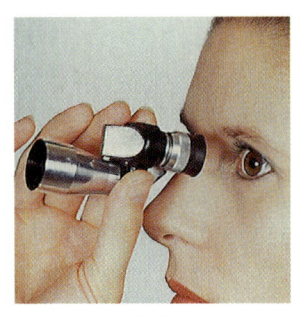

Sehsinn

Über 80 % aller Eindrücke nehmen wir durch das Auge auf. Täglich prüfen wir das Wetter, erleben einen gedeckten Tisch, lesen die Zeitung oder betrachten die Schaufensterauslagen. Im Verkaufsgespräch müssen Sie den Sehsinn der Kunden besonders intensiv ansprechen. Es ist ein großer Unterschied, ob Sie mit der Hand auf eine Bleikristallvase zeigen oder ob Sie die Vase ins Licht halten, langsam drehen und dabei den schönen Schliff und die gelungene Form demonstrieren. Gehen Sie mit Ware, die kostbar wirken soll, sorgfältig um, dann werden auch Ihre Kunden überzeugt sein, dass Sie Ihnen gute Ware vorlegen. Zeigen Sie Ihre Ware so, dass deren Wert zur Geltung kommt. Unterstreichen Sie Ihre Demonstration durch entsprechende Gesten und Hinweise. Ihre Kunden müssen das Angebot über Ihre Augen hundertprozentig wahrnehmen können. Einmal sehen ist mehr, als zehnmal hören. Bei vielen, meist technischen Waren kann das Auge nicht das Wesentliche erfassen, weil es eingebaut, versteckt oder nicht zugänglich ist. Damit die Kunden dennoch eine Anschauung gewinnen können, stellen viele Hersteller Demonstrationsmaterial (z. B. Schnittmodelle) zur Verfügung.

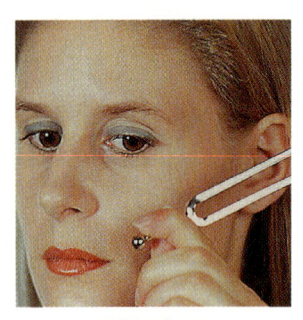

Hörsinn

Unterstützen Sie Ihre Warenvorlage durch ein gut aufgebautes Verkaufsgespräch. Heben Sie Besonderheiten Ihres Angebotes hervor, und geben Sie Ihren Kunden genau bemessene Informationen, die sie nicht überfordern. Sprechen Sie dabei langsam und anschaulich. So ermöglichen Sie Ihren Kunden, die einzelnen Schritte der Warenvorlage nachzuvollziehen und zu verstehen.

Würden Sie eine Stereoanlage kaufen, wenn der Verkäufer es versäumt, Ihnen den „vollen Sound" der Anlage zu vermitteln? Führen Sie deshalb Waren, wenn es geht, akustisch vor. Bei CDs, Musikinstrumenten und Phonogeräten ist das selbstverständlich. Aber auch in diesen Fällen kann die Ware das Ohr des Kunden direkt erreichen:

- Der feine Klang geschliffener Gläser macht sie kostbar.
- Der kraftvolle „Sound" eines Motorrades weckt den Wunsch, es zu fahren.
- Das leise Arbeitsgeräusch eines Staubsaugers oder eines Rasenmähers entspricht besonderen Kundenerwartungen.
- Das satte Geräusch beim Schließen einer Autotür erweckt Vertrauen in eine solide Technik.

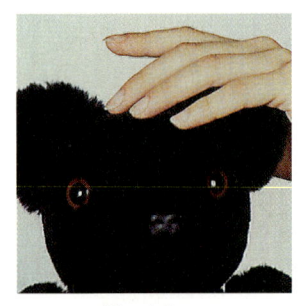

Tastsinn

Wir nehmen Dinge nicht nur über die Augen oder Ohren wahr, sondern auch über den Tastsinn. Beteiligen Sie Ihre Kunden aktiv am Verkaufsgeschehen. Geben Sie ihnen deshalb die Waren in die Hand, damit sie die Ware mit dem Körper erfahren. Lassen Sie prüfen, wie fein sich das Gewebe eines Stoffes anfühlt oder wie bequem der Ledersessel für sie ist. Um Ware zu kaufen, müssen Kunden sie „begreifen"! Je eher sie erkennen, wie einfach sich technische Geräte bedienen lassen oder wie viel Freude es macht, mit einem Spielzeugauto zu fahren, desto mehr werden sie sich mit der Ware identifizieren.

21. Schritt: Sie sprechen bei der Warenvorlage die Sinne Ihrer Kunden an

Den Geruch einer Ware können Sie als Verkäufer nur sehr schwer beschreiben. Lassen Sie deshalb Ihre Kunden z. B. den Duft von Parfüms oder Seife und das Aroma von Gewürzen oder frisch geröstetem Kaffee einatmen. Im umgekehrten Fall sollten Sie darauf achten, dass unangenehme Gerüche die Nase des Kunden nicht erreichen. Strenger Geruch von Käse, Fisch und verdorbenen Waren ist nichts für empfindliche Nasen.

Geruchssinn

Ähnlich wie beim Geruchssinn können Sie den Geschmackssinn Ihrer Kunden nur in wenigen Branchen ansprechen. Wie gut ein frisches Brot, Kuchen, Wurst, Wein oder Käse schmecken, können Ihre Kunden am besten über eine Kostprobe erfahren. Gerade bei neu eingeführten Waren sollten Sie auf diese Ansprache der Sinne nicht verzichten.

Geschmackssinn

Eine gelungene Warenvorlage:
- steigert die Aufmerksamkeit der Kunden
- spricht mehrere Sinne der Kunden an
- erhöht die Anschaulichkeit
- verkürzt das Verkaufsgespräch
- erleichtert den Kunden die Auswahl
- fördert den Kaufwunsch.

Das Ergebnis: schneller Kaufabschluss und zufriedene Kunden!

Arbeitsaufgaben

1. Beurteilen Sie folgendes Verkaufsgespräch in einem Elektrofachgeschäft!
   V: Was soll es denn sein?
   K: Ich brauche einen Föhn.
   V: (entnimmt aus einem Regal einen Föhn)
   Diesen Föhn kann ich Ihnen empfehlen. Ein Markengerät, bei dem wir noch nie Reklamationen hatten. Er ist sehr gut verarbeitet und auch sehr formschön.
   K: Was kostet dieser Föhn?
   V: 69 €.
   K: Das ist aber teuer!
   V: Qualität hat ihren Preis. Ich kann Ihnen aber auch billigere Geräte zeigen.
   K: Ja?
   V: (holt einen zweiten Föhn)
   Dieser Föhn kostet 19 €. Sie können ihn natürlich nicht mit den anderen Geräten vergleichen. Er hat nur 300 Watt.
   K: Der gefällt mir nicht. Ich überlege es mir noch einmal.
   a) Welche Fehler macht dieser Verkäufer? Notieren Sie die Mängel!
   b) Welches Verhalten empfehlen Sie dem Verkäufer? Schreiben Sie Ihren Vorschlag auf!

2. Begründen Sie folgende Verkaufsstrategien schriftlich:
   a) Ich bringe den Kunden schnell mit der Ware in Kontakt.
   b) Ich lege meinem Kunden in der Regel ca. drei Angebote vor.
   c) Ich beginne beim Warenangebot in der mittleren Preisklasse.
   d) Ich behandle meine Ware im Verkaufsgespräch so, dass ihr Wert zur Geltung kommt.
   e) Ich versuche während des Verkaufsgespräches, mehrere Sinne meiner Kunden anzusprechen.

Training

1. Üben Sie die Warenvorlage mit Artikeln, die jeder mit sich führt oder die in der Schule vorrätig sind:
   Motorradhelme, Armbanduhren, Schultaschen, Jacken oder Blousons, Brillen.
   a) Notieren Sie zunächst, auf welche Weise Sie möglichst viele Sinne ansprechen können!
   b) Bilden Sie Zweiergruppen, und legen Sie Ihrem Partner die Ware fachgerecht vor. Wechseln Sie anschließend die Rollen!
   c) Führen Sie die Warenvorlage in der Klasse oder in der Gruppe vor!

2. Planen Sie ein Büfett für Käse, Wurst, Obst oder Salate, das besonders ansprechend gestaltet werden soll. Verteilen Sie die Vorbereitungen auf einzelne Gruppen, und verwöhnen Sie gegenseitig Ihre Sinne!

Abb. 21.3

3. Demonstrieren oder erläutern Sie je nach Ausbildungssortiment die Ansprache der Sinne an Beispielen aus Ihrem Bereich, z. B.:
   - *Verkostung unterschiedlicher Säfte*
   - *Duftbar mit Testern und Proben*
   - *Demonstrationswand mit Dübelarten*
   - *Modenschau*
   - *Vergleichstest bei Geräten*
   - *Vorlage von Mobiltelefonen* **(Abb. 21.3).**

4. Fertigen Sie eine Video-Aufzeichnung der praktisch durchgeführten Vorlagen aus Trainingsaufgabe 3 an.
   Betrachten Sie die Aufzeichnung in der Klasse bzw. Lerngruppe, und beurteilen Sie,
   - *ob die Ansprache der Sinne vielseitig und gelungen ist*
   - *ob die Sprache angemessen eingesetzt wird*
   - *ob eine freundliche Zuwendung erkennbar ist!*

22. Schritt: Sie leiten aus Warenmerkmalen Nutzungseigenschaften ab

Zielangabe

In diesem Schritt
- erfahren Sie, wie Sie aus Warenmerkmalen Nutzungseigenschaften ableiten
- lernen Sie, „Fachchinesisch" und „Verkaufsphrasen" zu vermeiden
- üben Sie die Übersetzung von Warenmerkmalen in Nutzungseigenschaften.

Einstieg

> Ein Supergerät mit professioneller Ausstattung: 110 cm Premium Dark Screen-total-flat-Bildschirm, 500 Seiten Megavideotext, 2 x 50 Watt Musikleistung, digitale Rauschunterdrückung, All in one-Fernbedienung, 16:9 Formatumschaltung, Bass Boost, 3 x Scart-AV, Auto-Standby, ...

Abb. 22.1

Lehrtext

Der Verkäufer in der Zeichnung hat den Kunden mit technischen Daten überhäuft und offensichtlich überfordert. Es ist dem Verkäufer nicht gelungen, die Vorteile, die das angebotene Fernsehgerät bietet, seinem Kunden deutlich zu machen, um so den Entscheidungsprozess des Kunden zu erleichtern.

▶ Wie übersetzen Sie Warenmerkmale in Nutzungseigenschaften?

Ihre Kunden kaufen die Ware wegen des Nutzens, den sie aus ihr ziehen. Verwandeln Sie deshalb Warenmerkmale in Argumente, aus denen Ihre Kunden den Nutzen erkennen können.

Abb. 22.2

Eine Ware verfügt in der Regel über mehrere Warenmerkmale, und Ihr Kunde erwartet einen Nutzen, den er aus diesen Merkmalen ziehen kann.

Beispiel: Akku-Rasierer

1. Stufe Warenmerkmal	2. Stufe Nutzungseigenschaften der Ware
Wahlweise Akku- und Netzbetrieb	Der Rasierer lässt sich über die Steckdose, aber auch netzunabhängig über den Akku bedienen.
LCD-Kontrollanzeige	Wird der Akku benutzt, zeigt die Kontrollanzeige an, wie lange er noch einsatzbereit ist.
Doppelscherfolie und Schwungkopf	Er passt sich der Gesichtskontur problemlos an.
Ausfahrbarer Langhaarschneider	Mit einem Fingerdruck kann der Langhaarschneider funktionsfähig gemacht werden.
Schnell-Ladevorrichtung	Wird der Rasierer nur eine Stunde an das Stromnetz angeschlossen, so ist der Akku wieder aufgeladen.

22. Schritt: Sie leiten aus Warenmerkmalen Nutzungseigenschaften ab

Im Verkauf haben Sie die Aufgabe, die Eigenschaften und Merkmale Ihrer Ware so zu übersetzen, dass der Nutzen deutlich wird. Dazu benötigen Sie Fachwissen. Sie müssen aber nicht jedem Kunden beweisen, dass Sie als Experte mit Fachbegriffen aus Ihrer Branche umgehen können und schwierige technische Zusammenhänge sofort durchschauen. Drücken Sie sich so aus, dass Sie jeder Nicht-Fachmann verstehen kann.

Sagen Sie nicht:	Sagen Sie stattdessen:	Leiten Sie Nutzungseigenschaften daraus ab:
Dolby	Rauschunterdrückungssystem	„Die Aufnahmen werden brillanter, weil das Grundrauschen unterdrückt wird!"
Seladon-Porzellan	grünes Farbporzellan	„Bei diesem Farbporzellan ist der Scherben getönt. Daraus ergeben sich interessante Einzelstücke!"
Liquid Cristal Display (LCD)	Flüssigkeits-Kristallanzeige	„Diese Energie sparende Anzeige kann man auch bei Lichteinfall gut ablesen."
Surimi	Krebsfleischimitat	„Sie haben den krebsähnlichen Geschmack, sparen aber dabei Geld."

▶ Wie vermeiden Sie Verkaufsphrasen?

Beispiel aus einem Textilfachgeschäft:

Eine Verkäuferin zeigt ihrer Kundin einen Pullover und stellt die Ware so vor: „Hier habe ich einen schicken Pulli! Dieses Modell haben wir sehr gut verkauft. Ich trage ihn selbst. Wir haben ihn erst vor vier Wochen hereinbekommen. Ich kann Ihnen den Pullover nur empfehlen. Er ist aus sehr gutem Material und leicht zu pflegen."

In diesem Verkaufsgespräch hat die Verkäuferin Verkaufsphrasen verwendet. Verkaufsargumente, aus denen die Kundin persönlichen Nutzen oder Vorteile erkennen kann, fehlen. Kunden beklagen sich häufig über nichts sagende und pauschale Formulierungen im Verkauf („Verkäufer-Bla-Bla" oder Verkaufsphrasen). Sie vermissen fachliche Hinweise, die ihnen bei ihrer Kaufentscheidung helfen. Verkaufsphrasen lösen eher Kaufwiderstände aus und stellen einen möglichen Kauf in Frage.

Beispiele für Verkaufsphrasen:

„Das sieht schick aus." *„Gute Qualität!"*
„Kann ich Ihnen empfehlen." *„Gut verarbeitet!"*
„Wird gerne gekauft!" *„Prima Material!"*
„Benutze ich selbst." *„Sehr schön!"*
„Ein ganz neues Produkt!" *„Leicht zu pflegen."*

Es ist sicher anstrengend, jeden Tag viele Kunden mit unterschiedlichen Bedürfnissen und Wünschen zu bedienen. Wie bequem ist es da für den Verkäufer, sich mit Redewendungen aus Routine zu helfen! Häufig verwenden Verkäufer auch Verkaufsphrasen, weil sie nicht bei der Sache sind. Aber jeder Kunde möchte ernst genommen werden und sein individuelles Einkaufsproblem gelöst haben.

22. Schritt: Sie leiten aus Warenmerkmalen Nutzungseigenschaften ab

Abb. 22.3

Beispiel:

Ein Kunde beschäftigt sich intensiv mit einem Tennisschläger. Die Verkäuferin stellt gedankenlos die Frage: „Suchen Sie etwas Bestimmtes?"

Durch solche oder ähnliche „Verkaufsgespräche" gewinnen die Kunden den Eindruck, Verkäufer könnten oder wollten sich auf ihre Probleme nicht einstellen. Verwenden Sie keine Phrasen! Ihre Kunden unterstellen Ihnen sonst mangelndes Fachwissen und oberflächliche Behandlung.

Vertiefen Sie Ihre Kenntnisse über Ihre Waren. Nur der Verkäufer oder Kundenberater, der seine Ware genau kennt, kann seinen Kunden Nutzungseigenschaften als überzeugende Kundenberatung liefern.

Gehen Sie auf alle Kunden individuell ein. Hören Sie genau auf das, was Ihre Kunden sagen. Dann erkennen Sie, welche Argumente sie am meisten interessieren und ansprechen.

Bespiel:

*Ein Kunde fragt bei einem Hemd nach:
„Ist die Pflege nicht zu aufwändig?"*

Verkäufer Flach:	**Verkäufer Stark:**
Da brauchen Sie sich echt keine Gedanken zu machen! Das ist ein Spitzenhemd, und es sieht einfach Klasse aus!	Dieses Hemd aus einem Baumwoll-Polyester-Gemisch ist besonders pflegeleicht. Man kann es selbst leicht waschen, es trocknet schnell, und man braucht es nicht zu bügeln.

Sind Sie sicher, dass Sie keine Verkaufsphrasen verwenden? Bitten Sie eine Kollegin oder einen Kollegen, Sie zu beobachten. Lassen Sie sich auf Fehler aufmerksam machen!

22. Schritt: Sie leiten aus Warenmerkmalen Nutzungseigenschaften ab

Arbeitsaufgaben

1. Verwandeln Sie die in **Abb. 22.1** verwendeten Fachausdrücke in Nutzungseigenschaften! Informieren sie sich über die verwendeten Fachausdrücke bei Experten oder in einer entsprechenden Betriebsanleitung.

2. Informieren Sie sich über fünf erklärungsbedürftige Waren Ihrer Branche. Übersetzen Sie die Warenmerkmale in Nutzungseigenschaften (siehe Beispiel Akku-Rasierer)!

3. Verkäufer Bräsig stellt Frau Günstermann ein Gerät vor:

   „*Es handelt sich um ein erstklassiges Markengerät mit Super-Technik und einer ganzen Menge von Funktionen. Es hat eine gute Qualität und wird gern gekauft. Bis jetzt hatten wir noch keine Beanstandungen. Es ist ein absoluter Renner und sieht echt stark aus. Damit können Sie nichts falsch machen!*"

   Notieren Sie Geräte, auf welche diese Beschreibung zutreffen könnte.

   Wählen Sie eines dieser Geräte aus, und beschreiben Sie die Warenmerkmale so, dass Nutzungseigenschaften deutlich werden!

Training

1. Führen Sie Ihrer Klasse ein Gerät so vor, dass deutlich wird, wie Warenmerkmale in Nutzungseigenschaften übertragen werden können!

2. Besorgen Sie sich Prospekte über zwei Artikel Ihrer Wahl. Verarbeiten Sie die darin enthaltenen Informationen zu Nutzungsvorteilen. Halten Sie Ihre Ergebnisse auf einer Kassette fest!

3. Sammeln Sie Fremdwörter und Fachbegriffe aus Ihrem Ausbildungssortiment, die für Laien unverständlich sind, und erklären Sie die Nutzungseigenschaften, die sich aus diesen Begriffen ableiten lassen!

23. Schritt: Sie übersetzen Nutzungseigenschaften in kundenbezogene Verkaufsargumente

Zielangabe

In diesem Schritt
- lernen Sie, Nutzungseigenschaften der Ware in kundenbezogene Argumente zu übersetzen
- wird Ihnen deutlich, was unter dem Sie-Stil zu verstehen ist
- erfahren Sie die Wirkung des Sie-Stils auf die Kunden
- üben Sie die Anwendung von kundenbezogenen Formulierungen.

Einstieg

... dann brauche ich ja wieder einen **Mann** dazu!

Bei diesem Rasenmäher kann **man** die Schnitthöhe leicht einstellen!

Abb. 23.1

23. Schritt: Sie übersetzen Nutzungseigenschaften in kundenbezogene Verkaufsargumente

Lehrtext

In unserem Einstieg hat der Verkäufer bei der Erklärung des Rasenmähers eine bestimmte Formulierung gewählt. Wir meinen, diese könnte durch eine bessere ersetzt werden.

Auch die Sprache hat bei der Kundenberatung den Zweck, eine Verbindung zwischen den Kunden und der Ware herzustellen.

Wählen Sie selbst die Formulierung aus, die Ihrer Meinung nach am besten geeignet ist, diese Verbindung zu schaffen:
- „Bei diesem Rasenmäher kann man die Schnitthöhe leicht einstellen."
- „Bei diesem Rasenmäher kann die Schnitthöhe leicht eingestellt werden."
- „Bei diesem Rasenmäher ist die Schnitthöhe leicht einstellbar."
- „Bei diesem Rasenmäher können Sie die Schnitthöhe leicht einstellen."

Sicherlich fällt Ihnen die Entscheidung nicht besonders schwer. Auch wir meinen, dass die letzte Formulierung am besten geeignet ist, die Kundin oder den Kunden anzusprechen. Dabei wird das Pronomen (Fürwort) in der Anredeform verwendet: Sie, Ihrer, Ihnen, so dass wir vom „Sie-Stil" sprechen können.

23. Schritt

Warenmerkmal → **Nutzungseigenschaft** → **kundenbezogenes Argument** → Problemlösung

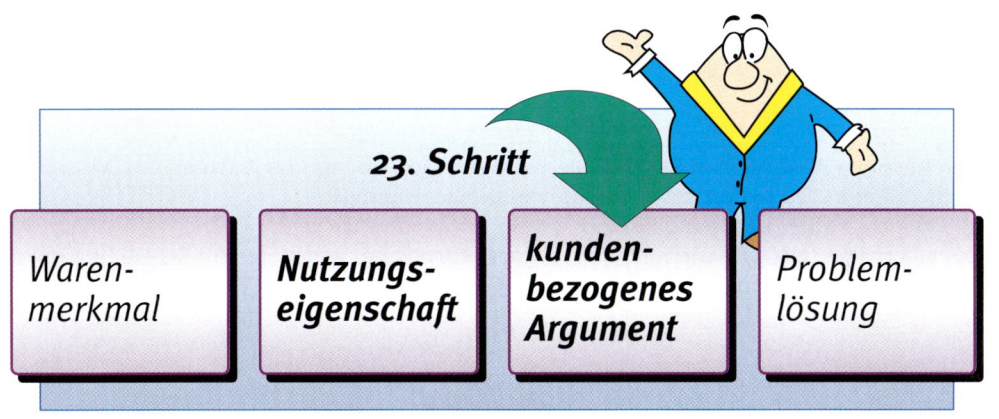

Abb. 23.2

▶ **Die Bedeutung des Sie-Stils**

Mit dem Sie-Stil wird eine kundenbezogene Sprache bezeichnet. Der Kunde wird direkt angesprochen, es wird eine unmittelbare Beziehung zwischen ihm und der Ware hergestellt.

Fast jede Nutzungseigenschaft von Waren lässt sich durch den Sie-Stil in eine kundenbezogene Formulierung übertragen. Wir zeigen Ihnen das am Beispiel „Bügeleisen FIT 2000". Aus Warenmerkmalen werden zunächst Nutzungseigenschaften, und diese werden durch den Sie-Stil in kundenbezogene Verkaufsargumente umgewandelt.

23. Schritt: Sie übersetzen Nutzungseigenschaften in kundenbezogene Verkaufsargumente

Beispiel. „Bügeleisen „FIT 2000"

Warenmerkmale	Nutzungs- eigenschaften	Kundenbezogene Verkaufsargumente
geringes Gewicht	Das Bügeleisen ist leicht und lässt sich mühelos lange Zeit benutzen.	Das Gewicht diese Bügeleisens belastet sie kaum. Sie können längere Zeit bügeln, ohne dass Ihnen der Arm weh tut.
kurze Aufheizzeit	Das Bügeleisen ist durch seine kurze Aufheizzeit schnell funktionsfähig.	Sie sparen Zeit durch die kurze Aufheizzeit.
stromsparend	Das Bügeleisen verbraucht wenig Strom.	Mit diesem Gerät sparen Sie Energie, Ihre Stromrechnung bleibt niedrig.
Temperaturregler mit Kontroll-Leuchte	Die Kontroll-Leuchte zeigt an, ob die eingestellte Temperatur erreicht ist.	Sie können jede gewünschte Temperatur für Ihre Wäsche einstellen. Die Kontroll-Leuchte zeigt Ihnen, wann die gewünschte Temperatur erreicht ist.

Den flüssigen Ausdruck im Sie-Stil erlernen Sie durch Übung und Anwendung. Vorschläge dazu finden Sie in den Arbeitsaufgaben und im Training.

Besonders wirksam wird die kundenbezogene Ansprache, wenn Sie den Sie-Stil mit einer Formulierung verbinden, die angenehme Empfindungen hervorruft **(Vorteilsformulierung)**.

Beispiel

statt so:

Durch die Pflegewirkung des Mittels bekommen Sie keine Pickel!

besser so:

Durch die Pflegewirkung des Mittels halten Sie Ihre Haut rein!

▶ Kundenbezogenes Argumentieren bei Besorgungs- und Geschenkkauf

Wenn ein Kunde Ware für eine andere Person kauft, ist es sinnvoll, auf diese Person bezogen zu argumentieren. Dann rücken Sie die Person, für die diese Ware bestimmt sein soll, in den Vordergrund.

23. Schritt: Sie übersetzen Nutzungseigenschaften in kundenbezogene Verkaufsargumente

Beispiel:

K: *Ich möchte eine Spieluhr für mein Patenkind!*

V: *Über diese Spieluhr von Baby-Toy wird sich Ihr Patenkind freuen. Der bunte Vogel wird ihm sicher gefallen. Außerdem kann sich Ihr Patenkind nicht verletzen, da die Mechanik ringsum weich gepolstert ist.*

K: *Ja, die gefällt mir. Was spielt sie denn?*

V: *(zieht die Spieluhr auf) Hören Sie selbst! Die Melodie wirkt auf das Kind beruhigend und entspannend.*

K: *Ja, das ist genau das Richtige für den Kleinen!*

Erweitern Sie Ihre Verkaufsargumente, wenn Sie den Sie-Stil beherrschen. Formulieren Sie Verkaufsargumente, bei denen Sie die Person, für die eine Ware bestimmt ist, in den Vordergrund stellen.

Arbeitsaufgaben

1. Übersetzen Sie die folgenden Angebote in den Sie-Stil. Gehen Sie in drei Stufen vor wie bei dem Beispiel „Bügeleisen FIT 2000".
   a) Bodenstaubsauger Klar-O-mat electronic
   Elektronische Saugregulierung (stufenlos); hohe Saugleistung (1700 Watt); Staubbeutel mit großem Fassungsvermögen; 6 m Kabellänge; automatische Kabelaufwicklung; flexibler Schlauch mit vier verschiedenen Düsen; leichte Beweglichkeit durch Rollen; erhältlich in vier verschiedenen Farben.
   b) Herrenhemd City exquisit
   Angenehme Trageigenschaft (100 % Baumwolle); vielseitig verwendbar (mit und ohne Krawatte); Formbeständigkeit durch Einlagen an Kragen und Manschetten; knitterarm; vollwaschbar bis 60 °C; mit der Herrenbekleidung des „City-Programms" gut kombinierbar.
   c) Städtetour zum Wochenende mit der Bahn
   Kurze Reisezeit unabhängig vom Wetter; freie Fahrt auf der Schiene (Umgehung des Wochenendverkehrs auf der Straße); bequemes Reisen (reservierter Platz, Speisewagen, Gepäckaufgabe); Verbindung direkt in das Zentrum der Städte; keine Parkplatzsuche; Hotelzimmer ist gebucht; Programmvorschlag und Theaterbuchungen auf Wunsch; Beitrag zur Energieeinsparung, Vermeidung von Umweltverschmutzung; Preisvorteil gegenüber normaler Rückfahrkarte.

2. Wählen Sie zwei Waren aus Ihrer Branche oder Ihrem Interessenbereich. Sammeln Sie zunächst die wichtigsten Daten und Merkmale. Übertragen Sie diese mit zwei Schritten in kundenbezogene Verkaufsargumente!

Training

1. Formulieren Sie als freie Rede im Sie-Stil:
   a) eine Anleitung zur Zubereitung von Spiegeleiern
   b) ein Rezept zur Herstellung von Obstsalat
   c) eine Gebrauchsanweisung für ein Haarfärbe- oder Tönungsmittel
   d) einen Hinweis zum Laden einer Heftzange mit Klammern.

2. Sprechen Sie nach mehreren Übungen Ihre Anweisungen auf Band. Überprüfen Sie selbst, ob Sie sich bereits flüssig im Sie-Stil ausdrücken können. Gehen Sie die Aufzeichnung gemeinsam in der Gruppe durch. Welche Formulierungen lassen sich noch verbessern? Akzeptieren Sie Vorschläge und Anregungen. Nehmen Sie eine verbesserte Fassung auf!

3. Wählen Sie eine Ware aus Ihrem Ausbildungssortiment, und stellen Sie diese in der Klasse oder Gruppe vor. Formulieren Sie kundenbezogen einmal mit der Anrede in der zweiten Person (ihr/euer), einmal mit der Anrede in der dritten Person (Sie/Ihr). Vergleichen Sie die Wirkung!

Abb. 23.3

4. Schneiden Sie aus einem alten Versandhauskatalog Warenangebote (Abbildungen mit Kurzbeschreibungen, wie die Beispiele in **Abb. 23.3**) heraus!

   a) Wählen Sie dabei drei Angebote von Waren Ihres Ausbildungssortiments.

   b) Kleben Sie die Angebote auf ein Blatt, und „übersetzen" Sie alle Angaben und Merkmale der Ware zunächst schriftlich in Nutzungseigenschaften und dann in kundenbezogene Verkaufsargumente.

   c) Sprechen Sie die Verkaufsargumente auf Band.

   d) Überprüfen Sie die Wirkung dieses „akustischen" Katalogs beim Abspielen der Aufzeichnung in der Klasse.

24. Schritt: *Sie bieten den Kunden Problemlösungen an*

Zielangabe

In diesem Schritt
- erkennen Sie, dass die Kunden mit Hilfe von Waren bestimmte individuelle Probleme lösen wollen
- lernen Sie, Einkaufsprobleme von Kunden zu erkennen
- üben Sie in Rollenspielen, den Kunden sachgemäße Problemlösungen anzubieten.

Einstieg

> Eine sehr gute Qualität und sehr solide verarbeitet. Sie können den Mantel sogar selbst in der Waschmaschine waschen!

Abb. 24.1

Lehrtext

Die Verkäuferin in der Abbildung hat die falschen Verkaufsargumente eingesetzt. Die Kundin wollte nicht lediglich einen praktischen Gegenstand, sondern mit dem Mantel die Geltung, das Ansehen oder die Bewunderung ihrer Bekannten erwerben. Waren sind nicht nur Handelsgegenstand, sondern bieten ihren Kunden Wunscherfüllung, Freude am Besitz und persönlichen Vorteil.

▶ Was wollen Ihre Kunden von Ihnen?

Ihre Kunden kaufen mit der Ware den Nutzen, den ihnen die Ware verspricht. „Nutzen" bedeutet aber nicht nur Gebrauchswert, sondern auch Schönheit, Anerkennung, Bewunderung, Geltung, Erfolg usw. Stellen Sie deshalb in Ihrer Verkaufsargumentation kundenbezogene Nutzungsvorteile vor die Warenmerkmale wie Herstellung, Verarbeitung und Material.

Für viele Kunden ist das, was sie kaufen wollen, nur Mittel zum Zweck. Deshalb ist es manchen Kunden gleich, wo die Baumwolle für den Mantel gewachsen ist und auf welche Weise sie verarbeitet wurde. Z. B. interessiert eine Kundin mehr, ob sie mit diesem Mantel auf der Herbstfahrt des Tennis-Clubs einen guten Eindruck machen kann.

Beispiele:

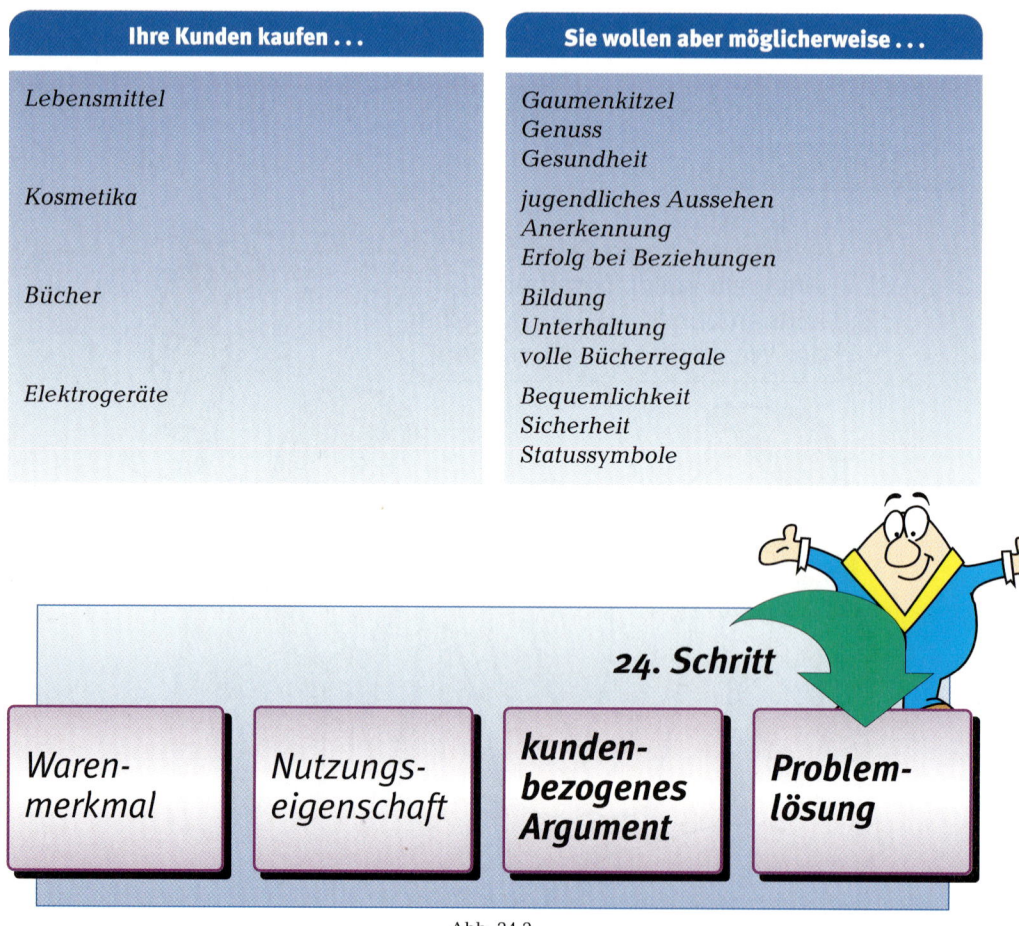

Ihre Kunden kaufen …	Sie wollen aber möglicherweise …
Lebensmittel	Gaumenkitzel Genuss Gesundheit
Kosmetika	jugendliches Aussehen Anerkennung Erfolg bei Beziehungen
Bücher	Bildung Unterhaltung volle Bücherregale
Elektrogeräte	Bequemlichkeit Sicherheit Statussymbole

Abb. 24.2

▶ **Sie helfen, die Probleme Ihrer Kunden zu lösen**

Ihre Kunden wollen nicht alle möglichen Nutzungseigenschaften einer Ware von Ihnen erwerben, sondern vor allem die Lösung ihrer individuellen Probleme. Denn jeder Mensch hat letztlich eine unterschiedliche Bedürfnislage. So sucht z. B. ein Kunde einen Trainingsanzug, den er beim Joggen tragen kann. Saugfähigkeit, Luftdurchlässigkeit und problemlose Pflege sind für ihn wichtig. Für einen anderen Kunden ist der Trainingsanzug eine modische Freizeitkleidung, in der er auf andere sportlich wirken möchte (**16. Schritt**). Deshalb müssen Sie aus der Menge der möglichen Argumente diejenigen herausfiltern, die sich auf das Problem des Kunden beziehen.

24. Schritt: Sie bieten den Kunden Problemlösungen an

Für Sie ist es wichtig, die Kaufgründe Ihrer Kunden durch gezielte Wunschfeststellung (**20. Schritt**) früh zu erkennen, um ihnen bei der Lösung ihrer Probleme helfen zu können. Ihre Aufgabe besteht also darin, sich in Ihre Kunden hineinzudenken, ihre Probleme aufzuspüren und ihnen Problemlösungen aufzuzeigen, die sie durch den Kauf einer Ware erreichen. Probleme Ihrer Kunden können Sie durch die Ware, aber auch mit Leistungen Ihres Betriebs lösen.

▶ 1. Problemlösungen, die aus der Ware selbst hervorgehen

a) Haltbarkeit
   Ein Kunde wünscht keine eleganten, sondern gut verarbeitete und robuste Schuhe, die lange halten.

b) Gesundheit
   Ein Kunde kauft Müsli, nicht weil es preiswert ist, sondern weil er gesundheitsbewusst leben möchte.

c) Bequemlichkeit
   Ein Kunde erwirbt ein schnurloses Komfort-Telefon, weil er überall in seinem Haus telefonieren möchte. Die übrigen Funktionen des Gerätes sind ihm völlig „schnuppe".

d) Pflege
   Ein Junggeselle wünscht bügelfreie Hemden, weil er nicht bügeln kann und Zeit sparen möchte. Das Material des verarbeiteten Stoffes interessiert ihn weniger.

e) Sicherheit
   Ein Kunde wünscht einen Kinderwagen mit wirksam funktionierenden Bremsen. Das Aussehen des Wagens ist ihm weniger wichtig als die Sicherheit seines Kindes.

f) Geschmack
   Eine Kundin kauft einen Stockschirm, nicht weil sie vor Regen geschützt werden will, sondern weil sie in das Farbmuster des Schirmstoffes vernarrt ist. Es passt ausgezeichnet zu ihrem neuen Kostüm.

g) Ansehen oder Wirkung
   Eine Kundin ist mollig und wünscht ein Kleid, in dem sie besonders schlank wirkt. Stoffqualität und Pflegeeigenschaften des Kleides stehen im Hintergrund.

▶ 2. Problemlösungen, die in den Leistungen Ihres Betriebs liegen

a) Serviceleistungen
   Ein Kunde sucht Ihr Geschäft auf, weil die Batterie seiner Uhr gewechselt werden muss.

b) Beratung
   Eine Kundin hat vor drei Monaten einen Mikrowellenherd erstanden. Bevor sie neues Geschirr einsetzt, fragt sie noch einmal nach.

c) Besorgungskauf
   Eine Kundin wünscht einen Pullover für eine alte Dame, die wegen ihrer Gebrechlichkeit nicht mehr einkaufen kann. Der Pullover soll so sein, wie ihn die alte Dame beschrieben hat. Außerdem soll er natürlich passen.

d) Bestellungskauf
   Ein Kunde sucht eine französische CD, die wir erst für ihn beschaffen müssen.

Beispiel für eine kundenbezogene Problemlösung:

Ein Kunde möchte auf sportliche und wetterunabhängige Weise schlank werden und bleiben.

Ihr Vorschlag: Heimtrainer „Ergometer"

viele Warenmerkmale	mehrere Nutzungsvorteile	zwei problemlösende Verkaufsargumente
Zwei Einsatzmöglichkeiten	→ Fahrrad- und Rudersimulation	→ „Sie können unabhängig vom Wetter zu Hause zwei Sportarten betreiben!"
Ruderfunktion des Lenkers	→ Stärkung der Armmuskulatur	
Elektronische Geschwindigkeitseinstellung	→ Verstellbar je nach Leistungsvermögen	
Kalorienverbrauchstabelle	→ Trainingseffekt ablesbar	→ „Nach jeder Trainingsphase können Sie schnell feststellen, wie viele Kalorien Sie verbraucht haben!"

Arbeitsaufgaben

1. Welche Nutzungseigenschaften müssen Sie bei folgenden Waren (Sitzgruppe, Obst, Freizeithose, Wintermantel, CD-Player) hervorheben? Nennen Sie mindestens drei Verkaufsargumente

    a) für einen gesundheits- und umweltorientierten Kunden

    b) für einen Kunden, der besonders preisbewusst ist

    c) für einen Kunden, der auf repräsentative Wirkung Wert legt!

2. Stellen Sie eine Liste mit je 10 Waren auf, bei denen die Problemlösung des Kunden schwerpunktmäßig

    a) durch die Ware selbst

    b) durch die Leistung eines Betriebs erfolgen kann.

Training

1. Setzen Sie die Situation aus der **Abb. 24.1** in ein Rollenspiel um, und führen Sie das Gespräch durch eine Problemlösung für die Kundin zu einem erfolgreichen Abschluss!

2. Zeigen Sie Ihrer Klasse im Rollenspiel, wie Sie die Probleme Ihrer Kunden lösen. Der Darsteller des Kunden soll dabei seine Probleme erst während des Verkaufsgesprächs dem Verkäufer mitteilen. Wählen Sie dazu Waren-Beispiele aus der 2. Arbeitsaufgabe!

25. Schritt: Sie beziehen Serviceleistungen verkaufswirksam ein

Zielangabe

In diesem Schritt
- erfassen Sie die Bedeutung von Serviceleistungen für den Kunden
- erkennen Sie den Umfang möglicher Service-Angebote
- beziehen Sie die Serviceleistungen in Ihr Angebot ein.

Einstieg

Von der „Service-Wüste" zur Dienstleistungs-Oase

Wir sichern unsere **Umsätze** und unsere **Arbeitsplätze**.

Abb. 25.1

Lehrtext

Befinden wir uns noch in der „Service-Wüste" oder sind wir schon auf dem Weg in die „Dienstleistungs-Oase"? Manchen Einzelhandelsbetrieben gelingt es nicht richtig, ihre Serviceleistungen den Kunden als besondere Dienstleistung bewusst zu machen. Serviceleistungen werden jedoch immer stärker nachgefragt. Im Jahr 2030 wird jeder zweite Mensch in Deutschland über 50 Jahre alt sein. Ältere Kunden sind bequemer und nehmen Service gern in Anspruch. Aber auch junge Kunden greifen zunehmend auf das Dienstleistungsangebot zurück.

Die Waren und Sortimente werden immer ähnlicher, aber die Serviceleistungen bieten eine Chance, sich zu profilieren und von den Mitbewerbern abzuheben. Insbesondere Einzelhändler, die Trading-Up betreiben, beziehen ein ausgeprägtes Dienstleistungsangebot in ihre Marketingstrategie mit ein. Dafür stehen die Schwerpunkte: Vertrauen aufbauen, Mehrwert schaffen und Kompetenz zeigen. Der Tabelle können Sie entnehmen, was das im Einzelhandel bedeuten kann.

• **Vertrauen aufbauen** Sie bemühen sich um ein besonderes Vertrauensverhältnis des Kunden zu „seiner" Einkaufsstätte.	*Geburtstagsgrüße übermitteln,* *zu Sonderaktionen einladen,* *Kundenzeitung zusenden,* *Reklamationen und Umtausch kulant regeln.*
• **Mehrwert schaffen** Sie machen auf anschauliche Weise deutlich, dass Sie Ihren Kunden mehr als nur „nackte" Waren anbieten.	*Servicescheck ausstellen,* *Einbauservice anbieten,* *Entsorgung von Altgeräten einbeziehen,* *Nachkaufgarantie gewähren.*
• **Kompetenz zeigen** Sie halten sich fachlich fit und zeigen Ihre Fähigkeiten in einer kompetenten kundenbezogenen Betreuung.	*Fachkompetent und ehrlich beraten,* *Kundenwünsche ernst nehmen,* *Kundeninteressen vertreten,* *Kundenbetreuung nach dem Kauf einplanen.*

▶ Vielfalt der Serviceleistungen

Von den Unternehmen in Handelsbereich werden sehr viele unterschiedliche Serviceleistungen angeboten. Art und Umfang der Serviceleistungen hängen im Wesentlichen von der Art der angebotenen Waren, also vom Sortiment, und der Geschäftspolitik ab. An dem Schaubild über das Service-Angebot eines Warenhauses können Sie die Vielfalt möglicher Serviceleistungen gut erkennen.

Abb. 25.2: Serviceangebot eines Warenhauses *Quelle: HERTIE*

25. Schritt: Sie beziehen Serviceleistungen verkaufswirksam ein

Ausrichtung und Art der Serviceleistungen	Aufgaben dieser Serviceleistungen
1. Warenbezogene Serviceleistungen • Gebrauchsanweisung und Vorführung • Anschluss, Montage, Einbau, Verlegung • Einstellung, Änderung, Justierung • Reparatur und Wartung • Bereitstellung von Zubehör und von Ersatzteilen	Sie erhöhen den Gebrauchswert der Ware, erhalten Güte, Funktionsfähigkeit und verlängern die Lebensdauer.
2. Informations- und transportbezogene Serviceleistungen • Information und Beratung (Gespräch, Kataloge, Internet) • Bestellannahme per Telekommunikation • Warenzustellung	Sie ermöglichen den Kunden bequeme Einkäufe.
3. Zahlungsbezogene Serviceleistungen • Kundenkarte • Kreditberatung • Mietkauf • Ratenzahlung	Sie eröffnen den Kunden einen finanziellen Spielraum.

▶ Serviceleistungen als Verkaufsargumente

Aus den angebotenen Serviceleistungen leiten Sie in der Kundenberatung Verkaufsargumente ab. Beachten Sie dabei die Erkenntnisse aus den vorangegangenen Schritten. Die Nutzungseigenschaften der Serviceleistung müssen für den Kunden erkennbar werden **(22. Schritt)**; die Formulierung soll kundenbezogen im Sie-Stil erfolgen **(23. Schritt)**.

Waren	Serviceleistungen	Verkaufsargumente
Kleiderschrank	Zustellung, Aufbau	„Unser Kundendienst übernimmt die Zustellung und den Aufbau für Sie. So sparen Sie Zeit und gehen sicher, dass der Schrank fachgerecht montiert wird!"
Moped	Reparatur, Wartung	„Unsere Werkstatt bietet Ihnen einen erstklassigen Reparaturservice. Außerdem warten wir Ihre Maschine regelmäßig. Dadurch erhalten Sie die Verkehrssicherheit Ihres Fahrzeugs!"
Haustier	Hundepension	„Wenn Sie in den Urlaub fahren, nehmen wir gerne Ihren Liebling in fachgerechte Pflege!"

▶ Problembezogener Einsatz der Serviceleistungen

Die Serviceleistungen müssen im Laufe des Verkaufsgesprächs zum richtigen Zeitpunkt einbezogen werden. Da die Ware im Mittelpunkt steht, werden Serviceleistungen erst dann angeboten, wenn der Kunde über die Ware ausreichend informiert ist. Wenn Sie mit Serviceleistungen argumentieren, sollten Sie darauf achten, dass Sie das Problem eines Kunden richtig erfassen. Bieten Sie mit Ihrem Service-Angebot eine Lösung für das Problem eines Kunden, so können Sie damit einen Anstoß für die Kaufentscheidung geben.

JEANSPASS

Sie haben Ihre **Lieblings-Jeans** gefunden, die sitzt und passt.
Also brauchen Sie bei Ihrem nächsten Einkauf nicht mehr lange suchen.
Sie legen einfach Ihren Jeanspass wieder vor.

Ihre Größe: 30/32
Ihr Style: Louisiana Edwin
Beraten hat Sie: C. Severin

Viel Jeansspaß und ein Dankeschön für Ihren Einkauf.

OUR WORLD IS MADE OF JEANS.

Abb. 25.3: Service-Beispiel „Jeans-Pass"

Beispiele:

	Probleme	Service-Angebote
Eine Kundin möchte eine Markise erwerben.	Sie fühlt sich nicht in der Lage, die Markise selbst zu montieren.	„Unser Kundendienst montiert die Markise schnell, sauber und fachgerecht. Das erspart Ihnen Arbeit und Mühe!"
Ein Kunde beabsichtigt, Lebensmittel für ein Gartenfest zu kaufen.	Er hat keinen Wagen und kann die Waren nicht im Bus transportieren.	„Stellen Sie Ihren Einkauf unbesorgt zusammen. Unser Lieferfahrzeug wird Ihnen die Ware pünktlich zustellen. Sie können unbeschwert weitere Einkäufe erledigen!"
Ein Kunde plant die Anschaffung einer Wärmepumpe für sein Eigenheim.	Er verfügt nicht über die notwendigen Mittel.	„Bitte nehmen Sie unsere Kreditberatung in Anspruch. Ich bin sicher, dass mein Kollege eine Lösung für Sie finden wird!"
Ein Kunde kann sich seine Konfektionsgrößen nicht merken.	Er probiert ungern mehrere Hosen im Geschäft aus.	„Sie haben Ihre Lieblings-Jeans gefunden, die sitzt und passt. Also brauchen Sie bei Ihrem nächsten Einkauf nicht mehr lange zu suchen. Sie legen einfach Ihren Jeans-Pass wieder vor."

Arbeitsaufgaben

1. Wählen Sie drei Warenarten aus Ihrem Ausbildungssortiment. Listen Sie dazu passende Serviceleistungen auf!

2. Formulieren Sie zu jeder aufgelisteten Serviceleistung ein Verkaufsargument im Sie-Stil!

3. Stellen Sie ein komplettes Service-Angebot für vier der 12 angeführten Waren zusammen:
   - *Fernsehgerät*
   - *Käsespezialitäten*
   - *Handarbeitsartikel*
   - *Tennisausrüstung*
   - *Porzellan-Service*
   - *Schlafzimmermöbel*
   - *Zierfische*
   - *Jogging-Schuhe*
   - *Gardinen*
   - *Personal Computer*
   - *Rasenmäher*
   - *Silber-Schmuck*

Training

1. Trainieren Sie den Einbau von Verkaufsargumenten mit Serviceleistungen in das Verkaufsgespräch. Benutzen Sie dazu ein Beispiel aus den Arbeitsaufgaben. Üben Sie wechselweise mit einem Partner!

2. Frau König passt keine der angebotenen Konfektionsgrößen. Das ausgesuchte Kleid ist zu weit geschnitten. Bauen Sie die möglichen Serviceleistungen so in Ihr Verkaufsgespräch ein, dass Frau König dem Kauf zustimmt. Üben Sie das Gespräch im Rollenspiel ein!

3. Zeichnen Sie ein Verkaufsgespräch aus Training 1 oder 2 auf Kassette auf. Spielen Sie der Gruppe oder Klasse das Ergebnis vor. Stellen Sie fest, wo die Argumente erfolgreich eingesetzt werden und wo noch Verbesserungen möglich sind!

26. Schritt: Sie setzen den Preis in Beziehung zur Leistung

Zielangabe

In diesem Schritt
- erkennen Sie, dass die Einschätzung des Preises als „zu hoch", „angemessen" oder „günstig" vom Wissen des Kunden über die Ware abhängt
- erfahren Sie bewährte Regeln für die Preisnennung
- erlernen Sie Methoden zum zweckmäßigen Einbau des Preises in Ihr Verkaufsgespräch
- trainieren Sie die Anwendung der Regeln und Methoden.

Einstieg

Abb. 26.1

Lehrtext

Vor dem Verkaufsgespräch steht die Ware **(Abb. 26.1)** in einem ungünstigen Verhältnis zum Preis. Der Kunde weiß noch nicht, welche Vorzüge und welcher Nutzen sich hinter dem Angebot des Verkäufers verbergen. Ihre Aufgabe ist es, die Leistungen der Ware als so interessant und für den Kunden nützlich anzubieten, dass sich die Waage in Bewegung setzt. Durch eine erfolgreiche Preisargumentation können Sie erreichen, dass der Kunde den Preis in Beziehung zur Leistung sieht. Er erkennt die Qualität der Ware in Relation zum Preis.

▶ **Wann nennen Sie den Preis im Verkaufsgespräch?**

Beispiel A:

K: *Fräulein, wie viel kostet dieser Schlafanzug?*
V: *49 €.*
K: *Oh, ist das teuer! Ich überlege es mir noch einmal. Auf Wiedersehen!*
V: *Auf Wiedersehen!*

26. Schritt: Sie setzen den Preis in Beziehung zur Leistung

Beispiel B:

K: Wie teuer ist dieser Schlafanzug?

V: Fassen Sie ihn doch bitte einmal an. Sie werden merken, wie weich und hautsympatisch er ist. Er kostet 49 €. Diesen Schlafanzug können Sie auch als Hausanzug tragen. Sie werden sich in diesem Schlafanzug wohl fühlen, da das Material sehr elastisch und bequem ist.

K: Sie haben recht! Der trägt sich bestimmt sehr gut, und er ist sehr kuschelig. Das gefällt mir!

Im ersten Verkaufsgespräch wurde der Preis isoliert genannt. Der Kundin erschien der Preis für den Schlafanzug zu hoch. Die Verkäuferin im zweiten Verkaufsgespräch hat sich richtig verhalten. Sie hat den Preis des Schlafanzuges mit den Nutzungseigenschaften in Verbindung gebracht. Die Kundin konnte erkennen, welche Nutzungsvorteile ihr die Ware bietet. Der Preis schien ihr deshalb gerechtfertigt. Nennen Sie den Preis erst dann, wenn der Kunde mit dem Nutzen einer Ware vertraut ist.

Ihre Kunden kaufen Waren, keine Preise. Der Wert einer Ware hängt für die Kunden davon ab, wie gut Sie diese über deren Nutzungseigenschaften informiert haben. Kunden, die sich nicht ausreichend über die Vorzüge der Waren informiert haben, lassen erkennen, dass ihnen der Preis als nicht angemessen erscheint. Sie verstecken diesen Vorbehalt häufig hinter folgenden Formulierungen:

> „Ich überlege mir das noch einmal in aller Ruhe."
> „Ich weiß nicht recht."
> „Ich muss das noch mit meiner Frau besprechen."

In diesen Fällen kann die Ursache darin liegen, dass der Verkäufer bei der Nennung des Preises Fehler gemacht hat. Beachten Sie deshalb die folgenden Grundsätze und Methoden.

▶ Wie beziehen Sie den Preis in das Verkaufsgespräch ein?

Den Begriff „teuer" bezieht der Kunde auf den Preis, „billig" meist auf die Qualität der Ware. Beide Begriffe wirken sich nachteilig aus. Umschreiben Sie deshalb die Begriffe durch andere Formulierungen.

Vermeiden Sie die Begriffe „billig" und „teuer"!

Statt „teuer":

- Für diese Matratze müssen Sie etwas mehr anlegen. Es ist eine robuste Federkern-Bandscheibenmatratze, die mit einer Rosshaar- und Schafwollabdeckung ummantelt ist. Sie schonen damit Ihren Rücken und tun etwas für Ihre Gesundheit.
- Dieser Wein kostet etwas mehr. Dafür wird Ihnen ein französisches Spitzenprodukt geboten, das aus besonders sorgfältig gelesenen Trauben gewonnen wurde.
- Diese Bohrmaschine ist ein Markengerät in Profiqualität. Sie besitzt ein abschaltbares Schlagwerk. Die dosierbare Steuer-Elektronik ermöglicht Ihnen punktgenaues Anbohren und Schrauben in Rechts- und Linkslauf. Wenn Sie mit dieser Maschine arbeiten, werden Sie es nicht bereuen, ein paar Euro mehr ausgegeben zu haben.

Statt „billig":

- *Durch die Verwendung von Plastikmaterial sind die Gartenstühle deutlich preiswerter.*
- *Zum Einkochen können Sie ohne weiteres Birnen der Handelsklasse II benutzen. Dabei sparen Sie Geld.*
- *Diese Werkzeugkästen sind besonders preisgünstig. Wir haben eine große Stückzahl eingekauft und geben den Preisvorteil an Sie weiter.*

Verbinden Sie den Preis mit wichtigen Vorzügen der Ware. Nur dann können die Kunden den Preis als angemessen einschätzen.

Nennen Sie nie „nackte" Preise!

Wenden Sie dabei folgende Methoden an:

1. Verzögerungsmethode

Verzögern Sie die Preisnennung solange, bis Sie durch eine überzeugende und kundenbezogene Argumentation Ihrem Kunden die richtige Beziehung zwischen Preis und Leistung deutlich gemacht haben. Aber Vorsicht: manche Kunden reagieren bei dieser Methode ungehalten! Sie verlangen eine klare Antwort auf ihre Frage.

Beispiel:

K: Was kostet dieser Holzschutzlack?

V: Dieser Lack ist lösungsmittel- und giftfrei. Er schützt Ihr Holz vor Schmutz und Feuchtigkeit. Die natürliche Maserung des Holzes wird hervorgehoben. Der Verbrauch ist sparsam, und die 50-ml-Dose kostet 9,95 €.

Abb. 26.2

2. Sandwich-Methode

Nach Ihrer Verkaufsargumentation wiederholen Sie kurz die wesentlichen Vorzüge der Ware und nennen dann den Preis – oder umgekehrt. Sie nennen erst den Preis und wiederholen anschließend den Kundennutzen **(Abb. 26.2)**.

Beispiel:

Diese Uhr ist stoßfest und wasserdicht. Sie kostet nur 59 €. Es ist eine Quarzuhr, die ohne Aufziehen genau und zuverlässig geht.

3. Nachteil-Vorteil-Methode

Häufig richten sich Einwände gegen den zu hohen Preis einer Ware. Sagen Sie Ihren Kunden, dass Waren mit einem niedrigeren Preis auch einen geringeren Nutzen und damit Nachteile mit sich bringen können (z. B. geringere Haltbarkeit, mangelnde Sicherheit, weniger Komfort).

Beispiel:

Sie haben recht, der Preis von 295 € erscheint auf den ersten Blick recht hoch. Diese Handkreissäge mit Führungssystem ersetzt Ihnen aber mehrere Werkzeuge. Sie können z. B. extrem dünne Abschnitte bei Türen und Brettern ausrissfrei vornehmen. Sie können präzise Lichtausschnitte aus Türen, Platten und Verkleidungen sägen. Außerdem können Sie das Gerät als Winkel-, Gehrungs- und Schattenfugensäge verwenden. Als Handwerker müssen Sie sich auf Ihre Geräte verlassen können. Diese Handkreissäge ist für den Profi-Einsatz geeignet, sehr sorgfältig verarbeitet und wartungsfrei. Diese Vorteile bieten Ihnen einfachere Geräte nicht!

▶ Machen Sie den hohen Preis zum entscheidenden Verkaufsargument!

Mit zunehmendem Wohlstand wird für viele Kunden die Qualität wichtiger als der Preis. Immer mehr Menschen sind bereit, für die Darstellung ihrer Person und ihres Lebensstils mehr Geld auszugeben. Aus der Preislage der Ware ziehen die Kunden einen Zusatznutzen, der sich auf Prestige und Geltung bezieht. Für solche Kunden kann der hohe Preis eines repräsentativen Artikels zum schlagenden Verkaufsargument werden.
Er signalisiert den Kunden:

„*Ich kaufe etwas Besonderes, Wertvolles, Repräsentatives.*"

„*Ich gönne mir etwas, was sich nicht jeder leisten kann.*"

Wenn Sie erkennen, dass bei Kunden als treibendes Kaufmotiv soziale Anerkennung und der Wunsch nach Aufwertung im Vordergrund stehen, dann können Sie bei der Preisnennung darauf Bezug nehmen.

Beispiel:

„*Dieser exklusive Ledermantel kostet 1.598 €. Er ist ein repräsentatives Einzelstück, das sich nicht jeder leisten kann.*"

▶ Der Preis als Qualitätsmaßstab?

Weil die meisten Kunden (und manche Verkäufer) nur spärliche Warenkenntnisse haben, sind sie häufig geneigt, die Güte einer Ware an ihrem Preis zu messen. Gerade qualitätsbewusste Käufer sind oft risikoscheu („Qualität hat ihren Preis"). Hier sind Sie mit Ihren

Warenkenntnissen und Ihrer Beratung gefordert. Ihre Empfehlung ist dem Kunden besonders wichtig und hilfreich, da der Preis nur ein unzuverlässiger Maßstab für „Qualität" ist. Das belegen Testergebnisse in vielen Fällen – auch Ihre Kunden wissen das.

Außerdem sagt der Preis nichts darüber aus, in welchem Maße eine Ware mit ihren Merkmalen und Nutzungseigenschaften den individuellen Ansprüchen des jeweiligen Kunden genügen kann. Sie können deshalb auch preisbewussten Kunden meistens eine angemessene Lösung ihres Einkaufsproblems vorschlagen.

Arbeitsaufgaben

1. Ermitteln Sie für bestimmte Warenarten Ihres Ausbildungssortiments, wo die Grenzen zwischen niedrigem, mittlerem und hohem Preisniveau liegen!

2. Beschreiben Sie je einen Artikel mit niedrigem und hohem Preis unter Vermeidung der Begriffe „billig" und „teuer"!

3. Warum hängt die preisliche Einschätzung einer Ware durch den Kunden sehr wesentlich vom Verkaufsgespräch ab? Halten Sie die wichtigen Gründe schriftlich fest!

4. Nennen Sie Beispiele und Gründe dafür, dass die Qualität einer Ware nicht in jedem Fall von ihrem Preis bestimmt wird!

5. Beurteilen Sie die folgenden Preisnennungen:

    K: In Ihrem Schaufenster habe ich eine tolle weiße Bluse mit Stickereien gesehen. Was kostet sie?
    V: Diese Bluse ist wirklich sehr schick! Sie kostet aber 89 €.

    K: Was kosten bei Ihnen einfache Gummistiefel in der Größe 44?
    V: Die ganz billigen Stiefel kosten 12,90 €.

    Ermitteln Sie die Fehler, und erarbeiten Sie in Partnerarbeit Alternativen!

Training

1. Trainieren Sie das Verfahren, den Preis in Beziehung zur Leistung zu setzen. Wählen Sie Waren mit vergleichsweise hohen Preisen. Formulieren Sie Verkaufsargumente, die den Preis als gerechtfertigt erscheinen lassen!
    a) Obst (z. B. Nektarinen der Handelsklasse I)
    b) Textilien (z. B. Herrenoberhemden der Komfortklasse)
    c) Uhren (z. B. Schweizer Markenuhren).

2. Wenden Sie die Ergebnisse aus Training 1 im Rollenspiel an. Trainieren Sie verschiedene Methoden der Preisnennung, und führen Sie Ihr bestes Verkaufsgespräch der Klasse vor!
    a) Ihr Kunde fragt Sie nach dem Preis Ihrer Ware.
    b) Sie bauen den Preis von sich aus in Ihr Verkaufsgespräch ein.

3. Erarbeiten Sie Verbesserungsvorschläge für die Beispiele in der 5. Arbeitsaufgabe, und trainieren Sie diese im Rollenspiel!

27. Schritt: Sie reagieren richtig auf Kundeneinwände

Zielangabe

In diesem Schritt
- erkennen Sie, dass Kundeneinwände für ein Verkaufsgespräch wichtig sind
- erfahren Sie, welche Kundeneinwände in einem Verkaufsgespräch vorkommen
- lernen und üben Sie Methoden zur richtigen Reaktion auf Kundeneinwände.

Einstieg

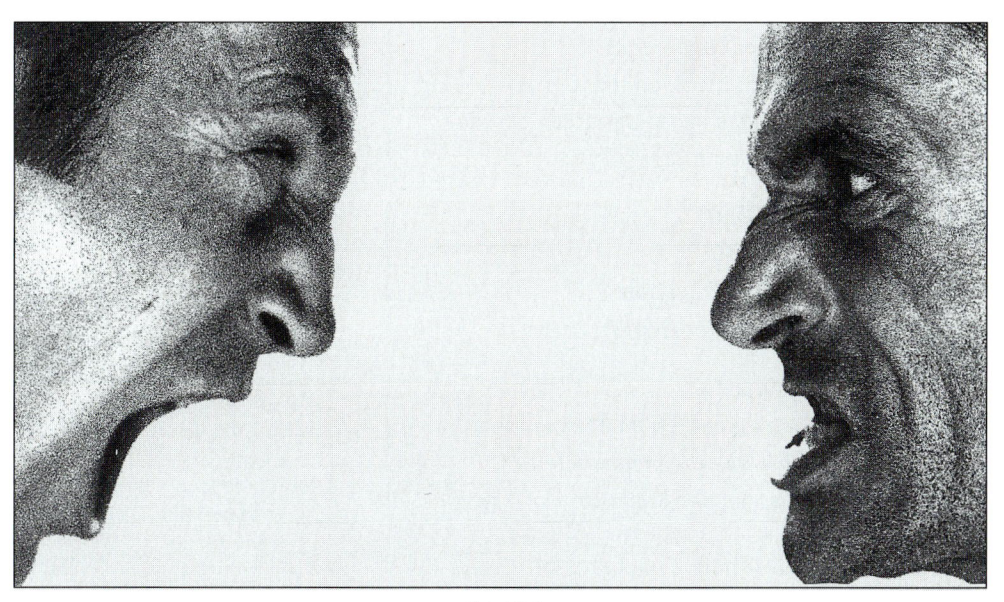

Abb. 27.1

Lehrtext

Es lohnt sich nicht, immer Recht zu haben. In den meisten Verkaufsgesprächen bringen die Kunden Einwände vor. Es kann negative Folgen haben, wenn Sie Einwände ohne Umschweife widerlegen. Kein Kunde möchte bewiesen haben, dass er Unrecht hat. Aus guten Gründen widersprechen Sie Kunden nie direkt. Entkräften Sie die Einwände Ihrer Kunden, oder gehen Sie mit neuen Verkaufsargumenten auf Ihre Kunden ein.

▶ Warum bringen Kunden Einwände vor?

Einwände signalisieren, dass den Kunden nicht alles gefällt, was ihnen an Waren angeboten wird. Aber sie zeigen Ihnen zugleich, dass sie Interesse am Kaufgegenstand haben und mehr über ihn wissen möchten. Die Kunden erwarten Informationen von Ihnen, die ihre Bedenken ausräumen oder bestärken.

Der Kunde denkt: „Ist es auch das Richtige?"
„Ob es wohl gut passt?"
„Meiner Frau muss es auch gefallen!"
„Ob die Qualität auch wirklich gut ist?"
„Ich bin mir ziemlich unsicher!"
„Kann ich mir das leisten?"

Er erwartet Hilfe!

Haben die Kunden keine Einwände, so sind Sie als Verkäuferin oder Verkäufer überflüssig. Begrüßen Sie deshalb Einwände, Sie zeigen Ihnen, wo Kunden der Schuh drückt, und helfen Ihnen, gezielt auf die Wünsche Ihrer Kunden einzugehen.

Beispiele: **Der Einwand richtet sich offen**

- „Sind Sie überhaupt Fachmann?"
- „Sie verkaufen noch nicht lange?"
- „Frau Müller hat mich sonst eigentlich bedient."
- „Das glaube ich Ihnen nicht!"

} gegen das Verkaufspersonal

- „Die Farbe passt nicht!"
- „Das ist ja viel zu groß!"
- „Das Stativ ist mir viel zu klein!"
- „Die Wolle kratzt auf der Haut!"

} gegen die Ware

- „Das ist mir zu teuer!"
- „Soviel wollte ich eigentlich nicht ausgeben!"
- „Haben Sie nichts Besseres anzubieten?"
- „Dieser Artikel ist bei der Konkurrenz billiger."

} gegen den Preis

Schwieriger sind Einwände zu behandeln, die der Kunde nur zum Schein macht. Meistens dienen Einwände als „Ausreden", wenn der Kunde vom Kauf bereits abgerückt ist, weil ihm die Ware z. B. zu teuer ist **(26. Schritt)**. Sie kennen bereits die typischen Ausreden:

- „Ich überlege es mir noch einmal!"
- „Da muss ich erst meine Freundin fragen!"
- „Ich habe im Moment nicht soviel Geld dabei!"

▶ Wie reagieren Sie auf Einwände des Kunden?

Erfahrene Verkäufer behaupten, sie erkennen am Tonfall und am Gesichtsausdruck des Kunden, ob es sich um einen echten Einwand oder um eine Ausrede handelt.

Kunden bringen Ihre Einwände auf unterschiedliche Weise vor: leise und sachlich, laut und aufbrausend, zögernd und verlegen, kritisch und selbstbewusst. Aber Vorsicht! Häufig können Sie nicht entscheiden, ob es sich um einen echten Einwand oder um eine Ausrede handelt. Womöglich fühlt sich mancher Kunde missverstanden oder falsch behandelt.

27. Schritt: Sie reagieren richtig auf Kundeneinwände

Beachten Sie deshalb folgende Grundregeln:

1. Sie hören den Einwand des Kunden ruhig an und unterbrechen ihn nicht, denn Zuhören schafft Sympathie und bringt wichtige Informationen!
2. Sie zeigen Ihrem Kunden, dass Sie für seinen Einwand Verständnis haben!
3. Sie geben offen zu, wenn der Kunde mit seinem Einwand recht hat!
4. Sie überlegen, wie Sie die unberechtigten Einwände des Kunden entkräften können!
5. Sie streiten mit Ihrem Kunden nicht, sondern argumentieren ruhig und sachlich!

▶ Mit welchen Methoden reagieren Sie auf Kundeneinwände?

Jedes Warenangebot hat seine Stärken und Schwächen, und keine Ware ist so perfekt, dass sie allen Kauferwartungen entsprechen kann. Können Sie einen berechtigten Einwand nicht entkräften, so müssen Sie diesen akzeptieren. Kennt ein Kunde nur die Nachteile Ihres Angebotes, so stellen Sie ihm die Vorteile vor. Vermeiden Sie aber unter allen Umständen den unmittelbaren Widerspruch, denn direktes Gegenhalten stimmt keinen Kunden günstig. Sie können damit das Selbstwertgefühl des Kunden verletzen.

Sind Sie mit einer Ware vertraut, so wissen Sie auch, dass bestimmte Einwände des Kunden zu erwarten sind. Lassen Sie es nicht soweit kommen. Sprechen Sie den zu erwartenden Einwand selbst an, bevor es Ihr Gesprächspartner tut.

Beispiel:

„Möglicherweise erscheint Ihnen der Preis relativ hoch, bedenken Sie aber bitte, dass die schwere Qualität eine lange Lebensdauer garantiert."

Kommt es dennoch zu einem Einwand, dann wenden Sie eine der folgenden Methoden an.

1. Ja-Aber-Methode

Sie geben zunächst dem Kunden scheinbar recht und verleihen somit seinem Einwand das nötige Gewicht. In einem zweiten Schritt widersprechen Sie dem Kunden oder bringen neue Argumente in das Verkaufsgespräch ein.

A. Einwand

„Die Akkus sind aber teuer!"

B. Ja-Teil

„Ja, natürlich haben Sie recht, wenn Ihnen die Akkus auf den ersten Blick im Preis sehr hoch erscheinen."

C. Aber-Teil

„Aber bedenken Sie, dass Sie diese mehrere hundert Mal aufladen können.
Außerdem leisten Sie einen Beitrag zum Umweltschutz."

Eine Variante dieser Methode ist die Minus-Plus-Methode. Bei ihr wird der negative Einwand zugegeben und durch einen positiven Aspekt überlagert.

2. Rückfrage-Methode

Sie parieren einen Einwand des Kunden mit einer Gegenfrage.
Bei dieser Methode werden zwei Varianten unterschieden.

- **Bestätigungsmethode**

Formulieren Sie zunächst eine Überleitung, damit Sie den Eindruck eines „Schlagabtausches" vermeiden. So erhalten Sie zusätzliche Informationen, und Sie können den Kundeneinwand leichter entkräften.

A. Einwand des Kunden	B. Überleitung	C. Gegenfrage
„Der Preis erscheint mir sehr hoch."	„Gut, dass Sie diesen Punkt ansprechen."	„Womit vergleichen Sie den Preis?"

- **Umwandlungsmethode**

Sie verwandeln den Einwand des Kunden in eine Frage. Anschließend beantworten Sie die von Ihnen formulierte Frage.

A. Der Kunde hat den Einwand:	B. Sie machen daraus eine Frage:
„Der Preis ist aber hoch!"	„Wenn ich Sie richtig verstanden habe, fragen Sie, ob der Preis gerechtfertigt ist?"

C. Sie beantworten die Frage:

„Wir gewähren Ihnen auf diese Badewanne 10 Jahre Garantie. Ein 3,5 mm starkes Stahl-Email macht die Wanne so langlebig. Sie ist kratzfest, lichtecht und sehr pflegeleicht. Außerdem ist sie der Form des menschlichen Körpers optimal angepasst. Wenn Sie sich hineinlegen, werden Sie merken, dass Sie sich richtig entspannen können."

3. Bumerang-Methode

Sie verwandeln den Einwand des Kunden in ein wirkungsvolles Argument für den Kauf einer Ware. Sie verweisen zusätzlich auf einen Vorteil, den der Kunde bis dahin noch nicht gesehen hat.

A. Einwand des Kunden:	B. Umwandlung in ein wirkungsvolles Argument:
„Das ist ja ein Auslaufmodell!"	„Das ist richtig. Es gibt bald ein neues Modell. Ich habe Ihnen aber bewusst dieses Gerät angeboten, da Sie im Vergleich zu den neuen Geräten 200 € sparen. Außerdem ist es ein bewährtes und erprobtes Gerät ohne Kinderkrankheiten."

> *Entscheiden Sie sich für die eine oder andere Technik der Einwandbehandlung.*
> *Berücksichtigen Sie dabei, ob Ihnen die gewählte Technik zusagt und ob sie Ihrem Sprachausdruck entspricht.*

27. Schritt: Sie reagieren richtig auf Kundeneinwände

Vermuten Sie unausgesprochene Einwände, so versuchen Sie durch eröffnende Fragen **(20. Schritt)**, die Bedenken gegen Ihr Angebot zu erschließen. Schwieriger sind unechte Einwände der Kunden zu behandeln. Versuchen Sie, die echten Vorbehalte der Kunden herauszufinden, damit Sie Ihr Verkaufsgespräch darauf abstellen können. Zeigen Sie aber Ihren Kunden nie, dass Sie deren Vorbehalte durchschaut haben.

Arbeitsaufgaben

1. Warum sollten sich Verkäufer oder Kundenberater über die Einwände Ihrer Kunden freuen? Beantworten Sie die Frage anhand eines von Ihnen gewählten Beispiels!

2. Formulieren Sie je drei typische Beispiele für Kundeneinwände aus Ihrer Erfahrung. Die Einwände richten sich gegen:
   a) den Preis
   b) die Ware
   c) das Verkaufspersonal
   Nennen Sie die Ware, und formulieren Sie die Einwände!

3. Untersuchen Sie die Einwandbehandlung in diesem Verkaufsgespräch:
   Ein Kunde betritt ein Hi-Fi-Center und verlangt eine Stereoanlage MC 60. Der Verkäufer bedauert, dass er dieses Gerät zur Zeit nicht anbieten kann, und präsentiert gleichzeitig ein Sonderangebot. Der Kunde ist von der Kompaktanlage begeistert, bringt aber folgenden Einwand: „Die Boxen sind mir zu klein!" Die Reaktion des Verkäufers: „Das sehen Sie nicht richtig! Die Größe hat wenig mit dem Klang zu tun!"
   a) Wie kann sich das Verhalten des Verkäufers auswirken?
   b) Wie hätten Sie den Einwand des Kunden widerlegt? Schreiben Sie Reaktionen des Verkäufers auf, die Sie an seiner Stelle gezeigt hätten!

4. Wie reagieren Sie auf die dargestellten Kundeneinwände?
   a) *„Die Hose ist wegen der hellen Farbe sehr empfindlich."*
   (Die Hose ist maschinenwaschbar.)
   b) *„Mit einem Fensterputzer kann ich meine großen Fenster nicht putzen."*
   (Fensterputzer mit Drehgelenk und ausziehbarem Stiel)
   c) *„Diese Bluse kann aber nur bis 30 °C gewaschen werden."*
   (Hochmodischer Aufdruck in aktuellen Farben)
   d) *„Diese Bluse ist mir aber zu dunkel."*
   (Guter Kontrast zu blonden Haaren der Kundin)
   e) *„Die Qualität gefällt mir nicht."*
   (Es ist unklar, was der Kunde mit Qualität meint.)
   Formulieren Sie Ihre Reaktion schriftlich!

5. Sie kennen Waren aus Ihrem Ausbildungssortiment, gegen die Einwände erhoben werden. Formulieren Sie zu einer Ware Argumente, die diesen Einwand vorwegnehmen.

Beispiel (zu erwartender Einwand):

„Dieser Gemüsehobel ist zu teuer."

Grundlage für Argumente zur Einwand-Vorwegnahme:

Vielseitige Einsatzmöglichkeiten: Hobeln, Raspeln, Riffeln von Gemüse, Obst, Käse, Nüssen.

Auswechselbare Einsätze, rostfrei, spülmaschinengeeignet.

Spezialhalter für Endstücke.

Training

1. Stellen Sie eine der Situationen aus Arbeitsaufgabe 4 im Rollenspiel dar!

2. Erfinden Sie ein Verkaufsbeispiel aus Ihrem Erfahrungsbereich:

   Ein Kunde bringt einen Einwand vor. Der Verkäufer vermutet einen unechten Einwand und bedient den Kunden mit freundlichen Worten, ohne seinen Verdacht zu zeigen.

   a) Nehmen Sie Ihr Verkaufsgespräch auf, und kontrollieren Sie, ob Sie den Kunden so behandelt haben, dass er wiederkommen wird!

   b) Spielen Sie die Aufzeichnung Ihrer Klasse oder Gruppe vor!

3. Prüfen Sie, wie Sie Einwände vorwegnehmen können:

   a) Sprechen Sie Ihre Lösung, die Sie zu Arbeitsaufgabe 5 formuliert haben, auf Band.

   b) Hören Sie sich die Ergebnisse gemeinsam an, und beurteilen Sie diese nach folgenden Gesichtspunkten:
   - sachlich einleuchtend und zutreffend?
   - sprachlich angemessen argumentiert?
   - überzeugend in der Wirkung?

28. Schritt: Sie unterbreiten Alternativvorschläge

Zielangabe

In diesem Schritt
- erkennen Sie die Bedeutung der Alternativangebote für den Verkauf
- lernen Sie, Alternativen anzubieten
- üben Sie, Alternativangebote situationsgerecht zu unterbreiten.

Einstieg

K: Ich finde die Rollerblades nicht!
V: Tut mir leid, die haben wir nicht!
K: Dann tschüss!
V: Auf Wiedersehen!

* * *

K: Ich finde die Rollerblades nicht!
V: Bei uns sind „K2" angesagt:
besser getestet und super Design!
Probier sie mal aus!
K: Mach ich. Sehen ja nicht schlecht aus.

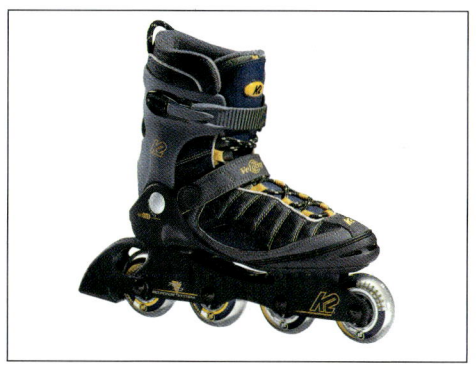

Abb. 28.1

Lehrtext

Die Beispiele machen deutlich, dass es für Kunden und für Verkäufer wichtig ist, Alternativvorschläge in das Verkaufsgespräch einzubeziehen. Im ersten Beispiel zeigt das Verhalten des Verkäufers, dass er entweder keine Warenkenntnisse, kein Engagement oder zu wenig Phantasie besitzt, um dem Kunden Alternativvorschläge zu unterbreiten.

▶ Warum brauchen Kunden Alternativvorschläge?

Das gesamte Warenangebot des Weltmarktes kann kein Anbieter seinen Kunden präsentieren. So wird es immer wieder vorkommen, dass Sie gewünschte Waren nicht führen oder diese zurzeit nicht vorrätig haben. Sie kennen Ihr Sortiment und die Vor- und Nachteile Ihrer Waren besser als die Kunden. Es ist deshalb Ihre Aufgabe, den Kunden solche Waren anzubieten, die am besten für sie geeignet sind und ihre Probleme lösen. Wenn Sie sinnvolle Alternativen anbieten, nimmt es Ihnen kein Kunde übel. Im Gegenteil, oft wissen Kunden nicht, dass es in der entsprechenden Warenart andere Angebote gibt, die für sie günstiger sind. Alternativangebote können die Wünsche Ihrer Kunden erfüllen und bringen Ihnen höhere Umsätze.

Manchmal verlangen Kunden Markenartikel, weil sie den Markennamen als Verkehrsbezeichnung verwenden.

Die Kunden sagen Markennamen:	Die Kunden meinen eventuell:
Uhu	Alleskleber
Maggi	Suppenwürze
Tesafilm	Klarsichtklebefilm
Tempo	Papiertaschentücher
Nutella	Nussnougatcreme
Duden	Wörterbuch

In solchen Fällen ist es leicht, Kunden von Alternativvorschlägen zu überzeugen.

▶ Wie bieten Sie Alternativen an?

Kunden besuchen Sie, weil sie von Ihnen beraten werden möchten. Das Warenangebot wird ständig modernisiert und verändert. Davon sind nicht nur modische Artikel, wie z. B. Textilien, sondern auch technische Geräte, Möbel und Haushaltswaren betroffen. Es wird daher immer wieder vorkommen, dass Kunden nach Waren fragen, die Sie nicht mehr führen, da sie inzwischen geändert oder weiterentwickelt wurden.

Abb. 28.2

Zeigen Sie Ihren Kunden, welche Vorteile sie mit dem aktuellen Angebot erwerben können. Sprechen Sie nicht davon, was Sie nicht haben. Vermeiden Sie deshalb folgende Formulierungen, die dem Kunden deutlich machen, dass er nicht die von ihm gewünschte Ware bekommt:

28. Schritt: Sie unterbreiten Alternativvorschläge

*„Das bekommen wir **bedauerlicherweise** nicht mehr herein."*
*„Dieser Füller schreibt **auch ganz gut!**"*
*„Nein, die Marke ABS führen wir nicht, wir haben **nur** BSA!"*
*„Ich kann Ihnen **leider nur** Sona-Dent-Zahnpasta anbieten."*

Diese Formulierungen erwecken den Eindruck, dass Sie keinen gleichwertigen Ersatz anbieten können.

Führen Sie Ihren Kunden sofort Alternativangebote vor, und sprechen Sie über nicht vorhandene Ware möglichst wenig. Ihr Kunde wird überrascht sein, welche Alternativen Sie ihm anbieten können. Versuchen Sie jedoch nie, Ihren Kunden etwas aufzudrängen. Wenn Sie nicht wissen, wozu Ihre Kunden einen gewünschten Artikel verwenden möchten, dann fragen Sie danach. Ihr Ersatzangebot können Sie dann gezielt abstimmen.

Beispiele:

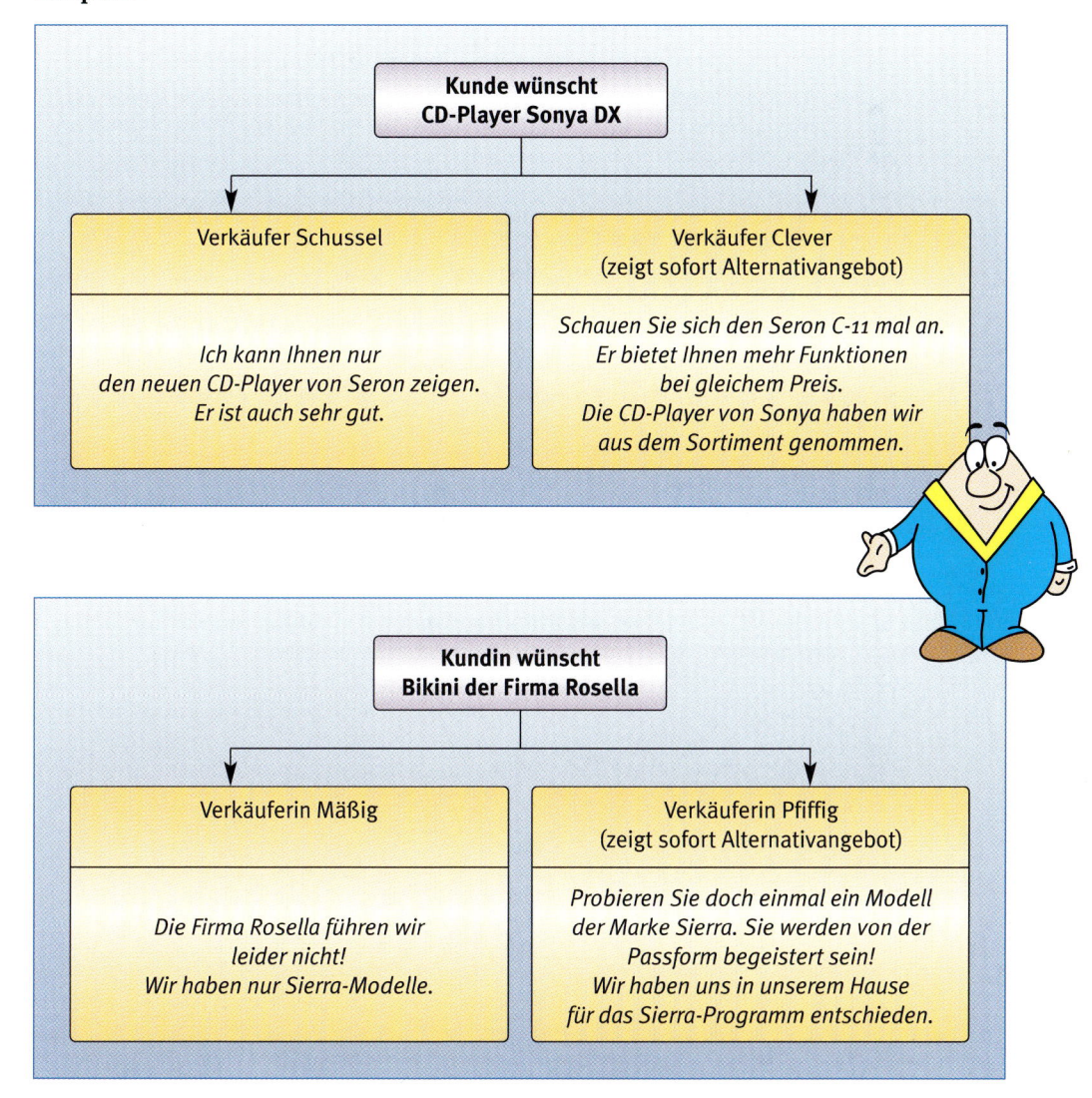

Kunde wünscht CD-Player Sonya DX

Verkäufer Schussel	Verkäufer Clever (zeigt sofort Alternativangebot)
Ich kann Ihnen nur den neuen CD-Player von Seron zeigen. Er ist auch sehr gut.	Schauen Sie sich den Seron C-11 mal an. Er bietet Ihnen mehr Funktionen bei gleichem Preis. Die CD-Player von Sonya haben wir aus dem Sortiment genommen.

Kundin wünscht Bikini der Firma Rosella

Verkäuferin Mäßig	Verkäuferin Pfiffig (zeigt sofort Alternativangebot)
Die Firma Rosella führen wir leider nicht! Wir haben nur Sierra-Modelle.	Probieren Sie doch einmal ein Modell der Marke Sierra. Sie werden von der Passform begeistert sein! Wir haben uns in unserem Hause für das Sierra-Programm entschieden.

Arbeitsaufgaben

1. Listen Sie auf, welche Markennamen mit Verkehrsbezeichnungen aus Ihrem Ausbildungssortiment verwechselt werden können!

2. Sammeln Sie Redewendungen, die Sie bei Alternativangeboten vermeiden sollen. Formulieren Sie positive Redewendungen für die entsprechenden Gelegenheiten!

3. Beurteilen Sie die folgenden Verkaufsgespräche. Finden Sie die Fehler, und erarbeiten Sie in Partnerarbeit Alternativen!

   a)
   K: *Ich hätte gerne ein Kress-Brotmesser!*
   V: *Tut mir leid. Diese Marke haben wir nicht in unserem Angebot.*

   b)
   K: *Ich möchte gern das Autoradio Ricarda für 99 € aus Ihrem Angebot!*
   V: *Aus dem Angebot? Ach ja, das vor zwei Wochen! Die Geräte sind alle schon verkauft. Ich kann Ihnen aber ein ähnliches Autoradio empfehlen. Es hat sogar eine eingebaute Codesicherung und kostet nur 15 € mehr.*

   c)
   K: *Ich möchte 100 g mittelalten Gouda!*
   V: *Schade, der ist ausverkauft. Ich kann Ihnen höchstens jungen Gouda anbieten.*

   d)
   K: *Ich möchte gerne eine Flasche Cognac!*
   V: *Nein, echten Cognac führen wir nicht. Wir haben nur deutschen Weinbrand.*

Training

1. Unterbreiten Sie im Rollenspiel ein Alternativangebot. Wählen Sie dazu je einen Fall aus Arbeitsaufgabe 3 oder aus Ihrem Ausbildungssortiment!

2. Nehmen Sie das Zahnpasta-Beispiel **(Abb. 28.2)**, und arbeiten Sie die Formulierungen für ein sinnvolles Alternativangebot aus (Partnerarbeit). Zeichnen Sie die Umsetzung auf Video auf, und vergleichen Sie alle Lösungen aus der Klasse!

29. Schritt: Sie erleichtern und bekräftigen die Kaufentscheidung der Kunden

Zielangabe

In diesem Schritt
- erkennen Sie, wann Kunden „entscheidungsreif" sind
- lernen Sie Abschlusstechniken zur Erleichterung der Kaufentscheidung
- üben Sie die sachgemäße Unterstützung und Bekräftigung der Kaufentscheidung des Kunden.

Einstieg

Abb. 29.1

Lehrtext

Die Verkäuferin **(Abb. 29.1)** erschwert die Kaufentscheidung des Kunden. Sie hat es während des Verkaufsgesprächs versäumt, die Auswahl so einzuengen, dass sich der Kunde für ein Angebot entscheiden kann.

Das Verkaufsgespräch geht dem Ende zu. Spätestens jetzt zeigt sich, ob Sie die Probleme Ihres Kunden erkannt und richtig argumentiert haben. Versuchen Sie nie, mit Druck Ihre Kunden zum Kauf zu bewegen. Sie schaffen sonst selbst die Grundlage für Reklamationen und Umtausch. Möglicherweise verlieren Sie sogar Kunden. Stellen Sie sich deshalb vor jedem Verkaufsabschluss die Frage: „Wird der Kunde mit meinem Angebot zufrieden sein, und löst es sein Problem?"

Können Sie die Frage positiv beantworten, dann braucht der Kunde zum Verkaufsabschluss Ihre Hilfe. Die meisten Menschen sind dankbar für Entscheidungshilfen. Vielleicht haben Ihre Kunden noch letzte Bedenken, die sie ausgeräumt wissen möchten:

„Ist das auch das Richtige für mich?"
„Ist der Preis nicht zu hoch?"
„Was wird meine Familie dazu sagen?"
„Steht mir das auch wirklich?"
„Erfüllt es wirklich seinen Zweck?"
„Wer hilft mir bei Problemen nach dem Kauf?"

Ihre Aufgabe ist es, den Kunden zu helfen, sich für einen erkannten Nutzen zu entscheiden. Räumen Sie mögliche Bedenken aus, Ihre Kunden erwarten es von Ihnen.

▶ Wie führen Sie die Kaufentscheidung herbei?

Vermeiden Sie den Fehler der Verkäuferin (**Abb. 29.1**). Sortieren Sie Waren, die Ihre Kunden nicht ansprechen, aus Ihrer Vorlage heraus. Konzentrieren Sie sich auf die Waren, die für Ihre Kunden den größten Nutzen bringen. Sie haben es dann leichter, sich für ein Angebot zu entscheiden. Die meisten Kunden zeigen durch ihr Verhalten, dass ihnen nur der letzte Anstoß durch den Verkäufer fehlt, um eine Ware zu erwerben. Sie müssen deshalb während des Verkaufsgespräches auf Signale Ihrer Kunden achten, die auf deren Kaufbereitschaft hindeuten.

Kunden geben durch Signale zu erkennen, dass sie unmittelbar vor der Kaufentscheidung stehen.

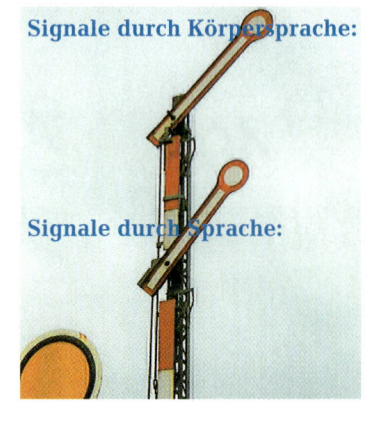

Signale durch Körpersprache: Die Kundin/der Kunde

. . . prüft nochmals anerkennend die Ware.

. . . stimmt den Argumenten des Verkäufers nickend zu.

. . . greift nach der Ware und will sich offensichtlich nicht mehr von ihr trennen.

Signale durch Sprache: Die Kundin/der Kunde

. . . formuliert Zustimmung
(„Den Schmuck kann ich auch zur Bluse tragen.")

. . . beschäftigt sich mit den Einzelheiten
(Frage nach Zubehör, Sonderausstattung, Kundendienst, Reparatur, Ausbaumöglichkeiten).

Zeigen Kunden Kaufbereitschaft, so können Sie den Kaufabschluss durch Entscheidungshilfen erleichtern. Folgende Abschlusstechniken haben sich in der Praxis bewährt:

1. Abschlusstechnik: Alternativfrage

Sie stellen zwei positive Alternativen zur Wahl.
- „Genügt Ihnen die Normalpackung, oder wollen Sie lieber die preisgünstige Familienpackung?
- „Möchten Sie die Ware gleich mitnehmen oder sollen wir sie Ihnen anliefern?"

2. Abschlusstechnik: Direkte Kaufaufforderung

Sie haben zuvor alle wesentlichen Fragen besprochen. Ihr Kunde lässt eindeutig seine Kaufbereitschaft erkennen. Sie fordern direkt zur Entscheidung auf.

- „Darf ich Ihnen die Bluse als Geschenk einpacken?"
- „Greifen Sie bei diesem günstigen Angebot zu, solange der Vorrat reicht!"

3. Abschlusstechnik: Suggestivfrage

Diese Abschluss- oder Fragetechnik können Sie anwenden, um dem Kunden eine bestimmte Antwort „in den Mund zu legen". Sie beeinflusst den Kunden und unterstellt ihm die Antwort „ja". Verwenden Sie die Suggestivfrage nur, wenn Sie sicher sind, dass sie der Bedürfnislage Ihrer Kunden entspricht.

- „Sie möchten doch sicher mit dem neuen Tennisschläger heute Nachmittag schon spielen?"
- „Sie wünschen doch bestimmt, dass wir Ihnen die Satellitenanlage fachmännisch montieren?"

4. Abschlusstechnik: Zusammenfassung der wichtigsten Argumente

Sie wiederholen die wichtigsten Verkaufsargumente in Frageform. Sie erzeugen bei Ihrem Kunden eine „Ja-Stimmung" und erleichtern ihm damit seine Kaufentscheidung.

- „Der Föhn ist sehr leistungsstark, dabei handlich und klein, und Sie verreisen sehr viel. Ist das nicht genau das Richtige für Sie?"
- „Das Blutdruckmessgerät ist handlich und leicht zu bedienen. Genau darauf haben Sie doch Wert gelegt, nicht wahr?"

Abb. 29.2

▶ Wie verhalten Sie sich nach der Kaufentscheidung des Kunden?

Ihr Kunde hat sich für eine Ware entschieden. Ihre Mühe hat sich gelohnt. Bestärken Sie jetzt den Kaufentschluss Ihres Kunden, denn jeder möchte bestätigt wissen, dass er richtige Entscheidungen trifft. Es fördert das Selbstwertgefühl und zeigt dem Kunden, dass er gut überlegt hat.

Beispiele:

„Sie werden es bestimmt nicht bereuen, denn dieses Gerät wird Ihnen noch viele Jahre Freude machen."

„Der Trainingsanzug wird Ihrem Sohn gefallen. Er ist modern, bequem und außerdem sehr pflegeleicht."

Sie geben Hinweise, Tipps und Anregungen für die weitere Verwendung, für die Wartung und Pflege des Produktes.

Beispiele:

„Sie können den Mantel sogar bei 40 Grad in der Waschmaschine waschen!"

„Wir geben Ihnen für Ihr Kaffeeservice eine Nachkaufgarantie von 10 Jahren."

An dieser Stelle haben Sie die Möglichkeit, Zusatzangebote zu unterbreiten **(30. Schritt)**.

Beispiele:

„Imprägnieren Sie Ihre Wildlederjacke mit diesem Imprägnier-Spray. Sie schützen sie so vor Nässe, Schmutz und Flecken!"

„Zu Ihrem neuen Leuchter passen besonders gut die violetten Tafelkerzen aus unserem Sonderangebot!"

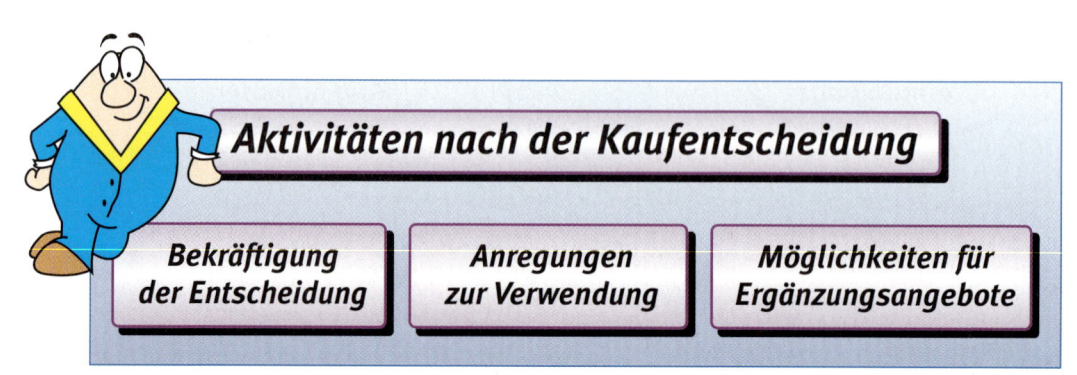

Aktivitäten nach der Kaufentscheidung

- Bekräftigung der Entscheidung
- Anregungen zur Verwendung
- Möglichkeiten für Ergänzungsangebote

Abb. 29.3

Arbeitsaufgaben

1. Listen Sie Gründe auf, die eine Bekräftigung der Kaufentscheidung des Kunden rechtfertigen!
2. Wie verhalten Sie sich, wenn ein Kunde trotz reichlicher Warenvorlage keine Kaufentscheidung treffen kann? Greifen Sie das Beispiel aus dem Einstieg auf. Schreiben Sie eine Verkaufsszene!
3. Beschreiben Sie, welches Verkäuferverhalten in der Abschlussphase des Verkaufsgespräches angebracht ist, wenn sich Kunden wie folgt verhalten oder äußern:
   a) *Ein Kunde wendet einen Pullover mehrmals und streichelt ihn liebevoll.*
   b) *Kundin: „Kann meine Tochter die Puppe auch baden?"*
   c) *Kunde setzt einen Hut auf und betrachtet sich mit zufriedenem Gesicht im Spiegel.*
   d) *Kundin: „Können Sie die Gartenbank auch nach Hause liefern?"*
4. Verdeutlichen Sie an einem Beispiel aus Ihrem Ausbildungssortiment folgende Methoden der Abschlusstechnik:
   a) Alternativfrage
   b) Direkte Kaufaufforderung
   c) Suggestivfrage
   d) Zusammenfassung der wichtigsten Argumente
   Schreiben Sie Ihre Formulierungen auf!

Training

1. Durch welche Signale gibt der Kunde zu erkennen, dass er kaufbereit ist? Führen Sie Ihrer Klasse typische Beispiele vor!
2. Erleichtern und bekräftigen Sie die Kaufentscheidung der Kunden bei folgenden Situationen im Rollenspiel:
   a) *Ein junger Mann hat in jeder Hand einen Modellbausatz und überlegt offensichtlich, für welchen er sich entscheiden soll.*
   b) *Eine Frau kommt mit einer Kaffeemaschine auf Sie zu.*
   c) *Ein älterer Herr fragt nach einer Garantieleistung für einen Rasierapparat, der ihn interessiert.*
   d) *Eine Dame fragt Sie, ob die Malstifte für vierjährige Kinder geeignet sind.*
3. Zeichnen Sie einige Rollenspiele auf und diskutieren Sie nach der Wiedergabe, ob die Hilfe bei der Kaufentscheidung

angemessen	– vorschnell
hilfreich	– aufdringlich
freundlich	– unfreundlich
erkennbar	– nicht erkennbar

   war!

30. Schritt: Sie bieten erfolgreich Ergänzungen an

Zielangabe

In diesem Schritt
- erkennen Sie, dass es notwendig und sinnvoll ist, dem Kunden Ergänzungsangebote zu machen
- wird Ihnen deutlich, dass Sie Ergänzungen nur anbieten können, wenn Sie Ihr Warenangebot kennen
- lernen Sie, wie und wann Sie Ergänzungen anbieten
- trainieren Sie das sachgemäße Anbieten von Ergänzungen.

Einstieg

Es ist Samstag-Nachmittag. Torsten ist im Stress. Er hat seiner Freundin Nina zugesagt, zwei Poster zu rahmen und sie im Flur ihrer Wohnung aufzuhängen. Am Sonntag-Nachmittag kommt Nina von einem Seminar zurück.
Im UFO-Bildershop zeigt eine Verkäuferin Torsten tolle Rahmen: Größe stimmt, Farbe passt, Design top! Torsten kauft zwei Stück, fährt nach Hause und zieht sich noch die Bundesliga-Ergebnisse rein. Dann schnappt er seinen Werkzeugkoffer, schwingt sich in den Wagen und fährt los.
Im Flur von Ninas Wohnung packt Torsten die Rahmen aus. Doch wo sind die passenden Haken? Keine beigepackt – im Werkzeugkoffer hat er so etwas auch nicht. Läden sind schon dicht. So ein Mist! – Wer hat Torsten wohl in diese dumme Situation gebracht?

Abb. 30.1

Lehrtext

Die Verkäuferin, welche die Bilderrahmen verkaufte, hat Torsten in Verlegenheit gebracht. Sie hat ihn nicht darauf hingewiesen, dass er Haken zum Aufhängen der Rahmen benötigt. Sie hätte ihm ein entsprechendes **Zusatzangebot** machen müssen. Dies blieb aus, und nun kann er Ninas Wunsch nicht mehr erfüllen.

30. Schritt: Sie bieten erfolgreich Ergänzungen an

▶ Warum bieten Sie Ergänzungen an?

Die Kunden erwarten von Ihnen Problemlösungen. Es gibt Waren, die erst durch bestimmte Ergänzungen funktionsfähig und sinnvoll verwendbar sind (z. B. Fotoapparat mit Film). Es ist Ihre Aufgabe, die Kunden auf solche Zusatzartikel aufmerksam zu machen. Sie wirken dadurch nicht aufdringlich, sondern helfen Ihren Kunden und vervollständigen ihren Einkauf. Kunden schenken Ihnen Vertrauen, wenn Sie zeigen, dass Sie für sie mitdenken. Bewahren Sie Ihre Kunden vor Ärger, Verlegenheit und zusätzlichen Wegen. Durch Ergänzungsangebote helfen Sie Ihren Kunden und steigern Ihren Umsatz.

▶ Welche Artikel eignen sich als Ergänzungen?

Lassen Sie Ihre Phantasie spielen. Es gibt nur wenige Waren, bei denen Ergänzungen nicht möglich sind. Das sind meistens Waren von geringem Wert, die aber selbst als Ergänzung geeignet sind. Für Ihre Kunden einsichtige Zusatzangebote können Sie aber nur anbieten, wenn Sie Warenkenntnisse besitzen und einen Überblick über Ihr Sortiment haben.

Ergänzungen machen den Hauptkauf erst vollständig. Ohne das Zusatzangebot können Kunden mit dem Hauptartikel weniger oder nichts anfangen.

Notwendige Ergänzungen vervollständigen den Hauptkauf	Sinnvolle Ergänzungen erhöhen den Nutzen des Hauptkaufs
Weltempfänger – Batterien	Mantel – Schal
Wolle – Stricknadel	Auto – Schonbezüge
Wandregal – Schrauben, Dübel	Rasenmäher – Grasfang
Kaffeemaschine – Filtertüten	Braten – Gewürze
Stövchen – Teelichter	Schuhe – Pflegemittel

Möchte eine Kundin eine Pelzmütze kaufen, so ist sie nicht darauf vorbereitet, auch gleich einen passenden Pelzmantel mitzukaufen. Solche Zusatzangebote wirken aufdringlich. Zusatzangebote ergänzen den Hauptkauf. Sie müssen deswegen im Preis niedriger liegen als der Hauptkauf.

▶ Wann bieten Sie Ergänzungen an?

Der richtige Zeitpunkt ergibt sich in der Regel aus der jeweiligen Verkaufssituation. Die Erfahrung und das Einfühlungsvermögen bestimmen, wann ein Ergänzungsangebot gemacht wird. Grundsätzlich sollten Zusatzangebote jedoch unterbreitet werden, nachdem sich die Kunden zum Hauptkauf entschlossen haben, jedoch bevor sie bezahlt haben.

Die Kunden erkennen das Zusatzangebot dann als notwendige oder sinnvolle Ergänzung (z. B. passendes Futter und Nähgarn zum ausgewählten Stoff). Bieten Sie Ergänzungsangebote zu früh an, also bevor sich die Kunden zum Hauptkauf entschlossen haben, dann verwirrt sie Ihr Angebot, oder sie weichen vor dem Gesamtpreis erschrocken zurück.

Machen Sie Zusatzangebote, nachdem die Kunden schon bezahlt haben, so werden sie sich nur schwer entschließen, ihr Portemonnaie noch einmal zu zücken.

▶ Wie unterbreiten Sie Ergänzungsangebote?

Bei der Empfehlung von Ergänzungsangeboten ist das „Wie" oft entscheidender als das „Was".

Vermeiden Sie allgemeine Formulierungen:	Machen Sie statt dessen konkrete Vorschläge:
„Darf es sonst noch etwas sein?" „Haben Sie sonst noch einen Wunsch?" „Wir haben auch noch preiswerte Angebote!"	„Zu dieser Wolle benötigen Sie die passenden Stricknadeln. Darf ich sie Ihnen gleich einpacken?" „Wenn Sie Ihren Rasen in einem Arbeitsgang mähen und vom Gras befreien wollen, dann hilft Ihnen der passende Grasfang. Während Sie den Rasen mähen, wird das geschnittene Gras gleich im Grasfang gesammelt und transportiert." „Sie können den festlichen Charakter Ihres neuen Service noch besser betonen: Stellen Sie zwei Leuchter aus unserem Angebot dazu. So verschönern Sie Ihren gedeckten Tisch!"

Viele Hersteller kommen mit Verbundangeboten auf den Markt. Sie wollen damit den Kunden eine komplette Problemlösung verkaufen und verhindern, dass die Kunden etwas vergessen.

Beispiele für Verbundangebote:

- *Kamera mit Tasche, Film und Batterien* **(Abb. 30.2)**
- *Hemd und Krawatte*
- *Computer mit Bildschirm, Drucker, Maus, Kabel und Softwarepaket*
- *Teppichknüpfset mit Anleitung, Muster und allen Materialien*
- *Zeitplaner mit Kalender und Drehbleistift*

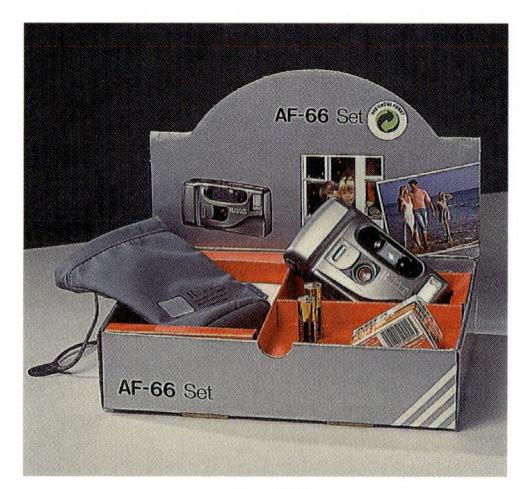

Abb. 30.2

Um so wichtiger ist es, an Ergänzungen zu denken, wenn diese nicht im Verbund angeboten werden. Denken Sie an Torstens Missgeschick (Einstieg)!

30. Schritt: Sie bieten erfolgreich Ergänzungen an

Arbeitsaufgaben

1. Welche der vorgestellten Zusatzangebote sind notwendige, welche sinnvolle Ergänzungen des Hauptkaufs?

   Hauptkauf: **Ergänzungen:**
   a) Schuhe Pflegemittel, Socken, Einlegesohlen, Schuhspanner
   b) PC-Drucker Tonerkartusche, Papier, Reinigungsmittel, Kabel
   c) Bohrmaschine Sortiment Holz- und Steinbohrer, Kabeltrommel, Schraubbits
   d) Besteck Besteckkoffer, Spülmittel, Gabelbänkchen, Serviettenringe
   e) Hemd Krawatte, Ersatzknöpfe, Manschettenknöpfe
   f) Gitarre Ersatz-Saiten, Plektron, Hülle, Stimmgerät

2. Schreiben Sie zu jeder Ware drei Ergänzungen auf. Erklären Sie, wie Ihre Zusatzangebote den Nutzen erweitern!
   a) Videokamera   e) Langlaufski
   b) Kostüm (DOB)   f) Schwingschleifer
   c) Kostüm (Fasching) g) Kiste Sekt
   d) Kaffeeservice   h) Grillkoteletts

3. Listen Sie fünf Waren aus Ihrem Ausbildungssortiment auf, zu denen Sie mit Erfolg Ergänzungsangebote unterbreiten können. Notieren Sie hinter der Ware jeweils die Zusatzartikel!

Training

1. Erarbeiten Sie ein Verkaufsgespräch mit Zusatzangebot. Zeigen Sie Ihrer Klasse im Rollenspiel, wie Sie Ergänzungen anbieten!

2. Verändern Sie das Käuferverhalten in Ihrem Rollenspiel:
   a) Der Kunde steht Zusatzangeboten sehr aufgeschlossen gegenüber.
   b) Der Kunde hat eine recht ablehnende Einstellung gegenüber Zusatzangeboten.
   Wie verändert sich der Ablauf der Kundenberatung?

3. Diskutieren Sie folgende Aussagen von drei Verkäuferinnen in der Klasse oder in der Gruppe!

   Verkäuferin Anja:
   „Ich halte Ergänzungsangebote für aufdringlich. Jeder Kunde muss wissen, was er will. Beim Zusatzverkauf geht es doch nur um einen höheren Umsatz. Ich weiß aus meiner Erfahrung, dass die meisten Kunden keine Zusatzartikel wollen."

   Verkäuferin Britta:
   „Man muss zu jedem Verkauf Ergänzungsangebote machen. Nur so kommt ein guter Umsatz zustande. Ob der Kunde mit der Ergänzung etwas anfangen kann, ist gar nicht so wichtig. Hauptsache, er kauft mehr, als er vorgehabt hat."

   Verkäuferin Conny:
   „Ergänzungsangebote können notwendig und sinnvoll sein. Wir helfen dem Kunden, nichts zu vergessen, denn manche Zusatzartikel braucht er unbedingt. Ergänzungsangebote können gleichzeitig dem Kunden helfen und meinen Umsatz erhöhen."

31. Schritt: Sie kassieren den Kaufpreis und verabschieden die Kunden

Zielangabe

In diesem Schritt
- erkennen Sie die Bedeutung der Abschlussphase im Verkaufsvorgang
- lernen Sie, wie Sie sich nach der Kaufentscheidung des Kunden zu verhalten haben
- machen Sie sich mit den Kassierregeln vertraut
- üben Sie in Rollenspielen, die Phase zwischen Kaufentscheidung und Zahlakt sinnvoll zu überbrücken, sachgemäß zu kassieren und die Kunden freundlich zu verabschieden.

Einstieg

Abb. 31.1

31. Schritt: Sie kassieren den Kaufpreis und verabschieden die Kunden

> **Lehrtext**

Die dritte Verabschiedung der **Abbildung 31.1** lädt alle Kunden ein wiederzukommen – selbst wenn sie nichts gekauft haben. Zeigen Sie Ihren Kunden, dass Sie für ihre Probleme Verständnis haben. Viele Kunden werden nach ihrer Kaufentscheidung vom Verkaufspersonal allein gelassen. Das ist falsch! So schnell können Sie das Verkaufsgespräch nicht abbrechen, denn Ihre Kunden befinden sich noch als Gast im Geschäft. Oft entscheidet der letzte Eindruck darüber, ob die Kunden als Kaufinteressenten wiederkommen.

▶ Wie verhalten Sie sich zwischen Kaufentscheidung und Zahlung?

Ein Kunde hat sich zum Kauf entschlossen. Sie haben seine Kaufentscheidung bekräftigt **(29. Schritt)**, und er möchte bezahlen. Überbrücken Sie die Phase zwischen Kaufentscheidung und Zahlakt mit einem Gespräch über die gekaufte Ware. Bieten Sie Ihren Kunden zu möglichen Problemen Rat und Hilfe an.

Beispiel:

K: *Geben Sie mir eine Kiste von diesem roten Ahr-Wein!*

V: *Aber gerne! Sie haben eine gute Wahl getroffen. Ihre Gäste werden begeistert sein. Sind Sie so nett und kommen mit mir zur Kasse?*

K: *Ja! (begleitet Verkäufer zur Kasse)*

V: *(auf dem Weg zur Kasse) Holen Sie den Wein einige Stunden, bevor Ihre Gäste kommen, aus dem Keller. Bei 16 – 18° können Sie das herrliche Bukett besonders gut genießen. Und wenn Sie wieder Weinkenner als Gäste haben, dann kommen Sie bitte vorbei. Ich helfe Ihnen gerne.*

▶ Wie kassieren Sie den Kaufpreis?

Beim Kassieren des Kaufpreises gibt es drei Möglichkeiten:

a) **Einzelkassierung**

Das Kassieren ist eine Aufgabe des Verkaufspersonals. Sie nehmen die Zahlung entgegen und schreiben den Kunden eine Quittung aus oder überreichen ihnen den von der Kasse ausgeworfenen Kassenbon. Die Quittung oder der Bon enthalten meist folgende Angaben: Firma, Menge, Art und Preis der Ware, Rechnungsendsumme, Umsatzsteuersatz und Datum. Diese Kassierform finden Sie häufig in kleinen Geschäften und an Verkaufstheken innerhalb von Waren- und Kaufhäusern (Bedienung).

b) **Sammelkassierung**

Bei der Sammelkassierung wickeln mehrere Abteilungen oder Bereiche ihre Einnahmen über eine Kasse ab. Sie finden diese häufig in großen Fachgeschäften und in einzelnen Abteilungen der Waren- und Kaufhäuser. Das Verkaufspersonal nimmt in diesen Fällen keine Zahlungen an, stellt jedoch manchmal einen Kassenzettel aus. Die Kunden entrichten an der Sammelkasse den Kaufbetrag. Häufig muss das Verkaufspersonal für den Transport der Ware zur Kasse sorgen. Zeigen Sie Ihren Kunden den Weg zur Sammelkasse, oder spielen Sie den freundlichen Begleiter!

c) **Zentralkassierung**

In allen Selbstbedienungsläden und in den Abteilungen der Waren- und Kaufhäuser mit Selbstbedienung wird – meist an mehreren Kassen – zentral kassiert. Der Kunde bringt die Ware selbst dorthin und bezahlt. Das Inkasso wird von speziell für diesen Zweck eingesetzten Angestellten durchgeführt. Das Verkaufspersonal ist an diesem Vorgang nur in Ausnahmefällen beteiligt, z. B. wenn eine Kassiererin den Preis einer nicht ausgezeichneten Ware erfragt.

▶ Wie bezahlen die Kunden ihre gekauften Waren?

Barzahlung:

Bezahlen Ihre Kunden bar, dann müssen Sie die Kassenanweisung Ihres Ausbildungsbetriebes beachten. Bei Reklamationen bleiben Sie ruhig und höflich. Behauptet ein Kunde, er habe mit einem größeren Schein bezahlt und müsse mehr Geld herausbekommen, so erläutern Sie Ihr Vorgehen:

> „Entschuldigen Sie bitte, Sie haben mir einen 50-€-Schein gegeben. Ich habe Ihnen den Betrag genannt. Den Schein habe ich erst in die Kasse gelegt, nachdem Sie das Wechselgeld erhalten haben."

Besteht der Kunde weiterhin auf seiner Meinung, können Sie ihn nur durch einen Kassensturz überzeugen. Hätte er tatsächlich mit einem 200-€-Schein gezahlt, müssten 150 € mehr als der Sollbestand in der Kasse sein. Einen solchen Kassensturz sollten Sie aber grundsätzlich nur im Beisein einer Kassenaufsicht durchführen. Auf diese Weise beugen Sie Betrugsversuchen vor!

Kreditkarte:

Legt Ihnen ein Kunde seine Kreditkarte vor, so können Sie diese Zahlungsart nur akzeptieren, wenn Ihr Unternehmen der entsprechenden Organisation angeschlossen ist. Sie stellt für alle Beteiligten eine Zahlungsvereinfachung dar. Der Einzelhändler muss allerdings eine Provision an das Kreditkartenunternehmen abführen. Große Einzelhandelsunternehmen geben eigene Kreditkarten unter dem Namen „Kundenkarte" oder „Handelskarte" aus. Diese berechtigen nur zum Einkauf in ihren eigenen Filialen.

POS-Banking:

Dieses elektronische Zahlungssystem wird eingesetzt für die bargeldlose Zahlung von Waren an Computerkassen oder Terminals. Der Kunde bezahlt mit Hilfe der Euroscheck- oder einer Kreditkarte. Beim Electronic-Cash-Verfahren steckt er die Karte in ein spezielles Lesegerät, gibt seine Geheimnummer (PIN – Persönliche Identifikationsnummer) ein, und der Rechnungsbetrag wird seinem Bankkonto belastet. Beim EC-Lastschriftverfahren wird auf die Eingabe der PIN verzichtet, stattdessen unterzeichnet der Kunde einen Beleg. In beiden Fällen erhält der Einzelhändler auf seinem Konto die entsprechende Gutschrift.

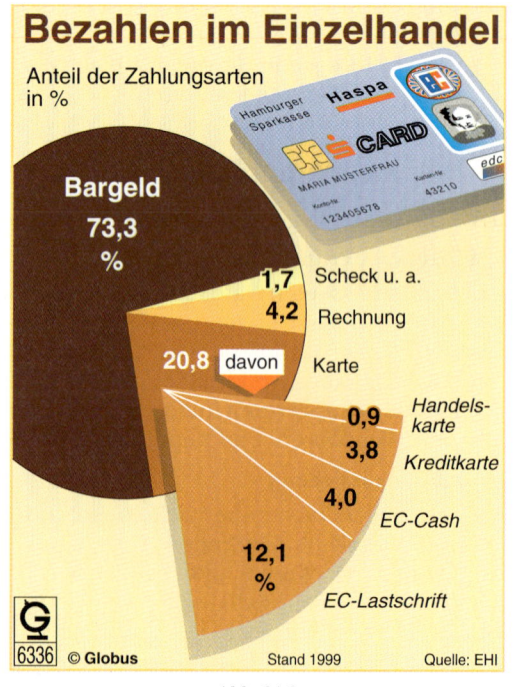

Abb. 31.2

31. Schritt: Sie kassieren den Kaufpreis und verabschieden die Kunden

Geldkarte:

Wie eine elektronische Geldbörse funktioniert die Geldkarte. Sie enthält einen Chip, der einen Höchstbetrag laden und Teilbeträge beim Bezahlen wieder abgeben kann. Die Geldkarte ist zum Begleichen kleinerer Beträge geeignet und wird häufig an Automaten eingesetzt.

Rechnung:

Die Aushändigung der Ware gegen Rechnung und spätere Zahlung ist im Einzelhandel eher selten. Rechnungen werden für gewerbliche Einkäufer oder bei Einkäufen von hohem Wert *(z. B. Wohnzimmereinrichtung)* ausgestellt.

Scheck:

Die Zahlung mit Scheck verliert immer mehr an Bedeutung. Das Verfahren ist umständlich, verursacht höhere Kosten und ist für Fälschungen anfällig.

Behandeln Sie Ihre Kunden freundlich – gerade beim Kassieren!

. . . und nicht so:

„Haben Sie es nicht klein?"

„Heute kommt jeder mit großem Geld!"

„Schon wieder ein 200-€-Schein!"

Die Kasse ist in jedem Geschäft ein kritischer Punkt. Hier wechseln Geld und Ware ihre Besitzer. Machen Sie es Ihrem Kunden leicht, sich von seinem Geld zu trennen. Zeigen Sie ihm ein freundliches Gesicht.

▶ Wie verabschieden Sie Ihre Kunden?

A. „Vielen Dank, dass Sie den Goldhamster gekauft haben. Auf Wiedersehen!"

B. „Auf Wiedersehen – und vielen Dank für Ihren Besuch!"

Die Entscheidung zwischen diesen beiden Möglichkeiten fällt Ihnen sicher nicht schwer. Fall A klingt so, als wären Sie froh, den Goldhamster endlich los zu sein. Vielleicht wird der Kunde dabei stutzig. Deshalb ist es grundsätzlich von Vorteil, sich für den Besuch des Kunden zu bedanken (Fall B). Verabschieden Sie ihn mit einem freundlichen „Auf Wiedersehen" oder mit der ortsüblichen Redewendung („Tschüss", „Pfüat di", „Moin"). Wenn Sie für Ihren Kunden da sind, bis er den Laden verlässt, haben Sie den besten Weg eingeschlagen, einen Stammkunden zu gewinnen und zu erhalten!

Arbeitsaufgaben

1. Beschreiben Sie, wie Sie in Ihrem Ausbildungsbetrieb den Kunden nach der Kaufentscheidung behilflich sein können!

2. Erkundigen Sie sich nach den Kassiervorschriften in Ihrem Ausbildungsbetrieb, und formulieren Sie dazu eine Anweisung!

3. Wählen Sie eine Ware aus Ihrem Ausbildungssortiment, und schreiben Sie auf, welche Hilfen **(Abb. 29.3)** Sie Ihren Kunden vor der Verabschiedung geben können!

4. Nehmen Sie zu den Verabschiedungen in **Abbildung 31.1** schriftlich Stellung!

Training

1. Trainieren Sie die Phase zwischen Kaufentscheidung und Zahlakt an einem Beispiel (z. B. aus Arbeitsaufgabe 3). Führen Sie im Rollenspiel vor, wie Sie eine Kundin oder einen Kunden behandeln!

2. Bilden Sie fünf Gruppen, und informieren Sie sich in Ihrem Ausbildungsbetrieb, bei einer Bank bzw. Sparkasse und in Informationsblättern der Kreditkartenorganisationen über die Abwicklung von Zahlungen:

    a) Barzahlung

    b) Zahlung mit Geldkarte

    c) Zahlung mit Kundenkarte

    d) Zahlung mit Kreditkarte

    e) POS-Banking (EC-Cash, EC-Lastschrift)

    Stellen Sie den Ablauf anschaulich dar (Folie, Wandzeitung), und erläutern Sie den Vorgang in der Klasse!

D. Probleme und Sonderfälle im Verkauf

32. Schritt: Sie meistern Reklamationen und Warenumtausch

Zielangabe

In diesem Schritt
- erkennen Sie die Bedeutung von Reklamationen und Umtausch im Verkaufsgeschehen
- lernen Sie, wie Sie sich bei Kundenbeschwerden und bei Warenumtausch verhalten
- erfassen Sie den Inhalt von Rechtsvorschriften und die Bedeutung von Kulanz
- üben Sie im Verkaufstraining, Reklamationen und Warenumtausch zur Zufriedenheit Ihrer Kunden zu meistern.

Einstieg

Abb. 32.1

Lehrtext

Die Reaktion der Verkäuferin in **Abb. 32.1** verärgert die Kundin. Sie fühlt sich unverstanden und zu Unrecht behandelt. Zuerst war sie über die Thermoskanne enttäuscht, weil der undichte Verschluss Kaffee auslaufen ließ. Jetzt wird die Kundin durch das falsche Ver-

käuferverhalten erneut verärgert. Werden Beschwerden von Kunden nicht zu deren Zufriedenheit erledigt, kann Folgendes passieren:
- Der Kunde überträgt seine Unzufriedenheit auf das ganze Unternehmen.
- Er meidet das Geschäft und geht zur Konkurrenz.
- Er betreibt negative Mundpropaganda bei seinen Freunden und Bekannten.

Verstehen Sie es, Reklamationen zur Zufriedenheit Ihrer Kunden zu meistern, so kann das ausgesprochen geschäftsfördernd sein. Zufriedene Kunden bringen Ihnen Vertrauen entgegen und bleiben Ihnen als Stammkunden erhalten. Außerdem helfen sie Ihnen, vorhandene Missstände abzubauen und späteren Reklamationen vorzubeugen. Deshalb fordern einige Geschäftsleute Ihre Kunden zur direkten Kritik mit dem Hinweis auf:

Wenn Sie mit uns zufrieden sind,
so sagen Sie es bitte weiter!
Wenn wir Sie nicht zufrieden stellen,
so sagen Sie es bitte uns!

▶ Warum reklamieren Kunden?

Reklamationen sind Beschwerden. Wollen Sie Reklamationen zur Zufriedenheit Ihrer Kunden lösen, dann müssen Sie die möglichen Beschwerdeursachen kennen. Ursachen für Reklamationen können in der Ware selbst und in der Beratung durch das Verkaufspersonal liegen.

Beispiele „mangelhafte Ware":
- An einem neuen Schuh löst sich nach wenigen Tagen Gebrauch der Absatz.
- Bei einer Spielesammlung fehlt ein Satz Spielfiguren.
- Einem Bausatz sind Verbindungsschrauben falscher Größe beigefügt.

Beispiele „unzureichende oder fehlerhafte Beratung":
- Bei einer empfindlichen Pflanze vergisst die Verkäuferin, dem Kunden Hinweise zur Pflege und Platzierung zu geben.
- Beim Kauf einer Lederjacke empfiehlt der Verkäufer ein ungeeignetes Pflegemittel.
- Die neue Kücheneinrichtung wird erst im März geliefert, obwohl der Berater den Einbau für Januar zugesagt hatte.

▶ Wie verhalten sich Kunden bei Reklamationen?

Wenn ein Kunde reklamieren will, geht er von der Berechtigung seiner Beschwerde aus. Das Vertrauensverhältnis zwischen Kunde und Verkäufer ist in den meisten Fällen gestört. Der Kunde ist enttäuscht, da das, was er gekauft hat, nicht seinen Erwartungen entspricht. Er ist verärgert, da er zusätzlich Zeit investieren muss, um die unangenehme Reklamation zu erledigen. Kunden mit Reklamationen sind häufig ungehalten und versuchen, ihren Ärger loszuwerden. Manchmal reklamieren sie laut, drohen, werden unsachlich, übertreiben und fordern „ihr Recht". Die meisten Kunden bringen ihre Reklamationen jedoch ruhig und sachlich vor.

32. Schritt: Sie meistern Reklamationen und Warenumtausch

▶ Wie reagieren Sie auf Reklamationen?

An Ihrem Verhalten liegt es, ob der Kunde auch weiterhin zu Ihnen und Ihrer Ware Vertrauen hat. Kundenbeschwerden stellen hohe Anforderungen an Ihr Verhalten. Verärgerte Kunden sind oft unsachlich und handeln gefühlsorientiert. Wenn Sie versuchen, Ihren Kunden zu Beginn eines Reklamationsgespräches deutlich zu machen, dass ihre Beschwerde unberechtigt ist, so werden Sie deren Ärger noch vergrößern.

Bitten Sie Kunden bei Reklamationsgesprächen in einen abgelegenen Teil des Verkaufsraumes oder in das Büro. Laut reklamierende Kunden können andere vom Kauf abschrecken. Bieten Sie reklamierenden Kunden nach Möglichkeit einen Platz an. Im Sitzen lässt es sich schlechter schimpfen! Berücksichtigen Sie die Tipps zur Reklamationsbehandlung **(Abb. 32.2)**.

Abb. 32.2: Tipps zur Reklamationsbehandlung

▶ Die Rechte des Kunden nach dem Bürgerlichen Gesetzbuch (BGB)

Wenn Kunden Ware reklamieren und Ansprüche geltend machen, müssen Sie über die rechtlichen Bestimmungen informiert sein, um eine angemessene Entscheidung treffen zu können. Der Verkauf von Waren an Endverbraucher ist ein einseitiger Handelskauf, für den die Bestimmungen des Bürgerlichen Gesetzbuches gelten.

Der Kaufmann ist gesetzlich verpflichtet, Mängel abzustellen, wenn der Kunde innerhalb der gesetzlichen Frist (oder innerhalb der Garantiezeit) reklamiert (BGB § 459 ff).

Je nach Art des Falles kann ein Mangel an der Ware abgestellt werden durch:

- **Wandelung** (BGB § 462)
  Der Kaufvertrag wird rückgängig gemacht. Der Kaufgegenstand wird zurückgegeben und der Kaufpreis erstattet.
- **Minderung** des Kaufpreises (BGB § 462)
  Der Kaufvertrag bleibt bestehen, der Kaufpreis wird jedoch entsprechend der Schwere des Mangels herabgesetzt.
- **Ersatzlieferung** (BGB § 480)
  Die mangelhafte Ware wird durch mangelfreie Ware ersetzt, also ausgetauscht.

Durch **„Allgemeine Geschäftsbedingungen"** (AGB) können Gewährleistungsansprüche von Kunden beschränkt werden, z. B. durch die Vereinbarung von „Nachbesserung". In diesem Fall hat der Kunde keinen Anspruch auf Wandelung, Minderung oder Ersatzlieferung, sondern er muss sich mit der Nachbesserung, z. B. in der Form einer Reparatur, zufrieden geben. Bei der Vereinbarung „Allgemeiner Geschäftsbedingungen" sind aber die Vorschriften des AGB-Gesetzes zum Schutz von Nichtkaufleuten zu beachten.

- **Schadenersatz** wegen Nichterfüllung des Kaufvertrages (BGB § 463) muss geleistet werden, wenn der Kunde einen konkreten Schaden nachweisen kann. Dieser Schaden muss dadurch entstanden sein, dass dem Kaufgegenstand eine zugesicherte Eigenschaft fehlte oder ein Mangel arglistig verschwiegen wurde.

  Schadenersatzansprüche kann ein geschädigter Konsument auch gegenüber dem Hersteller geltend machen, wenn die Ursachen des Schadens in Konstruktions-, Fabrikations- oder Instruktionsfehlern eines Produktes liegen (Produkthaftungsgesetz §§ 3 und 4).

Bei Dienstleistungsunternehmen und Handwerksbetrieben gelten anstelle der rechtlichen Bestimmungen über den Kaufvertrag ähnliche Bestimmungen über den Werkvertrag (BGB § 631 ff), den Werklieferungsvertrag (BGB § 561) oder den Dienstvertrag (BGB § 611 ff).

Der Kaufvertrag kann von dem Kunden angefochten werden, wenn der Fehlkauf nachweisbar auf falsche Angaben des Verkäufers (Irrtum, arglistige Täuschung) zurückzuführen ist (BGB § 119 ff). Der Kaufvertrag ist damit nichtig, d. h. Ware und Geld müssen zurückgegeben werden.

▶ Kulanz und ihre Grenzen

Häufig reklamieren Kunden, ohne dass sie die Berechtigung ihrer Ansprüche nachweisen können. Manchmal ist nicht eindeutig, wo oder wann die Ware gekauft wurde, ein anderes Mal ist nicht klar, durch wen der Mangel an der Ware entstanden ist. In diesen Fällen kann der Verkäufer auf die rechtliche Lage verweisen und die Ansprüche des Kunden abwehren. Eine zurückgewiesene Reklamation führt jedoch häufig zum Verlust des Kunden. In vielen Fällen ist es deshalb besser, großzügig zu sein und Entgegenkommen zu zeigen. Dieses Eingehen auf den Kunden durch freiwillige Leistung des Einzelhändlers bezeichnet man als **Kulanz**.

Kulanz ist eine kundenfreundliche Maßnahme, die sich mehrfach positiv auswirken kann: Erstens bindet Kulanz die Kunden gefühlsmäßig, denn Großzügigkeit bleibt in guter Erinnerung und verpflichtet. Zweitens wird durch Kulanz eine positive Mundpropaganda ausgelöst, das Erscheinungsbild des Unternehmens in der Öffentlichkeit (Image) wird aufgewertet. Drittens ist Kulanz meistens kostengünstig, denn die Hersteller oder Lieferanten von Markenware erstatten beanstandete Ware dem Einzelhändler fast immer problemlos.

Unsere Unterstützung für Sie!

Wir garantieren Ihnen rasche und zufrieden stellende Hilfe bei Reklamationen. Wenn Reparaturen länger dauern, stellen wir Ihnen kostenlos ein Leihgerät zur Verfügung oder tauschen das beanstandete Teil gegen ein neues aus.

Wir sind immer auf der Seite der Kunden!

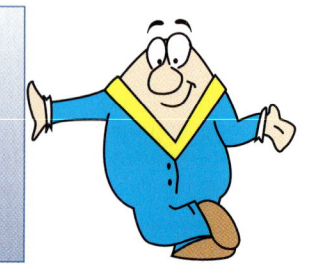

32. Schritt: Sie meistern Reklamationen und Warenumtausch

Die Grenzen der Kulanz werden erreicht, wenn Kunden offensichtlich unberechtigte Ansprüche von hohem Wert stellen oder als „Schnorrer" durch häufige Reklamationen aufgefallen sind. In diesen Fällen sollten Sie nach dem Beispiel der Einwandbehandlung **(27. Schritt)** die Ansprüche höflich, aber bestimmt zurückweisen.

In einigen Branchen bereitet die Feststellung von Mängeln Schwierigkeiten, weil dazu besondere Fachkenntnisse und Untersuchungen notwendig sind. Zur Klärung der Frage, ob der Kunde Anspruch auf Ersatz hat, gibt es spezielle Schieds- oder Schlichtungsstellen*), an die sich die Betroffenen wenden können.

Beispiel:
Frau Misslich ersteht ein Paar Wanderschuhe mit Porotex-Membran für ihren Urlaub in den Bergen. Schon bei ihrer ersten Wanderung bekommt sie nasse Füße, obwohl die Schuhe als „wasserdicht" bezeichnet wurden. Als sie die Schuhe nach Beendigung des Urlaubs reklamiert, meint der Schuhhändler, die Schuhe seien vermutlich falsch behandelt worden. Er schlägt Frau Misslich aber vor, die Schuhe an die Schlichtungsstelle für Schuhreklamationen zur Begutachtung einzusenden.

Abb. 32.3

▶ Umtausch ohne Rechtsanspruch

Häufig wollen Kunden Ware umtauschen, ohne dass ein Grund zur Reklamation vorliegt. Ursachen für einen Umtausch liegen darin, dass die gekaufte Ware nicht passt, dass sie den Erwartungen der Kunden nicht entspricht oder eine zu große finanzielle Belastung darstellt:

- *Eine junge Frau hat nach dem Kauf eines Dampfkochtopfes festgestellt, dass dieser für ihre Familie zu groß ist. Sie möchte das nächst kleinere Modell nutzen.*
- *Ein Kunde stellt zu Hause fest, dass er mit der gekauften Videoanlage nicht umgehen kann. Er möchte auf ein einfacheres Modell umsteigen.*
- *Ein Auszubildender hat sich mit der unüberlegten Bestellung eines Motorrades finanziell übernommen. Er würde gern den Kaufvertrag rückgängig machen.*

---

*) Die Adressen der Schlichtungsstellen (z. B. für den Kfz-Handel, das Radio- und Fernsehtechnikerhandwerk, Schuhreklamationen, Textilreinigungsreklamationen) erfahren Sie bei den Verbraucherzentralen.

In diesen Fällen treten die Kunden meistens anders auf als bei Reklamationen. Sie sind enttäuscht, weil die Waren nicht ihren Erwartungen entsprechen oder weil sie sich selbst Fehleinschätzungen eingestehen müssen. Außerdem sind sie häufig unsicher, weil sie nicht wissen, ob sich die Ware noch umtauschen lässt. Sie hoffen auf ein Entgegenkommen durch das Verkaufspersonal.

Sehen Sie im Umtausch Ihre Chance! Die Kunden wurden möglicherweise falsch beraten. Sie haben die Möglichkeit, den begangenen Fehler wieder gut zu machen. Helfen Sie sich mit den Reklamationsregeln.

Manche Unternehmen betrachten den Warenumtausch als besonderen Kundendienst. Großzügig tauschen sie jede Ware innerhalb einer gewissen Frist (z. B. innerhalb von 14 Tagen nach Kauf) ohne Begründung um, wenn die Ware unbeschädigt ist und der Kassenzettel bzw. die Rechnung vorliegt. Sie rechnen damit, dass ihre Kunden schneller und unbeschwerter einkaufen, wenn sie die Möglichkeiten des Umtausches garantiert bekommen **(Abb. 32.4)**.

Wir garantieren Ihnen das uneingeschränkte **Rückgaberecht** für jede Ware innerhalb von 14 Tagen! Werden Ihre Erwartungen nicht erfüllt: **Umtausch** oder Geld zurück ohne Wenn und Aber!

Abb. 32.4: Umtausch aus Kulanz als Werbeargument

Betrachten Sie daher den Umtausch als Weiterführung des Verkaufsgespräches. Möchte ein Kunde keine Ersatzware, dann zahlen Sie, wenn es die betrieblichen Umtauschregeln erlauben, den Kaufpreis zurück. Wünscht der Kunde einen Umtausch, dann starten Sie ein neues Verkaufgespräch. Helfen Sie Ihren Kunden auch bei Reklamationen und Umtausch, Einkaufsprobleme zu lösen!

Arbeitsaufgaben

1. Erklären Sie an einem Beispiel aus Ihrem Ausbildungssortiment, wie Sie bei Reklamationen oder beim Warenumtausch treue Kunden gewinnen und erhalten können!

2. Jemand reklamiert oder möchte Ware umtauschen. Wie verhalten Sie sich?
   a) *Ein Kunde möchte zwei Tage nach dem Kauf einen Sessel umtauschen, weil ihm das Muster nicht gefällt.*
   b) *Fünf Monate nach dem Kauf reklamiert eine Kundin einen Kühlschrank, der nicht mehr automatisch abtaut.*
   c) *Ein Kunde möchte zwei Tonerkassetten umtauschen. Der Verkäufer hatte ihm fälschlicherweise versichert, dass diese zu seinem Drucker passen.*

32. Schritt: Sie meistern Reklamationen und Warenumtausch

d) *Ein Kunde hat im Schlussverkauf einen herabgesetzten Bademantel gekauft. Drei Tage nach dem Kauf möchte er den Mantel umtauschen, weil mehrere Nähte aufgehen.*

e) *Eine Kundin reklamiert acht Monate nach dem Kauf eines Goldarmbandes den unsicheren Verschluss. Da sie Angst hat, das Armband zu verlieren, möchte sie ihr Geld zurück.*

f) *Eine Kundin möchte nach acht Wochen einen Wellensittich umtauschen, weil das Tier Federn verliert und nicht singt.*

g) *Ein Kunde wartet nach dem Auftreten eines Fehlers, ob noch weitere Mängel hinzukommen. Nach vier Monaten reklamiert er drei Mängel an dem gekauften Gerät.*

3. Beschreiben Sie Erfahrungen, die Sie als Kunde in Einzelhandelsgeschäften bei Umtauschwünschen oder Reklamationen gemacht haben!

4. Stellen Sie die Umtauschregeln in Ihrem Ausbildungsbetrieb dar, und nennen Sie Begründungen für diese Regeln!

5. Erläutern Sie an drei Beispielen, was Kulanz bei Reklamationen bedeutet. Begründen Sie, warum es kaufmännisch sinnvoll sein kann, Kulanz zu zeigen!

6. Ermitteln Sie drei Artikel, bei denen der Umtausch von Seiten des Handels öfter ausgeschlossen wird. Nennen Sie die möglichen Gründe.

7. Woran kann ein reklamierender Kunde erkennen, ob das Verkaufspersonal sein Anliegen ernst nimmt? Nennen Sie verbale und nonverbale Zeichen.

Training

1. Üben Sie in Partnerarbeit an einem Beispiel aus Ihrem Ausbildungssortiment die Durchführung einer Reklamation. Spielen Sie abwechselnd die Rolle des Kunden und des Verkäufers!

2. Bilden Sie sechs Gruppen, und trainieren Sie das Verhalten der Verkaufskraft bei Umtauschwünschen und Reklamationen. Jede Gruppe wählt eine Verkaufssituation aus Arbeitsaufgabe 2 und führt sie der Klasse vor. Zeigen Sie je ein erfolgreiches und ein unbefriedigendes Verkäuferverhalten!

33. Schritt: Sie behalten den Überblick bei Hochbetrieb

Zielangabe

In diesem Schritt
- machen Sie sich bewusst, wann mit Hochbetrieb zu rechnen ist
- erkennen Sie die Anforderungen an das Verkaufspersonal bei Hochbetrieb
- lernen Sie, sich in wartende Kunden zu versetzen
- machen Sie sich mit der Bewältigung von Kundenandrang vertraut.

Einstieg

Abb. 33.1

Lehrtext

Jeder Einzelhandelsbetrieb ist auf Kunden angewiesen, um Umsätze zu erzielen. Kunden kommen jedoch nicht ständig und gleichmäßig, sondern sehr unterschiedlich. Häufig kommen sie geballt zu den so genannten Stoßzeiten. Dann herrscht Hochbetrieb, auf den sich das Personal im Verkauf einstellen muss. Auch Sie können dazu beitragen, Kunden bei Hochbetrieb zügig zu bedienen.

33. Schritt: Sie behalten den Überblick bei Hochbetrieb

▶ Wann ist mit Hochbetrieb zu rechnen?

Kunden kaufen nicht gleichmäßig verteilt über den Tag, über die Woche oder über das Jahr ein. Kunden kaufen dann besonders viel und häufig ein, wenn sie viele Waren benötigen (z. B. vor den Wochenenden und Feiertagen), wenn sie Zeit zum Einkaufen haben (z. B. nach Büro- oder Werkstattschluss), wenn sie über Geld für den Einkauf verfügen (z. B. am Monatsanfang) und wenn besondere Anlässe vorliegen (z. B. Weihnachten). Deshalb herrscht in den meisten Einzelhandelsbetrieben zu ganz bestimmten Zeiten Hochbetrieb.

Hochbetriebszeiten:

- täglich   17:00 bis 19:00 Uhr
- wöchentlich   Freitag-Nachmittag und an Samstagen
- saisonal   je nach Branche, z. B. Frühjahrs- und Herbstmode, Winterreifen beim ersten Schnee, Gartenbedarf im Frühjahr
- jährlich   zu den Schlussverkäufen und vor Festen (besonders vor Weihnachten)

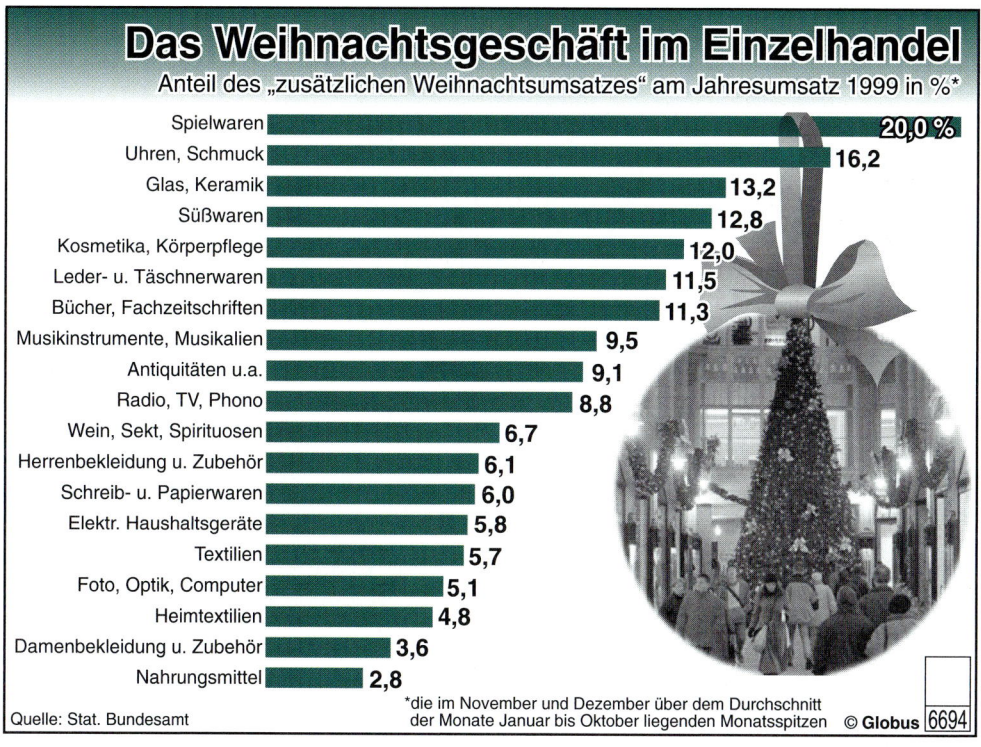

Das Weihnachtsgeschäft im Einzelhandel
Anteil des „zusätzlichen Weihnachtsumsatzes" am Jahresumsatz 1999 in %*

Branche	%
Spielwaren	20,0
Uhren, Schmuck	16,2
Glas, Keramik	13,2
Süßwaren	12,8
Kosmetika, Körperpflege	12,0
Leder- u. Täschnerwaren	11,5
Bücher, Fachzeitschriften	11,3
Musikinstrumente, Musikalien	9,5
Antiquitäten u.a.	9,1
Radio, TV, Phono	8,8
Wein, Sekt, Spirituosen	6,7
Herrenbekleidung u. Zubehör	6,1
Schreib- u. Papierwaren	6,0
Elektr. Haushaltsgeräte	5,8
Textilien	5,7
Foto, Optik, Computer	5,1
Heimtextilien	4,8
Damenbekleidung u. Zubehör	3,6
Nahrungsmittel	2,8

Quelle: Stat. Bundesamt
*die im November und Dezember über dem Durchschnitt der Monate Januar bis Oktober liegenden Monatsspitzen
© Globus 6694

Abb. 33.2

Der Hochbetrieb in diesen Zeiten bedeutet eine besondere Anstrengung für das Personal in der Kundenberatung und im Verkauf. Immer wieder kommt es vor, dass mehrere Kunden gleichzeitig von Ihnen bedient werden möchten. Das bedeutet Stress für Sie. Dennoch sollten Sie nicht ärgerlich sein, denn die Kunden kommen zu Ihnen, weil sie eine Lösung ihres Einkaufsproblems von Ihnen erwarten. Außerdem sichert ein hoher Umsatz die Arbeitsplätze in diesem Betrieb.

▶ Wie wirkt sich Hochbetrieb auf wartende Kunden aus?

Bei Hochbetrieb werden Personal und Kunden gefordert. Auch für viele Kunden bedeutet Einkauf bei Hochbetrieb Stress. Sie müssen warten. Je länger Kunden warten müssen, umso weniger Zeit haben sie für andere Einkäufe zur Verfügung. Häufig herrscht Gedränge, und es ist heiß. Viele werden nervös, unruhig oder ungehalten. In dieser Situation können sich die meisten Menschen nur schwer beherrschen. Sie beobachten das Verhalten der Verkäuferinnen und Verkäufer besonders kritisch und reagieren leicht gereizt. Gereizte Kunden fällen oft kein gerechtes Urteil, sie schimpfen laut oder verlassen ohne Einkauf das Geschäft. Wenn Sie wissen, was Kunden reizt, können Sie sich darauf einstellen und ärgerliche Reaktionen vermeiden.

Der Kunde wird ärgerlich

- wenn er sich unbeachtet fühlt, z. B. wenn ihn das Personal nicht wahrnimmt und nicht begrüßt.
- wenn er sich ungerecht behandelt fühlt, z. B. wenn Kunden bedient werden, die sich vorgedrängelt haben.
- wenn er meint, unnötig warten zu müssen, z. B. wenn das Personal Privatgespräche führt, auf den Verkauf nicht vorbereitet ist und Verkaufsgespräche verzögert.

▶ Wie stellen Sie sich auf den Hochbetrieb ein?

Die regelmäßigen Hochbetriebszeiten sind bekannt und werden bereits bei der Personalplanung berücksichtigt. Wenn viele Kunden in das Geschäft drängen, müssen mehr Verkaufskräfte zur Verfügung stehen und mehr Kassen geöffnet sein. So kann sich die Betriebsleitung durch organisatorische Maßnahmen auf den Kundenandrang einstellen.

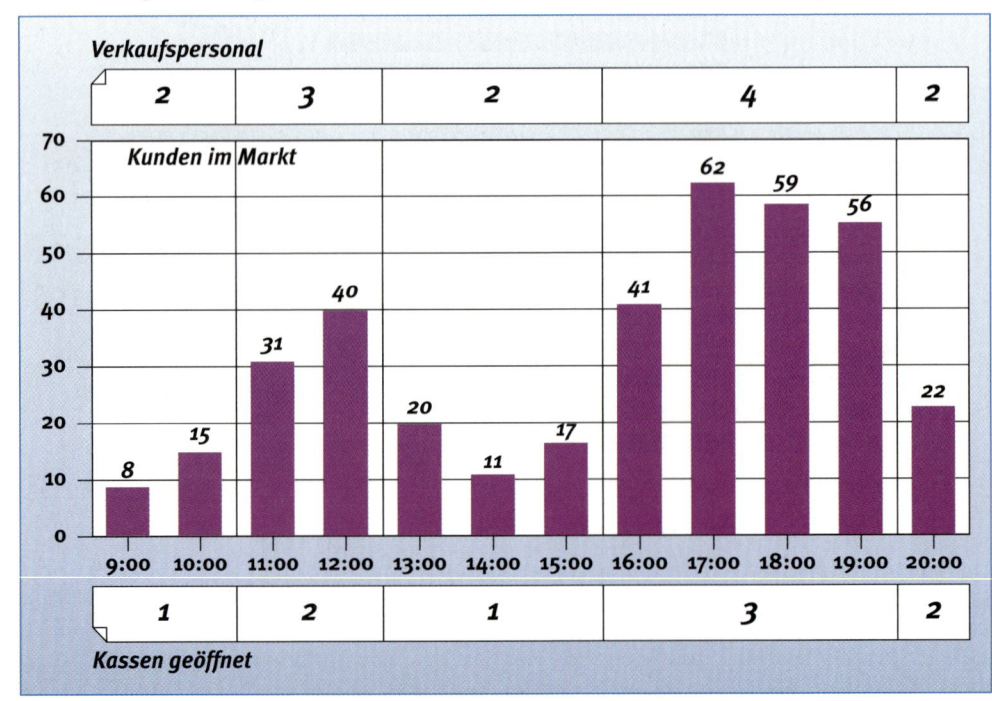

Zeit	9:00	10:00	11:00	12:00	13:00	14:00	15:00	16:00	17:00	18:00	19:00	20:00
Verkaufspersonal	2	2	3	3	2	2	2	4	4	4	4	2
Kunden im Markt	8	15	31	40	20	11	17	41	62	59	56	22
Kassen geöffnet	1	1	2	2	1	1	1	3	3	3	3	2

Abb. 33.3: Kundenfrequenz und Personalbedarf in einem Drogeriemarkt

33. Schritt: Sie behalten den Überblick bei Hochbetrieb

Als Hilfsmittel können Kunden/Zeit-Diagramme **(Abb. 33.3)** dienen, auf deren Grundlage Personaleinsatzpläne erstellt werden.

Bei Kundenandrang können aber auch Sie selbst Ihre Fähigkeiten im Verkauf unter Beweis stellen. Sie sind gezwungen, zügig zu arbeiten. Bei Vorwahl müssen Sie sogar manchmal mehrere Kunden gleichzeitig bedienen. Ihre Kunden verstehen es, wenn Sie weniger Zeit für jeden Einzelnen haben. Sie werden sehen, mit ein paar Kniffen ist das kein großes Problem **(Abb. 33.4)**.

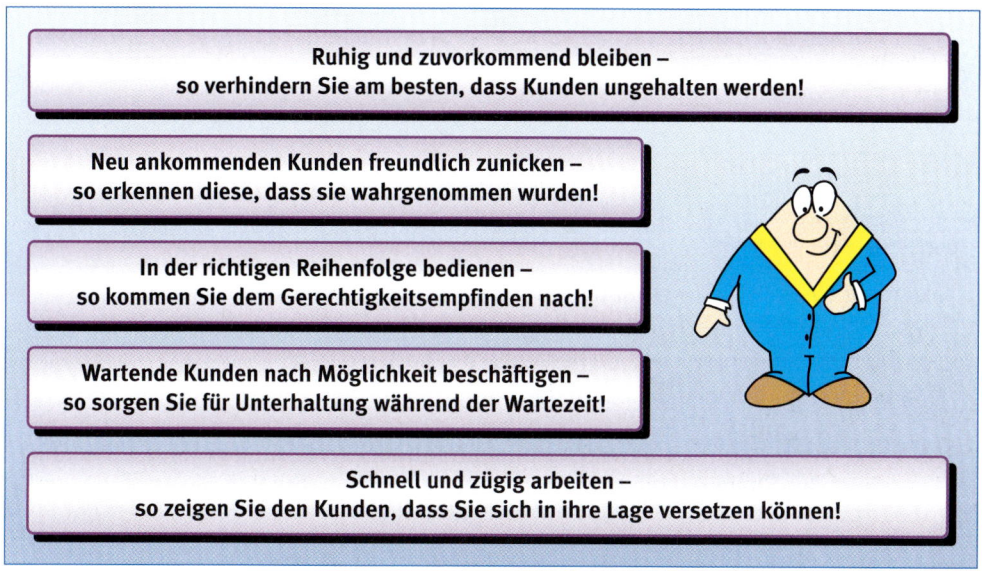

Ruhig und zuvorkommend bleiben –
so verhindern Sie am besten, dass Kunden ungehalten werden!

Neu ankommenden Kunden freundlich zunicken –
so erkennen diese, dass sie wahrgenommen wurden!

In der richtigen Reihenfolge bedienen –
so kommen Sie dem Gerechtigkeitsempfinden nach!

Wartende Kunden nach Möglichkeit beschäftigen –
so sorgen Sie für Unterhaltung während der Wartezeit!

Schnell und zügig arbeiten –
so zeigen Sie den Kunden, dass Sie sich in ihre Lage versetzen können!

Abb. 33.4: Regeln bei Hochbetrieb

Bei großem Kundenandrang sollten Sie ein Problem nie aus den Augen verlieren: Bei Hochbetrieb haben auch Ladendiebe Hochbetrieb. Sie nutzen das Gedränge besonders gern, weil dann das Personal unter Stress steht und weniger Zeit hat, um auf der Hut zu sein. Beachten Sie deshalb die Hinweise im nächsten Schritt!

Arbeitsaufgaben

1. Untersuchen Sie die Hochbetriebszeiten in Ihrem Ausbildungsbetrieb.
   a) Notieren Sie die Stoßzeiten pro Tag und Woche!
   b) Übertragen Sie die Zeiten in ein Diagramm!
   c) Notieren Sie die Ursachen für die Hochbetriebszeiten!

2. Wie können Sie wartenden Kunden das Warten erleichtern? Nennen Sie drei sinnvolle Beispiele für Ihre Branche!

3. Beschreiben Sie Verkäuferfehler, die Sie bei Kundenandrang beobachten konnten!

4. Beachten Sie folgende Verkaufsszenen. Nennen Sie Fehler, und erarbeiten Sie in Partnerarbeit Alternativen!

   a) In einem Käsespezialgeschäft warten mehrere Kunden auf Bedienung. Die Verkäuferin unterhält sich intensiv mit einer Frau, die offensichtlich Stammkundin ist.

   b) In einem Sanitätsfachgeschäft berät der Verkäufer eine Kundin. Ein Kunde fragt dazwischen, ob das neue Blutdruckmessgerät schon da ist. Der Verkäufer erwidert: „Sie sehen doch, dass ich gerade bediene!"

   c) In der überfüllten Fotoabteilung eines Warenhauses zahlt ein Kunde seine Farbfotos und möchte anschließend über eine neue Kamera, von der er gehört hat, informiert werden. Der Verkäufer schließt die Vitrine auf und holt die Kamera.

Training

1. Verdeutlichen Sie die Verkäuferfehler aus Arbeitsaufgabe 4 im Rollenspiel. Diskutieren Sie in der Klasse (Gruppe) die Wirkung der Verkäuferin oder des Verkäufers

   a) auf den Kunden, der gerade bedient wird, und

   b) auf die Kunden, die hinzukommen oder warten.

2. Suchen Sie in Partnerarbeit nach kundenfreundlichen Lösungen für die Verkäuferfehler, die Sie in Arbeitsaufgabe 4 gefunden haben. Spielen Sie anschließend die Szenen so, dass die Kunden trotz Hochbetriebs zufrieden gestellt werden!

3. Bereiten Sie sich mit einem Partner anhand einer selbst gewählten Ware auf ein Verkaufgespräch vor. Versuchen Sie dabei, Zusatzangebote zu unterbreiten. Üben Sie dann das Verkäuferverhalten

   a) unter normalen Bedingungen und

   b) unter Hochbetrieb.

   Nehmen Sie die beiden Szenen auf!

34. Schritt: Sie vermeiden Ladendiebstähle

Zielangabe

In diesem Schritt
- erfahren Sie die Folgen des Ladendiebstahls für den Einzelhandel, die Verbraucher und die Ladendiebe
- erkennen Sie verbreitete Methoden der Ladendiebe
- machen Sie sich mit vorbeugenden Maßnahmen zur Bekämpfung des Ladendiebstahls vertraut
- üben Sie, wie Sie Ladendiebstähle verhindern können und wie Sie sich bei der Entdeckung eines Ladendiebstahls verhalten müssen

Einstieg

Liebe Diebe!

Wie sich die Zeiten ändern! Vor noch nicht allzu langer Zeit hing die Karriere eines Ladendiebes allein von seiner Fingerfertigkeit ab. Doch inzwischen hat – wie in den meisten Berufen – hochkomplizierte Elektronik am Arbeitsplatz Einzug gehalten. Wer da nicht Schritt halten kann und nicht ständig auf dem neuesten Stand der technischen Entwicklung ist, der wird eines Tages kalt erwischt werden.

Wir geben Ladendieben eine Chance:

Ob Ihr es glaubt oder nicht: Wir wollen, dass ihr eine faire Chance bekommt. Ihr habt hier die Gelegenheit, unsere Systeme und ihre Gefährlichkeit kennen zu lernen. Denn es geht uns nämlich keinesfalls darum, möglichst viele von euch auf frischer Tat zu ertappen. Es geht uns um Abschreckung, um euch und allen Beteiligten eine Menge Ärger zu ersparen.

Abb. 34.1: Aus einem Informationsprospekt für Warensicherungssysteme

Lehrtext

Im deutschen Einzelhandel werden pro Jahr Waren im Wert von ca. vier Milliarden Euro gestohlen. Der durchschnittliche Warenwert pro Diebstahl beträgt ca. 80 €. Über 600.000 Personen wurden 1998 als Ladendiebe gefasst. Das sind aber höchstens 10 Prozent aller Ladendiebe, weil die Dunkelziffer auf 90 bis 95 Prozent geschätzt wird.[*] Es gibt also viel zu tun für die Verhinderung von Ladendiebstählen!

---

[*] Kriminalstatistik 1998

Trotzdem sprechen manche Verkäuferinnen und Verkäufer ungern über dieses Thema. Sie wissen nicht, wie sie reagieren sollen, wenn sie einen Ladendiebstahl beobachten. Besonders unangenehm wird es für das Verkaufspersonal, wenn Kolleginnen oder Kollegen beim Diebstahl ertappt werden. Doch gerade weil das Thema Unsicherheit oder Peinlichkeit auslösen kann, sollte man darüber sprechen. Sie werden deshalb in diesem Schritt Informationen darüber erhalten, wem Ladendiebstahl schadet, wie Ladendiebe vorgehen und was Sie dagegen tun können.

▶ Wem schadet Ladendiebstahl?

Warendiebstähle steigern die Kosten und schmälern den Gewinn des Einzelhandelsunternehmens. Auf die Dauer wird das kein Unternehmer hinnehmen. Zunächst wird er versuchen, Maßnahmen gegen Warendiebstähle zu treffen: Anbringen von Spiegeln, Einbau von Überwachungssystemen oder das Anketten wertvoller Waren. Aber auch diese Maßnahmen verursachen zusätzliche Kosten. Die Verluste durch die Fehlbestände und die Kosten für vorbeugende Maßnahmen gegen Diebstähle werden bei der Festlegung der Verkaufspreise einkalkuliert. Damit werden ehrliche Kunden mit den hohen Kosten der Diebstähle belastet. Ladendiebe schaden nicht nur dem Handel, sie leben auch auf Kosten der ehrlichen Kunden und bereichern sich zu Lasten der Allgemeinheit.

Abb. 34.2

▶ Wer wird aus welchen Gründen zum Ladendieb?

Für die starke Zunahme der Ladendiebstähle gibt es mehrere Gründe. Durch zwei Entwicklungen werden Ladendiebstähle besonders begünstigt:

34. Schritt: Sie vermeiden Ladendiebstähle

Das Rechtsbewusstsein hat sich im Laufe der letzten Jahre verändert. Viele Menschen halten Ladendiebstahl für ein „Kavaliersdelikt", das nicht kriminell ist. Tatsache ist, dass das Strafgesetzbuch den einfachen Diebstahl mit bis zu 5 Jahren Freiheitsentzug unter Strafe stellt (§ 242 StGB). Das gilt selbstverständlich auch für den Ladendiebstahl.	Selbstbedienung, eine verlockende Warenpräsentation und manche Verpackung fordern Kunden zum schnellen Zugreifen heraus. Der beabsichtige Kaufanreiz wirkt dann als Anreiz zum Diebstahl, wenn der Kunde nicht bezahlen kann oder will. Häufig wird dieser Anreiz durch unübersichtliche Verkaufsräume gefördert. Der Kunde fühlt sich unbeobachtet und greift zu.

Nur wenige Diebstähle werden aus Armut, Not oder Hunger begangen. Neben der Absicht der Bereicherung spielen Leichtsinn oder Nervenkitzel eine wichtige Rolle. Deshalb kommen Ladendiebe aus allen Schichten der Bevölkerung. Ein beträchtlicher Anteil der Ladendiebstähle geht auf das Konto des Personals. Schätzungen gehen von einem Anteil bis zu 50 Prozent aus.

Besondere Probleme bereiten professionelle Diebe und Menschen mit triebhafter Veranlagung zum Diebstahl (Kleptomanen). In diesen Fällen sind vorbeugende Maßnahmen besonders schwierig.

▶ Wie gehen Ladendiebe vor?

Damit Sie wissen, wie Sie Ladendiebstähle verhindern können, müssen Sie wissen, wie Ladendiebe vorgehen. Zwischen geplanten und impulsiven Diebstählen gibt es entscheidende Unterschiede.

Geplanter Diebstahl	Impulsiver Diebstahl
Der Ladendieb hat einen gezielten Plan: Er weiß, welche Ware er mit welcher Methode beschaffen will.	Der Kunde wird erst im Laden zum Dieb.
Geplanter Diebstahl wird häufig von mehreren Kriminellen gemeinsam durchgeführt: Während einer das Personal beschäftigt und ablenkt, greift der andere zu.	Durch einen Impuls (Auslöser) wird er angeregt, die Ware zu stehlen, statt zu kaufen.
	Impulsiver Diebstahl wird meistens von einzelnen Personen begangen.
Beispiel:	**Beispiel:**
Ein Dieb betritt mit einem Kumpanen ein Fachgeschäft.	Eine Hausfrau begutachtet in einer Verkaufsnische Lippenstifte. Die zuständige Verkäuferin ist mit dem Einräumen von Ware beschäftigt.
Der Verkäufer wird durch ein vorgeschobenes Verkaufsgespräch mit dem einen so abgelenkt, dass der andere die Gelegenheit zum ungestörten Diebstahl wahrnehmen kann.	Die Frau nutzt die günstige Gelegenheit und steckt einen Lippenstift in ihre Manteltasche.
Bevorzugtes Diebesgut:	**Bevorzugtes Diebesgut:**
Waren von hohem Wert, die sich gut weiter verkaufen lassen oder nach Auftrag gestohlen werden.	Waren von geringen Ausmaßen und mit hohem „Impulswert". Der tatsächliche Wert der Ware spielt nur eine untergeordnete Rolle.

Täterkreis:
- Professionelle Diebe
- Kriminelle Banden
- Kriminelles Personal
- Ladendiebe, die bei impulsiven Diebstählen erfolgreich waren

Methoden:
Die Ladendiebe wenden ausgefeilte Methoden und Tricks an. (Einige Beispiele sind angefügt.)

Täterkreis:
- Angehörige aller sozialen Schichten
- Kleptomanen

Methoden:
Die Methoden sind einfach und fast immer gleich: Der Dieb steckt die Ware in die Tasche seiner Bekleidung oder in eine mitgeführte Tasche.

Beispiele für Methoden des Ladendiebstahls:

1. Die Versteckmethoden

Diebe sind sehr erfinderisch, um die gestohlene Ware zu verbergen. Kleine Artikel lassen sie in Taschen fallen, in offene Schirme gleiten oder in Zeitungen verschwinden. Es wurden aber auch schon Diebe gefasst, die sich Spezial-Taschen in die Kleidung eingenäht hatten, mit einem leeren Gipsarm ausgerüstet waren oder einen Koffer ohne Boden zur „Warenfalle" umgebaut hatten. Viele Verpackungen von Waren bieten auch Versteckmöglichkeiten für andere Artikel.

Das „Unterziehen" von Bekleidungsstücken und das Austauschen von Schuhen (alt gegen „neu") sind alte und bekannte Tricks, werden trotzdem aber immer wieder versucht.

2. Die Ablenkmethoden

Diese Methoden sind besonders wirkungsvoll, wenn mehrere Kriminelle zusammenarbeiten. Wenn ein Warenstapel lärmend zusammenbricht, wird die Aufmerksamkeit des Verkaufspersonals abgelenkt. Am anderen Ende des Verkaufsraumes kann der Komplize zugreifen und den Laden ungestört verlassen.

Es gibt eine Menge von Anlässen, die bewusst zur Ablenkung herbeigeführt werden können: Lautstarke Reklamationen, Steinwurf ins Schaufenster, erregter Streit zwischen zwei „Kunden" oder ausgefallene Extrawünsche, die die Aufmerksamkeit des Personals auf sich ziehen. Im Textileinzelhandel sind besonders „Mutter-Tochter-Teams" bekannt, die nach dieser Masche arbeiten.

3. Die Überrumpelungsmethoden

Hierbei gehen die Täter besonders dreist vor. Sie rechnen damit, dass sich das Verkaufspersonal überrumpeln lässt. Häufig wird die Ware dabei offen, aber unbezahlt aus dem Verkaufsraum geschafft. Misstrauische Verkäufer werden manchmal sogar um Hilfe gebeten.

Dreiste Gauner nehmen unbezahlte Ware und reklamieren erfundene Mängel. Selbst wenn die Reklamation zurückgewiesen wird, haben sie Erfolg. Sie verlassen den Laden mit erschwindelter Ware.

Auch alle Wechselgeld-Manöver gehören zu den Überrumpelungsmethoden. Hierbei wird das Personal an der Kasse beim Kassiervorgang unterbrochen und um das Wechseln großer Scheine gebeten. Die fingerfertigen Betrüger ergattern dabei meistens größere Beträge.

34. Schritt: Sie vermeiden Ladendiebstähle

▶ Wie können Sie Diebstähle verhindern?

Diebstähle lassen sich wirkungsvoll vereiteln, wenn die Gelegenheit zum Diebstahl beseitigt oder eingegrenzt wird. Auf diese Weise werden besonders impulsive Diebstähle im Ansatz bekämpft. Das geschieht durch die drei Schritte:

Abschreckung – Überwachung – Verschluss

Ladendiebe werden nicht geschont: Gebühr von 50,- €, Hausverbot und Anzeige!

Achtung! Wir schützen uns vor Ladendieben durch Hausdetektive und modernste Elektronik!

Gerne legen wir Ihnen die vor Dieben gesicherte Ware vor! Wenden Sie sich bitte an unser Personal!

Abb. 34.3

1. Die **Abschreckung** erfolgt durch Hinweisschilder oder Informationsplakate. Dem Kunden wird mitgeteilt, dass eine Überwachung erfolgt. Außerdem werden die Konsequenzen eines entdeckten Diebstahls aufgezeigt.

2. Die **Überwachung** erfolgt durch das Verkaufspersonal und durch spezielle Überwachungssysteme (Videokameras, Spiegel, Hausdetektiv, elektronische Warensicherungssysteme).

3. Der **Verschluss** wird bei Waren durchgeführt, die durch ihren hohen Wert zum Diebstahl verführen können:
Anketten hochwertiger Kleidungsstücke, Einschließen von Schmuck und anderen wertvollen Artikeln in Vitrinen.

Bei Ihrer Tätigkeit im Verkauf können Sie die Überwachung wirkungsvoll unterstützen:

- Behalten Sie bei Verkaufsgesprächen Ihre Umgebung im Auge!
- Werfen Sie auch bei anderen Arbeiten einen Blick auf die Kunden, insbesondere, wenn diese sich verdächtig verhalten!
- Sprechen Sie Kunden, die sich verdächtig machen, freundlich an und lassen Sie diese Personen merken, dass sie beobachtet werden!
- Legen Sie Ihren Kunden nur eine begrenzte und überschaubare Anzahl von Waren vor!
- Händigen Sie Ihren Kunden nur wenige Artikel zum Probieren oder Anschauen aus. Kontrollieren Sie die Rückgabe!
- Achten Sie darauf, dass Ihre Kunden die vorgesehenen Einkaufskörbe oder Wagen benutzen!
- Informieren Sie sich über Tricks und Methoden betrügerischer Kunden in Fachbüchern oder bei den Fachverbänden.

▶ Wie verhalten Sie sich, wenn Sie einen Ladendiebstahl beobachten?

Allgemeine Grundsätze für den Umgang mit Ladendiebstählen gibt es nicht. Nur etwas ist auf jeden Fall falsch: nichts zu tun!

Informieren Sie sich deshalb über das Überwachungssystem Ihres Betriebes. Fragen Sie Ihre Vorgesetzten, wie Sie sich im Falle eines beobachteten Diebstahls verhalten sollen. In vielen Unternehmen ist es üblich, den Dieb nach dem Passieren der Kasse zu stellen, den Diebstahl zu protokollieren, die Polizei zu verständigen und ein Hausverbot zu erteilen. Bei Kindern wird häufig von der Benachrichtigung der Polizei abgesehen. In diesem Fall werden die Eltern verständigt, um ihre Kinder abzuholen. Die Entscheidung darüber, wie ein Ladendieb behandelt wird, trifft auf jeden Fall die Geschäftsleitung. Für Ihr Verhalten gilt:

- Benachrichtigen Sie möglichst schnell einen Vorgesetzten oder Mitarbeiter, sobald Sie einen Ladendiebstahl beobachten!
- Beobachten Sie den Vorgang genau! Konkrete Hinweise (gestohlene Artikel, Aussehen der Verdächtigen, Kfz-Kennzeichen) können auch zur nachträglichen Aufklärung einer Straftat dienen.
- Handeln Sie schnell und zielstrebig nach den Anweisungen der Geschäftsleitung, aber spielen Sie nicht Polizei oder Richter!

▶ Wie arbeiten Warensicherungssysteme?

Wie in vielen anderen Bereichen auch, kann die Elektronik die Überwachung der Warenbestände im Einzelhandel wirkungsvoll unterstützen. Im Handel hat sich dafür die Bezeichnung **EAS (Elektronische Artikel-Sicherung)** durchgesetzt. Die meisten EAS-Systeme arbeiten heute nach folgendem Prinzip:

Der gesicherte Artikel trägt ein Etikett, das einen Alarm auslöst, wenn der Kunde damit eine elektronische Schleuse, z. B. am Ausgang des Ladens, durchquert. Für kleine Artikel gibt es Etiketten, die fast wie die normalen Aufkleber zur Preisauszeichnung aussehen. Die Etiketten enthalten ein kleines Stück Metallfolie, das elektromagnetisch oder elektroakustisch aktiviert ist. Wenn der Artikel bezahlt wird, erfolgt die Deaktivierung des Etiketts an der Kasse, und in der Schleuse passiert nichts. Für große Artikel, wie z. B. Kleidungsstücke, gibt es Etiketten, die mit einem Spezialverschluss an der Ware befestigt sind. Das Etikett wird an der Kasse entfernt und kann wieder verwendet werden.

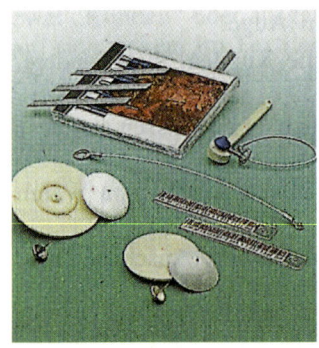

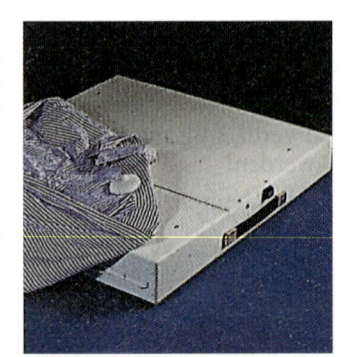

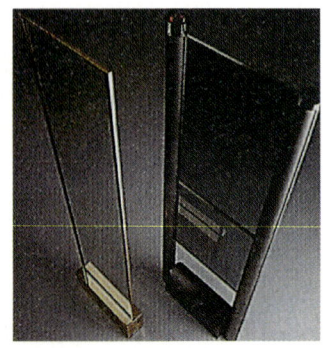

Abb. 34.4: Sicherungsetiketten, Deaktivierungsstation, Schleuse

Die EAS-Schleusen (auch „Check-out Gates" genannt) sind an Bögen oder Gittern zu erkennen, die hinter den Kassen und vor den Ausgängen so aufgebaut sind, dass jeder Kunde sie durchschreiten muss. Wird durch ein Etikett Alarm ausgelöst, so kann das akustisch und optisch angezeigt werden. Außerdem kann eine Kamera ausgelöst werden, sodass bei Fluchtversuchen der Dieb identifiziert werden kann. Manche Systeme arbeiten auch „auf die sanfte Tour". Dort wird ein Sprachchip ausgelöst, und eine freundliche Stimme fordert den Kunden mit der unbezahlten Ware auf:

„Bitte gehen Sie zur Kasse, und lassen Sie das Sicherungsetikett entfernen!"

Die EAS-Systeme wirken doppelt: Der erste Effekt ist die Abschreckung. Durch Hinweise auf die Warensicherung sollen potentielle Diebe gewarnt und abgeschreckt werden **(Abb. 34.1)**. Der zweite Effekt ist die Anzeige von bereits vorgenommenen Diebstählen. Gestohlene Ware wird angezeigt, selbst wenn sie bereits unbemerkt in der Tasche verstaut worden ist.

▶ Diebstahl und Unterschlagung durch das Personal

Die Inventurdifferenzen im Einzelhandel betragen jährlich ca. vier Milliarden Euro, fast zwei Milliarden Euro gehen davon nach Schätzungen von Experten auf das Konto diebischer Angestellter.

Angestellte von Einzelhandelsbetrieben haben mehr Möglichkeiten als die Kunden, Ware zu stehlen und Geld zu unterschlagen: Sie können Ware schon bei der Anlieferung an der Rampe an sich bringen. Sie können Ware an sich nehmen, bevor sich diese im Laden befindet. Sie können Verbrauchsgegenstände im Laden verwenden oder verzehren, sie können Waren durch Lieferantenzugänge und Personalausgänge herausschleusen, sie können EAS-Systeme manipulieren oder umgehen, sie können Kassendifferenzen zu ihren Gunsten produzieren, und sie können Kunden Ware umsonst oder zu einem geringeren Preis zuschieben.

Diese Möglichkeiten sind bekannt. Deshalb lassen sich nicht alle Inventurdifferenzen auf klauwütige Kunden abschieben. Immer mehr Geschäftsleitungen gehen dazu über, auch das eigene Personal in die Überwachung einzubeziehen. Häufig werden in Läden oder Filialen mit hohen Inventurdifferenzen „Tatort-Methoden" angewendet. Es gibt bereits Detekteien, die sich auf den Einsatz im Einzelhandel spezialisiert haben. Sie schleusen Spitzel ein, die als neue Mitarbeiter die Belegschaft überwachen, und sie installieren versteckte Videokameras, die nicht größer als eine Scheckkarte sind. Dass man selbst Detektiven nicht immer trauen kann, musste ein Warenhaus in Essen erfahren **(Abb. 34.5)**.

Unter Kolleginnen und Kollegen wird dieses Problem nicht gern angesprochen, obwohl ein erheblicher Anteil der Ladendiebstähle durch das Personal erfolgt. Nach den Erfahrungen der Experten ist jeder zehnte Beschäftigte im Einzelhandel als diebstahlanfällig anzusehen. Wir gehen davon aus, dass Sie ehrlich sind. Trotzdem sollten Sie sich die Folgen eines aufgedeckten Diebstahls vor Augen halten: Verlust des Ausbildungs- oder Arbeitsplatzes durch fristlose Kündigung, soziale Diskriminierung, finanzielle Ersatzansprüche und strafrechtliche Verfolgung.

Kaufhausdetektiv beim Diebstahl erwischt

Ausgerechnet der Kaufhausdetektiv wurde in einem **Essener** Warenhaus von Angestellten beim Diebstahl erwischt. Der Mann sollte prüfen, ob nach Ladenschluss alle Kunden das Geschäft verlassen hatten. Dabei bediente der 28jährige sich gleich selbst mit vier CDs, einer Videokamera und Kleidung. Der Mann gestand, er habe die Gegenstände verkaufen wollen, um Mietschulden zu begleichen.

Abb. 34.5: WAZ vom 30.11.1991

Vielleicht ist es auch möglich, mit Kollegen darüber zu sprechen, wenn es um das „Mitgehenlassen" von Ware geht. Werden Diebstähle durch Kolleginnen oder Kollegen entdeckt, sind die Folgen besonders unangenehm:

- Meldet man den Vorfall nicht, kann man den Kollegen nicht mehr vertrauen und gerät eventuell selbst in Verdacht.
- Meldet man den Vorfall, gilt man als „unkollegial", weil man Kollegen angezeigt hat.

Diebstähle durch das Personal schaden nicht nur dem Unternehmen und der Allgemeinheit, sondern sie können das Betriebsklima empfindlich stören. Wenn Sie so denken, sollten Sie das Ihre Kolleginnen und Kollegen wissen lassen!

Arbeitsaufgaben

1. Zeichnen Sie den Grundriss Ihres Ausbildungsbetriebes oder eines Ladens Ihrer Wahl. Machen Sie Ecken, Nischen und Winkel ausfindig, in denen leicht gestohlen werden kann. Unterbreiten Sie Vorschläge zur übersichtlichen Warenpräsentation!
2. Listen Sie Waren Ihrer Ausbildungsbranche auf, die Kunden zu impulsiven Diebstählen verlocken!
3. Schauen Sie sich alle Sicherungsmaßnahmen Ihres Ausbildungsbetriebes an. Stellen Sie gute Lösungen Ihrer Klasse/Gruppe vor!
4. Notieren Sie die Verhaltensvorschriften für den Fall, dass Sie einen Kunden beim Diebstahl beobachten!
5. Wann und wie lange dürfen Sie einen diebstahlverdächtigen Kunden festnehmen und festhalten? Klären Sie dieses Problem anhand der rechtlichen Grundlagen:
   BGB: § 229 (Selbsthilfe), § 859 (Eigenmacht)
   StPO: § 127 (vorläufige Festnahme)
   StGB: § 239 (Freiheitsberaubung)

Training

Üben Sie den Umgang mit Verdächtigen oder Ladendieben in Partnerarbeit. Überlegen Sie sich für folgende Situationen Verhaltensmuster:

a) Sie bemerken einen Kunden, der einen Reisewecker in seine Manteltasche steckt.
b) Sie ertappen achtjährige Kinder, die Süßigkeiten stehlen.
c) Sie sehen eine ältere Dame, die einen Schirm für 25 € unter den Arm geklemmt hat und – ohne zu bezahlen – das Geschäft verlassen will.
d) Sie beobachten einen Kunden mit weitem Mantel, der sich schon längere Zeit am Regal mit Spirituosen aufhält.
e) Ein Kunde steckt vor Ihren Augen Ware in seine Jackentasche. Als Sie ihn ansprechen wollen, stürmt er in Richtung Ausgang los.

1. Notieren Sie, auf welche Weise Sie die Situationen meistern können!
2. Üben Sie eine der Situationen im Rollenspiel ein!
3. Zeichnen Sie gelungene Lösungen auf. Spielen Sie Ihrer Klasse/Gruppe das Ergebnis vor!

35. Schritt: Sie stellen sich auf besondere Kundengruppen ein

Zielangabe

In diesem Schritt
- erkennen Sie die Bedeutung von besonderen Kundengruppen
- stellen Sie sich auch auf Ausländer als Kunden ein
- berücksichtigen Sie Kinder als eigenständige Kundenpersönlichkeiten
- gehen Sie auf Kunden in Begleitung ein.

Einstieg

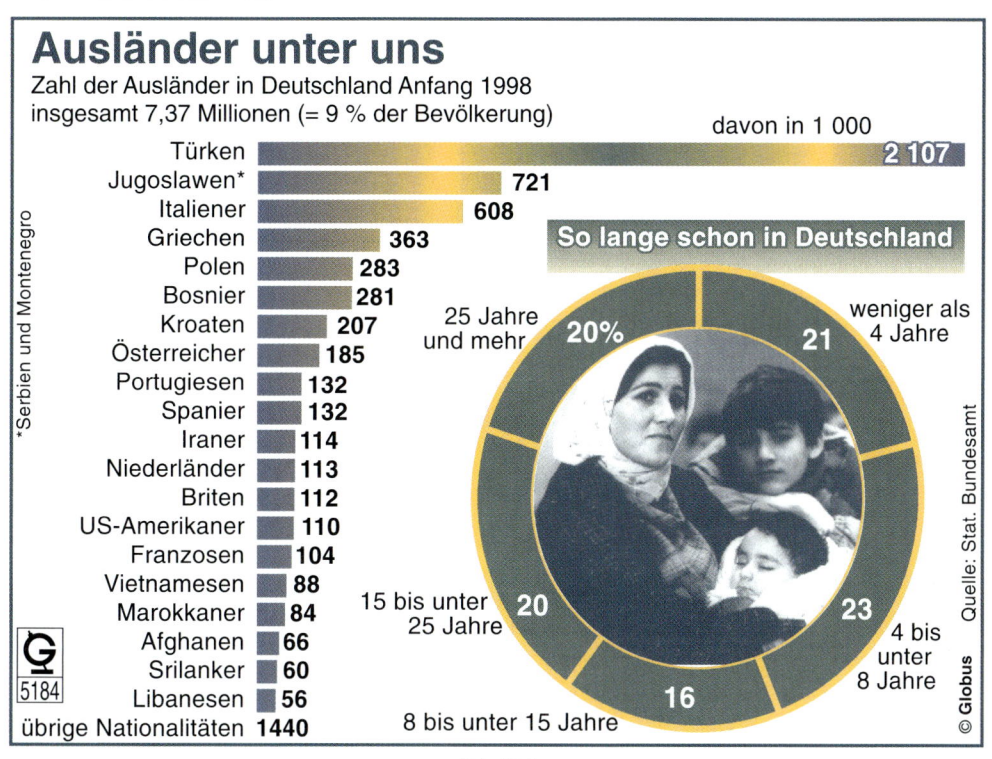

Ausländer unter uns
Zahl der Ausländer in Deutschland Anfang 1998
insgesamt 7,37 Millionen (= 9 % der Bevölkerung)

davon in 1 000

Türken	2 107
Jugoslawen*	721
Italiener	608
Griechen	363
Polen	283
Bosnier	281
Kroaten	207
Österreicher	185
Portugiesen	132
Spanier	132
Iraner	114
Niederländer	113
Briten	112
US-Amerikaner	110
Franzosen	104
Vietnamesen	88
Marokkaner	84
Afghanen	66
Srilanker	60
Libanesen	56
übrige Nationalitäten	1440

*Serbien und Montenegro

So lange schon in Deutschland
- 25 Jahre und mehr: 20%
- weniger als 4 Jahre: 21
- 15 bis unter 25 Jahre: 20
- 4 bis unter 8 Jahre: 23
- 8 bis unter 15 Jahre: 16

Quelle: Stat. Bundesamt © Globus

Abb. 35.1

Lehrtext

Fachleute für Marketing und Werbung heben immer wieder hervor, wie wichtig es ist, seine „Zielgruppe" zu kennen. Zielgruppen sind für den Einzelhandel die Personenkreise, die als typische Kunden in Frage kommen. Solche Kundengruppen können sein: Kinder, ausländische Mitbürger, Behinderte, Touristen, Urlauber oder Kurgäste, Grenzgänger oder Pendler, Geschäftsreisende oder gewerbliche Einkäufer. Alle verkaufswirksamen Maßnahmen wenden sich in erster Linie an diese Zielgruppe. Dennoch wird es vorkommen, dass auch andere Kunden auftreten. In der Modeboutique kann das eine ältere

Dame sein, die mit modischer Kleidung ein bisschen jünger erscheinen möchte. Es kann auch ein Mann mittleren Alters sein, der seine Frau mit einem extravaganten Geschenk überraschen will.

Da das Verkaufspersonal im Einzelhandel auf seine typischen Kundengruppen eingestellt ist, gibt es manchmal Probleme, wenn Kunden kommen, die aus dem üblichen Rahmen fallen. Doch auch diese Kunden sollen Sie so beraten und bedienen, dass diese gerne wieder kommen.

▶ Was sind besondere Kundengruppen?

Was eine besondere Kundengruppe ist, hängt von der Art und dem typischen Kundenkreis eines Einzelhandelsbetriebes ab.

Beispiel

Art des Einzelhandelsbetriebs:	Typischer Kundenkreis („Zielgruppe"):	Besondere Kundengruppen:
Fachgeschäft für Angelsportbedarf in einer Kreisstadt	*Angelsportler, überwiegend männlich ab 18 Jahre, meist Mitglied des örtlichen Anglervereins*	*Ausländische Touristen, die angeln wollen; Familienangehörige von Anglern (Geschenk- und Besorgungskäufe)*

Besondere Kundengruppen unterscheiden sich in einem oder mehreren wesentlichen Merkmalen von dem typischen Kundenkreis:

- Sie haben geringere Sach- oder Fachkenntnisse, auf die das Personal bei der Beratung eingehen muss.
- Sie haben andere Einkaufs- und Konsumgewohnheiten, auf die sich das Verkaufspersonal erst einstellen muss.
- Sie haben Sprachprobleme, die zur erfolgreichen Verständigung gelöst werden müssen.
- Sie sind behindert und benötigen besondere Rücksichtnahme oder Unterstützung.

Durch die Einkäufe besonderer Kundengruppen wird meistens nur ein Bruchteil des Umsatzes erzielt. Weshalb muss sich der Einzelhandel trotzdem auf solche Kundengruppen einstellen, und weshalb müssen Sie als Fachkraft im Verkauf auf solche Kunden eingehen können? Die Kundenkreise des Einzelhandels verändern sich ständig, das gilt für die typischen genauso wie für die besonderen Kundengruppen. Vielfach entwickeln sich aus besonderen Kundenkreisen neue Zielgruppen, die Umsatz und Erfolg in der Zukunft sichern. Bei Ihrer Tätigkeit im Verkauf müssen Sie daher lernen, besondere Kundengruppen zu akzeptieren und auf sie zu zugehen. Durch die Ausführungen über Kinder und Ausländer soll deutlich werden, wie das aussieht.

▶ Gewinnen Sie Ausländer als Kunden!

In Deutschland werden viele ausländische Arbeitnehmer beschäftigt. Deutschland ist außerdem ein Reiseziel für Touristen und ein Einwanderungsland für Aussiedler und Asylsuchende. Bei Ihrer Tätigkeit im Einzelhandel kommen Sie häufig in Kontakt mit diesen Personengruppen. Aus menschlichen Gründen sollten sie sich gegenüber Ausländern freundlich und zuvorkommend verhalten, und aus geschäftlichen Gründen können Sie es sich gar nicht erlauben, Ausländer unfreundlich oder diskriminierend zu behandeln.

35. Schritt: Sie stellen sich auf besondere Kundengruppen ein

Mehr als sieben Millionen Ausländer leben dauerhaft in Deutschland. Diese 9 % Prozent der Bevölkerung bieten große Umsatzmöglichkeiten für die Einzelhandelsbetriebe, die sich darauf einstellen. Gerade unter Ausländern spricht es sich schnell herum, wo auf die Wünsche und Bedürfnisse angemessen reagiert wird. Die Konsumwünsche der Ausländer werden häufig auch von der Allgemeinheit aufgegriffen und sind damit Vorläufer einer breiten Nachfrage. Erinnern Sie sich: Von ursprünglich ausländischer Herkunft sind viele Waren!

Ein ABC ursprünglich ausländischer Waren:

Angorawolle, Bidet, Calamares, Douglasfichte, Espresso, Futon, Gyros, Halwa, Ikone, Jogurt, Kajak, Lasso, Mokka, Niblick, Oregano, Pizza, Queue, Retsina, Spagetti, Tabasco, Ulster, Vinaigrette, Whisky, Xerographie, Yuccapalme, Zaziki.

Abb. 35.2

Beachten Sie bei Bedienung ausländischer Kunden die folgenden Punkte:

- **Fremdes akzeptieren!**

Akzeptieren Sie ungewohnte Verhaltensweisen, fremde Sitten und einen anderen Geschmack. Gehen Sie auf ungewöhnliche Kundenwünsche ein. Bleiben Sie dabei freundlich, und machen Sie sich nicht über Personen lustig, die sich in Ihren Augen ungewöhnlich verhalten!

- **Hilfsbereitschaft signalisieren!**

Andere Umgebung schafft Unsicherheit und erschwert die Orientierung. Deshalb sind Ausländer besonders auf Hilfe angewiesen. Sprechen Sie diese Kunden von sich aus an, und zeigen Sie Ihre Bereitschaft zur Hilfestellung!

- **Angemessen kommunizieren!**

Verfallen Sie nicht in ein gebrochenes Deutsch, wenn Sprachprobleme auftreten (*„Was du wollen?"*). Sprechen Sie langsam, deutlich und reden Sie erwachsene Ausländer – wie alle Kunden – mit „Sie" an. Achten Sie bei der Warenvorlage darauf, besonders intensiv die Sinne der Kunden anzusprechen **(21. Schritt)**!

Die englische Sprache entwickelt sich bei der internationalen Verständigung immer mehr zum bevorzugten Kommunikationsmittel. Besucher aus fremden Ländern verfügen meistens über einen Grundwortschatz Englisch und können sich in dieser Sprache verständigen. Einzelhandelsbetriebe mit solchen Kunden sollten mindestens über eine Fachkraft verfügen, die in Englisch Kontakt zu diesen Kunden aufnehmen kann. Wenn Sie diese Aufgabe übernehmen, können Sie sich unentbehrlich machen!

Abb. 35.3

▶ Kinder sind Kunden von heute und morgen!

Kinder und Jugendliche werden häufig als Kunden nicht ernst genommen, weil sie nur beschränkt geschäftsfähig sind. Außerdem wird häufig unterstellt, dass sich Erwachsene am Verhalten junger Kunden stören. Solche Einstellungen verkennen die Bedeutung der jungen Kunden.

Kinder verfügen nicht nur über eigene Mittel, die sie zum Einkauf von Waren einsetzen, sie beeinflussen auch die Kaufentscheidung ihrer Eltern in vielen Fällen **(Abb. 35.4)**. Außerdem werden negative Erfahrungen von Kindern nachhaltig gespeichert. Noch Jahre später kann eine Ablehnung gegen bestimmte Einkaufstätten bestehen, weil diese mit unangenehmen Erinnerungen verbunden sind.

Die Kinder sind entscheidend!

Bei
- Spielzeug
- Kinderbekleidung
- Schulbedarf
- Urlaub
- Haustier
- Mittagsmahlzeiten

bestimmen überwiegend die Kinder bei der Auswahl und über die Anschaffung.

Abb. 35.4: Die Bedeutung der Kinder bei Kaufentscheidungen

Kinder können ihre Eltern auch durch Nörgeln und Quengeln vom Einkauf abhalten, wenn sie sich langweilen. Die genervten Eltern brechen dann ihren Einkaufsbummel ab, und mögliche Einkäufe unterbleiben. Es gibt deshalb schon viele Einrichtungshäuser, die einen Hort mit interessanten Spielmöglichkeiten für Kinder eingerichtet haben. Der Aufwand zahlt sich aus, weil die Eltern ungestört einkaufen können. Auch in kleineren Betrieben können Sie auf Kinder eingehen und ihnen Spielmöglichkeiten bieten:

- Spielecke mit Rutsche, Kriechtunnel oder Kinderhäuschen
- Spieltisch mit Malstiften oder Bilderbüchern
- Spielkiste mit Stofftieren, Modellautos oder Bausteinen
- Warenproben und Werbegeschenke.

35. Schritt: Sie stellen sich auf besondere Kundengruppen ein 241

Da immer mehr Eltern auf die Ernährung achten und die Gesundheit ihrer Kinder erhalten wollen, sollten Sie diese Absichten unterstützen und auf die Ausgabe von Süßigkeiten verzichten. Sicher finden Sie auch ohne Bonbons und Lutscher einen Weg, dass sich Kinder gern an einen Einkauf bei Ihnen erinnern!

Kinder als eigenständige Kunden

Wenn bei Ihnen Kinder und Jugendliche einkaufen, so müssen Sie über die rechtlichen Grundlagen informiert sein. Das gilt für bestimmte warenbezogene Vorschriften zum Zwecke des Jugendschutzes, z. B. beim Verkauf von Spirituosen und Feuerwerk. Das gilt auch für den Sachverhalt der Geschäftsfähigkeit, der als rechtliche Grundlage in der Betriebswirtschaftslehre behandelt wurde.

Geburt →	**7 Jahre** →	**18 Jahre**
Kinder bis zur Vollendung des 7. Lebensjahres sind nicht geschäftsfähig. Sie können Einkäufe nur als Boten oder Übermittler ihres gesetzlichen Vertreters tätigen. *(Beispiel: Ein Kind kommt mit dem Einkaufszettel der Mutter.)*	Kinder und Jugendliche von 7 Jahren bis zur Vollendung des 18. Lebensjahres sind nur beschränkt geschäftsfähig. Der Wert des Kaufes muss sich im Rahmen der in diesem Alter normalerweise verfügbaren Mittel halten (§ 110 BGB: Taschengeldparagraph). Bei Einkäufen von höherem Wert muss die Einwilligung des gesetzlichen Vertreters eingeholt werden.	Personen ab 18 Jahren sind voll geschäftsfähig.

Verstoßen Sie gegen rechtliche Vorschriften beim Verkauf an Kinder und Jugendliche, so kann das unangenehme Folgen haben.

1. Beispiel:

Benno Breit, Inhaber eines Kiosks, verkauft zweimal hintereinander die Eistüte „Noggo-Super" für 1,20 € an die 6-jährige Annika. Eine Stunde später kommt der ärgerliche Vater, beschwert sich über die Bauchschmerzen seiner Tochter und verlangt die 2,40 € zurück.

2. Beispiel:

Sara Leichtfuß, Kassiererin in einem Supermarkt, gibt an einen 16-Jährigen, der älter aussieht, Feuerwerk der Gefahrenklasse II ab. Durch leichtsinnigen Umgang mit den schweren Böllern wird eine Person verletzt und ein Sachschaden angerichtet. Sara kann bestraft und zum Schadenersatz herangezogen werden.

3. Beispiel:

Marco Zügig, Kundenberater in einem Fachgeschäft für Unterhaltungselektronik, verkauft an eine 8-Jährige einen tragbaren CD-Spieler für 39 €, ohne sich um die Einwilligung des gesetzlichen Vertreters zu kümmern. Da die Eltern mit dem Kauf nicht einverstanden sind, muss Marco den Kaufpreis erstatten und den CD-Spieler zurücknehmen, obwohl das Mädchen diesen durch unsachgemäße Behandlung beschädigt hat.

Genauso wichtig wie die Beachtung der rechtlichen Vorschriften ist Ihre Einstellung und Ihr Verhalten gegenüber kleinen und jungen Kunden. Sie sollten die folgenden Grundsätze gegenüber Kindern berücksichtigen:

- Behandeln Sie Kinder genauso gerecht und zuvorkommend wie erwachsene Kunden!
- Berücksichtigen Sie die mangelnde Erfahrung der kleinen Kunden, gehen Sie auf ihre Probleme ein, und argumentieren Sie altersbezogen!
- Leisten Sie Ihren jüngsten Kunden freundliche Hilfestellung, und achten Sie auf die Sicherung der gekauften Ware und des Wechselgeldes!

▶ Kunden in Begleitung

Vielfach kommen Kunden in Begleitung, weil sie Hilfe bei der Kaufentscheidung benötigen. Manchmal sind auch mehrere Personen von der Anschaffung betroffen, oder Eltern können ihre Kinder nicht allein lassen. Damit die Begleiter der Kunden den Einkauf nicht stören, müssen Sie sich je nach Situation auf die Begleitpersonen einstellen.

Begleitpersonen	Ihr Verhalten
Am Einkauf desinteressierte Begleiter	Sitzgelegenheit, Zeitschrift, Kaffee o. Ä. anbieten, um den Aufenthalt angenehm zu gestalten. Kinder mit Spielzeug oder Bilderbüchern beschäftigen.
Am Einkauf Interessierte mit Sachverstand	Die Begleitperson aktiv in das Verkaufsgespräch einbeziehen, als „Experten" akzeptieren und ihr Vertrauen gewinnen.
Am Einkauf Interessierte ohne besonderen Sachverstand	Die Begleitperson in das Verkaufsgespräch einbeziehen, Entscheidungshilfen geben, aber nicht belehren.
Familienmitglieder	Die ganze Familie in das Verkaufsgespräch einbeziehen, Streitgespräche vermeiden, Kompromisslösungen anstreben.

Arbeitsaufgaben

1. Beschreiben Sie die Zielgruppe Ihres Ausbildungsbetriebes, und nennen Sie besondere Kundengruppen, die außerdem gelegentlich bei Ihnen einkaufen!

2. Stellen Sie zusammen, welche Ausländer zu Ihrem Kundenkreis gehören. Geben Sie an, wie Sie sich auf die Beratung und Bedienung dieser Kunden besonders einstellen können!

3. „Alle Menschen sind Ausländer – fast überall" Erläutern Sie, was mit diesem Satz ausgedrückt werden soll, und berichten Sie über einen von Ihnen selbst getätigten Kauf im Ausland!

35. Schritt: Sie stellen sich auf besondere Kundengruppen ein

4. Wie verhalten Sie sich bei den folgenden Einkaufswünschen von Kindern und Jugendlichen?
   a) Ein 15-Jähriger möchte Briefmarken für seine Sammlung im Wert von 55 € kaufen.
   b) Eine 7-Jährige verlangt ein Bilderbuch für 8,90 €.
   c) Eine 17-Jährige hat sich ein Mofa für 998 € ausgesucht.
   d) Ein 10-Jähriger will einen Fotoapparat für 49 € haben.
   e) Ein 13-Jähriger möchte eine Jeansjacke für 59 € kaufen.

Training

1. Klären Sie alle Begriffe aus dem ABC ursprünglich ausländischer Waren. Fügen Sie weitere Waren, die Sie kennen, hinzu. Wählen Sie verfügbare Waren aus, und veranstalten Sie damit in der Klasse oder Schule eine Ausstellung, Verkostung, Tombola oder etwas ähnliches!

2. Entwerfen Sie in Partnerarbeit ein Verkaufsgespräch in Englisch, üben Sie es ein, und führen Sie das Ergebnis in der Klasse vor!

3. Planen Sie für einen Einzelhandelsbetrieb vor Ort eine kindergerechte Spielecke. Berücksichtigen Sie Platzbedarf, Lageskizze, Spielideen, Materialbedarf. Entwerfen Sie eine Anzeige, mit der auf diese Spielecke hingewiesen werden soll!

4. Trainieren Sie im Rollenspiel folgende Verkaufssituationen:
   a) Ein Herr (ca. 60 Jahre) wird bei Kauf einer Kamera von einem jungen Mann (ca. 30 Jahre), der sich fachlich gut auskennt, begleitet.
   b) Eine ältere Dame kommt in Begleitung ihrer Freundin, um einen Rock für eine Urlaubsreise zu kaufen. Die Freundin ist mehr am Urlaub als am Rock interessiert.
   c) Eine mehrköpfige Familie möchte gemeinsam eine größere Anschaffung vornehmen (z. B. Fernsehgerät, Couchgarnitur, Terrassenmarkise).

36. Schritt: Sie gehen auf Verbraucherbedürfnisse ein und beachten den Verbraucherschutz

Zielangabe

In diesem Schritt
- lernen Sie, sich in verbraucher- und umweltbewusste Kunden zu versetzen
- erhalten Sie Hinweise über den Verbraucherschutz
- erhalten Sie Tipps zu Verbraucher- bzw. Wareninformationen
- trainieren Sie in Übungen, Ihre Kunden verbraucherorientiert und umweltbezogen zu beraten.

Einstieg

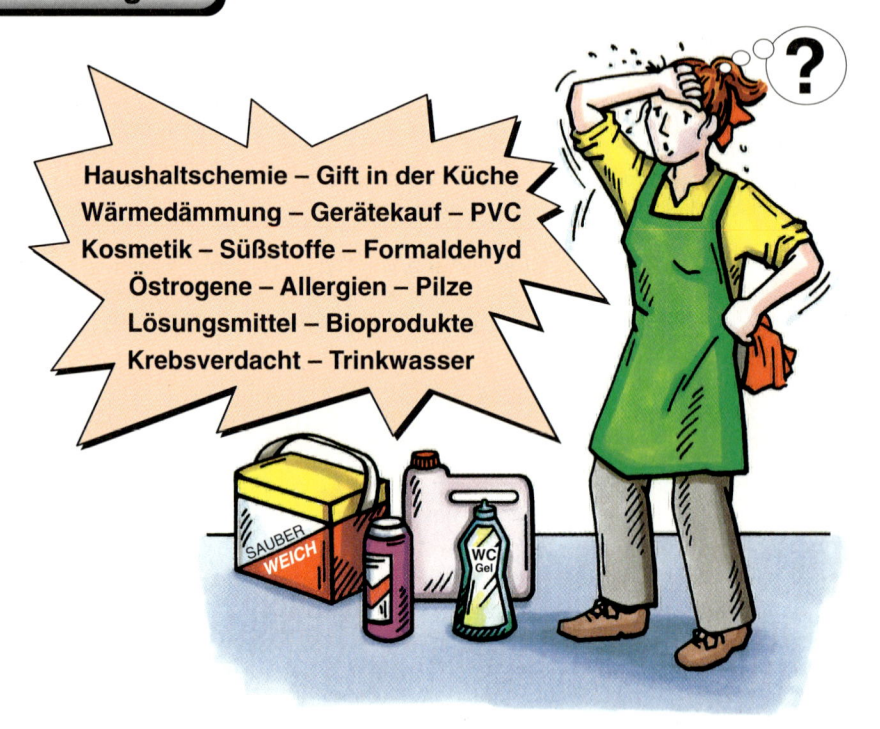

Haushaltschemie – Gift in der Küche
Wärmedämmung – Gerätekauf – PVC
Kosmetik – Süßstoffe – Formaldehyd
Östrogene – Allergien – Pilze
Lösungsmittel – Bioprodukte
Krebsverdacht – Trinkwasser

Abb. 36.1

Lehrtext

Solche Fragen haben Sie sich als Verbraucher beim Kauf erklärungsbedürftiger und umweltbelastender Waren sicher auch schon gestellt. Der Trend zum Einkauf umweltverträglicher Produkte ist vor dem Hintergrund des steigenden Umweltbewusstseins in der Bevölkerung deutlich erkennbar. Der Verbraucher hat durch sein umweltbewusstes Verhalten bei vielen Waren Einfluss auf das Sortiment des Handels genommen (z. B. bei Wasch- und Reinigungsmitteln, Recyclingpapier, Haushaltsgeräten mit geringem Ener-

36. Schritt: Sie gehen auf Verbraucherbedürfnisse ein und beachten den Verbraucherschutz 245

gieverbrauch). Der Konsument, der umweltbewusst einkaufen will **(15. Schritt)**, ist aber häufig durch die Vielfalt der Waren, die auf den Markt angeboten werden, überfordert.

In einem durchschnittlichen Warenhaus werden heute fast 100.000 Artikel angeboten. Auf dem Markt insgesamt kann der Verbraucher zwischen 1.500 Wurstsorten und mehreren hundert verschiedenen Lautsprecherboxen wählen. Für den Verbraucher bedeutet das: Er muss versuchen, sich hinreichend zu informieren. Die Verbraucher informieren sich durch verschiedene Quellen, z. B. über die Werbung oder unabhängige Beratungsstellen, aber auch Sie sind als kompetente Fachkraft gefordert. Die wichtigsten Informationsquellen für Sie und Ihre Kunden können Sie der **Abbildung 36.2** entnehmen.

Abb. 36.2: Das Informationsfeld des Verbrauchers

▶ Verbraucherpolitische Maßnahmen

Zusätzlich zu der unübersichtlichen Situation gibt es immer wieder Versuche der Hersteller, den Wettbewerb untereinander einzuschränken und die Marktübersicht für den Kunden weiter zu erschweren. Da der Staat den Wettbewerb sichern und den Verbraucher schützen muss, greift er durch verbraucherpolitische Maßnahmen ein.

Dies geschieht durch
- Förderung eines wirksamen Wettbewerbs (z. B. durch das Gesetz gegen den unlauteren Wettbewerb)
- Information und Beratung des Verbrauchers (z. B. durch Publikationen und persönliche Beratung)
- Schutz des Verbrauchers vor unlauteren Verkaufspraktiken und unzulässiger Einschränkung der Rechte (z. B. durch Widerrufsrecht für Abzahlungsgeschäfte, Reform des Rechts bei Allgemeinen Geschäftsbedingungen)

- Schutz des Verbrauchers vor Gefährdung der Gesundheit und Sicherheit (Reform des Lebensmittelrechts)
- rechtliche und öffentliche Vertretung der Verbraucherinteressen.

Die entsprechende Beratung und Aufklärung über alle diese Fragen werden insbesondere durch die „Arbeitsgemeinschaft der Verbraucher" mit ihren Verbraucherzentralen und durch die „Stiftung Warentest" wahrgenommen.

▶ Organisationen für die Verbraucher

Da die praktische Erfahrung der meisten Verbraucher nicht ausreicht, um die Qualität des riesigen Warenangebots richtig einzuschätzen, hat die Bundesregierung 1964 die „Stiftung Warentest" als Stiftung des privaten Rechts ins Leben gerufen. Über 40.000 Produkte wurden bisher von dieser Instanz getestet. In ihrer Zeitschrift „test" gibt sie die Informationen an den Verbraucher weiter. Seit 1985 gehört es auch zu den Aufgaben der Stiftung Warentest, die Umweltverträglichkeit von Waren zu untersuchen. Diese Tests tragen dazu bei, dass Hersteller und Anbieter, wenn Mängel erkannt wurden, ihre Erzeugnisse entsprechend ändern und dadurch die Qualität der Waren – zum Nutzen aller Verbraucher – verbessern. Die Hersteller verwenden die positiven Testergebnisse als wichtiges Werbeargument.

Die Stiftung Warentest wird ebenso mit öffentlichen Mitteln unterstützt wie die „Arbeitsgemeinschaft der Verbraucher" mit ihren Verbraucherzentralen. Zu den Aufgaben der Verbraucherzentralen gehören neben der Verbraucherinformation die Unterrichtung und Aufklärung der Verbraucher über marktgerechtes Verhalten. Dazu gehört auch die Umweltberatung. Sie hat inzwischen einen Anteil von mehr als 10 % aller Beratungsgespräche erreicht. Zusätzlich werden von den Verbraucherverbänden Aktionen durchgeführt, die auf mögliche Umweltbelastungen hinweisen. Gegen eine kleine Gebühr werden Sie persönlich und individuell beraten. Außerdem erhalten Sie Broschüren, Veröffentlichungen und Literaturhinweise, die Ihnen helfen können, sich umwelt- und verbraucherbewusst zu verhalten und Ihre Kunden entsprechend zu beraten.

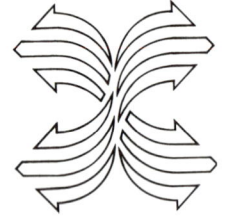

Verbraucherinformationen werden auch durch die Medien verbreitet. In Kooperation mit den Verbraucherorganisationen informieren die Medien den Verbraucher über Verbraucherrechte, Produkte und Dienstleistungen (z. B. in Ratgeber-Sendungen) zu den Gebieten Geld, Gesundheit, Technik, Recht, Reisen, Ernährung.

Über das Internet informieren die Stiftung Warentest (www.stiftung-warentest.de) und die Arbeitsgemeinschaft der Verbraucherverbände. In den Tageszeitungen finden Sie ausgewählte Kurzfassungen von Testergebnissen der Stiftung Warentest.

▶ Kunden als informierte Gesprächspartner

Viele Kunden informieren sich vor allem vor einem geplanten Kauf genau. Sie erwarten, dass auch das Verkaufspersonal über die Waren seines Sortiments informiert ist. Sie sind deshalb ständig gefordert, unabhängige Untersuchungen, Produktvergleiche und Testergebnisse aufzunehmen und diese in Ihr Verkaufsgespräch einzubauen. Ihre Kunden werden Sie dann als kompetenten Berater akzeptieren und Ihre Verkaufsempfehlung annehmen.

36. Schritt: Sie gehen auf Verbraucherbedürfnisse ein und beachten den Verbraucherschutz

Schlüpfen Sie einmal in die Rolle Ihrer Kunden, und betrachten Sie das Verkaufsgespräch einmal aus deren Sichtweise. Sie werden dann feststellen, dass es zunächst wichtig ist, das Vertrauen von Kunden zu gewinnen. Dazu kann auch gehören, dass Sie in begründeten Fällen einmal vom Kauf abraten (z. B. bei umweltschädlichen Produkten). Eigener Sachverstand allein reicht oft nicht aus. Belegen Sie Ihre Aussagen, indem Sie Testergebnisse zu einem entscheidenden Bestandteil Ihres Verkaufsgespräches machen. Sie werden dann auch informierte Verbraucher als Kunden gewinnen.

Für viele Waren liegen keine Testergebnisse vor. In diesen Fällen können Sie sich helfen, wenn Sie die „Fragen an eine Ware" beantworten.

▶ Fragen an eine Ware

1. Thema: Sicherheit der Waren
- Entsprechen die Waren den national und international gegebenen Sicherheitsnormen und -standards (z. B. *bei Kinderspielzeug, Haushalts- und Elektrogeräten, Werkzeugen und Maschinen, Autos, Fahrrädern etc.*)?
- Sind die Verpackungen sicher im Hinblick auf Transport (z. B. *bei Flüssigkeiten oder zerbrechlichen Produkten*) und Aufbewahrung (z. B. *bei leicht verderblichen Waren*)?
- Schützen die Verpackungen vor unbefugtem Gebrauch der Waren (z. B. *bei Arzneimitteln, chemischen Haushaltsreinigern*)?
- Ist ein reibungsloser Gebrauch der Waren durch Sicherstellung von Ersatzteilen, Service- und Reparaturleistungen gegeben (z. B. *bei Haushaltsgroßgeräten, Autos, Maschinen, EDV-Hardware*)? Ist dieser Dienst zeitnah?
- Besteht Programmsicherheit beim Nachkauf von Teilen (z. B. *bei Ess- und Trinkservice, technischen Bausteinen im EDV-Bereich und in der Unterhaltungselektronik*)?
- Ist die Zusammensetzung der Materialien der Waren sicher im Hinblick auf Leben und Gesundheit (z. B. *bei Nahrungs- und Genussmitteln, aber auch bei Kleidung, Haus- und Wohnprodukten*)?

2. Thema: Ökologische Auswirkung und Umweltverträglichkeit der Waren
- Welche Wirkungen auf die Umwelt und das ökologische Gleichgewicht gehen von der Produktion (z. B. *Klimaveränderungen durch Abholzung tropischer Regenwälder oder Emissionen bei der Herstellung chemischer Grunderzeugnisse*), dem Transport und dem Ge- bzw. Verbrauch der Waren aus (z. B. *Leerflaschentransport, internationaler Tourismus, PKW*)?
- Sind die einzelnen Bestandteile der Waren nach dem Gebrauch umweltverträglich abbaubar bzw. recyclingfähig (z. B. *bei Kunstoffbeschichtungen, Autos, Kühlschränken*)?
- Wie ist der Rohstoffverbrauch bzw. der Energieverbrauch zu beurteilen (z. B. *bei Produkten aus NE-Metallen oder fossilen Rohstoffen*)?

3. Thema: Wahrheit und Vollständigkeit der Information über die Waren
- Ist die Beschreibung der Wareneigenschaften verständlich, vollständig und wahr (z. B. *Gebrauchsanweisungen, Rezepturen*)?
- Stimmen die Preis- und Leistungsangaben, oder werden mittels versteckter Preisbestandteile die Verbraucher getäuscht (z. B. *unklare Teilzahlungskonditionen, unübliche Gewichts- und Größenangaben*)?

- Halten die Produktversprechungen der Werbung und der Verkaufsgespräche den Vergleich mit den Tatsachen aus: bei suggestiver Werbung; Versprechungen von in der Zukunft liegenden Leistungen (z. B. *bei Versicherungen, Pauschalreisen*)?

Arbeitsaufgaben

1. Sammeln Sie Testergebnisse zu Waren Ihres Ausbildungssortiments. Besuchen Sie zu diesem Zweck eine Verbraucherzentrale. Kopieren Sie die Unterlagen für Ihren Warenkunde-Ordner!

2. Erstellen Sie in Gruppen (je nach Ausbildungssortiment) eine Liste mit umwelt- und gesundheitsschädlichen Waren, und erarbeiten Sie sinnvolle Alternativangebote!

3. Wählen Sie eine Ware aus Ihrem Ausbildungssortiment. Beantworten Sie möglichst alle „Fragen an eine Ware" für diesen Fall!

Training

1. Lassen Sie sich bei Ihrem Besuch in der Verbraucherzentrale über die Aufgaben und Angebote informieren. Halten Sie Ihre Eindrücke schriftlich fest, und berichten Sie Ihrer Klasse/Gruppe in einem Vortrag!

2. Führen Sie Ihrer Klasse/Gruppe zwei Verkaufsgespräche vor. Wählen Sie dabei erklärungsbedürftige Waren aus, von denen unabhängige Testergebnisse vorliegen. Beraten Sie

   a) einen nicht informierten Kunden

   b) einen gut informierten Kunden.

   Argumentieren Sie mit Hilfe der Testergebnisse!

3. Stellen Sie die Ergebnisse aus Arbeitsaufgabe 2 in einer Ausstellung (Wandzeitung o. Ä.) dar, z. B. unter der Überschrift:

   „Das kannst Du vergessen! – Kauf lieber stattdessen!"

E. Prüfungsvorbereitung und Weiterbildung

37. Schritt: Sie wenden Ihre Kenntnisse in praktischen Übungen an

Zielangabe

In diesem Schritt
- erfahren Sie, welche Anforderungen im Prüfungsteil „Praktische Übungen" gestellt werden
- erhalten Sie Beispiele für verkaufsbezogene Aufgaben in den „Praktischen Übungen"
- trainieren Sie praktische Übungen zur Prüfungsvorbereitung.

Einstieg

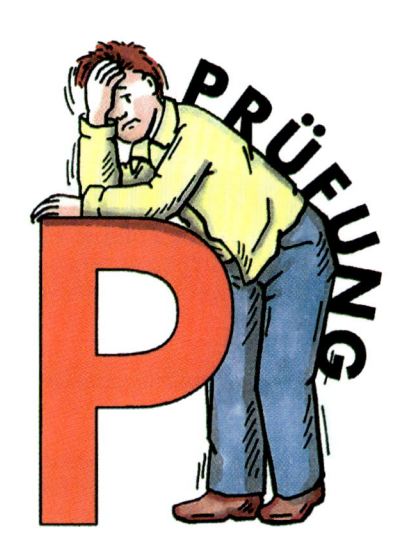

Abb. 37.1: Pelle Passiv und Addi Aktiv vor der Prüfung

Lehrtext

An bevorstehende Prüfungen können Sie mit sehr unterschiedlichen Einstellungen herangehen. Sehen wir uns einmal Pelle und Addi an, die beide die gleiche Prüfung ablegen wollen:

Pelle Passiv meint: „Prüfungen sind Schicksal und ein unvermeidliches Übel!" Pelle schiebt den Gedanken an die Prüfungen möglichst weit hinaus und tröstet sich damit, dass es schon irgendwie klappen wird. Pelle hofft auf sein Glück, dass die Aufgaben das abfragen, was er weiß. Vor der Prüfung bekommt Pelle eine unruhige Phase, er schläft schlecht und hat Angst vor dem Durchfallen.

Addi Aktiv sagt: „Prüfungen sind eine Herausforderung, auf die man sich gezielt vorbereiten kann!" Addi hat sich schon früh die Prüfungsanforderungen besorgt und weiß, was in der Prüfung verlangt wird. Addi bereitet sich mit Übungen und Trainingsaufgaben auf die Prüfung vor und hofft auf ein gutes Prüfungsergebnis. Vor der Prüfung ist er angespannt, aber er ist sich sicher, dass er es schaffen wird.

Wie soll es Ihnen ergehen? Die Wahl wird Ihnen sicher leicht fallen, aber wie kann man zu Addis Einstellung kommen? Dieser Schritt soll Ihnen eine Hilfestellung dazu bieten.

▶ Prüfungsinhalte der Praktischen Übungen

Die Inhalte der Warenverkaufskunde eignen sich besser für eine praktische Überprüfung, da es um Fähigkeiten und Kenntnisse geht, die in der Kundenberatung und im Verkauf angewendet werden sollen. Es handelt sich also weniger um theoretisches Wissen, sondern es geht um Ihre Fähigkeiten, sich auf den Verkauf einzustellen und kundenbezogen zu handeln. Außerdem sind die Aufgaben immer mit einem Bezug zur Ware verbunden, und die vielen möglichen Ausbildungs- und Prüfungssortimente erfordern ein Eingehen auf die Ware oder den Fachbereich, was am besten in einem individuellen Prüfungsgespräch geleistet werden kann.

Aus diesen Gründen wird bei der Prüfung für den Ausbildungsberuf Kaufmann/Kauffrau im Einzelhandel im Prüfungsteil „Praktische Übungen" die Warenverkaufskunde im Mittelpunkt stehen.

In dem schriftlichen Prüfungsfach „Ware und Verkauf" werden zwar auch Inhalte der Warenverkaufskunde abgefragt, aber durch die branchenunabhängige und nicht immer warenbezogene Form der Aufgaben bleiben diese Anforderungen allgemein und zum Teil oberflächlich. Auf diesen Prüfungsteil können Sie sich anhand von Aufgabensammlungen*) wirkungsvoll vorbereiten.

Die Anforderungen für das Prüfungsgespräch im Prüfungsteil „Praktische Übungen" sind genau formuliert:

> „Das Prüfungsfach Praktische Übungen ist in Form eines Prüfungsgesprächs zu prüfen. Der Prüfling soll unter Berücksichtigung der warenspezifischen Besonderheiten aufgrund ihm mit angemessener Vorbereitungszeit gestellter Aufgaben zeigen, dass er betriebspraktische Vorgänge und Problemstellungen bearbeiten kann. Dafür kommen insbesondere folgende Bereiche in Betracht: Kundenberatung, Gebrauchsnutzen der Ware, Mängelfeststellung, Reklamation, Qualitätsbeurteilung, Lagerung, Verkaufsförderung und -werbung, Beschaffung und Warenwirtschaft. Die mündliche Prüfung soll für den einzelnen Prüfling nicht länger als 30 Minuten dauern."
>
> (§ 8, Absatz 5, der Verordnung über die Berufausbildung zum Kaufmann im Einzelhandel/zur Kauffrau im Einzelhandel vom 14. Januar 1987)

---

*) Ausbildungsammlungen für die Abschlussprüfungen einschl. Lösungen geben mehrere Verlage heraus. Erkundigen Sie sich im Buchhandel, oder fragen Sie bei Ihren Lehrern nach!

37. Schritt: Sie wenden Ihre Kenntnisse in praktischen Übungen an

Die ersten sieben der angesprochenen Bereiche betreffen vorwiegend die Inhalte der Warenverkaufskunde, der achte und neunte Bereich beziehen sich überwiegend auf die Wirtschaftslehre. Zur Prüfungsvorbereitung können Sie in den entsprechenden Schritten dieses Buches Arbeits- und Trainingsaufgaben heranziehen.

Außerdem ist für die warengruppenspezifischen Besonderheiten Ihr Prüfungssortiment von Bedeutung, das bei der Anmeldung zur Prüfung angegeben wurde.

▶ Ablauf der Praktischen Übungen

Die Prüfungsbestimmungen lassen dem Prüfungsausschuss einen gewissen Spielraum zur Gestaltung des Ablaufes der einzelnen Prüfungen. In den meisten Fällen wird der Prüfungsausschuss aber nach dem folgenden Schema vorgehen:

Prüfungsaufgabe	Die Aufgabe hat der Prüfungsausschuss vorbereitet. Sie wird schriftlich vorgelegt und bezieht sich auf das Prüfungssortiment (warengruppenspezifisch) und auf einen oder mehrere Bereich(e) in § 8, Abs. 5.
Vorbereitung	Die Vorbereitungszeit wird vom Prüfungsausschuss so festgelegt, dass sie der Aufgabe angemessen ist. Der Prüfling erhält die Gelegenheit, Aufzeichnungen zu machen und Material (z. B. Waren) hinzuzuziehen, soweit das zur Bearbeitung der Aufgabe erforderlich ist.
Prüfung	In der Prüfung soll der Prüfling zeigen, dass er betriebspraktische Vorgänge und Problemstellungen bearbeiten kann. Deshalb erhält er Gelegenheit zur selbstständigen und zusammenhängenden Darstellung anhand seiner Aufzeichnungen. Der Prüfungsausschuss stellt je nach Notwendigkeit vertiefende Fragen, um die Prüfungsleistung genau feststellen zu können. Die Prüfung dauert maximal 30 Minuten.
Ergebnis	Die Feststellung des Prüfungsergebnisses erfolgt durch den Prüfungsausschuss. Der Prüfling ist dabei nicht anwesend. Ihm wird das Ergebnis mitgeteilt.

Das Prüfungsergebnis wird bei dieser Form der Prüfung nicht nur durch das beeinflusst, **was** der Prüfling sagt, sondern auch dadurch, **wie** er seine Leistung erbringt. Positive Beurteilungen können Sie fördern, insbesondere durch

- geordnete und gut gegliederte Ausführungen,
- klare und deutliche Sprache,
- Anschaulichkeit und Verdeutlichungen, z. B. anhand von Ware.

Eine wirksame Vorbereitung für die mündliche Prüfung bezieht deshalb diese Punkte mit ein. Wenn Sie sich rechtzeitig anhand von entsprechenden Aufgaben vorbereiten und Prüfungsleistungen simulieren, werden Sie leichter Addi Aktivs Einstellung zur Prüfung erreichen.

Arbeitsaufgaben

Bearbeiten Sie die vorgelegten Aufgaben für Praktische Übungen. Die Bearbeitungsdauer soll pro Prüfungsaufgabe nicht mehr als 30 Minuten betragen. Fertigen Sie sich einen Stichwortzettel zur Ausführung der Aufgaben an!

Prüfungsaufgabe Anja:

1. Wählen Sie einen Kundenwunsch, der im Bereich Ihres Prüfungssortiments häufiger geäußert wird. Gehen Sie davon aus, dass der Kunde/die Kundin relativ hohe Qualitätsansprüche stellt, und legen Sie ihm drei Artikel vor. Erläutern Sie die wesentlichen Unterschiede der drei vorgelegten Artikel!
2. Ermitteln Sie innerhalb Ihres Prüfungssortiments einige Artikel, die einen Beitrag zur Umwelterhaltung oder -verbesserung leisten bzw. umweltschädliche Artikel ersetzen können. Formulieren Sie zu einem dieser Artikel Verkaufsargumente, die einen ökologisch orientierten Kunden überzeugen können!
3. Ein Kunde betritt das Geschäft und reklamiert lautstark einen Artikel (nach Ihrer Wahl), den er erst gestern gekauft hat. Beschreiben Sie Ihr Verhalten anhand einer warentypischen Reklamation!

Prüfungsaufgabe Björn:

1. Wählen Sie einen Kundenwunsch, der im Bereich Ihres Prüfungssortiments häufig geäußert wird. Nehmen Sie an, ein Kunde/eine Kundin ist besonders preisbewusst und sparsam. Wählen Sie für diesen Fall drei Artikel aus, die Sie vorlegen würden. Erläutern Sie die Unterschiede, und gehen Sie auf den Preis der einzelnen Artikel ein!
2. Nennen Sie zu einer Warengruppe/Warenart typische Verfahren zur Qualitätskontrolle und Methoden zur Qualitätsfeststellung. Erläutern Sie anhand eines selbst gewählten Artikels typische Qualitätsmerkmale!
3. Nehmen Sie als Anlass ein Fest (z. B. Ostern, Weihnachten, Konfirmation/Kommunion, Altstadtfest): Stellen Sie zu diesem Anlass einen Sondertisch aus dem Bereich Ihres Prüfungssortiments zusammen. Gehen Sie auf folgende Punkte ein: Motto oder Artikel, Zielgruppe, Standort des Tisches, Warenangebot, Deko-Artikel, Display-Material und sonstige Werbemaßnahmen!

Prüfungsaufgabe Christina:

1. Ein Kunde/eine Kundin möchte ein Geschenk für seine Frau/ihren Mann (im Bereich Ihres Prüfungssortiments) erwerben. Erläutern Sie, wie Sie vorgehen, um Schenkende/n und Beschenkte/n möglichst weitgehend zufrieden zu stellen!
2. Listen Sie auf, welche Serviceleistungen im Bereich Ihrer Branche angeboten werden können. Erläutern Sie anhand einer bestimmten Serviceleistung, ob und wann es sinnvoll ist, diese der Kundschaft anzubieten!
3. Nehmen Sie an, Sie wollen ein kleines Ladengeschäft mit bestimmten Teilen Ihres Prüfungs- bzw. Ausbildungssortimentes in der Kreisstadt eröffnen. Welche wirkungsvollen Maßnahmen würden Sie ergreifen, um die potenzielle Kundschaft zu informieren und zu umwerben?

37. Schritt: Sie wenden Ihre Kenntnisse in praktischen Übungen an

Prüfungsaufgabe Daniel:

1. Nehmen Sie an, ein Kunde/eine Kundin kommt mit einem Artikel aus Ihrem Prüfungssortiment, den er/sie vor zwei Monaten bei Ihnen gekauft hat. Der Kunde/die Kundin erzählt Ihnen, der Kauf vor zwei Monaten sei völlig unüberlegt gewesen, weil er/sie den Artikel aus bestimmten Gründen gar nicht nutzen könne. Der Artikel befindet sich in der Originalverpackung und sieht völlig ungebraucht aus. Erläutern Sie die Rechte des Kunden und Ihr Verhalten in diesem Fall!
2. Welche Bedeutung haben Warentests und Gütesiegel für den Verkauf? Erläutern Sie an einem selbstgewählten Beispiel, wie Sie diese in die Verkaufsargumentation einbeziehen!
3. Sie stellen fest, dass ein bestimmter Teil des Sortiments (Warengruppe oder Warenart selbst wählen) seit den letzten drei Monaten im Umsatz stark rückläufig ist. Nennen Sie mögliche Ursachen und die Maßnahmen, die Sie ergreifen!

Training

1. Wählen Sie eine der bearbeiteten Prüfungsaufgaben aus, bringen Sie die benötigten Waren mit, und tragen Sie Ihre Ergebnisse anhand Ihrer Aufzeichnungen der Klasse vor. Lassen Sie von dem Vortrag nach Möglichkeit eine Videoaufnahme anfertigen!
2. Schauen Sie die Aufzeichnung in der Klasse oder Gruppe an, und untersuchen Sie Ihren Vortrag nach

    - sachlichen und inhaltlichen Gesichtspunkten
      (Lösung vollständig, richtig, angemessen?),
    - Gesichtspunkten der Gliederung
      (klar gegliedert, logisch aufgebaut?),
    - sprachlichen Gesichtspunkten
      (Sprache klar und deutlich?),
    - Gesichtspunkten der Anschaulichkeit
      (gute Beispiele, Demonstration an der Ware?).

3. Sammeln Sie Verbesserungsvorschläge in der Klasse, und tragen Sie die verbesserte Fassung vor!

38. Schritt: Sie informieren sich über Berufschancen und Weiterbildungsmöglichkeiten

Zielangabe

In diesem Schritt
- überblicken Sie die Berufschancen im Einzelhandel
- erhalten Sie Hinweise über das Weiterbildungsangebot
- finden Sie Quellen für Ihre Informationsbeschaffung.

Einstieg

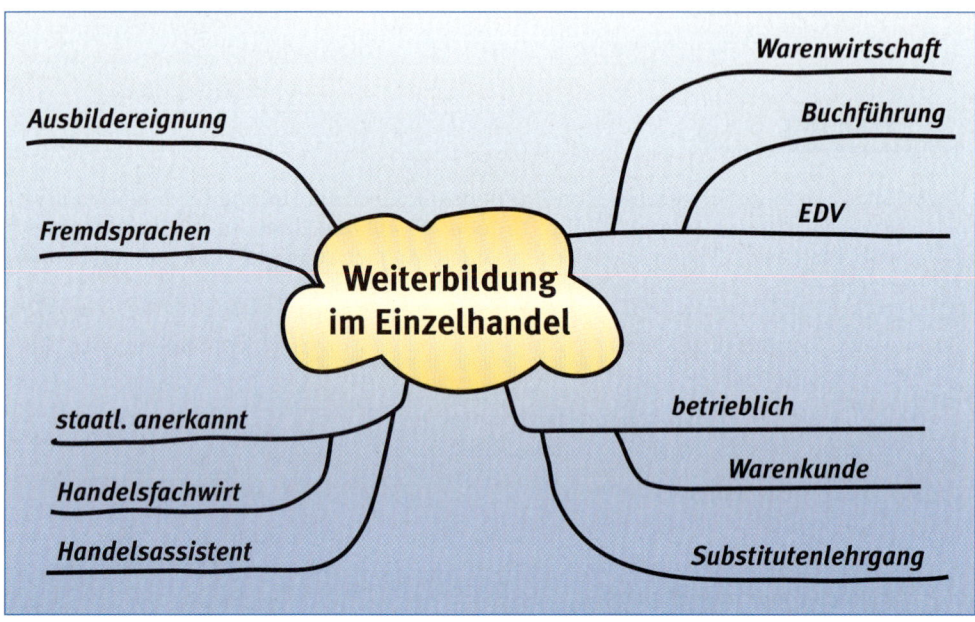

Mindmap "Weiterbildung im Einzelhandel" mit den Ästen: Warenwirtschaft, Buchführung, EDV, betrieblich, Warenkunde, Substitutenlehrgang, Handelsassistent, Handelsfachwirt, staatl. anerkannt, Fremdsprachen, Ausbildereignung.

Abb. 38.1

Lehrtext

Schauen Sie sich die Weiterbildungsmöglichkeiten in dem Mindmap **(Abb. 38.1)** an. Vielleicht können Sie noch den einen oder anderen Ast ergänzen. Möglicherweise entdecken Sie in diesem Schritt aber auch noch Hinweise auf Chancen, von denen Sie bisher nichts gewusst haben.

▶ Berufschancen im Einzelhandel

Der Einzelhandel bietet vielfältige Berufschancen: vom stundenweisen Job an der Kasse oder im Lager bis hin zur Tätigkeit als Filialleiter(in) oder Geschäftsführer(in) eines großen Hauses. Für die Besetzung von herausgehobenen Positionen gibt es zwei Voraussetzungen:

38. Schritt: Sie informieren sich über Berufschancen und Weiterbildungsmöglichkeiten

1. Sie müssen qualifiziert sein, d. h. Sie müssen über die erforderlichen Fähigkeiten und Kenntnisse verfügen (Qualifikation).
2. Sie müssen mobil sein, d. h. Sie müssen bereit sein, Ihren Wohnsitz den Anforderungen des Arbeitsplatzes anzupassen (Mobilität).

Es gibt im Einzelhandel kaum Positionen, die bestimmte Schulabschlüsse voraussetzen. Fast alle Qualifikationen können Sie schrittweise und zum Teil berufsbegleitend erwerben. Oft sind auch die Geschäftsleitungen an der Nachwuchsförderung interessiert. Sie bieten selbst in eigenen Aus- und Weiterbildungszentren Maßnahmen zur Qualifizierung an oder unterstützen die Weiterbildung bei anderen Trägern.

Das Angebot von Weiterbildungsmaßnahmen:

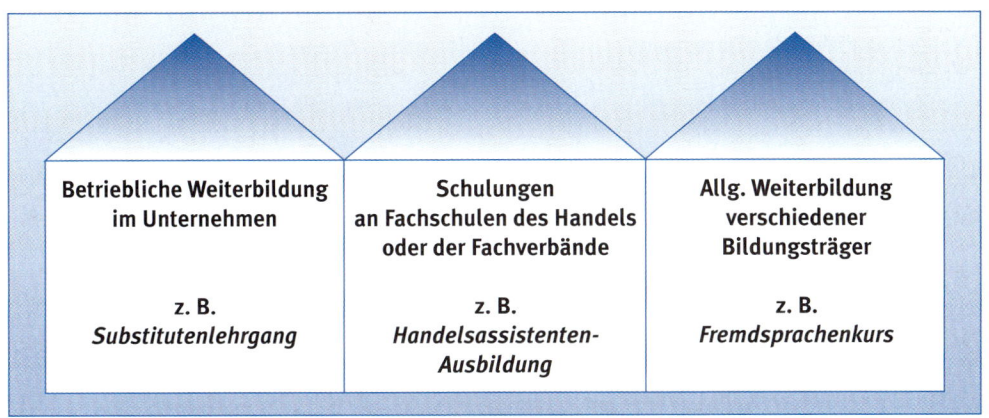

Betriebliche Weiterbildung im Unternehmen	Schulungen an Fachschulen des Handels oder der Fachverbände	Allg. Weiterbildung verschiedener Bildungsträger
z. B. *Substitutenlehrgang*	z. B. *Handelsassistenten-Ausbildung*	z. B. *Fremdsprachenkurs*

Abb. 38.2

▶ Informationsquellen

Für die Nachwuchsförderung und Karriereplanung im eigenen Betrieb sind die Personalabteilungen zuständig. Dort können Sie sich beraten lassen, wenn Sie Ihre Chance innerhalb des Unternehmens suchen.

Für die Beratung über Stellenangebote auf dem Arbeitsmarkt sind die Arbeitsämter zuständig. Sie informieren darüber, wo Stellen angeboten werden und welche Qualifikationen erforderlich sind. In bestimmten Fällen haben die Arbeitsämter auch Fördermöglichkeiten zur Verfügung.

Einen guten Überblick über Berufschancen und Weiterbildungsangebote finden Sie in der Buch-Reihe „Berufs-Chancen-Check" des BW-Verlags.[1] Ganz aktuelle Hinweise können Sie über das Internet einholen. Die folgenden Adressen können als Einstieg für die eigenständige Suche dienen.

Stellenangebote	Weiterbildungsangebote
www.berufsstart.de	www.handelshaus.de
www.job-aktuell.de	www.bzeonline.de
www.jobpilot.de	www.fotoschule.de
www.jobkurier.de	www.Bzneuwied.de
www.jobmagazin.de	www.ldt.de

---
[1] BW-Verlag Nürnberg

▶ Fachschulen des Einzelhandels und der Fachverbände

Die Bildungszentren des Einzelhandels und die Fachschulen der einzelnen Fachverbände unterhalten ein breites Angebot an Kursen und Schulungsmaßnahmen. Das aktuelle Programm und die Konditionen können Sie jeweils anfordern.

1. Bildungszentren des Handels

Handelsakademie des Einzelhandels Nord-Ost GmbH Flämische Str. 22, 24103 Kiel	Tel. 0431-9 74 07 21 Fax 0431-9 74 07 24
Handelsakademie des Einzelhandels Nord-Ost GmbH Schweringer Str. 9, 18069 Rostock	Tel. 0381-8 65 13 30 Fax 0381-8 65 13 40 Handelsakademie-Rostock@t-online.de
Bildungszentrum für den Hamburger Einzelhandel e.V. Hammerbrookstr. 73, 20097 Hamburg	Tel. 040-23 88 51-0 Fax 040-23 88 51-33 Bbz-hh@t-online.de
Bildungszentrum Einzelhandel BWU Faulenstr. 19 28195 Bremen	Tel. 0421-1 85 28 Fax 0421-1 84 76 BWUEZH@vossnet.de
Bildungszentrum des Einzelhandels Niedersachsen (BZE Springe) Kurzer Ging 47, 31832 Springe	Tel. 05041-7 88-0 Fax 05041-7 88-88 info@bze-springe.de
Bildungszentrum des Einzelhandels Sachsen-Anhalt Lange Str. 32, 06449 Neu Königsaue	Tel. 034741-97-0 Fax 034741-97-299 BZE-Sachsen-Anhalt@t-online.de
Bildungszentrum des Einzelhandels Brandenburg Meeranrer Str. 1, 12681 Berlin	Tel. 030-54 37 65 56 Fax 030-5 41 60 97 info@bze-bb.de
Akademie des Handels e.V. An Lyskirchen 14 50676 Köln	Tel. 0221-20 80 4-0 Fax 0221-20 80 4-40 Ehvkoeln@netcologne.de
Gildenhaus – Bildungswerk des Einzelhandels Meisenstr. 94 33607 Bielefeld	Tel. 0521-9 28 67-0 Fax 0521-9 28 67-10 info@gildenhaus.de
Außerdem Bildungszentren des Handels in Gelsenkirchen, Hagen, Oberhausen und Recklinghausen	
Bildungszentrum des Hessischen Handels gGmbH Westendstr. 70, 60325 Frankfurt	Tel. 069-74 26 71 Fax 069-74 66 56 info@bzffm.de

38. Schritt: Sie informieren sich über Berufschancen und Weiterbildungsmöglichkeiten

Bildungszentrum Handel und Dienstleistungen Thüringen Bergstromweg 1, 99094 Erfurt	Tel. 0361-2 20 47-0 Fax 0361-2 20 47-11 bz-ef@handelshaus.de
Bildungszentrum des Sächsischen Handels Torgauer Platz 3 04315 Leipzig	Tel. 0341-24 52 8-0 Fax 0341-24 52 8-20 bz-handel-leipzig@t-online.de
Bildungszentrum des Pfälzischen Handels Festplatzstr. 8 67433 Neuwied an der Weinstraße	Tel. 06321-92 42 39 Fax 06321-92 42 31
Bildungszentrum des Einzelhandels Nord-Baden O 6, 7, 68161 Mannheim	Tel. 0621-1 22 29 56 Fax 0621-15 44 98 ma@ehv-nordbaden.de
Bildungszentrum des Handels Baden-Württemberg Marienstr. 38a, 70178 Stuttgart	Tel. 0711-61 55 56-6 Fax 0711-61 55 56-77 Bildungszentrum-des-Handels@t-online.de
Akademie Handel Brienner Str. 47 80333 München	Tel. 089-5 51 45-0 Fax 089-5 51 45-12 info@akademie-handel.de

In mehreren Bundesländern unterhalten die Bildungszentren weitere Standorte oder Außenstellen. Diese finden Sie im Internet z. B. unter den Adressen handelshaus.de, akademie-handel.de, bzeonline.de.

2. Branchenbezogene Fachschulen

Fachschule des Deutschen Fotohandels Feldstr. 9-11 24105 Kiel	Tel. 0431-57 97 00 Fax 0431-56 25 68 mail@fotoschule.de
B.I.D.T. Bildungsinstitut des Deutschen Textileinzelhandels An Lyskirchen 14, 50676 Köln	Tel. 0221-92 15 09-11 Fax 0221-92 15 09-10
Lehranstalt des Deutschen Textileinzelhandels (LDT) Vogelsangweg 23, 72202 Nagold	Tel. 07452-84 09-0 Fax 07452-84 09-40 post@ldt.de
Bundesfachschule des Parfümerie-Einzelhandels e.V. An der Engelsburg 1, 45657 Recklinghausen	Tel. 02361-92 48-0 Fax 02361-92 48-88 ParfuemerieVerband@t-online.de
Fachschule des Möbelhandels Frangenheimstr. 6 50931 Köln	Tel. 0221-40 20 61 Fax 0221-40 19 76 info@moefa.de

Förderungswerk Königstein (Uhren und Schmuckwaren) Altkönigstr. 9, 61462 Königstein	Tel. 06174-40 41 Fax 06174-2 25 87 info@foerderungswerk-Koenigstein.de
Reformhaus Fachakademie Gotische Str. 15 61440 Oberursel	Tel. 06172-30 09-0 Fax 06172-30 09-919 rfa@reformhaus.de
Bundesfachschule des Lebensmittelhandels Friedrichstr. 36 56564 Neuwied	Tel. 02631-8 30-3 Fax 02631-8 30-500 info@BZNeuwied.de
Akademie Dorfen (Visual Merchandising) Ruprechtsberg 11, 84405 Dorfen	Tel. 08081-85 16 Fax 08081-86 18 info@akademie-dorfen.de

Arbeitsaufgaben

1. Surfen Sie durch die angegebenen Bildungsangebote und notieren Sie interessante Informationen für die Weiterbildung. Tauschen Sie die Ergebnisse in der Klasse aus!

2. Stellen Sie durch eine Internet-Recherche und einen Besuch im Arbeitsamt fest, wie das Arbeitsplatzangebot des Einzelhandels in Ihrer Region aussieht!

Training

1. Bereiten Sie die Befragung eines Experten für Weiterbildung (aus einem Unternehmen oder einer Fachschule) in Ihrer Klasse vor: Anfrage, Einladung, Fragenkatalog.

2. Bereiten Sie die Erkundung einer Weiterbildungseinrichtung mit Ihrer Klasse vor: Anfrage, Vereinbarung, Anreise, Fragenkatalog.

F. Verzeichnisse

▶ Bildquellenverzeichnis

A. Pieper GmbH & Co., Hameln (48)
Adolphs, Guido, Wuppertal (41/1-4, 47, 146/1-2, 148/1-2, 149, 150/1-2, 166/1-3, 167/1-2, 168, 217, 224)
AID, Bonn (64)
BRITA GmbH, Taunusstein (165/2)
Bulls Press, Frankfurt (33)
C&A, Düsseldorf (77/2)
Chaval(163)
CMA, Bonn (94/1)
DaimlerChrysler AG, Stuttgart (103/1-2)
Flora, Paul (141)
Foto Mann, Matthias, Buchholz (67, 70)
German Wine. de (94/7)
GFK, Bonn (76/2)
Globus Infografik, Hamburg (69, 124, 214, 225, 237)
Henkel KGaA, Düsseldorf (62)
Hertie (184)
Historischer Stich (11)
Jacques Wein-Depot, Düsseldorf (16/3)
Jahreszeiten-Verlag GmbH, Hamburg (128)
K2 Ski, Sport & Mode GmbH, Penzberg (199)
Kania, Silvia, Recklinghausen (28/1-2, 29/1-3, 82, 88, 89, 91,98, 145, 152, 169, 172, 174, 179, 188, 190, 200, 203, 208, 212, 244, 249)
Knogo Deutschland GmbH, Mainz (234/1)
Lebensmittel Praxis Verlag GmbH, Neuwied (51)
Lemburg, Göttingen (115/1-2, 210)
Löbbert, Reinhard, Essen (16/1-2)
Lungershausen, Helmut, Northeim 10/1-4, 23, 57, 67, 74, 133/1-2, 136, 139, 230/1-2)
Margarete Steiff GmbH, Giengen (165/3)
Mc Donalds Deutschland Inc., München (16/2)
NEDAP Sicherheitstechnik GmbH, Ratingen (234/2-3)
Panasonic Marketing Europe GmbH, Hamburg (165/1)
Photo-Porst Agentur, Nürnberg (16/1)
Plastikform Heilbronn GmbH (48)
Quelle Aktiengesellschaft, Fürth (77/3)
Reinecke, Christian Kalefeld (14/1-2, 27/1-3, 44, 46/1-2, 73)
REWE Zentrale, Köln (77/1)
Roski, Kathrin, Hamburg (Durchgehende Illustrierung mit „V-Männchen")
Schmitz, Northeim (25)
Stiftung Warentest, Berlin (99)
Urban, Dieter, Stuttgart (60/1-2)
Verband der Deutschen Lederindustrie e. V., Frankfurt/Main (94/3)
Verbraucher Aktuell, Düsseldorf (32)
Wegmann, Christel, Winsen/Luhe (7, 57)
Werdin (186)
Wöhrl, Nürnberg (77/4)

Stichwortverzeichnis

A

Ablenkmethode 232
Absatz (direkt – indirekt) 14
Absatzwege 15
Absatzwerbung 54
Abschlusstechniken................. 204
Abschreckung 233
After Sales Marketing 80
AGB 220
AIDA-Modell 65
Aktionssortiment 37
Aktivitäten (nach der Kaufentscheidung)
.... 206
Alleinwerbung..................... 55
Alternativfrage (Abschlusstechnik) ... 204
Alternativvorschläge 199
Ambiente (des Ladens) 48
Anforderungen (Verkaufstätigkeit) 82
Angebot von Alternativen........... 200
Angebot von Ergänzungen.......... 208
Animationskauf 153
Anrede 156
Ansprache der Kunden 155
Ansprache der Sinne 165
Ansprüche (an Verkaufspersonal) 83
Arbeitsgemeinschaft der Verbraucher . 246
Argumentation (Verkauf) 174
Artenschutzfahne.................. 113
Aufgaben für Praktische Übungen.... 252
Ausgleichskalkulation............... 70
Aushändigungsverkauf............. 153
Ausländer........................ 237
Außenwerbung 56
Auswahl (Warenvorlage)............ 164
Auszeichnung (Preise).............. 73
Automatenverkauf................. 29

B

Basement Store 21
Bedarfskomplex.................... 33
Bedienung 28
Begleitung (von Kunden) 242
Bekräftigung der Kaufentscheidung .. 203
Beratungskauf 153
Berufschancen 254
Beschaffungskauf 153
Beschwerden 218
Besorgungskauf 176

Bestätigungsmethode 196
Betriebsformen.................. 20, 24
Bezahlen......................... 214
Beziehungen (Waren) 95
Bildungszentren des Handels........ 256
Boutique 21
Bruttoverkaufspreis 73
Bückzone 44
Bumerang-Methode 196

C

Catalog-Showroom 21
Convenience Store................. 21
Corporate Design.................. 79
Corporate Identity 78

D

Dauertiefpreise.................... 72
Deaktivierungsstation 234
Deutscher Werberat................ 63
Diebstahl......................... 229
Dienstleistungsangebote............ 183
Direktwerbung.................... 56
Discountgeschäft 21
Diskontstrategie................... 38
Displays 49
Diversifikation 37
Duales System Deutschland 115

E

EAS-Systeme 234
Einkaufszentrum 21
Einstellungen (zum Beruf) 84, 87
Einwände von Kunden 193
Eisberg-Effekt 130
Elektronische Artikel-Sicherung 234
Empathie 84
Englisch im Verkauf 239
Entsorgung................... 112, 126
Entwicklung der Betriebsformen 24
Erfolgskontrolle (Werbung).......... 62
Ergänzungsangebot................ 208
Erlebnishandel.................... 134
Erlebniskäufe..................... 133
Ermittlung von Kundenwünschen ... 159
Eröffnende Fragen................. 159
Ersatzlieferung.................... 219
Erscheinung, äußere 84

Stichwortverzeichnis

F
Fabrikladen 22
Fachchinesisch................. 169
Fachgeschäft 21
Fachliteratur.................. 100
Fachmarkt 21
Fachschulen des Handels 257
Factory-Outlet 22
Farbe (Werbung) 58
Farbenwirkung 59
Farbkontraste.................. 59
Filialgeschäft 22
Firmenwerbung 55
Formulierung (Alternativangebote) ... 200
Formulierung (Ergänzungsangebote) . 210
Formulierung (W-Fragen) 160
Fragearten 160
Fragen an ein Produkt.......... 247
Fragestellungen (Wunschermittlung) . 159
Franchising.................... 15
Frauenbild (Werbung)........... 66

G
Gebrauchsanweisungen 99
Geldkarte 215
Geltungsnutzen 93
Gemeinschaftswarenhaus......... 22
Gemeinschaftswerbung 56
Geruchsinn..................... 167
Geschenkkauf 176
Geschmackssinn 167
Gestaltung (Werbung)........... 58
Gestik 146
Gesundheitsverträglichkeit..... 123
Gesundheitswelle 124
Gewinn......................... 68
GfK 16, 76
Greifzone 44
Grundfehler (Sprechen) 141
Grundnutzen 92
Grundriss (Frischmarkt) 51
Grüner Punkt 116, 128
Gütezeichen.................... 94

H
Handel, ambulanter............. 20
Handelsfunktionen 8
Handelsleistung................ 9
Handelsmarken 78
Handlungskosten................ 68
Herkunftszeichen............... 94
Herstellerwerbung.............. 64

Hochbetrieb 224
Hochbetriebszeiten 225
Hochpreisstrategie......... 38, 71
Hörsinn........................ 166

I
Impulsgruppe................... 43
Indifferente Waren............. 95
Information (Werbung) 64
Informationen (Ware) 99
Informationsfeld des Verbrauchers ... 245
Informationsquellen (Weiterbildung).. 255
Inkasso 213

J
Ja-Aber-Methode................ 195
Jugendschutz 112

K
Kalkulation (Preise) 67
Kassenzone................. 23, 43
Kassieren 213
Kaufaufforderung (Abschlusstechnik) . 205
Kaufentscheidung 203
Käufermarkt 12, 75
Kaufhaus....................... 22
Kaufmotive 130
Kenntnisse (Fachwissen)........ 84
Kernsortiment.................. 37
Kernzone 43
Kinder als Kunden.............. 240
Kommunikation (Körpersprache) 147
Kommunikation (Sprache) 140
Kommunikation (Verkauf)........ 152
Kommunikation (Werbung) 54
Kommunikationsmodell 140
Komplementäre Waren 95
Konstante (Werbung)............ 62
Konsument, „gespaltener" .. 133, 135
Kontaktaufnahme 152
Kontrolle (Werbung) 63
Körpersprache 146
Kreditkarte 214
Kulanz......................... 220
Kunde (König – Partner) 87
Kunden in Begleitung 242
Kunden, „schwierige"........... 86
Kunden, ausländische 238
Kunden, minderjährige 241
Kundenandrang.................. 224
Kundenanrede 156
Kundenansprache 155

Kundenansprüche 130
Kundenbezogene Argumentation 174
Kundeneinwände.................. 193
Kundenerwartungen 86
Kundenfeindliche Situationen 88
Kundengruppen, besondere 237
Kundensignale................ 154, 204
Kundentypen 134
Kundenzone 23

L
Ladendiebstahl.................. 229
Ladenhandel 15, 20
Ladenschluss 111
Lebensstil (von Kunden) 134
Lebenszyklus (Waren)............. 104
Leistungen (Ware) 91
Leisure Shopping................. 137
Lifestyle-Merchandising 135
Lifestyle-Typen 135
Logo 16

M
Magnetgruppe................... 43
Manipulation (Werbung)............ 64
Marketing (Begriff)................ 75
Marketing (Einzelhandel) 74
Marketing-Mix.................... 79
Marketingstrategien 77
Marketingziele.................... 77
Markt (Begriff)................... 10
Marktabgrenzung 78
Marktanalyse.................... 76
Marktbeobachtung 76
Markterkundung 76
Marktforschung 76
Massenwerbung 56
Methoden (Abschlusstechnik) 204
Methoden (Einwand-Behandlung).... 195
Methoden (Ladendiebstahl) 232
Methoden (Preisnennung) 190
Mimik 146
Minderung 219
Mischkalkulation 70
Motivbündel..................... 131
Mussgruppe 43

N
Nachteil-Vorteil-Methode........... 191
Niedrigpreisaktionen................ 71
Niedrigpreisstrategie................ 71
Nielsen 76

Nutzenarten 92
Nutzungseigenschaften............. 169

O
Off-Price-Store.................... 22
Ökowelle 124
One-Stop-Shopping................ 33
Online-Shopping 29
Otto-Normalverbraucher............ 137

P
Personal-Delikte 235
Pflege (Waren) 118
Platzierung (horizontal/vertikal)........ 44
Platzierungspläne 50
Polarisierung (Konsumentenansprüche)
.... 132
POS-Banking 214
POS-Werbung 56
Praktische Übungen 249
Präsentationsanforderungen......... 49
Präsentationshilfen 49
Preisangabeverordnung 73
Preisauszeichnung................. 73
Preisauszeichnungspflicht........... 73
Preisdifferenzierung 72
Preisfestsetzung................... 69
Preisgestaltung................... 67
Preisgrenzen, psychologische........ 70
Preislage (bei Warenvorlage) 165
Preisnennung.................... 188
Preiswertkäufer 135
Primärforschung.................. 76
Prinzipien der Warenpräsentation 42
Problemlösungen (für Kunden)....... 179
Produktgestaltung................ 103
Produktinformationen 247
Produktwerbung 55
Prognosen (Verkauf) 137
Prüfungsfach Praktische Übungen.... 250
Prüfungsvorbereitung 249
Prüfzeichen...................... 94
Public Relations 54

Q
Qualifikation für den Verkauf......... 82
Qualität (Begriff) 93
Qualitätsindikator (Preis) 68

R
Rack jobber 14
Randsortiment 37

Stichwortverzeichnis

Rationalisierung 132
Raumaufteilung 23
Rechte der Kunden 219
Rechtliche Vorschriften (Verkauf) 109
Rechtliche Vorschriften (Verpackung) . 113
Rechtliche Vorschriften (Waren) 112
Reckzone 44
Regalebenen 44
Regeln (Angebot von Ergänzungen) . . 209
Regeln (Hochbetrieb) 227
Regeln (Preisnennung) 189
Regeln (Reklamationsbehandlung) ... 219
Regeln (Vorbeugung von Diebstählen) 233
Reichweite (Werbung) 61
Reklamationen 217
Rückfrage-Methode 196
Rückgaberecht 222

S

Saisonsortiment 37
Sales Promotion 54
Sammelwerbung 56
Sandwich-Methode 190
SB-Warenhaus 22
Schadenersatz 220
Schaufenster 48
Schaukästen 48
Schleuse (Warensicherung) 234
Schrift (Werbung) 58
Schüttgut 46
Schutzzeichen 94
Sehsinn 166
Sekundärforschung 76
Selbstbedienung 29
Serviceleistungen 183
Shopping-Center 21
Sicherheitsratschläge 121
Sicherungsetiketten 234
Sichtzone 44
Sie-Stil 174
Sinne ansprechen 165
Situationen, kundenfeindliche 88
Smart Shopper 135
Sonderangebote 72
Sonderveranstaltungen 111
Sortimentsaufbau 34
Sortimentsbereinigung 38
Sortimentsbreite 35
Sortimentserweiterung 38
Sortimentsgestaltung 33
Sortimentspflege 38
Sortimentspolitik 37

Sortimentspyramide 34
Sortimentstiefe 35
Sortimentswerbung 55
Sortimentszusammensetzung 36
Sozialverhalten 84
Spezialgeschäft 22
Sprache (im Verkauf) 139
Sprechfehler 141
Sprechübungen 144
Standardisierung (Waren) 105
Standardsortiment 37
Standort 14, 16
Standortbedingungen 18
Standortfaktoren 17
Stiftung Warentest 246
Strategien (Marketing) 78
Strategien (Preisgestaltung) 71
Streugebiet (Werbung) 61
Substituierbare Waren 95
Suggestivfrage (Abschlusstechnik) ... 205
Supermarkt 22

T

Tante-Emma-Laden 25
Tastsinn 166
Teilmarkt 11
Tele-Shopping 29
Tierschutz 112
Trading-Down 38, 71
Trading-Up 38, 71
Transportverpackungen 115

U

Überrumpelungsmethode 232
Überwachung 233
Umfeld der Warenpräsentation 42
Umgang (mit Ware) 117
Umtausch 221
Umverpackungen 115
Umwandlungsmethode 196
Umweltschutzmaßnahmen 126
Umweltverträglichkeit 123
Umweltzeichen 126
Unterschlagung 235

V

Verabschiedung 212, 215
Verbrauchermarkt 22
Verbraucherorganisationen 246
Verbraucherschutz 244
Verbundangebote 210
Verbundwerbung 56

Verkäufermarkt 12, 75
Verkaufsargumente 174, 185, 191
Verkaufsförderung.................. 53
Verkaufsformen 27
Verkaufsorganisation............... 14
Verkaufsphrasen 171
Verkaufsverpackungen............. 115
Verpackungsverordnung............ 114
Versandhandel..................... 20
Verschluss....................... 233
Versorgungshandel 133
Versorgungskäufe 132
Versteckmethode.................. 232
Verzögerungsmethode 190
Vielfalt im Handel 10
Visual Merchandising 48, 54
Vorlage von Waren 163
Vorschlag von Alternativen.......... 199
Vorschriften, rechtliche 109
Vorteilsformulierung 176
Vorwahlsystem.................... 28

W
Wandelung....................... 219
Ware (Begriff)...................... 9
Warenart......................... 35
Warengruppe 35
Warenhaus 22
Warenimpulse 45
Warenkenntnisse 98
Warenkunde.......... 91, 98, 117, 123
Warenlandschaften 47
Warenlehre, allgemeine 102
Warenmerkmale................... 169
Warenökologie.................... 106
Warenpflege............... 106, 118
Warenpräsentation.................. 41
Warenpräsenter 49
Warenproduktion.................. 103
Warenprüfung 99
Warenpyramiden 46
Warenschäden 117
Warensicherungssysteme 234
Warenwirtschaftssystem 39
Warenstapel 46
Warensteckbrief................... 101
Warensystematik 105
Warentestergebnisse 100
Warenumtausch 217
Warenvorlage..................... 163
Warenwelten 34
Weiterbildungsmöglichkeiten........ 254

Werbeagentur 60
Werbearten....................... 55
Werbeerfolgskontrolle.............. 62
Werbeetat........................ 61
Werbegrundsätze.................. 62
Werbeplanung 60
Werbestrategie.................... 61
Werbesubjekt..................... 56
Werbetreibende 55
Werbeziele 54, 61
Werbung......................... 53
Wettbewerb, unlauterer 110
W-Fragen 160
Wirkung (auf Kunden).............. 85
Wunschermittlung 159

Z
Zahlungsarten 214
Zielgruppe (Kundengruppen)........ 238
Zielgruppe (Werbung).............. 61
Zonen (Geschäft) 23, 43
Zusatzangebot 208
Zusatznutzen 92